高等工科院校无损检测专业系列教材

涡流检测

任吉林　林俊明　徐可北　编

机械工业出版社

本书是根据高等工科院校专业课程教学的基本要求，结合南昌航空大学无损检测专业30年来的教学经验，在不断探索教学改革的基础上编写的。

本书从电磁基本理论开始，系统介绍了涡流检测方法的基础理论、基本原理、设备材料、主要应用、检测标准、规范工艺及新技术等知识。每章后均附有复习题，并在最后一章编写了部分有关基础原理及应用方面的实验，以利于读者对基本理论与概念的学习和对基本操作技能的掌握。

本书可作为本科及大专院校无损检测及相关专业的教材或教学参考书，也可供从事无损检测研究及工程应用的技术人员参考。

本书配有电子课件，凡使用本书作为教材的教师可登录机械工业出版社教材服务网 www.cmpedu.com 注册后下载。咨询邮箱：cmpgaozhi@sina.com。咨询电话：010-88379375。

图书在版编目（CIP）数据

涡流检测/任吉林等编. —北京：机械工业出版社，2013.3（2025.7重印）
高等工科院校无损检测专业系列教材
ISBN 978-7-111-41811-5

Ⅰ.①涡… Ⅱ.①任… Ⅲ.①涡流检验-高等学校-教材 Ⅳ.①TG115.28

中国版本图书馆CIP数据核字（2013）第049484号

机械工业出版社（北京市百万庄大街22号　邮政编码100037）
策划编辑：王海峰　责任编辑：王海峰
版式设计：霍永明　责任校对：任秀丽
封面设计：马精明　责任印制：单爱军
北京盛通数码印刷有限公司印刷
2025年7月第1版·第6次印刷
184mm×260mm·15印张·368千字
标准书号：ISBN 978-7-111-41811-5
定价：43.00元

电话服务
客服电话：010-88361066
010-88379833
010-68326294

网络服务
机　工　官　网：www.cmpbook.com
机　工　官　博：weibo.com/cmp1952
金　书　网：www.golden-book.com
机工教育服务网：www.cmpedu.com

序

无损检测是一门综合性科学（边缘科学），它利用声、光、热、电、磁和射线等与物质的相互作用，在不损伤被检对象使用性能的前提下，探测其内部或表面的各种宏观缺陷，并判断缺陷位置、大小、形状和性质。无损检测的研究领域涉及物理学、材料学、力学、电子学、计算机、声学、自动控制和可靠性理论等多门学科。随着现代工业和科学技术的发展，该技术已在愈来愈多的行业得到了广泛的应用，其水平高低已在很大程度上反映了一个国家的工业和科技发展水平。

随着对无损检测技术人员在知识结构、理论基础、工程实践能力方面提出更高和更广的要求，对无损检测技术人才的培养也提出了不少新的和特殊的要求。南昌航空大学是我国最早创办无损检测本科专业的高等学校，30年来，已为我国航空、航天、石油、化工、核工业、电力、机械等行业输送了大批无损检测专业技术人才，有力地促进了我国无损检测事业的进步和发展，也为我国无损检测教育事业的发展作出了突出贡献，在国内无损检测界享有很高的声誉。

南昌航空大学在无损检测人才培养过程中，始终关注专业教材的建设，不仅编写了一套校内教学讲义，还先后由航空工业出版社、机械工业出版社正式出版发行了《射线检测工艺学》、《电磁无损检测》、《激光全息无损检测》、《无损检测技术》等教材，推动了我国的无损检测高等教育工作。2007年，南昌航空大学无损检测专业通过了教育部评审，批准为国家特色专业建设点。在国家特色专业建设中，他们继续把编写出版无损检测高等教育系列教材作为主要的建设任务之一。这次由机械工业出版社出版的这套教材，就是他们在原教材的基础上，结合多年来教学改革的经验体会，融入近年来无损检测技术发展成果重新编写改版的新教材。

这套教材对无损检测常规方法和几种非常规方法进行了系统介绍，不仅突出了各种检测方法的基本理论体系、方法工艺和检测技术这一架构，还对该领域的最新研究成果及应用前景作了系统介绍和分析，它既可作为无损检测高等教育的本科生教材，也可作为以无损检测为研究方向的硕士和博士研究生的参考教材，对从事无损检测专业的工程技术人员也必然会有重要参考价值。相信这套教材的出版一定会为促进我国无损检测高等教育事业和推动我国无损检测技术的发展发挥重大作用。

中国无损检测学会理事长 耿荣生

2011年11月

丛 书 序 言

无损检测是一门涉及多学科的综合性技术，其特点是在不破坏构件材质和使用性能的条件下，运用现代测试技术来确定被检测对象的特征及缺陷，以评价构件的使用性能。随着现代工业和科学技术的发展，无损检测技术正日益受到人们的重视，不仅它在产品质量控制中所起的不可替代的作用已为众多科技人员所认同，而且对从事无损检测技术的专业及相关人员提出了相应的要求。本套教材正是为了满足各方面人士对无检测技术学习和参考的需要，促进无损检测技术的进一步发展，根据高等工科院校专业课程教学基本要求，结合南昌航空大学无损检测专业30年来的教学经验，在不断探索教学改革的基础上编写的。

南昌航空大学无损检测专业是1984年经原国家教委批准在国内率先创办的本科专业，经过近30年的建设与发展，随着本科专业名称的多次调整，南昌航空大学无损检测专业归类为“测控技术与仪器”专业。但学校始终坚持以无损检测为特色，始终坚持把**“培养具有扎实理论基础和较强工程实践能力的高级无损检测技术专业人才”**作为专业的培养目标。经过多年努力，把“测控技术与仪器”（即原无损检测）专业建设成为国家级特色专业。并且，在专业教学中，在全国无损检测学会的支持下，经过多年的艰苦努力，编写了国内首套无损检测专业教材。这套教材曾被国内多所高等院校同类及相近专业采用，其中，《射线检测工艺学》和《电磁无损检测》等还由航空工业出版社正式出版。近年来，在国家特色专业建设过程中，为了紧跟无损检测技术进步对人才培养提出的新要求，我们按照新的教学计划对教材进行了重新规划和编写。本套教材不仅汇集了当前无损检测技术的最新成果，有一定的深度和广度，注重理论联系实际，而且更加注意教材的系统性与可读性，以满足各层次读者的需要。

本套教材共10册，包括《超声检测》、《射线检测》、《磁粉检测》、《涡流检测》、《渗透检测》、《声发射检测》、《激光全息与电子散斑检测》、《质量控制》、《无损检测专业英语》、《无损检测技能训练教程》。

由于无损检测技术涉及的基础学科知识和工业应用领域十分广泛，而且，新材料、新工艺的出现，以及信息、电子、计算机等新技术在无损检测中的应用十分迅速，很难在教材编写中得到及时反映，因此所编教材难免会有疏漏和不足之处，恳请读者批评指正。

本套教材在编写过程中参考了国内外同类教学和培训教材，得到了国内诸多同行专家教授的指导和支持，在此一并致谢！愿本套教材能为提高及促进无损检测专业的发展起到积极的推动作用。

无损检测专业教材编写组

2011年10月

前　言

无损检测是一门涉及多学科的综合性技术，其特点是在不破坏构件材质和使用性能的条件下，运用现代测试技术来确定被检测对象的特征及缺陷，以评价构件的使用性能。随着现代工业和科学技术的发展，无损检测技术正日益受到人们的重视，不仅它在产品质量控制中所起的不可替代的作用已为众多科技人员所认同，而且对从事无损检测技术的专业及相关人员提出了相应的要求。本书的出版，正是为了满足各方面人士对无检测技术学习和参考的需要，以促进无损检测技术的进一步发展。

随着无损检测技术应用的日益广泛，当前已发展了几十种无损检测方法。其中，以材料电磁性能变化为判断依据来对材料及构件实施缺陷探测和性能测试的一类检测方法通称为电磁法，其基本原理是以电磁学的理论为基础的。涡流检测技术即是以电磁感应为基本原理的一种常规无损检测方法。本书即为系统介绍涡流检测方法的技术书籍，全书从电磁基本理论开始，比较全面地讨论了涡流检测方法的基础理论、基本原理、设备材料、主要应用、检测标准、规范工艺及新技术等。在编写中，各章相对独立，力图做到有较好的系统性和完整性，以及较宽的理论知识面和一定的实用价值。同时，针对涡流检测多用途的特点，本书比较全面地介绍了涡流检测在管、棒材原材料探伤、在役设备管道的维修检验、非规则形状零件的缺陷检测与电导率测量、材质分选及膜层厚度测量等，用以满足不同检验要求读者的学习需要；以相当的篇幅介绍国内外涡流检测标准、规程及工艺卡编制等方面的知识，以利于读者学以致用，解决生产实际中遇到的问题；适当地介绍了数种涡流检测新技术的基本原理、特点及应用，以方便有兴趣和能力的读者拓展知识面。本书在每章的后面还附有一定数量的复习题，以便于读者对基本理论与概念的学习参考。

本书主要作为理工科大学无损检测专业和相关专业师生的参考教材，也可作为在职无损检测高、中级人员的系统培训参考教材，同时可供从事工程设计与应用、技术管理及质量控制等方面无损检测工作人员参考。

全书共分8章，第1、2、3章由任吉林编写，第4、5、6章由林俊明编写，第7、8章由徐可北编写，全书由任吉林统稿，沈功田负责主审。

本书在编写、出版过程中，始终得到全国无损检测学会电磁（涡流）检测专业委员会及教育工作委员会的关心和支持，谨此表示谢意！同时，还要感谢兄弟单位有关同志的大力支持和协助，为本书的编写提供了有益的建议和参考资料，书中有的内容还参考了部分专业书刊和手册，李寒林、陈曦、舒铭航等同志参与了本书部分图文的编辑工作，在此，一并表示谢意！

由于编者水平有限，书中难免有错误和不妥之处，敬请读者批评指正。

编　者

目　录

第1章 绪 论

1.1 电磁学的发展

涡流检测是常规无损检测技术之一，是以电磁感应原理为基础，依据材料电磁性能变化来对材料及构件实施缺陷探测和性能测试的电磁检测方法，其基本原理是以电磁学的理论为基础的。可以说，在科学进步和社会实践发展史上，任何一种无损检测方法都无法与包括涡流检测在内的电磁检测的地位相比。

电磁学建立和发展的历史过程大致如下：从远古到18世纪中、晚期是电磁现象的早期研究阶段。在这一时期，以对电磁现象的观察、实验及定性研究为主。从18世纪晚期到19世纪上半叶，人类开始了对电、磁现象的定量研究，以及电磁感应现象的发现和深入研究。这一阶段的研究开始揭示了电现象和磁现象的本质联系，并逐步建立起电磁学理论体系，使电磁学理论日趋完善。19世纪下半叶，麦克斯韦（J. C. Maxwell）在原有电磁学理论的基础上提出了电磁场的概念，并建立了电磁场理论的完整体系。至此，电磁学继牛顿力学之后，经过人类几个世纪的工作，终于在20世纪前叶发展成为经典物理学的重要组成部分。

大约公元前6世纪，古希腊的“七贤”之一，米利都的泰勒斯（Thales）记录了磁石吸铁和摩擦后的琥珀吸引轻小物体的现象。但古希腊人对电磁现象的认识仅限于磁石吸铁和摩擦生电，还不知道磁铁的极性和可以存在于电荷之间或磁极之间的排斥现象。

中国古代对磁的认识可以追溯到冶铁业创建之初。《管子·地数》是最早记载磁石的文献，其中写道“上有慈石者，下有铜金”。“铜金”指的是一种铁矿或与铁矿共生的矿物，利用“慈石”（磁铁）可以找到它的位置。而《吕氏春秋》则对磁石的吸铁性作了明确的记载，即“慈石召铁，或引之也”（见《春秋纪·精通》）。到了公元1200年，古书中已有使用指南针的记载。中国古代对电的认识最早纪录是东汉王充对于摩擦起电现象的记载和解释。他说：“顿牟掇芥，磁石引针。……他类肖似，不能掇取者，何也?”（见《论衡·乱龙》）。西晋时期，《博物志》则记载了摩擦起电的现象。

对电现象和磁现象的系统研究直到17世纪才开始。1600年，英国医生吉尔伯特（William Gilbert）发表了《论磁、磁体和地球作为一个巨大的磁体》（简称《磁石论》）（De Magnete，Magneticisque Corporibus，et de Magno magnete Tellure）。总结了前人对磁的研究，记载了大量实验，周密地讨论了地磁的性质，使磁学开始从经验转变为科学。

在18世纪期间，没有一个物理学分支能像电学一样如此成功地得到发展。其中，斯蒂芬·格雷（S. Gray）发现了电传导性的区别取决于构成物体的物质，例如，金属丝能导电，蚕丝不能导电，并证明了人体是导体。杜费（Du Fay）的实验则作出了出乎预料的结论：所有的物体都可以带电。并且他发现有两种电，分别称为玻璃电和松香电。1660年，盖里克（Otto Von Guericke）发明了摩擦起电机。到1747年前后，美洲的富兰克林（Benjamin Franklin）与他的研究团体把他们的全部时间致力于电的实验。他们首先假定：电火是一种普通元素，在所有的物体中存在。如果一个物体得到了比它正常的分量更多的电，就被称为带“阳电”；如果一个物体带少于它正常分量的电，就被指定为带“阴电”。两个带有不同性质电荷的带电体，相互接触后可以呈现中性。根据这种相消性和数学上的正、负数的概念，他把“阳电”称为正电，把“阴电”称为负电，并进一步从电荷的相消性，推出如下结论：①正电和负电在本质上不应有什么差别；②摩擦起电过程中，总是形成等量的异种电荷；③摩擦起电过程中，一方失去的电荷与另一方得到的电荷在数量上相等。于是，他总结出一个普遍的原理：电荷既不能创生也不能消灭，只不过是从某一个带电体转移到另外一个带电体；在电荷转移过程中，电荷的总量是不变的。这是电荷守恒定律的最原始的表述方式。

由于富兰克林的贡献，电学的研究从单纯的现象观察进入到精密的定量描述，使人们开始有可能用数学方法来表示和研究电现象。因此后人把富兰克林称为电学理论的奠基人。

1754 年，康顿（John Canton）用电流体假说解释了静电感应现象。至此，静电学三条基本原理（静电力基本特性、电荷守恒和静电感应原理）都已经建立，人们对电的认识已有了初步完整的成果。

然而，建立电学的定量规律的功劳应归功于库仑（Coulomh）。18 世纪中叶，力学中引力理论的发展（即万有引力定律的确立），为静电学和静磁学提供了理论武器。这一阶段，德国柏林科学院院士爱皮努斯（F. U. T. Aepinus）等人用类比法进行了引力和电力（或磁力）相似性的推测，对发现库仑定律起到了借鉴作用。通过对毛发和金属丝的扭转弹性的研究，库仑不仅于1777 年发明了扭转天平及扭秤，并精确性做了大量实验，证明了牛顿的反平方定律在电（及磁）的吸引和排斥中也适用，并且这种作用跟电量的乘积成正比。1785 年，库仑发表了第一篇有关电荷作用力的论文，报道他对电力随距离变化的研究，公布了通过扭秤实验得到的库仑定律，使电学和磁学进入了定量研究的阶段。

18 世纪末，电学从静电领域发展到电流领域。1780 年，伽伐尼（Aloisio Galvani）发现动物可以带电。而伏打（Alessandro Volta）比他更深刻地探究了这个问题，并在多年实验的基础上，于1800 年描述了伏打电堆，把它称为“人造发电器”。伏打电堆的发明，提供了产生恒定电流的电源，使人们有可能研究电流的规律和电流的各种效应，从此电学进入了一个飞速发展的时期——研究电流和电磁效应（电磁学）的新时期。

电磁学起源于1819 年著名的电生磁的“奥斯特实验”。当年，奥斯特（Hans Christian Oersted）在哥本哈根大学的一次讲演结束后，用已经做了其他实验的强伽伐尼电池“试做了一次导线和磁针平行放置的试验”。这时，他十分震惊地发现：磁针发生了大的振动（几乎是和磁子午线成直角），并且当掉转电流的方向时，磁针就偏向相反的方向。奥斯特的发现突破了电学与磁学彼此隔绝的情况，开辟了电学研究史上的新篇章。此后，电磁学的发展势如破竹。19 世纪二三十年代成了电磁学大发展的时期。

首先是法国科学家安培（Andre-Marie Ampere），他在得知奥斯特的发现之后，受“磁化力的作用在和导线成直角的平面上”这一事实的启发，把导线拧成螺旋形，以便强化对放在它内部的磁针的作用，进而提出了右手定则。安培还发现了一个电流对另一个电流的作用：相同方向的平行电流彼此相吸；相反方向的平行电流彼此相斥。他不仅提出了关于电流使磁体偏斜的方向法则——安培法则，还提出了电动力理论和分子电流假说，认为磁在本质上是由于电流的作用，并于1823 年发表论文，给出了关于这个新现象的数学理论。应该说，在电磁学规律的定量表述方面，安培作出了特殊贡献，他在一系列试验和理论研究的基础上得到的普遍的电动力公式，为电动力学奠定了基础。

1821年毕奥（J. B. Biot）和萨伐尔（Felix Savart）通过磁针周期振荡的方法发现了毕奥-萨伐定律。1826年，欧姆（George Simon Ohm）先后发表了两篇论文，报道了他的实验结果，从理论上推出了类似现在的欧姆定律等。

值得一提的是，19世纪电磁领域中最伟大的实验家法拉第（Michael Faraday）受奥斯特实验的启示，早在1824年，他就认为磁体也应当对电流有反作用。经过近十年的潜心研究，终于在1831年8月的一次试验中，法拉第发现了磁生电的现象和感应电流，证明电流是可以被磁激起的。法拉第对电磁学的贡献不仅是发现了电磁感应，他还在大量试验的基础上构想出描绘电磁作用的“力线”图像，创建了力线思想和场的概念，为麦克斯韦电磁场理论奠定了基础。

法拉第发现电磁感应现象后不久，又有两项有关电磁感应的重大发现问世。一是亨利（J. Henry）发现了自感现象。二是1833年，楞茨（H. F. E. Lenz）发现了楞茨定则；1834年，由楞茨定义了电动势，指出电磁场会产生作用力来阻止任何试图改变其强度和构造的作用力。电流磁效应的发现使电流的测量成为可能。

这一期间还有一位物理学家的工作值得一提，他就是欧姆。德国人欧姆（1789～1854年）是一个天才的研究者，30岁时当了科隆大学预科的数学和物理学教师的他做了一个关于金属的相对传导率的试验。他发现同样粗细、不同材料的导线（铜、金、锌、黄铜、铁、铂、锡、铅等）在不同的长度下具有相同的传导率。此后，经过各种有关电传导率和电流测量的进一步试验，并进行科学归纳和理论分析，欧姆在1826年发表了两篇论文后，于次年出版《用数学推导的伽伐尼电路》一书，严格推导了关于电压、电流与电阻之间关系的欧姆定律。欧姆定律的建立在电学发展史上有重要意义。但是，当时欧姆的研究成果并没有得到德国科学界的重视。直到1841年，英国皇家学会才肯定欧姆的功绩，为他颁发了英国皇家学会的科普利奖。

之后，在法拉第力线思想的激励下，汤姆生（Joseph John Thomson）对电磁作用的规律进行过有益的尝试。他深感有必要把法拉第的力线思想翻译成数学公式，定量地作出表述。于是他利用类比方法，从弹性理论和热传导理论得到借鉴，利用傅里叶的热分析方法，把法拉第的力线思想与拉普拉斯、泊松等人已经建立的完整的静电理论结合在一起，初步形成了电磁作用的统一理论。1847年，汤姆生在题为《论电力、磁力和伽伐尼力的力学表征》一文中，以不可压缩流体的流线连续性为基础，论述了电磁现象和流体力学现象的共性。

英国人麦克斯韦（James Clerk Maxwell）及时地总结了前人已有的成就。他受到法拉第力线思想的鼓舞，又得到汤姆生类比研究的启发，感到有必要对力线的分布及应力性质给予机理性的说明，乃转而运用模型理论。在这个过程中，他发现电磁现象与流体力学现象有很大差别，电现象与磁现象也不尽相同，靠几何上的类比无法洞察事物的本质。于是他转向运用模型来建立假说，敏锐地抓住了位移电流和电磁波这两个关键概念，提出了“涡旋电场”和“位移电流”的假设，很好地解释了电磁感应。最后，他终于甩掉一切机械论点，径直把电磁场作为客体摆在电磁理论的核心地位，开创了物理学的又一个新的起点。

麦克斯韦提出的“位移电流”假设在电磁场理论中具有非常重要的地位。这是一个重大的突破，不仅需要决断，而且要有足够的胆略，因为在这以前，甚至到麦克斯韦去世时

(1879年)都还没有人做出过可靠的试验证明位移电流的存在。

在提出“涡旋电场”和“位移电流”的基础上，1865年，麦克斯韦发表了关于电磁场理论的论文:《电磁场的动力学理论》(A dynamical theory of the electromagnetic field)，全面地论述了电磁场理论。他指出“电磁场是包含和围绕着处于电或磁状态的物体的那部分空间，它可能充入任何一种物质”，“介质可以接收和储存两类能量，即由于各部分运动的‘实际能’(即动能)和介质因弹性从位移恢复时要做功的‘位能’”。然后，麦克斯韦讨论了电磁感应，再次运用类比方法来说明电流的电磁动量(electromagnetic momentum)，并提出了电磁场的普遍方程组。

对麦克斯韦的功绩，爱因斯坦(Albert Einstein)作了很高的评价，他在纪念麦克斯韦100周年的文集中写道“自从牛顿奠定理论物理学的基础以来，物理学公理基础的最伟大的变革，是由法拉第和麦克斯韦在电磁现象方面的工作所引起的”，“这样一次伟大的变革是同法拉第、麦克斯韦和赫兹的名字永远连在一起的。这次革命的最大部分出自麦克斯韦”。在麦克斯韦以后的一百多年的时间里，电学和磁学方面的物理学家及研究者们一直从事着麦克斯韦理论的应用研究。然而，尚未有人能在麦克斯韦的原理中增加任何有意义的新定律。麦克斯韦方程组归纳了有关电磁回路和场的所有知识，可以用来解释所有的宏观电磁现象。同样，也为分析所有的电磁检测，包括涡流检测问题奠定了电磁理论基础。

1.2 涡流检测的发展

1831年，法拉第发现了电磁感应现象，并在实验的基础上提出了电磁感应定律。在这以后的一百多年里，电磁学的理论及实验不断完善与发展，为电磁检测的创立奠定了坚实基础。

早在19世纪末期，人们就发现电磁方法可以用来进行金属材料的分选；在20世纪开始之前，电磁方法主要应用于材料分选和不连续性检测；从1890~1920年，人们致力于研究减少薄钢板中的涡流和磁滞损耗；1921~1935年间，涡流探伤仪和涡流测厚仪先后问世；二战期间(1935~1945年)，许多领域技术的快速发展促进了对无损检测的需求和先进检测方法的发展。雷达与声呐系统、电子仪器和用于消磁船只及磁触发水雷的磁传感器的发展，也给无损检测的科学研究带来了新的活力。战争结束后，弗洛伊德·法尔斯(Freud. Fars)将用于超声检测的超声探伤仪、福斯特(Foster)的先进的涡流仪及磁强计系统等应用于工业无损检测系统中。这些系统提供了新的功能，可用于缺陷的探测与定位、材料特性的测试和相对尺寸的无损测量等。20世纪50~60年代，伴随着战争创伤的医治和工业生产的复苏，无损检测技术(包括电磁检测)进入到一个新的繁荣时期。其中，特别值得一提是，由于德国福斯特博士的工作，卓有成效地推动了全世界涡流检测技术在工业部门中的实际应用和发展。20世纪80年代以后，电子技术和计算机技术的发展进入了一个崭新的时期，大规模集成电路、各种新型电子器件、超级计算机和微型计算机的出现不仅提供了强大的计算工具，进一步促进了电磁检测理论研究的深入，而且为研制各种类型自动化检测系统和数字化、智能化检测仪器奠定了可靠的电子技术基础。

涡流检测的最早应用可以追溯到1879年。1842年，加贝发现铜板对摆动着的磁铁有阻尼现象，用实验揭示了涡流的存在。1876年，亚历山大·格雷厄姆·贝尔(Alexander Graham Bell）发明了实用电话。三年后，D·E·休斯（D. E. Hounsou）用电话作为一种“弦音计”来检测两对感应线圈间的不平衡，并首次用涡流法对金属硬币进行了对比检测。休斯在物理学会作了相应的试验后报告说，如果我们在一对感应线圈中引入任何导体……在这些导体中建立的电流将对初级和次级线圈产生作用，所产生的额外电流与导体的质量和它本身的导电力成正比。若将两个1先令的硬币分别置于两个线圈中，两者“应完全平衡”。然而，如果硬币有最轻度的磨损，或者温度不同，我们可立即察觉到这种差异。休斯把他的装置称为快速和精确的硬币检测仪，能够“检测任何合金”。

然后休斯用铜作为参考值100，测量不同金属的电导率，得出一系列与现在的国际退火铜标准（IACS导电百分比）近似的值。他也对铁磁性材料进行了检测，以区分软铁和硬钢。最后，他给出了表示合金成分的百分比变化时的效应（银-金、铜-锡和锡-铅）。由此，他创立了我们今天所用的涡流和磁感应检测、分析的基本原则。

但是，在20世纪开始之前，将电磁方法用于材料分选和不连续性检测的发现并没有得到更多的实际应用。究其原因，一是局限于当时工业的发展尚无这方面的迫切需要，二是未能设计和制造出实用的检测仪器或装置。例如，这一期间的众多发展成果（如交流电源系统、变压器和其他感应装置等）虽然提供了进行实际应用设计的基础，但电磁设备中所用磁心材料存在的过大损耗却给人们提出了新的研究课题。因而，1890~1925年，人们的研究重点主要集中在减少薄钢板中的涡流和磁滞损耗方面。采用的方法有：在金属中加入硅或其他合金元素以减少其电导率，用更纯净的铁合金直接卷合以获得最大的磁导率和最小的磁滞损耗，使用更薄的板材或使用绝缘层隔离钢板以限制涡流通路等。这些成果虽然与电磁检测的应用没有直接的关系，但说明了电导率、磁导率、晶粒分布、各向异性、机械应力、合金成分和杂质成分的不同等都会分别影响到铁磁性材料的电磁性能，也会改变通过磁化线圈测量到的电感和磁滞损耗。另外，用直流偏压调整电源控制饱和扼流圈和磁放大器来表现电感的方法也是减少磁导率和增加电感或感抗的一种方法。

值得一提的是，19世纪90年代，查理·普鲁图斯·斯坦麦茨（Charlie Brutus Steinmech）在美国通用电气公司的一段工作。当时，交流电源系统开始得到应用，但交流电源系统的正弦振荡电压和电流与早期爱迪生的直流电源系统分析方法相比，在电路特性分析上带来了新的复杂性（例如，麦克斯韦尔方程的详细求解需要用到向量微积分法）。斯坦麦茨发展了一种简便的分析方法，他用称为向量（即矢量）的旋转线段来表示正弦量，当线段围绕其一端（坐标原点）旋转时，将它们在纵坐标上的垂直投影作为时间的函数画出，即为正弦函数曲线。使用这些矢量，结合复数平面表示阻抗的技术，可把对稳态交变电流的求解转换为简单的代数和三角方法，而不是积分的方法。二战后，这种复数平面信号分析方法经过弗雷德理希·福斯特（Friedrich Foster）的清晰阐释而被用于涡流检测原理的分析之中。他把涡流检测线圈的复阻抗用以感抗为纵坐标、电阻为横坐标的二维平面阻抗图来表示。从而，涡流检测人员可以很直观地从涡流检测线圈的复阻抗平面图上进行各种因素对检测线圈阻抗影响的分析。

自1925年起，在美国有不少电磁感应和涡流检测仪获得专利权。其中，克拉茨（Karnz）直接用涡流技术来测量金属管管壁厚度；法罗（Farrow）首次设计成功用于钢管探伤的涡流探伤设备。这些仪器都比较简单，通常采用60 Hz、110V的交流电路，使用常规的仪表（如电压计、安培计及瓦特计等）。大多数仪器是将圆棒或其他受检材料置于简单的比较线圈中，通过检测信号产生简单的幅值变化或使简单的电桥产生不平衡来判断检测结果。这些仪器不可能对受检对象的缺陷、性质或尺寸等进行定量分析，灵敏度较低、重复性较差，因而极少为工业部门所应用，大多数仪器存在的时间都不长。只有对圆棒、管材及钢坯等钢铁材料的电磁感应检测得到了一定的发展，其中最有代表性的是当时美国海军研究实验室罗斯·冈恩（Ross Gunn）设计的一种新型探头线圈磁化系统，该系统将两个小直径的拾取线圈对称地置于磁化线圈的径向上。这是用一个线圈进行磁化而用另一个不同尺寸的非同心位置的线圈拾取信号的最早应用实例。

1935～1945年，多种工业的快速发展促进了对无损检测的需求和先进检测方法、仪器的发展，其中也包括涡流检测仪器的进步。这一时期，基于真空和充气电子管的电子仪器的发展达到了一个高峰，涡流检测系统的信号发生器、放大器、显示和电源装置等部件的性能得到了很大的改进，问世了一大批各种形式的涡流探伤仪器和钢铁材料分选装置，较多地应用于航空及军工企业的检验部门。但是，由于在实施涡流检测时存在着多种干扰因素，而当时还没有从理论或实验研究中成功地解决涡流信号处理的问题，难以从仪器拾取的涡流信息中有效地抑制干扰，提取出有用信号，因而影响了涡流检测的灵敏度和可靠性，在一定程度上限制了涡流检测的应用范围。

真正在理论和实践上完善涡流检测技术的是德国的福斯特博士。第二次世界大战前，他在大学从事物理学的教育和在研究所开展钢及非铁磁性金属构件的电磁测量的技术工作。二战后回到德国，开始了对电磁检测仪器的进一步研究。20世纪50年代，福斯特在基础实验和理论推导的基础上发表了一批有关涡流检测的论文，公开了他的研究成果，其中包括设计制作了绝对式、差分式和对比式检测系统和探头线圈；用这些线圈系统和水银模型（将小片绝缘体插入中间模拟不连续性）进行涡流检测的试验研究；用求解带一定边界条件的麦克斯韦方程的方法对这些线圈系统进行阻抗分析等。福斯特系统、完整地建立起一套以阻抗分析法为基础的可用于各种类型涡流检测的精确的理论体系，他当之无愧地被称为现代涡流检测之父。福斯特在德国雷廷根创办了福斯特研究所，他的涡流检测技术与仪器设备卓有成效地推动了全世界涡流检测技术在工业部门中的实际应用和发展。

由于福斯特的卓越贡献，自20世纪50年代起，美国、前苏联、法国、英国等工业发达国家的无损检测界引发了开展涡流检测研究的极大兴趣。以美国为例，不仅在美国无损检测学会《无损检测手册》第一版上全文刊登了福斯特有关电磁感应和涡流检测技术的理论及工艺成果，为学习涡流检测技术提供了完整的技术资料，而且，有一批技术人员前往德国雷廷根的福斯特研究所进行培训和学习交流；同时，邀请福斯特到美国进行交流、指导及合作。期间，首先与福斯特接触的磁通公司得到了许多福斯特技术的转让，双方合作了十年，磁通公司的研究人员在麦克路格（Michaelvgo）的领导下设计和制造了福斯特的各种仪器，以及使用美国元件对福斯特的原型仪器进行改进。在美国其他的许多实验室里也有一批工作人员进行了涡流检测技术的研究，如胡戈·利比（Hugo Libby）、罗伯特·奥利弗（Robert Oliver）、罗伯特·麦克凯伦（Robert McKellen）、卫尔·多德（Well Dodd）、特·施密特（Te Schmidt）及卫·洛德（V. Lord）等都有卓越的工作成绩。他们不仅验证了福斯特的理论和设备，而且受福斯特基本成果的启发，研发了采用新的半导体器件或集成电路的仪器，并在将单频涡流向多频涡流技术发展以及开发远场涡流检测等新的技术研究中作出了一定的贡献。

20世纪70年代以后，电子技术和计算机技术的飞速发展有效地带动了涡流检测仪器设备技术性能的改进，进一步突现了涡流检测在探测导电材料表面或近表面缺陷应用中的优越性。除了前西德，美国、前苏联、法国、英国、加拿大、日本等多个工业发达国家都先后作了大量的涡流检测技术和仪器的开发性工作，发表了许多理论研究论文，也研制生产了不少高水平涡流检测设备，其中包括计算机控制的带自动平衡、检测与分选的自动化检测系统和各种不同类型的带阻抗平面显示的智能化检测仪器，进一步扩大了涡流检测在各工业部门的应用范围。

我国从20世纪60年代起开展涡流检测的研究工作，并先后研制成功了一系列检测系统。从初期的YY-11型管材探伤仪，到后来相继研制成功的YY-17、YS-1、WTS-100、TC-1000、TC-2000、ED-251、T-5、NE-30和现在用途极为广泛的EEC-96型数字涡流检测设备。这些设备在我国的航空航天、冶金、机械、电力、化工、核能等领域中正发挥着越来越重要的作用。

1.3 涡流检测的应用与特点

涡流检测是以电磁感应原理为基础的无损检测方法。它的基本原理可以描述为：当载有交变电流的试验线圈靠近导体试件时，线圈产生的交变磁场会在导体中感生出涡流。涡流的大小、相位及流动形式受到试件性能及有无缺陷的影响，而涡流的反作用磁场又使线圈的阻抗发生变化。因此，通过测定试验线圈阻抗的变化，就可以推断出被检试件性能的变化及有无缺陷的结论。

由于涡流检测方法是以电磁感应为基础的无损检测方法，所以原则上说，所有与电磁感应涡流有关的影响因素，都可以作为涡流检测方法的检测对象。影响电磁感应因素及可能作为涡流检测的应用对象如下：

1）不连续性缺陷的检测：裂纹、夹杂物、材质不均匀等。

2）电导率测量：对导电材料组织结构、硬度、应力、热处理状态等的判断。

3）提离效应测量：对导电基体金属材料上膜层厚度的测量及金属材料上腐蚀层的检测。

4）厚度效应等测量：对金属薄板厚度的测量及试件几何尺寸、形状、大小等的测量。

除以上应用外，涡流检测法还可以在特定条件下进行特定的开发。表1-1所示为涡流检测应用范围的分类情况。

表1-1 涡流检测应用范围

分类		目的
在线检测	工艺检查	在制造工艺过程中进行检测，可在生产中间阶段剔除不合格产品，或进行工艺管理
	产品检查	最后进行工艺检验，判断产品好与不好
在役检测		为机械零部件及热交换器管等设施的保养、管理进行检验。在大多数情况下为定期检验
加工工艺的监督		主要指对某个加工工艺的质量进行检验，如点焊、滚焊质量的监督与检查
其他应用		薄金属与涂层厚度的尺寸测量、材质分选、电导率测量、金属液面检测及非金属材料中的金属搜索

涡流检测是以研究涡流与试件的相互关系为基础的一种常规无损检测方法。涡流检测的优点如下：

1）检测线圈不需要接触工件，也不需要耦合剂，对管、棒、线材的检测易于实现高速、高效率的自动化检测；也可在高温下进行检测，或对工件的狭窄区域及深孔壁等探头可达到的深远处进行检测。

2）对于工件表面及近表面的缺陷有很高的检测灵敏度。

3）采用不同的信号处理电路，抑制干扰，提取不同的涡流影响因素，涡流检测可用于电导率测量、膜层厚度测量及金属薄板厚度测量。

4）由于检测信号是电信号，所以可对检测结果进行数字化处理，然后存储、再现及数据处理和比较。

涡流检测的局限性如下：

1）只适用于检测导电金属材料或能感生涡流的非金属材料。

2）由于涡流渗透效应的影响，只适用于检查金属表面及近表面缺陷，不能检查金属材料深层的内部缺陷。

3）涡流效应的影响因素多，目前对缺陷定性和定量还比较困难。

4）针对不同工件采用不同检测线圈检查时各有不足。如检查管、棒材，采用穿过式线圈难以对圆周上的缺陷定位，而用旋转式探头线圈则检测区域狭小、速度较慢。

5）铁磁性材料及制件常需完全直流磁化到饱和，以免在涡流检测期间磁化状态变化引起的检测结果不直观，难以判断缺陷的性质、大小及形状等现象。

复习题

1）什么叫涡电流（简称涡流）？

2）简述涡流检测的基本原理。

3）为什么说涡流检测只适用于导电材料？

4）为什么说涡流检测具有多用途？

5）为什么在进行涡流检测时要特别注意信号处理？

6）在导电材料中涡流所走的路途与什么有关？

7）叙述导体中的涡流分布情况。

第 2 章　电磁基本理论

2.1 电学与磁学基础

2.1.1 电学基本定律

1. 电荷守恒定律

人们很早就发现了用毛皮摩擦过的硬橡胶棒与用丝绸摩擦过的玻璃棒会相互吸引，但两根用毛皮摩擦过的硬橡胶棒却互相排斥。这一现象表明硬橡胶棒上与玻璃棒上会带有电荷，而且它们所带的电荷是不同的。无论用什么方法起电的其他物体，所带的电荷或者与玻璃棒上的电荷相同，或者与硬橡胶棒上的电荷相同。物体所带电荷数量的多少，叫做电荷量，简称电量。

电荷既不能被创造，也不能被消灭，它们只能从一个物体转移到另一个物体，或者从物体的一部分转移到另一部分，这个定律叫做电荷守恒定律。它表明在任何物理过程中，电荷的代数和守恒。电荷守恒定律不仅在一切宏观过程中成立，近代科学实践还证明，它也是一切微观过程（如核反应和“基本”粒子过程）所普遍遵守的规律。

2. 库仑定律

库仑最早针对电现象进行了定量研究，通过试验总结出两个静止点电荷间相互作用的规律，称之为库仑定律。库仑定律的具体内容为：在真空中，两个静止的点电荷 q_1 和 q_2（在理论上为无限小的电荷）之间的相互作用力的大小与 q_1、q_2 的乘积成正比，与它们之间的距离 r 的平方成反比；作用力的方向沿着它们的连线，同号电荷相斥，异号电荷相吸，如图 2-1 所示。其表达式为

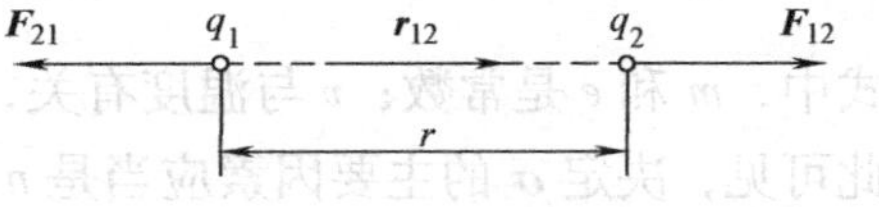

图 2-1　库仑定律

$$F_{12} = -k\frac{q_1 q_2}{r^2}\boldsymbol{r}_{12} \tag{2-1}$$

式中　F_{12}——q_1 与 q_2 之间的作用力，单位是（N）；

$\boldsymbol{r}_{12}$——由 q_1 到 q_2 方向的单位矢量；

k——比例常数，国际单位制中为 $\frac{1}{4\pi\varepsilon_0}$，$\varepsilon_0 = \frac{1}{4\pi \times 9 \times 10^9} \approx 8.85 \times 10^{-12}\text{N} \cdot \text{m}^2/\text{C}^2$，表示真空的介电常数。

3. 欧姆定律

欧姆定律是表述关于电压、电流与电阻之间关系的电路定律。若一个导体 AB 两端的电位差为 U，导体的电阻为 R，通过导体的电流为 I，则它们之间的关系表示为

$$I = \frac{U}{R} \tag{2-2}$$

式中，U 的单位为 V，R 的单位 Ω，I 的单位为 A。

由于导体的电阻 R 与导体的长度成正比，与导体的横截面积成反比，因此可写为

$$R=\rho\frac{l}{S} \tag{2-3}$$

式中，ρ 为电阻率，表示单位长度、单位截面积的电阻，单位是 Ω · m。研究金属时，电阻率则多用 μΩ · cm（Ω · m × 10^{-8}）作计量单位。

在研究金属及合金的导电性能时，除用电阻率外，还常用电导率 σ。σ 和 ρ 互为倒数，即

$$\sigma=\frac{1}{\rho} \tag{2-4}$$

式中，σ 的单位为 1/Ω · m 或 S/m。

2.1.2 金属的导电性

1. 金属导电的物理本质

经典电子理论认为，金属中的自由电子通常是在点阵的离子间无规律地运动着，而在外加电场的作用下，这些自由电子发生定向运动，产生电流。电子在运动的过程中要不断地与点阵节点的离子发生碰撞，将动能交给点阵骨架，自己的能量降为零，而后在电场的作用下重新开始加速运动，经加速运动一段距离之后又和点阵离子再次碰撞。设电子在两次碰撞走过的平均距离叫自由程，用 l 表示；电子运动的平均速度用 $\bar{v}$ 表示；导体单位体积内自由电子的数量为 n_0；电子的质量为 m；电子的电荷为 e；则电导率 σ 可表示为

$$\sigma=\frac{e^2 n_0 l}{2m\bar{v}} \tag{2-5}$$

式中，m 和 e 是常数；$\bar{v}$ 与温度有关，但影响很小，可以忽略不计，故亦可认为是常数。由此可见，决定 σ 的主要因素应当是 n_0 和 l。

设电子在运动中两次碰撞的平均时间为 t，则 t 应等于 $l/\bar{v}$，每秒平均碰撞次数等于 $1/t$，通常用 p 表示，称为散射几率。

依据量子力学，认为电子在点阵中并不直线移动，而是像光线那样，按波动力学的规律运动。运动过程中，各个波在原子上被散射，然后互相干涉并连续地形成波前；同时参与导电的电子并不是单位体积中的自由电子数 n_0，而是 N。对于一价金属 N 等于所有自由电子数；对于其他金属，N 只是自由电子中的一部分，外导体中 N 等于零。按照量子力学的概念将式（2-5）加以修改，可得到

$$\sigma=\frac{N_{有效}e^2}{2m}\cdot\frac{1}{p} \tag{2-6}$$

式（2-6）表明，对一定的金属来说，其电导率随着散射几率而变化。设 x 为离子热运动的振幅，可以想象，振幅越大，振动越强烈，电子也越容易被散射。电子的散射几率正比于$\overline{x^2}$（x 二次方的平均值），即

$$\frac{1}{t}\propto\overline{x^2} \tag{2-7}$$

由热容理论可知

$$\overline{x^2}=\frac{KT}{4\pi^2MV^2} \tag{2-8}$$

式中　T——热力学温度；

M——原子量；

V——原子的振动频率；

K——玻耳兹曼常数。

由于$\frac{hv}{K}=\Theta$，故

$$\overline{x^2}=\frac{h^2T}{4\pi^2MK\Theta^2} \tag{2-9}$$

式中，Θ 是特征温度，h 是普朗克常数。

从式（2-9）看到

$$\frac{1}{t}\propto\frac{T}{M\Theta^2} \tag{2-10}$$

这说明，散射量和特征温度成正比。因此，可以设想具有理想点阵（无畸变）的金属在0K下电子波是被散射的，t 和电导率 σ 应为无限大，所以电阻等于零。而当加热时，随着热振动的增加，t 减小，电阻增大。

2. 影响金属导电性的因素

金属导电性具有组织结构敏感性，且与外界温度、应力状态等条件有关。

（1）温度的影响　温度升高导致离子振动加剧，使电阻增大。而电阻和温度的关系常用下面的经验公式来表示：

$$\rho_t=\rho_0(1+\alpha t+\beta t^2+\gamma t^3+\cdots) \tag{2-11}$$

式中　ρ_t——某温度下的电阻率；

ρ_0——20℃下的电阻率；

α、β、γ——常数。

由于 β、γ 都很小，故一般取一次项已足够准确，即

$$\rho_t=\rho_0(1+\bar{\alpha}t) \tag{2-12}$$

式中，$\bar{\alpha}$ 称为平均电阻温度系数。

$$\bar{\alpha}=\frac{\rho_t-\rho_0}{\rho_0}\cdot\frac{1}{t} \tag{2-13}$$

某温度下的电阻温度系数则用下式表示

$$\alpha_t=\frac{1}{\rho_t}\cdot\frac{d\rho}{dt} \tag{2-14}$$

对于纯金属来说，除过渡族元素，它们的 α 都近似等于 4×10^{-3}。

由于金属在熔化时点阵的规律性被破坏了，原子之间的键也有所变化，所以熔化金属的电阻比固态时大两倍，而且液态金属的电阻还随温度的升高而增大。

（2）应力的影响　在弹性范围内，单向拉伸或者扭转应力能提高金属的电阻率 ρ，并存

在如下关系：

$$\rho=\rho_0(1+\alpha_r\sigma) \tag{2-15}$$

式中 ρ_0——无负荷时的金属电阻，单位为Ω；

α_r——应力系数；

σ——拉应力，单位为Pa（N/m^2）。

很明显，应力使电阻增加是由于在拉伸时应力使原子的间距增大而造成的。但在单向压应力作用下，对于大多数金属来说，电阻率降低。若这时电阻率为ρ_p，则它和压应力间存在如下关系

$$\rho_p=\rho_v(1+\varphi p) \tag{2-16}$$

式中，ρ_v是真空下的电阻率；p是压力，其单位是Pa；压力系数φ为负值。在压应力下，电阻率降低可用原子的振幅减小来解释。

（3）形变的影响　范性形变可以使金属电阻率增加。金属发生范性形变后电阻率增加的原因是：冷加工使晶体点阵发生了畸变和缺陷，造成了电场的不均匀性，从而导致电子波散射增加。此外，冷加工引起原子间结合键的变化，并导致原子间的距离增大，也对电阻有一定的影响。如以ρ_0代表未加工金属的电阻率，ρ'代表加工对电阻率的影响，则加工后金属的总电阻率应当是$\rho=\rho_0+\rho'$。如果把温度降低到0K，未加工金属的ρ_0应趋近于零。而经过加工的金属ρ同样也降低，但在任何温度都比未加工的金属大一个ρ'值。在0K时仍然保留ρ'，ρ'只受加工的影响，与温度无关，故称之为残留电阻。

从$\rho=\rho_0+\rho'$的关系出发，ρ和ρ_0随温度而变，而ρ'不受温度的影响，故ρ'/ρ随温度的降低而增大。可见，形变对电阻的影响中，温度越低，ρ'占的比例就越大。

（4）热处理的影响　冷加工后进行退火，可以使电阻率降低，特别是经过较大的压缩以后，在100℃退火可看到明显的恢复。

金属铝、银、铜、铁在冷加工后，电阻随着退火温度的升高而下降，但当退火温度高于再结晶温度时，电阻反而又增大了，这是由于再结晶后新晶粒的晶界阻碍电子运动而造成的。晶界使电阻增大由实验可得到证明。$w(C)$为0.04%的铁丝，预先经过不同程度压缩后再进行拉拔形变，于650℃、1h退火后得到不同大小的晶粒，见表2-1。数据表明，晶粒越大，电阻越小。当晶粒线尺寸减小4/5时，退火铁的电阻增大1.05%。

表2-1　晶粒度与电阻率

拉丝时的压缩量（%）	1mm中的晶粒数	电阻率ρ/（$\times10^{-8}\Omega\cdot m$）
25.4	30	12.548
41.5	65	12.581
60.8	105	12.630
81.4	160	12.652

淬火能够固定金属在高温时空位的浓度，从而产生残留电阻。空位浓度越高，残留电阻越大。且随着淬火加热温度的增高，空位的浓度变大。

3. 合金的导电性

合金的导电性与合金的成分、组织有关。

（1）固溶体的电阻　当一个合金形成固溶体时，一般的规律是电导率降低，而电阻率

提高，即便是低电阻率的金属溶于高电阻率的金属中也是如此。这是因为，当在金属A中溶入异类原子B时，溶剂的点阵便产生了畸变，从而增加了电子的散射，导致电阻升高。另一方面还与组元之间的化学作用有关。在二元合金中，最大的电阻通常是位于50%的原子浓度处，如图2-2所示。而其最大值往往要比纯组元的电阻值高几倍。铁磁性和顺磁性的金属的固溶体则有所不同，它们的最大电阻位不是在50%原子处，而是出现在较高的浓度处，如图2-3所示。

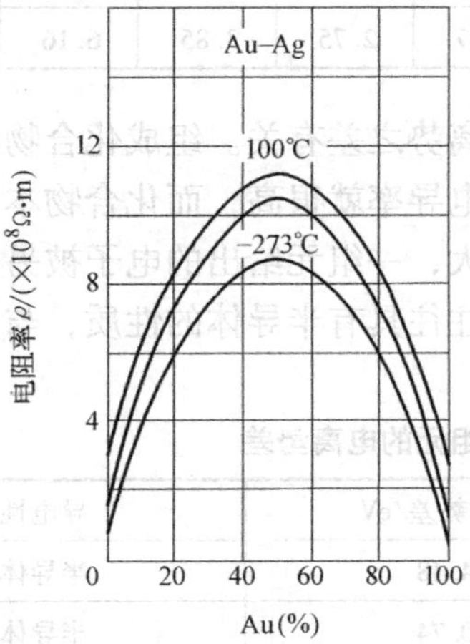

图2-2 Ag-Au合金的电阻率与成分的关系

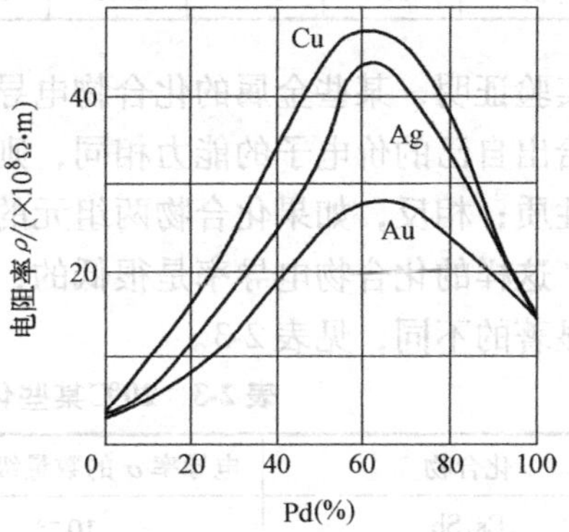

图2-3 Cu、Ag及Au与Pd的合金电阻率及成分的关系

固溶体的有序化对电阻有明显的影响，因为有序化可以看做是组元间的相互化学作用加强，使电子的结合比在无序固溶体时强，导致传导电子数目减少及残留电阻增大。然而，有序化又使离子电场变得更为对称，减少了电子波的散射，又可使残留电阻减少。在上述两种相反的作用下，一般来说，电场对称性增加引起的电阻降低起主导作用，故有序化多表现为电阻减小。

冷加工对固溶体如同对纯金属的影响一样使电阻增大，而退火时则使电阻减小，当对固溶体进行冷加工和退火时，即使是浓度较低的固溶体，其电阻的改变也较相同条件下纯金属电阻的改变大得多。例如，在具有 w(Zn) 为28%的Cu-Zn及具有 w(Zn) 为23%的Ag-Zn合金中，电阻的改变可达20%。

对有序固溶体进行冷加工时，电阻的改变更大。因为冷加工能破坏原子的有序分布，使电阻上升十分显著。由图2-4所示，压缩率越大，则 Cu_3Au 合金的电阻增大得越多；在相当大的形变量时，合金的电阻值接近无序淬火态合金的电阻。

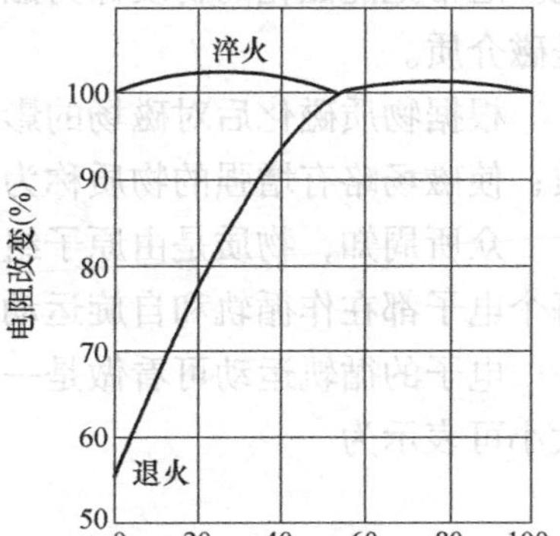

图2-4 Cu_3Au 合金的电阻与形变度的关系

（2）金属化合物的电阻 金属化合物的导电性较差，通常要比各组元的电导率小得多，见表2-2。由于组成了化合物，原子间的金属键部分改换成了共价键或离子键，使有效电子数减少了，故导电性能变差。金属间的化学作

用使结合的性质发生了变化，也常常使形成的一些化合物成为半导体，甚至完全消失导体的性质。

表 2-2 化合物的电导率 σ （单位：$\times 10^{-2}$S/m）

	$MgCu_2$	Mg_2Cu	Mg_2Al_3	Mn_2Al_3	$FeAl_3$	$NiAl_3$	Ag_3Al	Ag_3Al_2	$AgMg_3$	Cu_3As
第一元素	23.0	23.0	23.0	22.7	11.0	3.51	68.1	68.1	68.1	64.1
第二元素	64.1	64.1	35.1	35.1	35.1	35.1	35.1	35.1	23.0	2.85
化合物	19.4	8.38	2.63	0.20	0.71	3.47	2.75	3.85	6.16	1.70

实验证明，某些金属的化合物电导率与组元间的电离势之差有关。组成化合物时，如两组元给出自己的价电子的能力相同，则所形成的化合物电导率就很高，而化合物本身具有金属的性质；相反，如果化合物两组元的电离势的相差较大，一组元给出的电子被另一组元所吸收，这样的化合物电导率是很低的，并且这种化合物往往具有半导体的性质，与金属的性能有显著的不同，见表 2-3。

表 2-3 20℃某些化合物的电导率及其组元的电离势差

化合物	电导率 σ 的数量级/(S/m)	电离势差/eV	导电性
Cs_3Sb	10^{-5}	4.48	半导体
MG_3Sb	10^{-2}	0.74	半导体
Sb_2Zn	10^{-1}	1.11	半导体
MG_2Sn	10	0.31	半导体
Mg_2Pb	5×10^4	0.23	金属

2.1.3 物质的磁化

1. 物质磁化的物理本质

如果在磁场中放入一种物质，就会发现，不管是什么物质都会使物质所占空间的磁场发生变化。这就是说，物质在磁场中由于受磁场的作用表现出一定的磁性，这种现象就称为磁化。通常把能磁化的物质称为磁介质。实际上包括空气在内的所有物质都能被磁化，因而都是磁介质。

根据物质磁化后对磁场的影响，可以把物质分为三类：使磁场减弱的物质称为抗磁性物质；使磁场略有增强的物质称为顺磁性物质；使磁场强烈增加的物质称为铁磁性物质。

众所周知，物质是由原子组成的，而原子则是由原子核和电子构成的。近代物理证明，每个电子都在作循轨和自旋运动，物质的磁性就是由于电子的这些运动而产生的。

电子的循轨运动可看做是一个闭合电流，由此将产生一个磁矩，称为轨道磁矩 $\boldsymbol{m}_0$，其大小可表示为

$$m_0 = l \cdot \frac{eh}{4\pi mc} = l\mu_B \tag{2-17}$$

式中 e——电子的电荷；

h——普朗克常数；

m——电子的质量；

c——光速；

l——以$\frac{h}{2\pi}$为单位的轨道角动量；

μ_B——玻尔磁子，$\mu_B=\frac{eh}{4\pi mc}=0.927\times10^{-23}$J/T。

电子的自旋运动是电子的一个特性，由于自旋运动产生一个自旋磁矩 $\boldsymbol{m}_s$，其大小为

$$m_s=s\cdot\frac{eh}{2\pi mc}=2s\mu_B \tag{2-18}$$

式中，s 为自旋角动量，也是以$\frac{h}{2\pi}$为单位的。

原子核也是有磁矩的，不过它的磁矩很小，约为电子磁矩的1/2000，故通常不予考虑。

既然电子是有磁矩的，那么原子有没有磁矩呢？理论证明，当原子中的一个电子层排满时，这个层电子磁矩的总和就等于零，若一个原子的电子层未排满，这时电子磁矩的总和就不为零，该原子就有磁矩了。当原子结合成分子时，其外层电子磁矩要发生变化，所以分子磁矩不是各单个原子磁矩的总和。

由于不同的原子具有不同的磁矩，故当由这些原子组成不同的物质时，物质表现出不同的磁性。

通常在无外加磁场时，物体的自旋磁矩和轨道磁矩之和为零，所以物体对外是不显磁性的。但如对物体加上一个外磁场，物体被磁化之后，就表现出一定的磁性。通常，用磁化强度矢量 $\boldsymbol{M}$（单位为 A/m）来表示物体被磁化的强弱，其算式为

$$\boldsymbol{M}=\frac{\sum\boldsymbol{m}_0}{V} \tag{2-19}$$

式中　$\sum\boldsymbol{m}_0$——物体一定体积内所有自旋、轨道及附加磁矩之和；

V——物体的体积。

物质的磁化是由外磁场引起的，在线性物质中，磁化强度 $\boldsymbol{M}$ 和外加磁场 $\boldsymbol{H}$ 之间的关系为

$$\boldsymbol{M}=\chi_m\boldsymbol{H} \tag{2-20}$$

式中，χ_m 为物质的磁化率，不同的物质，其大小是不同的：抗磁质是负值；顺磁质是正值，但很小；铁磁质为正，而且很高。

实际上，物质被磁化之后必然反过来使物质所在部分的磁场发生变化。设变化后的总磁场为 $\boldsymbol{B}$，称为磁感应强度，单位为 T。令物质磁化后引起的磁场变化为 $\boldsymbol{H}'$，称为附加磁场强度，其大小为 $\boldsymbol{H}'=\boldsymbol{M}$。则有

$$\boldsymbol{B}=\mu_0\boldsymbol{H}+\mu_0\boldsymbol{H}' \tag{2-21}$$

或

$$\boldsymbol{B}=\mu_0\boldsymbol{H}+\mu_0\boldsymbol{M} \tag{2-22}$$

代入式（2-20）中，可得

$$\boldsymbol{B}=\mu_0\boldsymbol{H}+\mu_0\chi_m\boldsymbol{H} \tag{2-23}$$

$$\boldsymbol{B}=\mu_0(1+\chi_m)\boldsymbol{H} \tag{2-24}$$

$$\boldsymbol{B}=\mu_0\mu_r\boldsymbol{H}=\mu\boldsymbol{H} \tag{2-25}$$

或
$$\mu = \frac{B}{H} \tag{2-26}$$

式中 μ_0——真空磁导率；

μ_r——相对磁导率，其大小为$\mu_r = 1 + \chi_m$；

μ——介质的绝对磁导率，单位是 H/m。

2. 抗磁性与顺磁性

抗磁性的特征是$\chi_m < 0$，而顺磁性$\chi_m > 0$。说明这两种磁性的产生虽然和电子磁矩有关，但还存在着不同的原因。

（1）抗磁性　物质为什么会有抗磁性呢？可以说是由于电子的循轨运动在外磁场的作用下产生了抗磁磁矩所造成的。

设有两个电子，其循轨运动的平面和磁场 $\boldsymbol{H}$ 的方向垂直，而其循轨运动的方向相反，如图 2-5 所示。当无外磁场时，电子的循轨运动相当于一个闭合电流，由此产生的磁矩为
$$\boldsymbol{m}_0 = \frac{e\boldsymbol{\omega} r^2}{2} \tag{2-27}$$

式中 e——电子的电荷；

$\boldsymbol{\omega}$——循轨运动的角速度；

r——轨道半径。

电子在做循轨运动时，必然要受到一个向心力 $\boldsymbol{F}$，如图 2-5a 所示。当加上一个外磁场后，在磁场作用下将产生一个附加力 $\Delta\boldsymbol{F}$，即洛仑兹力，其方向和 $\boldsymbol{F}$ 是一致的。这无疑等于使向心力增加，变为 $\boldsymbol{F}+\Delta\boldsymbol{F}$。已知向心力 $\boldsymbol{F} = mr\boldsymbol{\omega}^2$，可以认为 m 和 r 是不变的，故只能设想，当向心力增加时，必然导致电子循轨运动的角速度 $\boldsymbol{\omega}$ 发生变化，即 $\boldsymbol{F}+\Delta\boldsymbol{F} = mr(\boldsymbol{\omega}+\Delta\boldsymbol{\omega})^2$。$\boldsymbol{\omega}$ 增加一个 $\Delta\boldsymbol{\omega}$，从式 (2-27) 可得增加一个 $\Delta\boldsymbol{m}_0$，$\Delta\boldsymbol{m}_0$ 与轨道磁矩的 $\boldsymbol{m}_0$ 方向相同，但与外磁场的方向相反。同理可以证明，图 2-5b 中，相反方向运动的电子产生与外加磁场相反的 $\Delta\boldsymbol{m}_0$。对于一个电子产生的 $\Delta\boldsymbol{m}_0$ 可用下式表示：

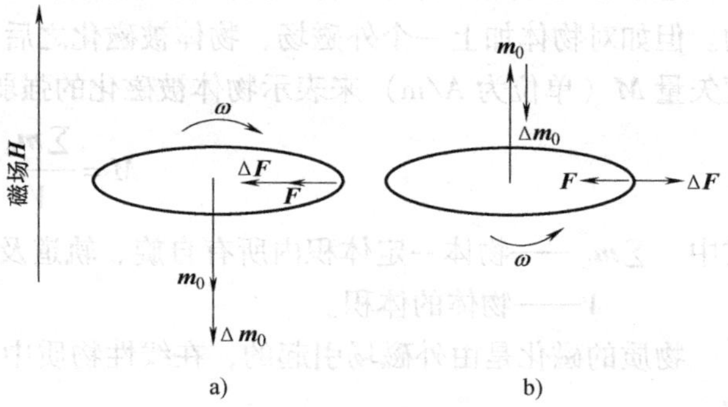

图 2-5　产生抗磁矩的示意图

$$\Delta\boldsymbol{m}_0 = -\frac{e^2 r^2}{6mc^2}\boldsymbol{H} \tag{2-28}$$

对于一个原子来说，常常是有 n 个电子，这些电子又分布在不同的壳层上，它们有不同的轨道半径，故一个原子的抗磁矩为
$$\Delta\boldsymbol{m}_0 = -\frac{e^2\boldsymbol{H}}{6mc^2}\sum_{i=1}^{n} r_i^2 \tag{2-29}$$

以上两式中的负号表示的方向与外加磁场 $\boldsymbol{H}$ 的方向相反。还可看到，$\Delta\boldsymbol{m}_0$ 的大小和外加磁场强度成正比，这说明抗磁物质的磁化是可逆的，当外加磁场消除之后抗磁矩即消失。

既然抗磁性是由电子在轨道运动场产生的，而任何物质都存在电子的轨道运动，故可以说任何物质在外磁场作用下都要产生抗磁矩。但应注意：并不能说任何物质都是抗磁性物质。因为原子除了在外磁场作用下会产生抗磁矩之外，还存在产生顺磁矩的轨道和自旋磁矩。因此，只有那些抗磁性大于顺磁性的物质才属于抗磁性物质。

（2）顺磁性　顺磁性物质的单个原子是有磁矩的，原子的磁矩在外磁场的作用下产生顺磁。对于金属来说，当点阵离子的顺磁矩和自由电子的顺磁矩大于外加磁场下产生的抗磁矩时，即表现为顺磁物质。但是由于热运动的影响，在无外加磁场时，其原子磁矩的取向是无序的，也就是磁矩沿着所有可能的方向分布，如图2-6a所示，图中箭头是指磁矩的方向，此时物质的总磁矩为零。假如将物质放在磁场中，在外磁场作用下，原子磁矩排向磁场方向，总磁矩便大于零了，即表现为正向磁化，如图2-6b、c所示。应当指出，当温度约为室温或室温以上范围时，顺磁物质的原子或分子热运动产生无序运动的倾向是很大的，所以进行磁化十分困难，故室温下磁化很微弱，其磁化率约为10^{-6}。

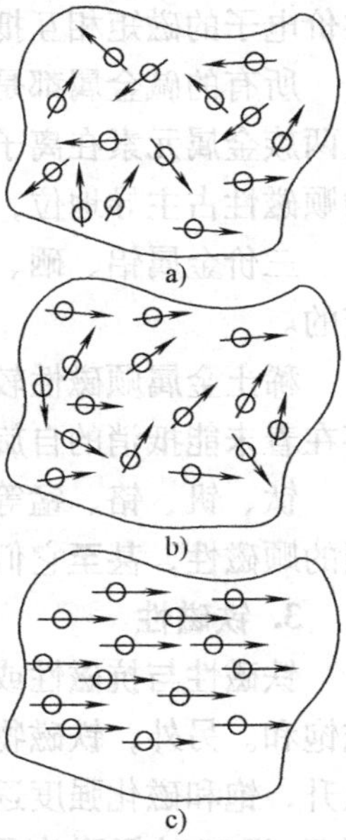

图2-6　顺磁性物质磁化过程示意图

可以认为，顺磁物质的磁化是磁场克服原子或分子热运动的干扰，使原子磁矩排向磁场的结果。常见的顺磁物质如：氧，铂，钯，稀土金属，铁、钴、镍的盐类，以及高温下的铁磁金属。顺磁物质原子的磁化率和温度有着很强烈的依赖关系，常用居里定律来表示：

$$\chi_m = \frac{C}{T} \tag{2-30}$$

式中　C——居里常数，$C=\frac{N\mu_0 m_0^2}{3K}$；

N——单位体积的原子数；

K——玻尔兹曼常数；

T——热力学温度。

应当说，只有部分顺磁物质能准确地符合这个定律，而相当多的固溶体顺磁物质，特别是过渡族金属元素是不适用于居里定律的。它们的原子磁化率和温度的关系要用居里—外斯定律表示，即

$$\chi_m = \frac{C'}{T+\Delta} \tag{2-31}$$

式中，C'是常数；Δ对于某一种物质来说也是常数，不同的物质可大于零或小于零。

应当指出，抗磁磁化率和顺磁磁化率一般与磁场的强弱无关，而且磁化过程是可逆的。

（3）金属的抗磁性与顺磁性　金属是由点阵的离子和自由电子构成的。在磁场的作用下，电子运动会产生抗磁磁矩，与此同时，点阵的离子和自由电子要产生顺磁磁矩。其中，自由电子所引起的顺磁性比较小，故只有当内层电子未被填满，自旋磁矩未被抵消时，才可能产生较强的顺磁性。

铜、银、金、镉、汞等金属的离子所产生的抗磁性大于自由电子的顺磁性，因而是抗磁

性物质。在非金属中，除氧和石墨外，都是抗磁性的。在元素周期表中，接近非金属的一些金属元素，如锑、铋、镓与锌等，它们的自由电子在原子价增加时逐步向共价结合过渡，而共价电子的磁矩相互抵消，无顺磁性，因此，表现出异常的抗磁性。

所有的碱金属都是顺磁性物质，碱土金属（除铍外）也都是顺磁性的。可以设想，以上两族金属元素在离子状态时都与惰性气体相似，具有相当的抗磁矩，但由于自由电子产生的顺磁性占主导地位，故表现为顺磁性。

三价金属铝、硒、镧也是顺磁性的，它们的顺磁性主要是自由电子或离子的顺磁性所决定的。

稀土金属顺磁性较强，磁化率较大，主要因为这些元素的原子 $4f$ 层或 $5d$ 层没有填满，存在着未能抵消的自旋磁矩。

钛、钒、铬、锰等过渡族元素，它们的 $3d$ 层未被填满，自旋磁矩未被抵消而产生了强烈的顺磁性，甚至它们的合金有些就属于铁磁性的了。

3. 铁磁性

铁磁性与抗磁性或顺磁性有很大差异。对于铁性磁物质，不太大的外磁场便会使它达到磁饱和。另外，铁磁物质的磁化与温度的关系也很奇特，在某一温度 T_C 之下，随着温度的上升，饱和磁化强度逐渐减小；当达到 T_C 温度时便降为零；而在 T_C 以上，铁磁质变成为一般的顺磁物质，其磁化率与温度的关系亦服从居里—外斯定律：

$$\chi_m = \frac{C'}{T - T_C} \tag{2-32}$$

式中，T_C 称为居里温度或居里点。

图 2-7 所示为顺磁物质和铁磁物质的 χ_m—T 曲线。表 2-4 中列出了几种常用材料的居里温度。

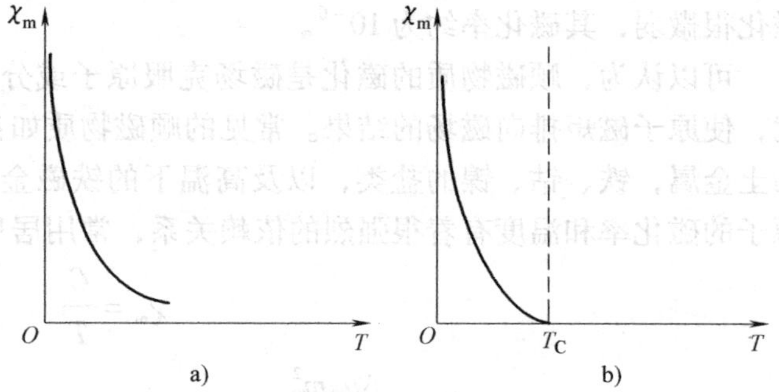

图 2-7 χ_m—T 曲线

a）顺磁性 b）铁磁性

表 2-4 几种材料的居里温度

材料	纯铁	硅钢（热轧）	硅钢（冷轧）	45 坡莫合金	78 坡莫合金	超坡莫合金	铁氧体
T_C/℃	770	690	700	440	580	400	100 ~ 600

（1）磁畴 铁磁物质和顺磁物质一样，原子有固有磁矩，但它们的磁化根本不相同。铁磁物质的原子磁矩主要来源于电子的自旋磁矩。在没有外磁场的条件下，铁磁质中的电子自旋磁矩可以在小范围内“自发地”排列起来，形成一个个小的“自发磁化区”，这种自发磁化区称为“磁畴”。根据量子力学理论，电子自旋磁矩会形成自发磁化区的原因是：铁磁质的内部相邻原子的电子之间有一种静电交换作用，正是这种静电交换作用迫使各原子的磁矩平行或反平行排列，这种作用的效果好像有一很强的磁场作用在各个原子磁矩上一样，使得一个小区域内的各个原子的磁矩按同一方向排列，从而形成磁畴。

由静电交换作用产生的磁畴的总的自发磁化强度矢量为 M_S，它是温度的函数，即

$$M_S = M_{S0}(1 - \alpha^{T^{\frac{3}{2}}}) \tag{2-33}$$

式中，M_{S0}是 $T=0\mathrm{K}$ 时的自发磁化强度值；α 是常数。

一个磁畴体积的数量级为 $10^{-5}\mathrm{m}^3$，而一个原子的体积的数量级仅是 $10^{-30}\mathrm{m}^3$，因此，每个磁畴内可含大约 10^{15} 个原子。磁畴的形状和大小随材料不同差异很大，其几何线度可以从微米量级到毫米量级，形状也很复杂。

在无外磁场作用下，各个磁畴的自发磁化取向是不相同的，对外效果抵消，因而整体对外不显磁性。当铁磁物质处于外磁场中时，各个磁畴的磁矩转向外磁场方向，由于在每个磁畴中原子的磁矩已完全排列起来，所以在一个不太强的外磁场中，就可以产生一个很强的磁化强度，这就是铁磁物质的磁化比顺磁物质强得多的原因。铁磁质的磁化率 $\chi_m >> 0$，一般为 $10^{-1} \sim 10^5$ 数量级。铁磁质的磁化强度矢量定义为

$$\boldsymbol{M}=\frac{\sum \boldsymbol{m}_{畴}}{\Delta V} \tag{2-34}$$

式中，$\boldsymbol{m}_{畴}=n\boldsymbol{m}_{原}$ 是磁畴的磁矩，它是磁畴内 n 个原子磁矩 $\boldsymbol{m}_{原}$ 的矢量和，ΔV 是宏观体积元。

铁磁物质的磁化强度矢量 $\boldsymbol{M}$ 不是磁场强度 $\boldsymbol{H}$ 的线性函数，χ_m 是磁场强度的函数，$\boldsymbol{M}$ 和 $\boldsymbol{H}$ 的关系很复杂。

（2）技术磁化的基本过程　铁磁物质在外磁场的作用下显示出磁性称为技术磁化。对于铁磁物质，在技术磁化过程中，外磁场的作用只是把已经高度磁化的磁畴磁矩从各个不同的方向转到磁场方向或接近磁场方向，因而在磁场方向有合成量，这样对外就显示出磁性。

技术磁化是通过磁畴的两种变动进行的，一种是磁畴磁矩的转动，另一种是畴壁的位移（畴壁是指相邻磁畴的分界层）。

不加外磁场 $\boldsymbol{H}$（磁化场）时，铁磁物质中的磁畴磁矩取向杂乱无章，它们产生的磁场相互抵消，对外不显宏观磁性，如图 2-8a 所示。若将铁磁物质放进外磁场中磁化，在较弱的外磁场作用下，那些磁化方向和外磁场方向一致或比较接近的磁畴的体积逐渐扩大，而邻近的那些磁矩方向与外磁场方向相反的磁畴的体积则逐渐缩小，因此扩大体积的磁畴和缩小体积的磁畴之间的畴壁相当于向某个方向移动，这就是畴壁的位移，如图 2-8b、c 所示。随着外磁场的逐渐增大，与磁畴方向不一致的磁畴磁矩将逐渐转向磁场方向，当外磁场增大到一定值，所有磁畴的磁矩都沿外磁场排列，这时铁磁体的磁化就达到了饱和，如图 2-8d、e 所示。或者说，在一定大小的磁场作用下，通过畴壁位移和畴矩转动，铁磁质会被磁化到所有磁畴的自发磁化强度 $\boldsymbol{M}_S$ 都与外磁场一致取向，而成为单磁畴，这种状态叫做饱和磁化状态。使铁磁物质开始达到饱和磁化状态的磁场叫饱和磁场 $\boldsymbol{H}_S$，饱和状态的磁化强度叫做饱和磁化强

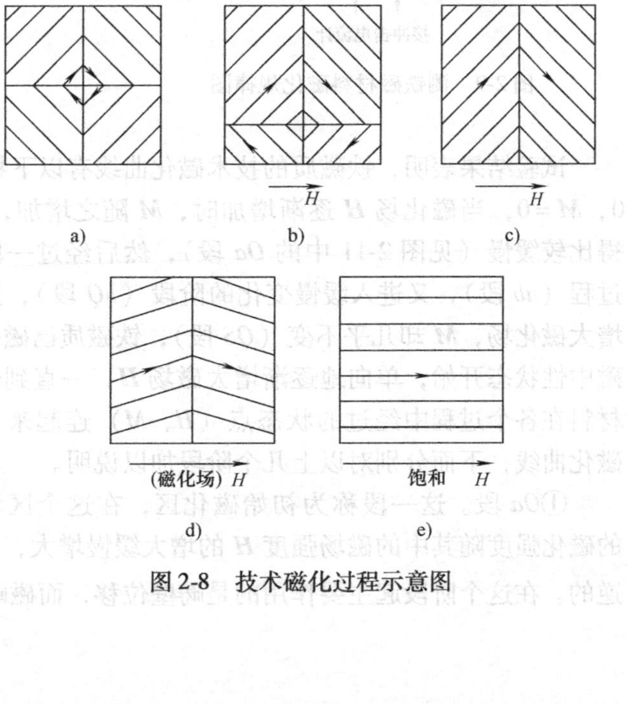

图 2-8　技术磁化过程示意图

度。显然，饱和磁化强度矢量等于每个磁畴中的自发磁化强度矢量 $\boldsymbol{M}_S$。

铁磁物质的磁性与磁畴结构分不开。当铁磁体受到强烈振动，或在高温下受剧烈热运动的影响，磁畴便会瓦解，这时与磁畴联系的一系列铁磁性质便会全部消失。

（3）磁特性曲线

1）技术磁化曲线（起始磁化曲线）。研究铁磁质的磁化规律，就是找出 $\boldsymbol{M}$ 和 $\boldsymbol{H}$ 或 $\boldsymbol{B}$ 和 $\boldsymbol{H}$ 之间的依赖关系，即 M—H 曲线或 B—H 曲线，这种曲线是通过实验方法来测定的。

如图 2-9 所示，把待测的铁磁材料做成闭合圆环状，其上均匀绕 N_1 匝一次线圈和 N_2 匝二次线圈，在一次线圈中通磁化电流 I_0，而二次线圈接到冲击电流计上。根据安培环路定律可以求得铁芯磁环中的磁场强度为 $\boldsymbol{H}=\frac{N_1}{l}\boldsymbol{I}_0$，$l$ 是磁环的平均周长，而铁心中的磁感应强度 $\boldsymbol{B}$ 可以通过突然改变一次线圈中电流的方向在二次线圈中感应出的电动势来测定。然后，根据公式 $\boldsymbol{B}=\mu_0(\boldsymbol{H}+\boldsymbol{M})$ 可求得

$$\boldsymbol{M}=\frac{\boldsymbol{B}}{\mu_0}-H \tag{2-35}$$

一般情况下，由于铁磁质中 $\boldsymbol{M}$ 的数值比 $\boldsymbol{H}$ 大得多（$10^2\sim10^6$ 倍），所以 $\boldsymbol{B}=\mu_0(\boldsymbol{H}+\boldsymbol{M})$，因而 B—H 曲线形状和 M—H 曲线差不多，如图 2-10 所示。因此，常常只要绘出 B—H 曲线。必须指出，如果待测的铁磁材料不做成环状，而是做成条状，则铁磁材料中的磁场强度应等于磁化场 $\boldsymbol{H}_0$ 减去其中的退磁场 $\boldsymbol{H}'$，即 $\boldsymbol{H}=\boldsymbol{H}_0-\boldsymbol{H}'$。

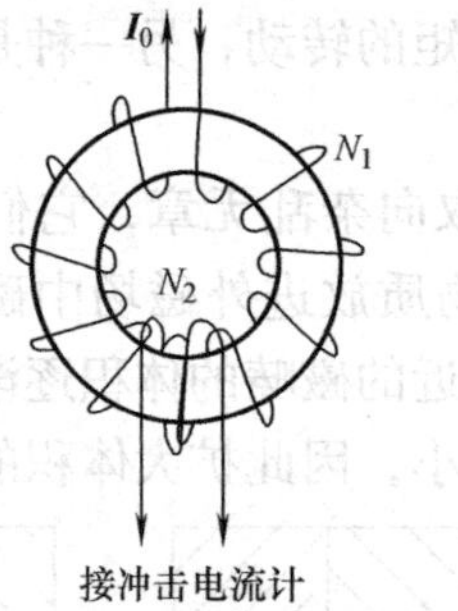

图 2-9 测铁磁材料磁化规律图

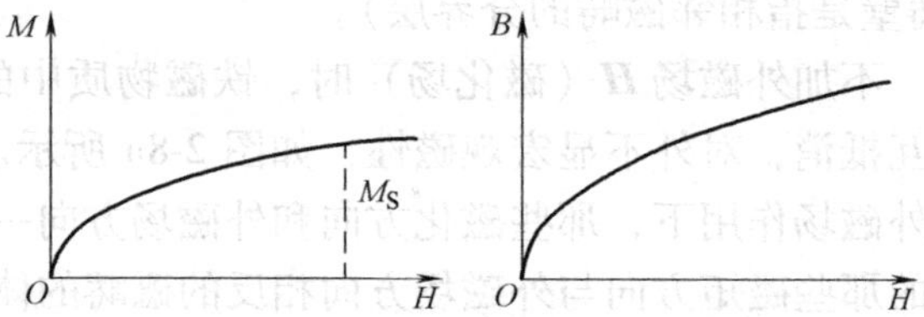

图 2-10 M—H 曲线与 B—H 曲线

试验结果表明，铁磁质的技术磁化曲线有以下特点：设磁化前铁磁质为磁中性，即 $\boldsymbol{H}=0$，$\boldsymbol{M}=0$，当磁化场 $\boldsymbol{H}$ 逐渐增加时，$\boldsymbol{M}$ 随之增加，开始 $\boldsymbol{M}$ 增加得比较缓慢（见图 2-11 中的 Oa 段），然后经过一段急剧上升的过程（ab 段），又进入缓慢变化的阶段（bQ 段），这时，再继续增大磁化场，$\boldsymbol{M}$ 却几乎不变（QS 段），铁磁质已磁化到饱和。从磁中性状态开始，单向地逐渐增大磁场 $\boldsymbol{H}$，一直到饱和磁化，把材料在各个过程中经过的状态点（H，M）连起来，就得到技术磁化曲线，下面分别对以上几个阶段加以说明。

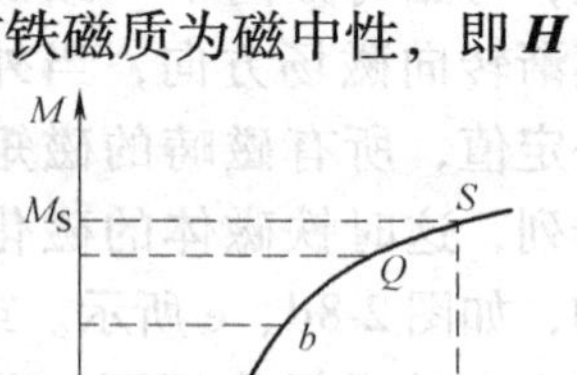

图 2-11 技术磁化曲线

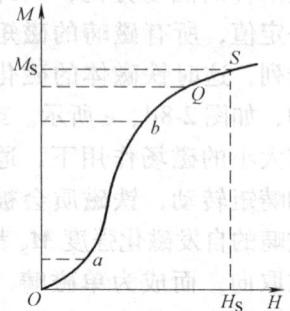

①Oa 段。这一段称为初始磁化区，在这个区域内，磁环中的磁化强度随其中的磁场强度 $\boldsymbol{H}$ 的增大缓慢增大，并且磁化是可逆的。在这个阶段起主要作用的是畴壁位移，而磁畴磁矩可逆转动的作用很小。

②ab 段。磁化强度 $\boldsymbol{M}$ 随 $\boldsymbol{H}$ 的增大而迅速增大，此时若去掉磁化场，磁化强度不再回到零，而保留足够大的剩磁。因此，ab 段称为不可逆磁化区。在这一段起主要作用的是不可逆的磁壁位移，同时，也有不少磁畴磁矩开始逐渐转向外磁场方向，因而出现剧烈磁化。最大磁化率 χ_m 就在这个区域。

③bQ 段。磁化强度随 $\boldsymbol{H}$ 的增大变化开始减慢。这段区域也称为旋转磁化区，磁化中起主要作用的是磁畴磁矩的转动。

④QS 段。随着 $\boldsymbol{H}$ 的增大，磁化强度变化很小，这是因为各磁畴的磁矩与外磁场方向成很小的角度，磁化以可逆磁畴磁矩转动为主。这个区域称为趋近饱和区。

不同铁磁材料的技术磁化曲线是不一样的，软磁材料（如工业软铁、低碳钢等）的磁化曲线比较陡峭，说明这种材料易于磁化；硬磁材料（如高碳钢、高合金钢等）的磁化曲线比较平坦，说明这些材料不易磁化。

由式（2-35）可以看出，当 $\boldsymbol{H}=\boldsymbol{H}_S$ 再继续增大时，由于磁化强度已达到饱和值而几乎不再变化，但 $\boldsymbol{B}$ 却随 $\boldsymbol{H}$ 成线性缓慢增大，如图 2-10 所示，并无所谓饱和与否。平时说的饱和磁感应强度 $\boldsymbol{B}_S$ 只是在以下两种情况下有确定的意义：一是式（2-35）中的 $\boldsymbol{H}=0$ 的情况，定义 $\boldsymbol{B}_S=\mu_0\boldsymbol{M}_S$ 为饱和磁感应强度，也叫做内禀饱和磁感应强度；二是 $\boldsymbol{M}_S$ 比 $\boldsymbol{H}_S$ 大得多的情况（如软磁合金 $\boldsymbol{M}_S \approx 10^6\text{A/m}$，而 $\boldsymbol{H}_S<10^4\text{A/m}$），把比 $\boldsymbol{H}_S$ 稍大的指定磁场下的 $\boldsymbol{B}$ 叫做饱和磁感应强度 $\boldsymbol{B}_2$，在这两种情况下定义的 $\boldsymbol{B}_2$ 基本相同。

2）磁滞回线。当铁磁材料被磁化到饱和后，外磁场从 $+H_S$ 开始逐渐减小，材料也开始退磁场。但是，在这个退磁过程中，磁感应强度 $\boldsymbol{B}$ 并不沿原来的磁化曲线 $SQbaO$ 减小，而是沿另一条曲线 SR 比较缓慢地下降，如图 2-12 所示。就是说，在同样的磁场强度 $\boldsymbol{H}$ 下，退磁时的磁感应强度比磁化时的磁感应强度大，这种 $\boldsymbol{B}$ 的变化落后于 $\boldsymbol{H}$ 变化的现象，叫做磁滞现象，简称磁滞。造成磁滞的主要原因是，铁磁质中的掺杂和内应力在退磁过程中阻碍磁畴恢复到原来的状态。

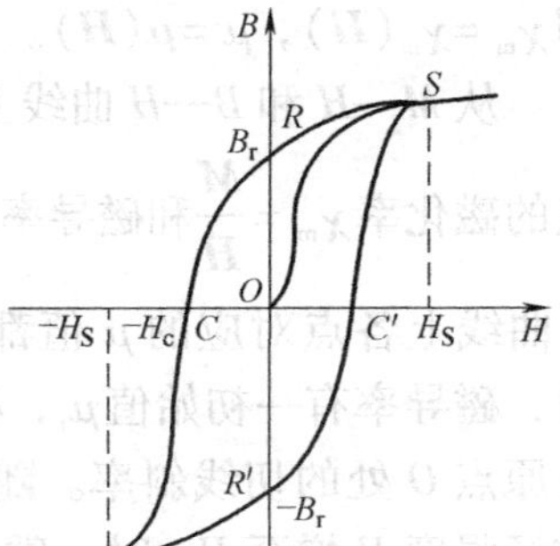

图 2-12　饱和磁滞回线

由于存在磁滞的缘故，当外磁场减小到零时，磁感应强度 $\boldsymbol{B}$ 的大小并不等于零，而保留一定的数值 B_r（见图 2-12 中的 OR 段），B_r 称为剩余磁感应强度，简称剩磁。为了消除剩磁（使 $B=0$），必须加一反向磁场，当反向磁场增加到某个数值 H_c 时，B 才降到零，通常把 H_c 称为矫顽力（见图 2-12 中 OC 段）。反向磁场继续增加，铁磁材料中的 $\boldsymbol{B}$ 也变成反向，开始反向磁化，当反向磁场增大到 $-H_S$ 时，材料达到反向饱和磁化点 S'，此后，再进行反向退磁，随着 H 的减小，退磁曲线沿 $S'C'$ 进行；随着 H 的增大，充磁曲线沿 $C'S$ 进行，当 $H=+H_S$ 时，又达到正向饱和磁化点 S。曲线 $S'CRS$ 和 $S'R'C'S$ 关于坐标原点 O 是对称的。

以上描述的磁化、退磁、反向磁化、反向退磁、正向磁化等过程形成了一个循环，通常，将此循环过程所形成的闭合曲线 $SRCS'R'C'S$ 称为磁滞回线。由于磁化场 $\boldsymbol{H}$ 达到了饱和磁场强度 H_S，材料也达到了饱和磁化，所以闭合曲线 $SRCS'R'C'S$ 也称为饱和磁滞回线。

为了得到闭合的对称磁滞回线，场强度必须在 $+H_S$ 和 $-H_S$ 之间进行反复十几次循环，这个过程叫磁锻炼。

如果我们从磁中性状态开始，逐步提高 H_S 值进行磁锻炼，每次都得到一条对称的磁滞回线，它们都被包围在饱和磁滞回线之内，把这些磁滞回线的顶点连起来，就得到了一条基本磁化曲线，也叫换向磁化曲线，如图 2-13 中 *OP* 所示。

综上所述，在铁磁质的技术磁化过程中，由于存在磁滞现象，磁化规律非常复杂。铁磁质中的 $\boldsymbol{B}$ 和 $\boldsymbol{H}$（或 $\boldsymbol{M}$ 和 $\boldsymbol{H}$）的依赖关系不仅不是线性的，而且也不是单值的，即给定一个 $\boldsymbol{H}$，不能唯一确定铁磁质中的 $\boldsymbol{B}$ 和 $\boldsymbol{M}$；或者说，$\boldsymbol{B}$ 和 $\boldsymbol{M}$ 的数值除了与 $\boldsymbol{H}$ 的数值有关外，还取决于铁磁质的磁化历史，例如，当 $H=0$ 时，有可能 $B=B_r$，$M=M_r$（$\boldsymbol{H}$ 由正向减小到零），也有可能 $B=-B_r$，$M=M_r$（H 由反向减小到零）。可见，同一个 $\boldsymbol{H}$、$\boldsymbol{B}$ 和 $\boldsymbol{M}$ 的数值还与铁磁质磁化过程达到什么状态有关。因此，当 $\boldsymbol{B}$、$\boldsymbol{M}$ 和 $\boldsymbol{H}$ 无单值关系时，式（2-20）和式（2-25）就失去了意义，在这种情况下，通常不再有 χ_m 和 μ 的概念。

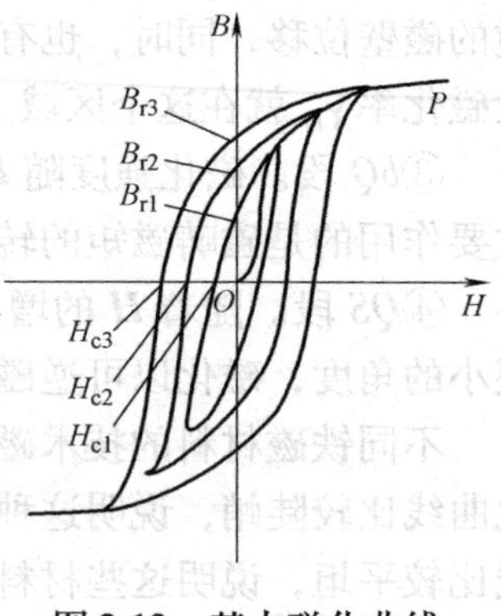

图 2-13 基本磁化曲线

可以说明，*B*—*H* 图中磁滞回线所包围区域的面积代表在一个反复磁化的循环过程中单位体积的铁心内损耗的能量。磁滞回线包围的面积越大，损耗的能量越多。不同铁磁质的饱和磁滞回线所包围的面积是不同的：软磁材料的磁滞回线狭窄，所包围的面积小，故磁化时损耗的能量少，磁化容易；硬磁材料的磁滞回线形状肥大，所包围的面积大，消耗的能量多，故磁化困难。

3）磁导率曲线。在技术磁化曲线上，$\boldsymbol{B}$ 与 $\boldsymbol{H}$ 呈非线性关系，但在这种情况下，我们仍可以按照式（2-20）和式（2-25）来定义 χ_m 和 μ，不过此时它们不是常数，而是 $\boldsymbol{H}$ 的函数，即 $\chi_m=\chi_m(\boldsymbol{H})$，$\mu=\mu(\boldsymbol{H})$。

从 *M*—*H* 和 *B*—*H* 曲线上任何一点连到原点 *O* 的直线的斜率，分别代表该磁化状态下该点的磁化率 $\chi_m=\dfrac{\boldsymbol{M}}{\boldsymbol{H}}$ 和磁导率 $\mu=\dfrac{\boldsymbol{B}}{\boldsymbol{H}}=(1+\chi_m)\mu_0$。显然，*B*—*H* 曲线上各点对应的 μ 值都不同，由图 2-14 可知，当 $H=0$ 时，磁导率有一初始值 μ_i，称为起始磁导率，它是 *B*—*H* 曲线在原点 *O* 处的切线斜率。随着 *H* 的增大，μ 值迅速增大；当磁场强度 *H* 增至 $H_{\mu m}$ 时，磁导率达到极大值 μ_m，称为最大磁导率，此时铁磁材料被强烈磁化，$\boldsymbol{H}_{\mu m}$ 在 *B*—*H* 曲线上对应的磁感应强度为 $\boldsymbol{B}_{\mu m}$。在继续增加 *H* 值时，*B* 值逐渐进入饱和磁化区，且 *B* 值缓慢增加，而磁导率则从 μ_m 值开始逐渐下降。

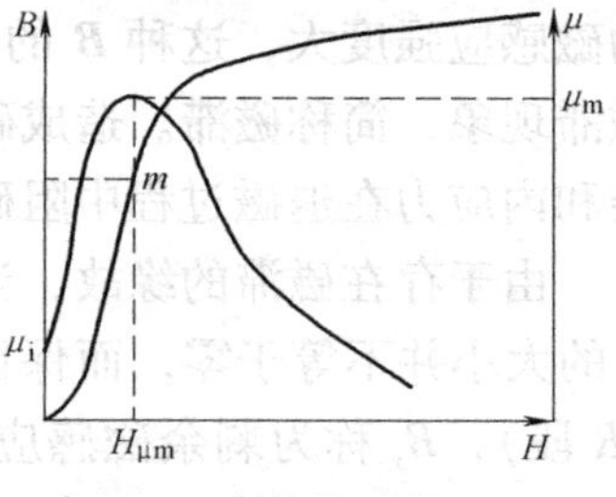

图 2-14 μ—H 曲线与 B—H 曲线

B—*H* 曲线上的 *m* 点称为磁化曲线的拐点。在拐点处，*B*—*H* 曲线的斜率最大，所以对应的 μ—*H* 曲线上将出现最大值 μ_m。

同样由 *M*—*H* 曲线可得 χ_m—*H* 曲线。显然，χ_m—*H* 曲线的形状与 μ—*H* 曲线相似，并且也有起始磁化率 χ_{mi} 和 χ_{mm}，它们的定义式为

$$\chi_{mi}=\lim_{H\to 0}\frac{\boldsymbol{M}}{\boldsymbol{H}} \tag{2-36}$$

$$\mu_i=\lim_{H\to 0}\frac{\boldsymbol{B}}{\boldsymbol{H}}=(1+\chi_{mi})\mu_0 \tag{2-37}$$

$$\chi_{mm}=\left(\frac{\boldsymbol{M}}{\boldsymbol{H}}\right)_{max} \tag{2-38}$$

$$\mu_m=\left(\frac{\boldsymbol{B}}{\boldsymbol{H}}\right)_{max} \tag{2-39}$$

另外，有时还用到微分磁导率μ_d，它是用B—H曲线上某点的切线斜率来定义的，即

$$\mu_d=\lim_{\Delta H\to 0}\frac{\Delta \boldsymbol{B}}{\Delta \boldsymbol{H}}=\frac{\mathrm{d}\boldsymbol{B}}{\mathrm{d}\boldsymbol{H}} \tag{2-40}$$

4）剩磁曲线。用不同的外磁场进行反复磁化一周，就可以得到一系列面积大小不等的磁滞回线，如图2-13所示，从小到大，每个磁滞回线都对应一个剩余磁感应强度，如B_{r1}、B_{r2}、B_{r3}。

以这些剩余磁感应强度与其所对应的磁滞回线顶点的磁场强度作图，即得到剩余磁感应强度随磁场强度变化规律的曲线，称为剩余磁化曲线，如图2-15所示。

由图可以看出，B_r—H曲线和B—H曲线形状基本相同，并可划分三个区域：起始磁化区（Ⅰ）、剧烈磁化区（Ⅱ）及趋于饱和区（Ⅲ）。与B—H曲线比较，在趋于饱和区内，曲线比较平坦，开始出现平坦处就表示磁化已进入饱和状态。这样，我们就可以从曲线开始出现平坦的点，找到对应的磁场强度，在一般的情况下，这个磁场强度可近似认为饱和磁场强度。

5）退磁曲线与最大磁能积。当磁场去掉后，铁磁材料中仍然保留一定的剩磁，若要将其中的剩余磁感应强度减到零，必须加一反向磁场。加反向磁场$\boldsymbol{H}_c$时，材料才完全退磁（即要达到$B=0$，或$M=0$的状态），通常把从具有剩磁状态到完全退磁的状态这段曲线RC称为退磁曲线，如图2-16所示。

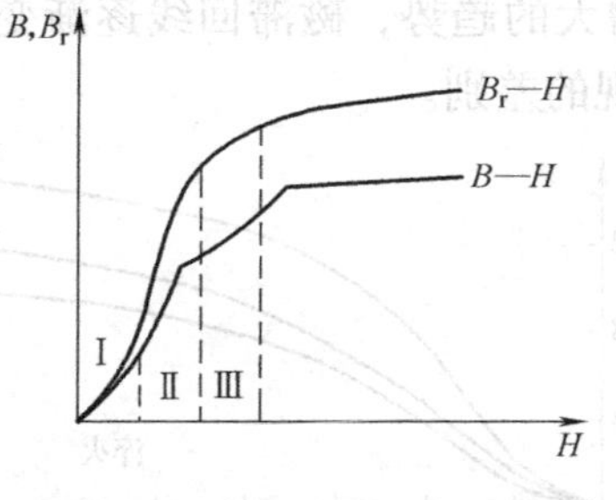

图2-15　剩磁曲线（B_r—H）

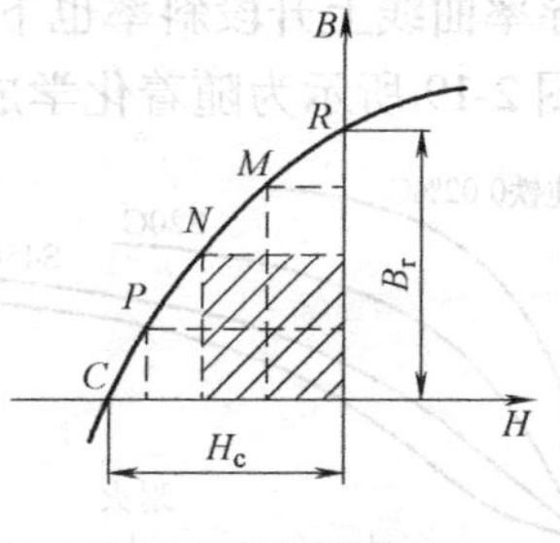

图2-16　退磁曲线

由电磁场理论可知，在磁场中单位体积内的磁场能量体密度为$\omega_m=\boldsymbol{B}\cdot\boldsymbol{H}/2$。因此，退磁曲线上任一点$\boldsymbol{B}$与$\boldsymbol{H}$所对应的乘积$\boldsymbol{B}\cdot\boldsymbol{H}$的量纲是磁能密度，所以把乘积$\boldsymbol{B}\cdot\boldsymbol{H}$称为磁能积，它等于铁磁材料在该点单位体积内的磁能的两倍。

从图2-16中可以看出，$\boldsymbol{B}\cdot\boldsymbol{H}$的乘积正比于图中划斜线的矩形面积。退磁曲线$RC$上的不同点对应于一个不同的矩形面积，但在$RC$曲线上总可以找到一点$N$，其对应的$\boldsymbol{B}\cdot\boldsymbol{H}$乘积最大（即对应的矩形面积最大），称为最大磁能积，用$(\boldsymbol{B}\cdot\boldsymbol{H})_{max}$表示，$N$点称为最大磁能积点。

2.1.4 金属的磁特性

1. 钢铁材料的磁特性

钢分碳素钢和合金钢两大类。钢的主要成分是铁，因而大部分具有磁性；但是，也有不具备磁性的钢。钢铁材料的磁性不仅与磁化场有关，还与其晶体结构、化学成分、各元素含量、组织形状以及热处理状态有关。

（1）晶体结构与大小　从晶体结构来说，面心立方 γ 铁是非铁磁体，体心立方的 α 铁是铁磁体。但体心立方 α 铁的状态不同，磁性则不同。在晶格处于平衡状态时，磁性表现为：高磁导率、高磁化强度以及低矫顽力，即为软磁性。随着晶格内溶入碳原子数的增加和晶格歪扭程度的增加，磁性表现为：磁导率降低、矫顽力上升，即磁性变硬。另外，晶粒大小、组织形状和分布不同，其磁性也不相同，晶粒越大，磁导率越大，矫顽力越小，表 2-5 所示为纯铁的晶粒大小与磁性的关系。

表 2-5　纯铁的晶粒大小与磁性关系

晶粒数/（N/mm^2）	起始磁导率 μ_i/（H/m）	最大磁导率 μ_m/（H/m）	矫顽力 H_c/O_e
9.20	600	2400	0.604
1.21	900	3740	0.325
1.90	980	3000	0.273
0.15	1000	—	0.168
0.092	1500	4430	0.147
0.0067	1700	4300	0.063

（2）化学成分　在结构钢中，对磁特性影响最大的合金成分是碳。一般来说，随着含碳量的增加，饱和磁化所对应的磁通密度、剩余磁感应强度及磁导率减少，矫顽力增大。另外，在热处理条件相同或近似的条件下，随着合金元素的种类和含量的增加，磁化曲线斜率下降，磁导率曲线上升段斜率也下降，最大磁能积有增大的趋势，磁滞回线逐渐变得肥大。图 2-17 ~ 图 2-19 所示为随着化学成分变化，磁特性出现的差别。

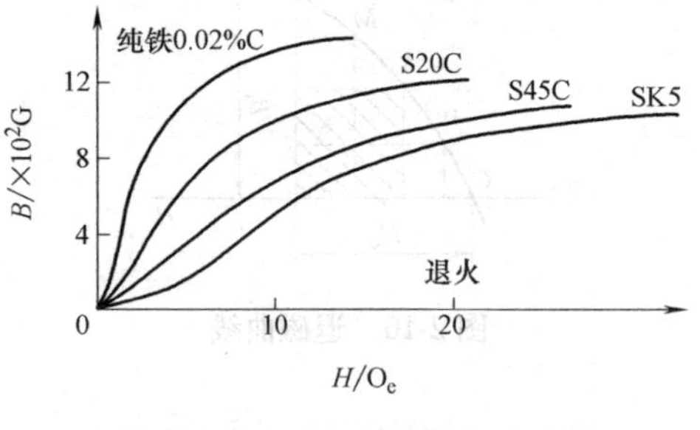

图 2-17　退火碳素钢的起始磁化曲线

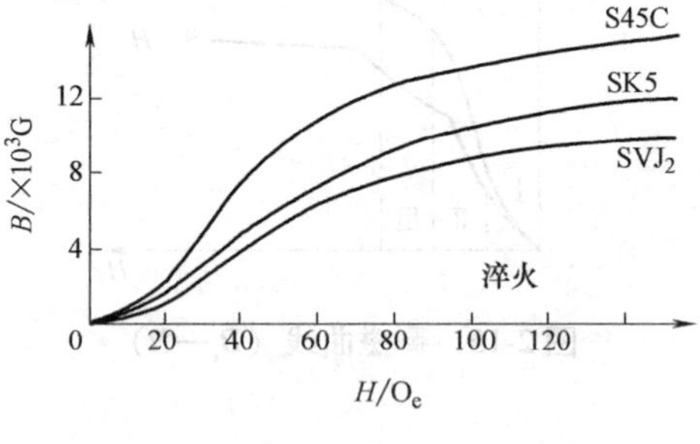

图 2-18　淬火钢的起始磁化曲线

（3）热处理　工件进行不同的热处理对磁性参数影响也很大，通常退火材料与正火材料的磁性差别并不大，而材料退火与淬火却有较大的差别，并且这个差别随着含碳量的增多而变大。在淬火后，工件材料随回火温度的升高，最大磁导率、剩余磁感应强度增大，矫顽力减小，磁滞回线变窄，磁性变软。注意：当铁磁材料加热到居里点以上温度时，其磁性消失。热处理引起磁性变化规律如图 2-20 ~ 图 2-22 所示。

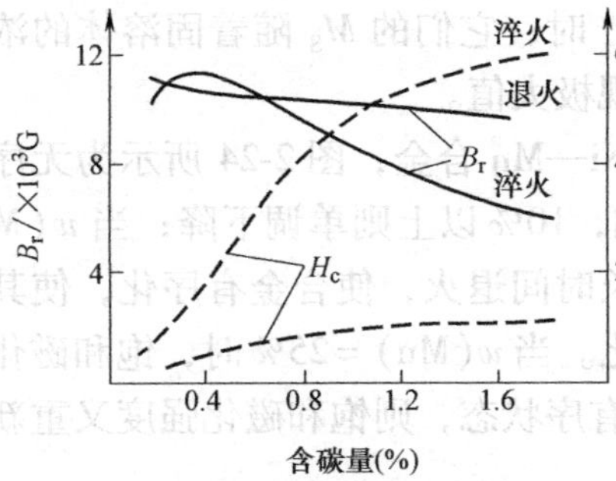

图 2-19　含碳量引起的磁性变化

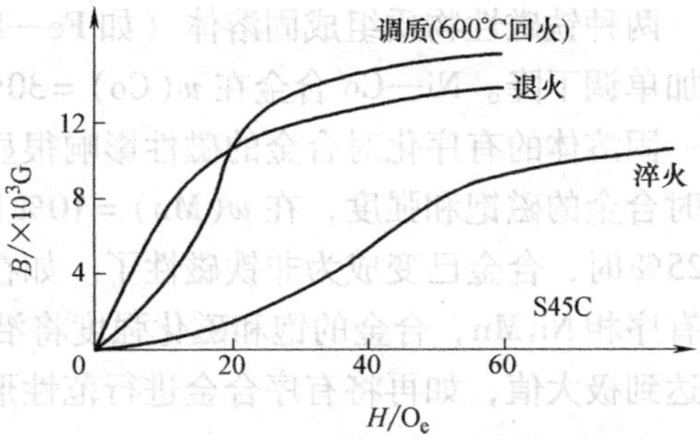

图 2-20　热处理引起的起始磁化曲线变化

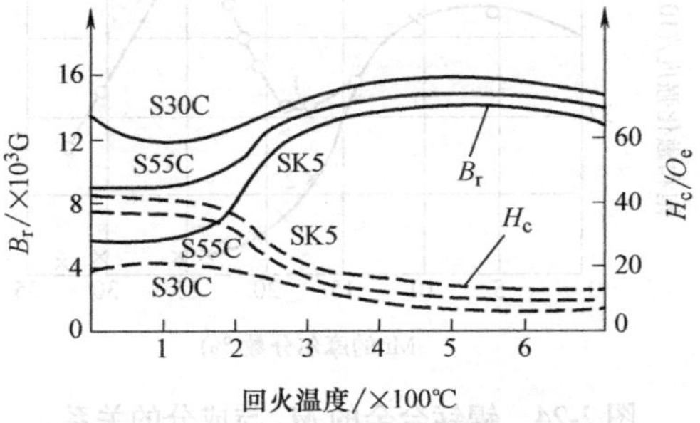

图 2-21　碳素钢回火引起的磁性变化

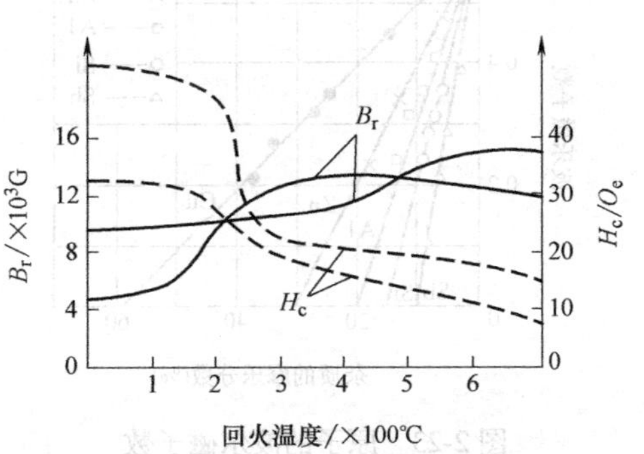

图 2-22　特殊钢回火引起的磁性变化

（4）冷加工　当冷加工钢铁材料时，磁性的各向异性变大，轧制加工方向的磁滞曲线接近角形。这就是说，加工方向的磁导率、剩余磁感应强度增大，而在垂直方向经常出现减小的现象，表 2-6 表示为纯铁冷加工引起的磁特性的变化。

表 2-6　纯铁冷加工引起的磁特性变化

截面积缩小率（%）	最大磁导率 μ_m/（H/m）	饱和磁场强度 H_s/O_e	剩余磁感应强度 B_r/T	矫顽力 H_c/O_e
0	1091	178.0	8200	3.5
41.6	442	180.0	6600	7.0
70.5	—	178.8	7900	10.1
79.5	—	179.8	7600	11.0
85.7	420	179.9	8000	12.7
89.2	415	179.0	9300	11.9
93.2	400	178.8	9200	13.0
95.2	410	178.4	9500	12.9
96.5	380	178.0	9800	14.8

2. 合金的磁特性

当合金形成置换式固溶体时（如在铁磁性金属中溶入抗磁性金属），可使磁化强度降低，并随着溶质原子浓度的增加而下降。溶质原子的原子价越高，则磁化强度降低得就越剧烈，如图 2-23 所示。这种情况可以认为是由于 Cu、Zn、Al、Si 和 Sb 的 4s 层电子进入了镍的 3d 层，导致玻尔磁子数减少所致。对镍的固溶体来说是这样，其他情况较为复杂，但可以说，顺磁和抗磁质总使饱和磁化强度 M_S 降低。

两种铁磁性物质组成固溶体（如 Fe—Ni 和 Ni—Co）时，它们的 M_S 随着固溶体的浓度增加单调下降。Ni—Co 合金在 $w(Co)=30\%$ 时，M_S 出现极大值。

固溶体的有序化对合金的磁性影响很显著。例如，Ni—Mn 合金，图 2-24 所示为无序状态时合金的磁饱和强度，在 $w(Mn)=10\%$ 以下略有增加，10% 以上则单调下降；当 $w(Mn)=25\%$ 时，合金已变成为非铁磁性了。如在 450℃进行长时间退火，使合金有序化，使其生成有序相 Ni_3Mn，合金的饱和磁化强度将沿着曲线 1 变化。当 $w(Mn)=25\%$ 时，饱和磁化强度达到极大值，如再将有序合金进行范性形变，破坏其有序状态，则饱和磁化强度又重新下降。

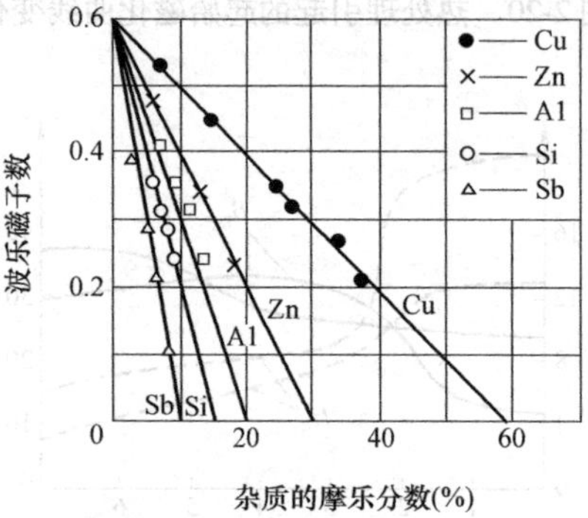

图 2-23 原子的波尔磁子数与镍中合金元素浓度的关系

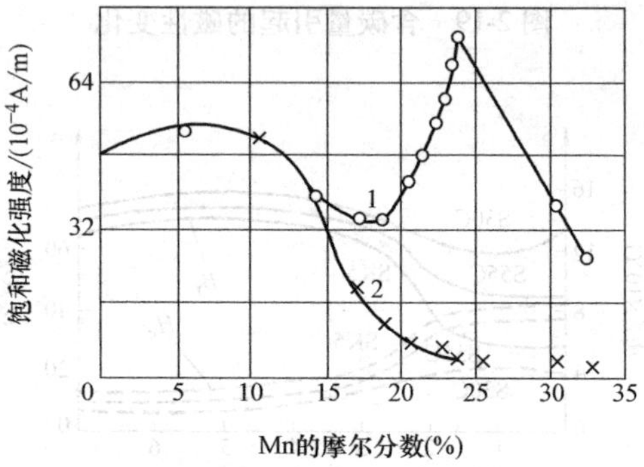

图 2-24 镍锰合金的 M_S 与成分的关系

组成间隙式固溶体时，矫顽力随溶质原子浓度增加而增加，并且在浓度低的范围增加得显著。

当合金组成化合物时，一般铁磁体与顺磁体或抗磁体组成的大化合物，以及有显著化学结合的中间相都是顺磁性的，如 $FeMo_2$、$FeZn_2$、$FeAu_3$ 等相，β 相以及 NiAl 等都是顺磁性的。铁磁性金属与非金属组成的化合物都是铁磁性的，如 FeS_2、Fe_2O_3、FeO_3、FeS 等都是铁磁性的。

组成多相合金时，其饱和磁化强度 M_S 可由组成合金的各相相应的磁化强度值相加得到

$$\boldsymbol{M}_S = \sum_{i=1}^{n} \frac{P_i}{100}(\boldsymbol{M}_S)_i \tag{2-41}$$

式中，$(\boldsymbol{M}_S)_i$ 为第 i 相的饱和磁化强度；P_i 为第 i 相的体积百分数，且有 $\sum_{i=1}^{n} P_i = 100$。

多相合金的居里点和相的成分有关，合金中有几个铁磁相，相应的就有几个居里点。

多相合金的 M_S 和温度之间的关系也是各相和温度关系相加而得。如若合金由两个铁磁相组成，两相各有自己的居里点 T_{C1} 和 T_{C2}，以及饱和磁化强度 M_{S1} 和 M_{S2}，那么合金的饱和磁化强度与温度的关系如图 2-25 所示。因此，根据饱和磁化

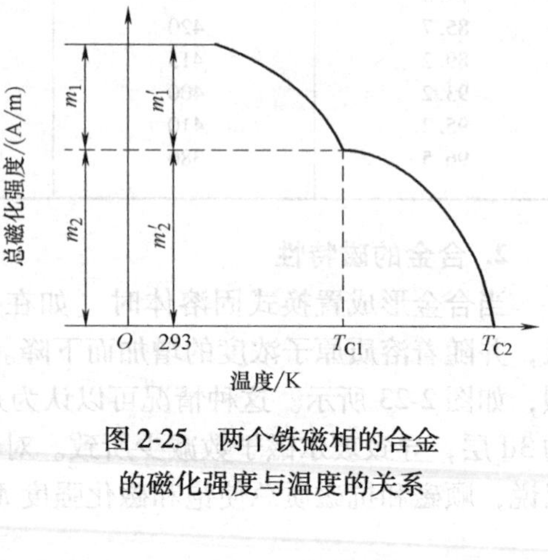

图 2-25 两个铁磁相的合金的磁化强度与温度的关系

强度的相加原则便可以对合金进行相分析。

另外，多相合金的磁性还与相的形状、大小、分布情况、结构及应力状态有关。以钢为例，钢在常温下的退火组织是由铁素体和渗碳体组成的，铁素体是强铁磁相，而渗碳体是弱铁磁相。因铁素体的磁性转变点 T_1 是768℃，而渗碳体的磁性转变点 T_2 是210℃，故钢在 T_2 点以上是铁磁性的，达到910℃以上才转变为顺磁的 γ 相。

2.2　交流电路

2.2.1　直流电流

电荷有规则地定向运动，形成传导电流。一段金属导体内含有大量带负电荷的自由电子，通常情况下这些自由电子在其内部作无规则的热运动，并不形成电流；若在该段金属导体两端连接上电源，带负电荷的自由电子逆电场方向运动，于是在该段金属导体中形成了电流。

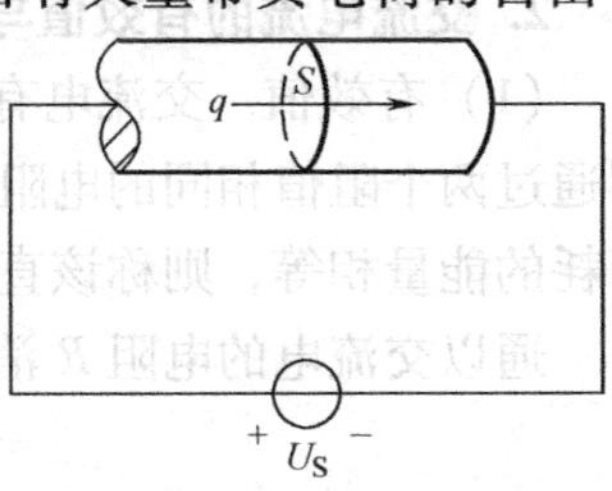

图2-26　电流定义说明图

单位时间内通过导体横截面的电荷量定义为电流，如图2-26所示。它表示为

$$i(t)=\frac{\mathrm{d}q(t)}{\mathrm{d}t} \tag{2-42}$$

式中　$i(t)$——电流,单位是A;

$q(t)$——通过导体横截面的电荷量,单位是C;

t——时间,单位是s。

若 $\mathrm{d}q(t)/\mathrm{d}t$ 为常数，则为直流电流，它是指大小和方向都不随时间变化的电流，常用 I 表示。

2.2.2　交流电流

1. 正弦交流电流

工程中常用到周期电流。所谓周期电流是指每隔一定的时间 T，电流的波形重复出现，即每隔一定的时间 T，电流完成一个循环的变化。随时间按正弦规律变化的电流，用函数图像表示时是正弦曲线，称之为正弦交流电流。它是时间的函数，可表示为

$$i(t)=I_m\sin(\omega t+\phi) \tag{2-43}$$

不同的时刻，电流的数值不同，所以电流的函数表达式也称为瞬时值表达式。式中 I_m 为电流 i 的幅值，表示正弦交流电流 i 在整个变化过程中能达到的最大值。$\omega t+\phi$ 称为正弦电流 i 的瞬时相位角，单位为弧度（rad）或度（°）。正弦量变化一个周期，瞬时相位变化 2π 弧度，于是有

$$[\omega(t+T)+\phi]-(\omega t+\phi)=2\pi \tag{2-44}$$

ω 为单位时间正弦电流变化的弧度数，称为角频率，其单位为rad/s。$t=0$ 时的瞬时相位角值 ϕ 称为正弦量的初始相位或初相角。工程上为了方便，初相角 ϕ 常用度表示，正弦交流电流的初相角与所选时间起点有关。

综上所述，如果已知一个正弦交流电流信号的幅值、角频率和初相角，它的数学表达式或波形图就可以完全确定下来，所以幅值、角频率和初相角称为正弦电流信号的三要素。

相位差是两个正弦量相位之差，设两个正弦电流分别为

$$i_1(t)=I_{m1}\sin(\omega_1 t+\phi_1) \tag{2-45}$$

$$i_2(t)=I_{m2}\sin(\omega_2 t+\phi_2) \tag{2-46}$$

它们之间的相位差用 φ 表示，则有

$$\varphi=(\omega_1-\omega_2)t+(\phi_1-\phi_2) \tag{2-47}$$

若两个正弦电流角频率不同时，φ 是时间 t 的函数，称为瞬时相位差；若 $\omega_1=\omega_2=\omega$，此时的相位差为 $\varphi=\phi_1-\phi_2$。可见，两个同频率正弦量的相位差等于它们的初相位差，且 φ 是与时间 t 无关的常数。相位差的主值范围 $|\varphi|\leqslant\pi$。

2. 交流电流的有效值与平均值

（1）有效值　交流电有效值是从能量等效的角度定义的。令正弦电流 i 和直流电流 I 分别通过两个阻值相同的电阻 R，如果在相同的时间 T（T 为正弦信号的周期）内，两个电阻消耗的能量相等，则称该直流电流的值为正弦电流 i 的有效值，记为 I。

通以交流电的电阻 R 消耗的功率为

$$P(t)=Ri^2(t) \tag{2-48}$$

T 时间内消耗的能量为

$$W=\int_0^T P(t)\,\mathrm{d}t=\int_0^T Ri^2(t)\,\mathrm{d}t \tag{2-49}$$

通以直流电的电阻 R 消耗的功率为

$$P=RI^2 \tag{2-50}$$

T 时间内消耗的能量为

$$W=RI^2T \tag{2-51}$$

令通直流电和通交流电的电阻 R 在 T 时间内消耗的能量相等：

$$RI^2T=\int_0^T Ri^2(t)\,\mathrm{d}t \tag{2-52}$$

解得

$$I=\sqrt{\frac{1}{T}\int_0^T i^2(t)\,\mathrm{d}t} \tag{2-53}$$

从式中可以看出，正弦交流电流的有效值 I 是正弦电流函数 $i(t)$ 的二次方在一个周期内的平均值再取平方根，所以有效值也称为方均根值。

若将正弦电流的表达式 $i(t)=I_m\sin(\omega t+\phi)$ 代入上式，得正弦电流的有效值与幅值之间关系为

$$I=\sqrt{\frac{1}{T}\int_0^T i^2\,\mathrm{d}t}=\sqrt{\frac{1}{T}\int_0^T I_m^2\sin^2(\omega t+\phi)\,\mathrm{d}t}=\frac{I_m}{\sqrt{2}}=0.707I_m \tag{2-54}$$

交流电流表测量指示的电流值一般都是有效值。有效值是度量交流电大小的量。

（2）平均值　正弦交流电流的平均值指一个周期内电流绝对值的平均值。由于正弦交流电流波形正、负半周所包含的面积是相等的，因此平均值实际上也等于正半周期的平均值。它与幅值的关系为

$$I_d = \frac{2}{\pi} I_m \approx 0.637 I_m \qquad (2\text{-}55)$$

3. 正弦交流电流的表示方法

正弦交流电流的表示方法主要有三角函数表示法、波形表示法、复数表示法和旋转相量表示法。

（1）复数表示法　根据欧拉公式，有

$$i = I_m\cos(\omega t + \psi) = \sqrt{2}I\cos(\omega t + \psi) = \mathrm{Re}[\sqrt{2}Ie^{j(\omega t+\psi)}] = \mathrm{Re}[\sqrt{2}Ie^{j\psi}e^{j\omega t}] \qquad (2\text{-}56)$$

因此可以通过数学方法，把一个实数范围的正弦时间函数与一个复数范围的复指数函数一一对应起来，并且其复常数部分把正弦量的有效值和初相角结合成一个复数表示出来。这个复数就称为正弦量的相量，它的模是正弦量的有效值，它的复角是正弦量的初相角，记为

$$\dot{I} = |\dot{I}|e^{j\psi} = Ie^{j\psi} = I\angle\psi \qquad (2\text{-}57)$$

式中，$\dot{I}$表示正弦电流的相量，上面加的小圆点是用来与普通复数相区别的记号。这种命名和记法的目的是强调它与正弦量的联系，但在运算过程中与一般复数并无区别。相量和复数一样，可以在复平面上用向量表示出来，图2-27所示为一电流的相量图。

（2）旋转相量法　式（2-56）另一指数部分 $e^{j\omega t}$ 是一个随时间推移而旋转的因子，它在复平面上是以原点为中心、以角速度 ω 不断旋转的复数，其模值为1，因此称它为旋转因子。这样正弦电流 $i=\sqrt{2}I\cos(\omega t+\psi)$ 可用以原点为中心、$\sqrt{2}I$ 为模值、角速度 ω 逆时针不断旋转、并与 x 轴初始夹角为 ψ 的旋转相量来表示，如图2-28所示，任何时刻在轴上的投影大小就对应等于同一时刻正弦量的瞬时值。

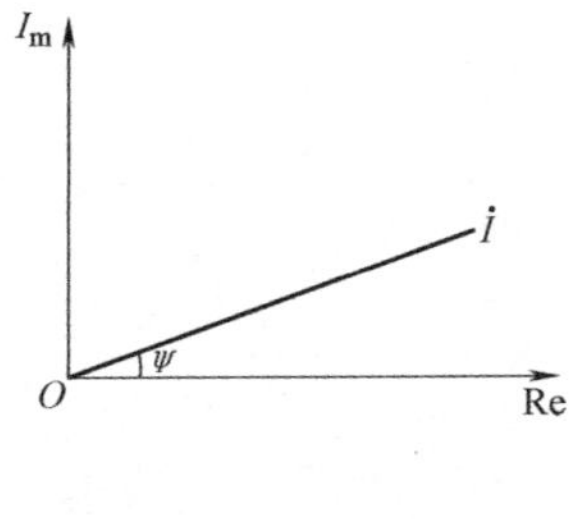

图2-27　电流的相量图

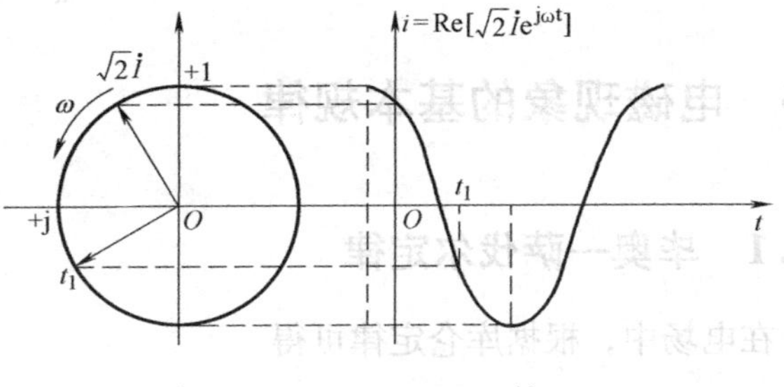

a)　　b)

图2-28　旋转相量与正弦波

2.2.3　阻抗及其相量图

1. 交流阻抗

设有一不含独立电源的一端口电路，如图2-29所示。在正弦电流源 $i(t)=\sqrt{2}I\cos(\omega t+\psi_i)$ 的激励下，端口电压 u 将是同频率的正弦量，并设其为 $u(t)=\sqrt{2}U\cos(\omega t+\psi_u)$。这样，端口电压相量 $\dot{U}=U\angle\psi_u$，端口电流相量 $\dot{I}=I\angle\psi_i$，它们的比值用 Z 表示，即

$$Z = \frac{\dot{U}}{\dot{I}} = |Z|\angle\psi_Z \qquad (2\text{-}58)$$

这里，Z 称为该一端口电路的阻抗，其中 $|Z| = \frac{U}{I}$ 是阻抗的模，$\psi_z = \psi_u - \psi_i$ 是阻抗角。Z 是一个复数，所以又称为复数阻抗。

阻抗 Z 用代数的形式表示时，可写为 $Z = R + \mathrm{j}X$，Z 的实部 R 称为电阻，Z 的虚部 X 称为电抗。

2. 阻抗矢量图

在正弦电路分析中，往往需要作电路中电阻、电抗、阻抗关系的相量图，这种图就称为阻抗相量图或阻抗矢量图。图 2-29 中一端口电路的阻抗矢量图如图 2-30 所示。

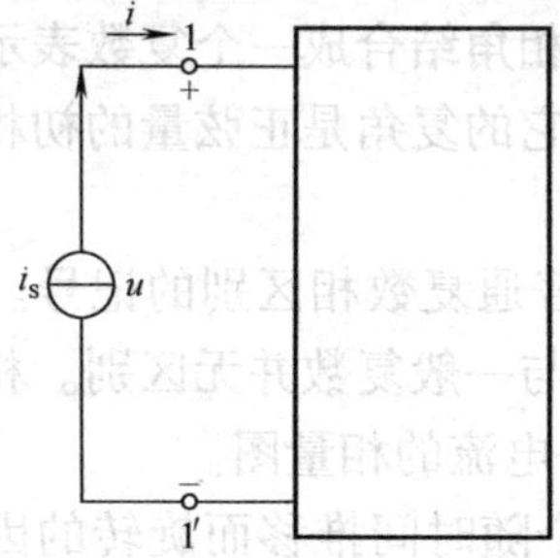

图 2-29　阻抗

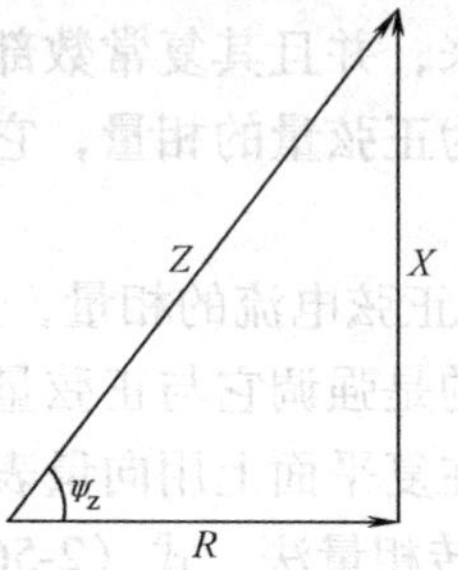

图 2-30　阻抗矢量图

图 2-29 中端口电压 $\boldsymbol{U}$ 与电流 $\boldsymbol{I}$ 的电位差为 ψ_z，它可由图 2-30 中的电阻、电抗关系得到

$$\psi_z = \tan^{-1}\frac{U_X}{U_R} = \tan^{-1}\frac{X}{R} \tag{2-59}$$

2.3　电磁现象的基本规律

2.3.1　毕奥—萨伐尔定律

在电场中，根据库仑定律可得

$$\boldsymbol{F}_{12} = \frac{1}{4\pi\varepsilon_0}\frac{q_1 q_2}{r_{12}^2}\hat{\boldsymbol{r}}_{12} \tag{2-60}$$

在磁场中，与静电库仑定律相当的基本规律是安培定律。在国际单位制中，安培定律应写成

$$\mathrm{d}\boldsymbol{F}_{12} = \frac{\mu_0}{4\pi}\frac{I_2\mathrm{d}\boldsymbol{l}_2 \times (I_1\mathrm{d}\boldsymbol{l}_1 \times \hat{\boldsymbol{r}}_{12})}{r_{12}^2} \tag{2-61}$$

将上式拆成两部分：

$$\mathrm{d}\boldsymbol{F}_{12} = I_2\mathrm{d}\boldsymbol{l}_2 \times \mathrm{d}\boldsymbol{B} \tag{2-62}$$

$$\mathrm{d}\boldsymbol{B} = \frac{\mu_0}{4\pi}\frac{I_1\mathrm{d}\boldsymbol{l}_1 \times \hat{\boldsymbol{r}}_{12}}{r_{12}^2} \tag{2-63}$$

$\mathrm{d}\boldsymbol{l}_1$ 本身是某个闭合回路 L_1 的一部分，整个回路 L_1 对试探电流元 $I_2\mathrm{d}\boldsymbol{l}_2$ 的作用力 $\mathrm{d}\boldsymbol{F}_2$ 应

是上式对 $\mathrm{d}l_1$ 的积分：

$$\mathrm{d}\boldsymbol{F}_2=\frac{\mu_0}{4\pi}\oint_{(L_1)}\frac{I_2\mathrm{d}\boldsymbol{l}_2\times(I_1\mathrm{d}\boldsymbol{l}_1\times\hat{\boldsymbol{r}}_{12})}{r_{12}^2}=\frac{\mu_0}{4\pi}I_2\mathrm{d}\boldsymbol{l}_2\times\oint_{(L_1)}\frac{I_1\mathrm{d}\boldsymbol{l}_1\times\hat{\boldsymbol{r}}_{12}}{r_{12}^2}\tag{2-64}$$

同时，也可将式（2-64）拆成两部分：

$$\mathrm{d}\boldsymbol{F}_2=I_2\mathrm{d}\boldsymbol{l}_2\times\boldsymbol{B}\tag{2-65}$$

$$\boldsymbol{B}=\frac{\mu_0}{4\pi}\oint_{(L_1)}\frac{I_1\mathrm{d}\boldsymbol{l}_1\times\hat{\boldsymbol{r}}_{12}}{r_{12}^2}\tag{2-66}$$

式中的 $\boldsymbol{B}$ 即为磁感应强度矢量，式（2-66）是闭合回路 L_1 在电流元 $I_2\mathrm{d}\boldsymbol{l}_2$ 所在位置产生的磁感应强度公式。

在式（2-63）和式（2-66）中，$I_1\mathrm{d}\boldsymbol{l}_1$ 是任意一个闭合载流回路 L_1 中的一个任意电流元，2 则代表试探电流元 $I_2\mathrm{d}\boldsymbol{l}_2$ 的任意场点。略去下角标 1、2 不写，则有

$$\mathrm{d}\boldsymbol{B}=\frac{\mu_0}{4\pi}\frac{I\mathrm{d}\boldsymbol{l}\times\hat{\boldsymbol{r}}}{r^2}\tag{2-67}$$

$$\boldsymbol{B}=\oint_{(L)}\mathrm{d}\boldsymbol{B}=\frac{\mu_0}{4\pi}\oint_{(L)}\frac{I\mathrm{d}\boldsymbol{l}\times\hat{\boldsymbol{r}}}{r^2}\tag{2-68}$$

它把任何闭合回路产生的磁感应强度 $\boldsymbol{B}$ 看成是各个电流元 $I\mathrm{d}\boldsymbol{l}$ 产生的元磁感应强度 $\mathrm{d}\boldsymbol{B}=\frac{\mu_0}{4\pi}\frac{I\mathrm{d}\boldsymbol{l}\times\hat{\boldsymbol{r}}}{r^2}$ 的矢量叠加。用此公式可计算各种回路产生的磁场分布，式（2-67）和式（2-68）称为毕奥—萨伐尔定律。

2.3.2　电磁感应定律

电场和磁场可以分别是静止的或恒定的，它们分别是由静止电荷及稳恒电流产生的。在恒定场的情况下，电场和磁场之间是没有相互作用和影响的。如果电荷和电流随时间变化，它们在空间产生的电场和磁场也会随时间变化，因而使电场和磁场间发生相互作用：变化的磁场要感应出电场；而电场变化时依然也会产生磁场。所以，相互影响的电场和磁场便成了统一的电磁场的两个不可分割的部分，统称为时变电磁场。

随时间变化的磁场产生电场的现象称为电磁感应现象，这是法拉第于 1831 年首先发现的。当时，他根据大量试验结果，总结出电磁感应定律：当穿过闭合导体回路中的磁通量发生变化时，回路中将产生感应电动势及感应电流。而且，所产生的感应电动势等于磁通对时间的变化率的负值，即

$$\varepsilon=-\frac{\mathrm{d}\Phi}{\mathrm{d}t}\tag{2-69}$$

规定的感应电动势的正方向和磁通正方向之间存在着右手螺旋的关系，如图 2-31 所示。式（2-69）不仅说明了感应电动势的大小正比于磁通的变化率，还说明了感应电动势的方向，即表示了任何时间在回路中产生的感应电动势的大小和方向。

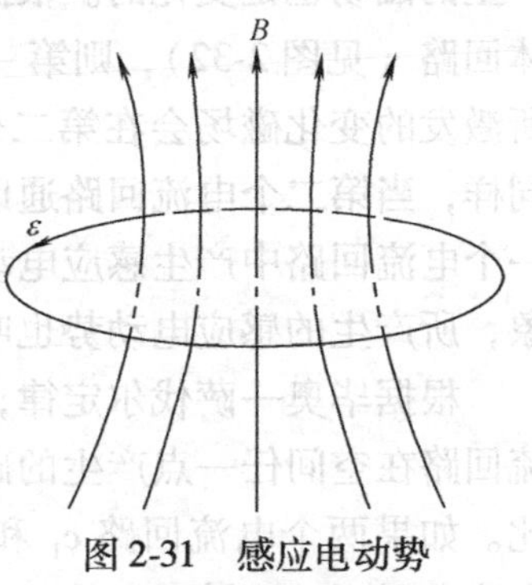

图 2-31　感应电动势和磁通的关系图

由于在回路中出现感应电动势是在回路中出现感应电场的结果，因而，回路中的电动势可以看做是沿着回路上各点电场力对单位正电荷做功的总和，即 $\varepsilon = \oint_l E \cdot dl$。如果只考虑磁场随时间变化所产生的感应电动势，不考虑回路相对磁场运动的结果，将式（2-69）中的全导数改写成偏导数$\frac{\partial \Phi}{\partial t}$，并代入关系式 $\Phi = \int_l \boldsymbol{B} \cdot dS$，法拉第的电磁感应定律便可以写成

$$\oint \boldsymbol{E} \cdot d\boldsymbol{l} = -\frac{\partial}{\partial t}\oint \boldsymbol{B} \cdot d\boldsymbol{S} \tag{2-70}$$

即

$$\oint_l \boldsymbol{E} \cdot d\boldsymbol{l} = -\int_S \frac{\partial \boldsymbol{B}}{\partial t} \cdot d\boldsymbol{S} \tag{2-71}$$

如果对式（2-71）的左端应用斯托克斯定理，于是

$$\oint_l \boldsymbol{E} \cdot d\boldsymbol{l} = \int_S \nabla \times \boldsymbol{E} \cdot d\boldsymbol{S} = -\int_S \frac{\partial \boldsymbol{B}}{\partial t} \cdot d\boldsymbol{S}$$

便可以得到电磁感应定律的微分形式

$$\nabla \times \boldsymbol{E} = -\frac{\partial \boldsymbol{B}}{\partial t} \tag{2-72}$$

这个结果表明，感应电场和静电场的性质完全不同，是个有旋度的场。

值得注意的是，虽然电磁感应现象是在导体回路的情况下发现的，但是，麦克斯韦在分析了一些电磁感应现象之后，敏锐地感觉到感应电动势产生的现象预示着有关电磁场的新效应。他相信，即使不存在导体回路，而在一切介质中，变化的磁场在其周围也会激发出一种电场，这种电场即感应电场或“涡旋电场”。由此，可以把感应电动势认为是电场力作用的结果，这样，不管感应电流是否存在，当磁通变化时，这种感应电场总是存在的。

麦克斯韦对电磁感应定律应用的推广，说明了电场和磁场间紧密联系的一个方面——变化的磁场产生电场。因此，式（2-71）和式（2-72）反映了电磁场的一个重要规律，是麦克斯韦电磁方程式的重要组成之一。

2.3.3 自感与互感

一个电流回路在它的周围空间会产生磁场，如果电流是随时间变化的，那么在周围空间产生的磁场也是变化的。根据电磁感应定律，若在该电流回路的附近空间里有另一个闭合导体回路（见图 2-32），则第一个电流回路中变化的电流所激发的变化磁场会在第二个线圈中产生感应电动势。同样，当第二个电流回路通以变化的电流时，也会在第一个电流回路中产生感应电动势。这种现象称为互感现象，所产生的感应电动势也叫互感电动势。

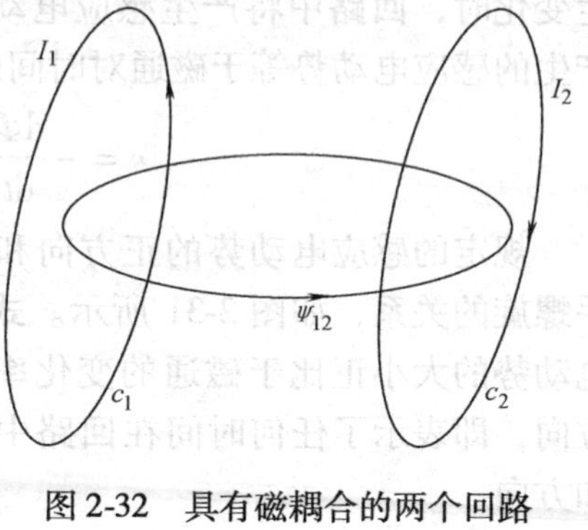

图 2-32 具有磁耦合的两个回路

根据毕奥—萨伐尔定律，在没有磁介质时，一个电流回路在空间任一点产生的磁场与这个回路的电流成正比。如果两个电流回路 c_1 和 c_2 分别通以电流 I_1 和 I_2，电流 I_1 产生的磁场 B_1 穿过回路 c_2 的磁链用 ψ_{21} 表示，

磁链是导电线圈或电流回路所环绕的磁通量。磁链等于导电线圈匝数N与穿过该线圈各匝的平均磁通量ϕ的乘积，故又称磁通匝。很显然，ψ_{21}与电流I_1成正比，即

$$\psi_{21} = M_{21} I_1 \tag{2-73}$$

或

$$M_{21} = \frac{\psi_{21}}{I_1} \tag{2-74}$$

同理，由电流I_2产生的穿过回路c_1的磁链与电流成正比，即

$$\psi_{12} = M_{12} I_2 \tag{2-75}$$

或

$$M_{12} = \frac{\psi_{12}}{I_2} \tag{2-76}$$

式中，ψ_{12}和ψ_{21}都是互感磁链，其下角标中的第一个数字表示磁通所穿过的回路，第二个数字表示产生磁通的电流回路；M_{21}和M_{12}称为互感系数，简称互感，单位为H。理论和实验都证明M_{21}和M_{12}相等。一般用M表示，即

$$M_{21} = M_{12} = M \tag{2-77}$$

因而可以不再去区分哪一个线圈与哪一个线圈的互感系数。根据法拉第电磁感应定律可以分别计算两个线圈中产生的互感电动势，在线圈2中有

$$\varepsilon_2 = \frac{\mathrm{d}\psi_{12}}{\mathrm{d}t} = -M_{21}\frac{\mathrm{d}I_1}{\mathrm{d}t} = -M\frac{\mathrm{d}I_1}{\mathrm{d}t} \tag{2-78}$$

同理，在线圈1中有

$$\varepsilon_1 = -\frac{\mathrm{d}\psi_{12}}{\mathrm{d}t} = -M\frac{\mathrm{d}I_2}{\mathrm{d}t} \tag{2-79}$$

由公式可以看出，互感系数越大，互感电动势越大，互感现象也就越强。而且，在两个具有互感的线圈中，若线圈中的电流变化率相同，则分别在另一个线圈中产生相等的感应电动势。

值得注意的是，在没有磁介质时，两个线圈之间的互感只与线圈的几何形状、大小、匝数及线圈之间的相对位置有关，而与电流无关。

通过互感的讨论还可以发现，当一个线圈中的电流变化时，它激发的磁场通过线圈本身的磁通量（或磁链）也在变化，从而使线圈自身也产生感应电动势。这种因线圈中电流发生变化而在线圈自身所引起的电磁感应现象叫自感现象，所产生的感应电动势叫自感电动势。

根据毕奥—萨伐尔定律，在自感现象中，通过线圈中的电流所激发的磁感应强度亦与电流成正比。因此，通过线圈的磁链也正比于线圈中的电流，即

$$\psi = LI \tag{2-80}$$

或

$$L = \frac{\psi}{I} \tag{2-81}$$

式中，比例常数L称为线圈的自感系数，简称自感，单位为H。同样，在没有磁介质时一个

线圈的自感系数只与线圈的几何形状、大小及匝数有关。根据法拉第定律，线圈中产生的自感电动势为

$$\varepsilon = -L\frac{\mathrm{d}I}{\mathrm{d}t} \tag{2-82}$$

由公式可看出，对于相同的电流变化率，自感系数 L 越大的线圈产生的自感电动势越大，即自感作用越强。

2.3.4 电磁场基本方程式

电磁场的基本方程式即著名的麦克斯韦方程组。它是麦克斯韦系统地总结了前人的研究成果，特别是总结了库仑定律及安培、高斯、法拉第等人有关电磁学说的全部成就，又在此基础上加以推广和发展，把电和磁的全部关系归纳成的一组以他的名字命名的方程。这组方程主要包括四个方程式：一个来源于安培环路定理，一个来源于法拉第电磁感应定律，其余两个则分别从电和磁的高斯定理导出。

安培环路定理的实质在于说明激发涡旋磁场的来源是传导电流，即

$$\oint_L \boldsymbol{H}\cdot\mathrm{d}\boldsymbol{l} = \sum I \tag{2-83}$$

它只适合于稳恒场合。在非稳恒条件下（如电容的充放电过程），由于存在电流不连续的现象，应用安培环路定理似乎会遇到障碍。麦克斯韦通过在理论上的深入研究，提出了“位移电流”的假设，假定“位移电流”也是激发磁场的源泉，这样把安培环路定理的应用推广到了非稳恒场合，公式便改为

$$\oint_L \boldsymbol{H}\cdot\mathrm{d}\boldsymbol{l} = I_0 + \int_S \frac{\partial \boldsymbol{D}}{\partial t}\cdot\mathrm{d}\boldsymbol{S} \tag{2-84}$$

式中，I_0 为传导电流；$\int_S \frac{\partial \boldsymbol{D}}{\partial t}\cdot\mathrm{d}\boldsymbol{S} = \frac{\partial}{\partial t}\int_S \boldsymbol{D}\cdot\mathrm{d}\boldsymbol{S}$ 为电位移通量相对时间的变化率，称为“位移电流”。

麦克斯韦“位移电流”假说的中心思想是：变化的电场激发涡旋磁场。反过来，麦克斯韦在分析研究了许多电磁现象之后，又提出了“涡旋电场”的新概念，并应用到非稳恒条件下，其公式可表示为

$$\oint_l \boldsymbol{E}\cdot\mathrm{d}\boldsymbol{l} = -\int_S \frac{\partial \boldsymbol{B}}{\partial t}\cdot\mathrm{d}\boldsymbol{S} \tag{2-85}$$

对于电的高斯定理

$$\oint_S \boldsymbol{D}\cdot\mathrm{d}\boldsymbol{S} = q_0 \tag{2-86}$$

和磁的高斯定理

$$\oint_S \boldsymbol{B}\cdot\mathrm{d}\boldsymbol{S} = 0 \tag{2-87}$$

麦克斯韦也加以推广，认为它们在非稳恒条件下同样适用，故得到了在普遍情况下电磁场必须满足的一组方程

$$\oint_L \boldsymbol{H}\cdot\mathrm{d}\boldsymbol{l} = I_0 + \int_S \frac{\partial \boldsymbol{D}}{\partial t}\cdot\mathrm{d}\boldsymbol{S} \tag{2-88}$$

$$\oint_l \boldsymbol{E} \cdot \mathrm{d}\boldsymbol{l} = -\int_S \frac{\partial \boldsymbol{B}}{\partial t} \cdot \mathrm{d}\boldsymbol{S} \tag{2-89}$$

$$\oint_S \boldsymbol{D} \cdot \mathrm{d}\boldsymbol{S} = q_0 \tag{2-90}$$

$$\oint_S \boldsymbol{B} \cdot \mathrm{d}\boldsymbol{S} = 0 \tag{2-91}$$

这便是麦克斯韦电磁方程组的积分形式。

在介质中，上述方程还不完备，需再补充三个描述介质的方程式。对于均匀介质来说，它们是

$$\boldsymbol{D} = \varepsilon \boldsymbol{E} = \varepsilon_r \varepsilon_0 \boldsymbol{E} \tag{2-92}$$

$$\boldsymbol{B} = \mu \boldsymbol{H} = \mu_r \mu_0 \boldsymbol{H} \tag{2-93}$$

$$\boldsymbol{J} = \sigma \boldsymbol{E} \tag{2-94}$$

麦克斯韦电磁方程组全面总结了电磁场的规律。其中，第一方程式（2-84）表示变化的电场和传导电流是磁场的“涡旋源”，指出了变化的电场产生磁场这一重要事实；第二方程式（2-85）表示了变化的磁场也产生电场的重要事实；第三方程式（2-86）表示电场是有“通量源”的场，其源为电荷；第四方程式（2-87）表示磁场无“通量源”，即磁场实际上不可能由磁荷产生；第五、六、七方程（2-92～2-94）表示了场与介质的关系。因而这组方程是宏观电动力学的基本方程，利用它们原则上可以解决各种宏观的电磁学的基本问题。

麦克斯韦电磁方程组的微分形式为

$$\nabla \times \boldsymbol{H} = \boldsymbol{J} + \frac{\partial \boldsymbol{D}}{\partial t} \tag{2-95}$$

$$\nabla \times \boldsymbol{E} = -\frac{\partial \boldsymbol{B}}{\partial t} \tag{2-96}$$

$$\nabla \cdot \boldsymbol{D} = \rho \tag{2-97}$$

$$\nabla \cdot \boldsymbol{B} = 0 \tag{2-98}$$

式中　$\boldsymbol{J}$——传导电流密度；

$\frac{\partial \boldsymbol{D}}{\partial t}$——位移电流密度；

ρ——自由电荷体密度。

通常所说的麦克斯韦方程组，大多是指它的微分形式。

2.3.5　似稳电磁场

麦克斯韦电磁方程组归纳了所有宏观电磁现象的规律。无疑，各种场合的电磁现象都可以用特定条件下的麦克斯韦方程组来描述。

例如，在静电场中，电荷不变化，有$\frac{\partial \boldsymbol{E}}{\partial t}=0$，$I=0$；在静磁场中，磁场不变化，有$\frac{\partial \boldsymbol{B}}{\partial t}=0$。因此，麦克斯韦方程组可简化如下：

静电场

$$\oint \boldsymbol{E} \cdot \mathrm{d}\boldsymbol{l} = 0 \tag{2-99}$$

$$\oint \boldsymbol{D} \cdot \mathrm{d}\boldsymbol{S} = 0 \tag{2-100}$$

静磁场

$$\oint \boldsymbol{H} \cdot \mathrm{d}\boldsymbol{l} = 0 \tag{2-101}$$

$$\oint \boldsymbol{B} \cdot \mathrm{d}\boldsymbol{S} = 0 \tag{2-102}$$

再如，在稳恒场中，由稳恒电流产生的电场和磁场的条件为

$$I \neq 0 \quad \boldsymbol{J} \neq 0, \text{但} \frac{\partial \boldsymbol{E}}{\partial t} = 0, \frac{\partial \boldsymbol{B}}{\partial t} = 0 \tag{2-103}$$

于是麦克斯韦方程组为

恒定电场

$$\oint \boldsymbol{E} \cdot \mathrm{d}\boldsymbol{l} = 0 \tag{2-104}$$

$$\oint \boldsymbol{J} \cdot \mathrm{d}\boldsymbol{S} = 0 \tag{2-105}$$

恒定磁场

$$\oint \boldsymbol{H} \cdot \mathrm{d}\boldsymbol{l} = I \tag{2-106}$$

$$\oint \boldsymbol{B} \cdot \mathrm{d}\boldsymbol{S} = 0 \tag{2-107}$$

事实上，在麦克斯韦方程组中，对于电磁场的传播最关键的是下面两个方程：

$$\oint \boldsymbol{H} \cdot \mathrm{d}\boldsymbol{l} = I_0 + \int \frac{\partial \boldsymbol{D}}{\partial t} \cdot \mathrm{d}\boldsymbol{S} \tag{2-108}$$

$$\oint \boldsymbol{E} \cdot \mathrm{d}\boldsymbol{l} = -\int \frac{\partial \boldsymbol{B}}{\partial t} \cdot \mathrm{d}\boldsymbol{S} \tag{2-109}$$

在正弦时变电磁场中，当频率$f = \frac{\omega}{2\pi}$较低时，这两项一般比较小，往往可以忽略。当忽略位移电流$\left(\text{即}\frac{\partial \boldsymbol{D}}{\partial t}\text{项}\right)$时，$H$ 和 I_0 的关系就和恒定电场条件下的一样，满足方程式

$$\oint \boldsymbol{H} \cdot \mathrm{d}\boldsymbol{l} = I_0 \tag{2-110}$$

磁场几乎完全由传导电流的瞬时分布所决定，而当忽略磁场对时间的相对变化$\left(\frac{\partial B}{\partial t}\right)$时，则电场中的稳恒电路满足方程式

$$\oint \boldsymbol{E} \cdot \mathrm{d}\boldsymbol{l} = 0 \tag{2-111}$$

通常，我们把这类场称为似稳电磁场。

在电磁学中，对于稳恒场问题的理论分析，更多的是利用电路理论中的基本定律（即克希荷夫定律）来处理。既然似稳电磁场具有与稳恒电磁场相同的电磁方程组，因而由它组成的电路的性质必定在许多方面与稳恒电路相类似。这类由似稳电磁场组成的电路通常叫做似稳电路。可以推论，处理似稳电路也可以采用与稳恒电路相似的方法（即求解具有集

中参量元件的交流电路)。

组成似稳电路的似稳电磁场是缓变电磁场，它在什么条件下才能成立呢?

众所周知，电磁场变化的快慢是由频率(或周期)决定的。理论证明，在一个周期中，电磁场所传播的距离等于波长 λ，即

$$\lambda = cT = \frac{c}{f} \tag{2-112}$$

如果电路中使用的电源的频率很高，λ 就很短。当 λ 与电路的几何尺寸 l 可以比拟，甚至更小时，电源中电流或电荷的分布发生的变化，就不可能及时地影响到整个电路，电路中不同部分的电磁场、电流及电荷的变化将按照距离的远近而落后不同的相位。这时，不仅同一时刻在同一支路会有不同的电流，而且在电路中到处都会产生较强的“涡旋电场”，从而电路的基本定律就不适用了。

与此相反，当电源频率 f 比较低，电磁场的波长 λ 远大于电路的几何尺寸 l 时，电磁场的变化传播整个电路所需的时间 l/c 远小于一个周期 T。在这极短暂的时间段内，电流、电荷和电磁场的分布都未来得及发生显著的变化，因而可以认为，每一时刻电磁场的分布与同一时刻电流、电荷分布的关系和稳恒电路完全一样，只不过它们一起同步地作缓慢的变化。由此可见，保证电路似稳的基本条件是

$$\lambda >> l \tag{2-113}$$

或

$$T >> \frac{l}{c} \tag{2-114}$$

$$f << \frac{c}{l} \tag{2-115}$$

通常，在工程上使用的电子设备的几何尺寸大都为几十厘米，故似稳条件要求电磁场的波长要大于此数量级，即频率 f 低于 10^8Hz。

严格地说，似稳电路除要求满足似稳条件(式2-113)外，还要求电路中只具有集中参量的元件(如电感和电容)。由于集中参量元件分别把电场和磁场集中在自己内部很小的范围内，而这些元件在电路中只占据极小的体积。因此，若撇开这些小范围不管，只从外部来观察集中参量元件，便可以保留电流和电压的概念，应用电路的基本定律。但是，在实际的工程应用中，对于某些不完全具备集中参量元件的场合，只要能满足似稳电路的基本条件，我们仍然可以利用各种等效电路，把它简化成有集中参量元件的电路形式，然后用类似的方法加以分析。

2.4 导体中的电磁场

本节进一步介绍涡流检测中涉及的电磁基本理论，对麦克斯韦方程组求解的有关问题作某些必要的说明，并通过典型的物理模型来介绍求解电磁渗透方程的常用方法，为进一步讨论涡流检测的基本原理奠定必要的理论基础。

2.4.1 电磁渗透方程

涡流检测的基本理论问题是确定被试验物体的物理性质、几何尺寸及缺陷等因素同检测

线圈参数变化之间的联系。在理论上，一般是对处于电磁场中的物体及其周围的空间列出麦克斯韦方程组及定解条件，然后进行求解和计算。

实际上，电磁场是一种由带电物体产生的物理场。由于电荷存在三种不同的运动状态——静态、稳恒态和非匀速运动状态，它们所产生的效果各不相同，这样，就会出现如下四种情况：

1）静电场——由静止电荷产生。

2）稳恒电磁场——由匀速运动电荷产生。

3）感应电磁场——由变速运动电荷产生。

4）辐射场（迅变场）——由周期性迅速变化的电荷产生。

静电场、稳恒场和迅变场无论是在实验技术还是理论分析中处理问题的方法都有很大的差别。涡流检测时，在通常使用的频段下产生的是感应场，它虽然属于非稳恒场，但由于符合似稳条件，频率不超过 $10^2 \sim 10^8$Hz，电路的尺寸远小于试验波长。在这种情况下，每一时刻电磁场的分布与同一时刻电流（或电荷）的分布所发生的变化和稳恒电路一样，只不过它们一起同步缓慢地变化，属于似稳电磁场。因此，由稳恒态推导出来的规律仍然适用，电路的辐射效应也可以忽略。

在电磁检测中处理的对象基本上是金属导体，而金属中电荷的弛豫时间极短。因此，自由电荷的体密度可假定为零。在这种情况下，时谐变化电磁场的麦克斯韦方程组有如下形式（其中，矢量上加点表示复数矢量）：

$$\nabla \times \boldsymbol{H} = (\sigma + \mathrm{j}\omega\varepsilon)\boldsymbol{E} \tag{2-116}$$

$$\nabla \times \boldsymbol{E} = -\mathrm{j}\omega\mu\boldsymbol{H} \tag{2-117}$$

$$\nabla \cdot \boldsymbol{H} = 0 \tag{2-118}$$

若对式（2-116）取旋度，得

$$\nabla \times \nabla \times \boldsymbol{H} = (\sigma + \mathrm{j}\omega\varepsilon)\nabla \times \boldsymbol{E}$$

由矢量恒等式 $\nabla \times \nabla \times G = \nabla(\nabla \cdot G) - \nabla^2 G$，且注意到 $\nabla \cdot \boldsymbol{H} = 0$，可得

$$-\nabla^2 \boldsymbol{H} = (\sigma + \mathrm{j}\omega\varepsilon)\nabla \times \boldsymbol{E} \tag{2-119}$$

再将式（2-117）代入，得

$$\nabla^2 \boldsymbol{H} = \mathrm{j}\omega\mu(\sigma + \mathrm{j}\omega\varepsilon)\boldsymbol{H} \tag{2-120}$$

式（2-120）便是著名的波动方程，它表明电磁场是以波的形式在运动着的。

考虑到金属导体中的位移电流很小，对于一般金属，σ 约为 $10^7/\Omega \cdot \mathrm{m}$，$\varepsilon_0 = 8.85 \times 10^{-12}$F/m，当 ω 取 10^7rad/s，$\omega\varepsilon$ 与 σ 为 10^{-9} 数量级，故 $\omega\varepsilon$ 与 σ 相比较可以忽略不计，式（2-120）可简化为

$$\nabla^2 \boldsymbol{H} = \mathrm{j}\omega\mu\sigma\boldsymbol{H} \tag{2-121}$$

同理，还可以推得

$$\nabla^2 \boldsymbol{E} = \mathrm{j}\omega\mu\sigma\boldsymbol{E} \tag{2-122}$$

$$\nabla^2 \boldsymbol{J} = \mathrm{j}\omega\mu\sigma\boldsymbol{J} \tag{2-123}$$

式（2-121）~式（2-123）称为电磁渗透方程，用于研究导体内的电磁渗透现象，也是对电磁检测问题进行理论分析的基本方程。式中，$\boldsymbol{H}$、$\boldsymbol{E}$、$\boldsymbol{J}$ 分别是磁场强度、电场强度和电流密度的复矢量，以上电磁渗透方程是三维扩散方程。

但是，在求电磁渗透方程时，事实上只能对一些具有规则边界的模型，诸如半无限平面

导体、无限长圆柱导体、无限长的管状导体及导电球体等做出数学的解析解。至于在实际中遇到的具有不规则边界问题的模型，往往难以甚至没有可能列出或者解出该特定情况的定解。但是，无论如何，求解电磁检测中的一些特定物理模型的带有定解条件的麦克斯韦方程组，总是具有基本的理论价值，同时对于正确理解和运用电磁检测方法具有实际的指导意义。

既然电测检测中遇到的绝大多数是边值问题，那么，明确一个问题的边界条件是很重要的。边界条件的选用要根据具体问题来决定，有时要采用导体界面上的传导电流的密度边界条件、磁矢位形式表示的边界条件等。例如，在导体表面上有自由电荷的积累时，电位移矢量的边界条件的一般形式为

$$D_{1n} - D_{2n} = \sigma_s \tag{2-124}$$

但在金属表面，由于电荷会很快消失（即驰豫时间很小），所以又可写成

$$D_{1n} = D_{2n} \tag{2-125}$$

求解边值问题时，坐标系的选择具有重要意义。选择得当就可以用较为简单的方法来表示边界条件，从而使边值问题求解容易。例如，对于一个矩形物体，选择直角坐标系就最容易解决；对于圆柱物体，就选用圆柱坐标系；球体选用球坐标；而对于椭圆物体，则宜选用椭圆—双曲线坐标等。

2.4.2 半无限平面导体中的电磁场

研究导体中的电磁场应从麦克斯韦方程组出发。显然，由于考虑到在导体内部的自由电荷体密度可设为零，位移电流可以忽略，因此，也可以从电磁渗透方程开始讨论。

设定导体布置的位形如图2-33所示。导体充满 $x>0$ 的半无限空间，yz 平面过原点。设有一层状激励电流在一个同 x 轴垂直，且在距原点某一距离处与负 x 轴相交的平面内沿负 y 方向流动。电流在导体半空间的前面和导体内部都激励出一个沿 z 轴方向的磁场，或者说，层状电流产生一个向 $-x$ 轴向和 $+x$ 轴向传播的平面电磁场。这样，电磁渗透方程（2-121）就可成为一个只含 H_z 分量的标量方程。

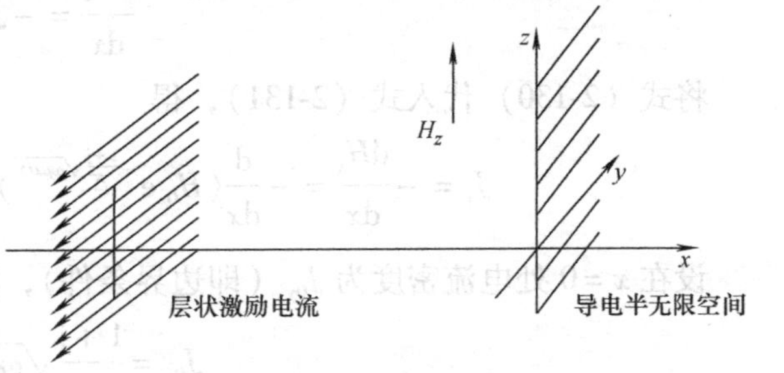

图2-33 半无限空间和坐标系统

$$\frac{d^2 H_z}{dx^2} = j\omega\mu\sigma H_z \tag{2-126}$$

或

$$\frac{d^2 H_z}{dx^2} = K^2 H_z \tag{2-127}$$

式中

$$K = \sqrt{j\omega\mu\sigma} = \frac{1+j}{\sqrt{2}}\sqrt{\omega\mu\sigma}$$

这个二阶常微分方程的通解为

$$H_z = c_1 e^{-Kx} + c_2 e^{+Kx} \tag{2-128}$$

式中，常数 c_1 和 c_2 由边界条件来确定。对于沿 x 轴向无限延伸的半无限导体，c_2 应为零（即正无穷远处的边界条件），否则磁场将趋于无限大，这是无意义的，于是得到

$$H_z = c_1 e^{-Kx}$$

若令 $x=0$ 处的 H_z 值为 H_{0z}（即 $x=0$ 处的边界条件），可以得到系数

$$c_1 = H_{0z} \tag{2-129}$$

因此，磁场 H_z 为

$$H_z = H_{0z} e^{-\frac{1+j}{\sqrt{2}}\sqrt{\omega\mu\sigma}\, x} \tag{2-130}$$

令 $K=\alpha+j\beta$，$\alpha=\beta=\sqrt{\dfrac{\omega\mu\sigma}{2}}$，可见磁场由实部和虚部两部分组成。实部表明磁场的幅度随着电磁场进入导体深度的增加而作指数衰减，其衰减率由 $\alpha=\sqrt{\dfrac{\omega\mu\sigma}{2}}$ 决定，故称 α 为衰减因子；磁场的相位随着这个深度的增加而滞后，而 $\beta=\sqrt{\dfrac{\omega\mu\sigma}{2}}$ 为相位因子，决定了相位变化的快慢。K 则称为电磁场在导体中的传播系数。

导体内的涡流流动场可以由方程 $\nabla\times H = J$ 求得。因为磁场 H 只有 z 向分量，而且只随坐标 x 变化，而与 y、z 无关，因而有方程

$$\frac{dH_z}{dx} = -J_y \tag{2-131}$$

将式（2-130）代入式（2-131），得

$$J_y = -\frac{dH_z}{dx} = -\frac{d}{dx}\left(H_{0z} e^{-\frac{1+j}{\sqrt{2}}\sqrt{\omega\mu\sigma x}}\right) = \frac{1+j}{\sqrt{2}}\sqrt{\omega\mu\sigma} H_{0z} e^{\frac{1+j}{\sqrt{2}}\sqrt{\omega\mu\sigma x}} \tag{2-132}$$

设在 $x=0$ 处电流密度为 J_{0y}（即边界条件），其值为

$$J_{0y} = \frac{1+j}{\sqrt{2}}\sqrt{\omega\mu\sigma} H_{0z} \tag{2-133}$$

可以得到

$$J_y = J_{0y} e^{\frac{1+j}{\sqrt{2}}\sqrt{\omega\mu\sigma}\, x} \tag{2-134}$$

式（2-134）同样由实部和虚部组成，它表明在导体内的涡流流动随着深度的增加，其幅值会衰减，而相位要滞后。

在式（2-130）和式（2-134）中令 $x=\delta$，而且使 $\sqrt{\dfrac{\omega\mu\sigma}{2}}\cdot\delta=1$，可求得 δ 的值为

$$\delta = \frac{\sqrt{2}}{\sqrt{\omega\mu\sigma}} = \frac{1}{\sqrt{\pi f\mu\sigma}} \tag{2-135}$$

这时有

$$H_z = H_{0z} e^{-(1+j)}$$

$$J_y = J_{0y}\mathrm{e}^{-(1+\mathrm{j})}$$

表明在半无限平面导体内 $x=\delta$ 处，磁场强度和电流密度的幅值均降至表面上对应值的 1/e 倍，即 36.7%。δ 称为平面电磁场的渗透深度（或趋肤深度）。

磁场强度（或涡流密度）随着深度的增加而很快地衰减，总是集中于导体表面的这一现象称为趋肤效应。图 2-34 和图 2-35 即表示半无限平面导体中涡流密度的幅值和相位随深度变化的关系（以表面值为基准）。

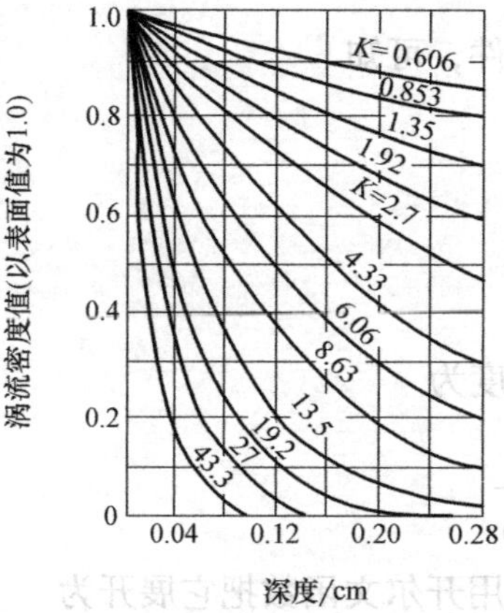

图 2-34　半无限平面导体涡流密度随深度变化的关系曲线

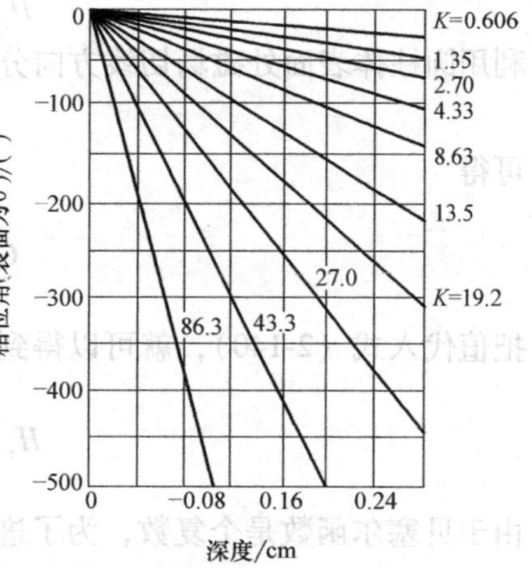

图 2-35　半无限平面导体内涡流相位随深度变化的关系曲线

2.4.3　导电长圆柱体中的电磁场

设有一导电长圆柱体（半径为 R）位于作时谐变化的均匀外磁场 H_0 中。对于这个模型，我们取圆柱坐标系，并使圆柱的轴线与外加激励磁场的方向相同，如图 2-36 所示。圆柱体内的磁场也只有 z 向分量，并在 z 向上是均匀的。而且，由于旋转对称性，电磁场与 φ 无关。所以，有条件

$$H_{\mathrm{r}} = H_{\varphi} = 0$$

及

$$\frac{\partial H_z}{\partial z} = \frac{\partial H_z}{\partial \varphi} = 0$$

于是，可以将电磁渗透方程（2-121）简化为只含 H_z 分量的标量方程：

$$\nabla^2 H_z = \mathrm{j}\omega\mu\sigma H_z \tag{2-136}$$

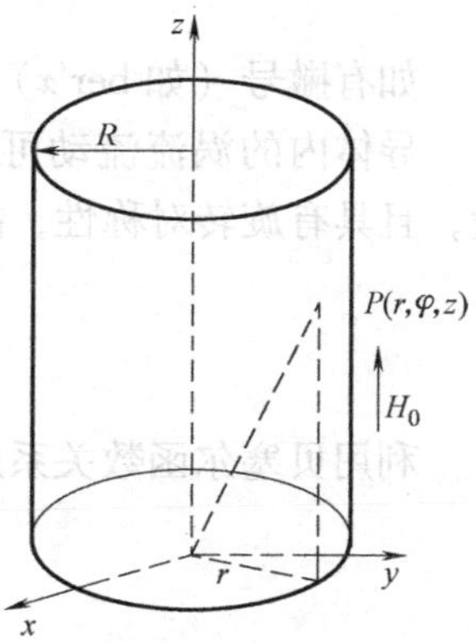

图 2-36　外磁场中的导电圆柱体

利用圆柱坐标系中拉普拉斯算符的表达式，可以得到

$$\frac{\partial^2 H_z}{\partial r^2} + \frac{1}{r}\cdot\frac{\partial H_z}{\partial r} - \mathrm{j}\omega\mu\sigma H_z = 0 \tag{2-137}$$

即
$$\frac{\partial^2 H_z}{\partial r^2}+\frac{1}{r}\cdot\frac{\partial H_z}{\partial r}-\mathrm{j}k^2 H_z=0 \tag{2-138}$$

式中，$k^2=\omega\mu\sigma$。这个方程是阶数为零的含虚宗量的贝塞尔方程，通解为
$$H_z=C_1J_0(\sqrt{-\mathrm{j}}kr)+C_2K_0(\sqrt{\mathrm{j}}kr) \tag{2-139}$$

因 K_0（$\sqrt{\mathrm{j}}kr$）一项在 $r=0$ 处趋于无限，没有意义，因此，$C_2=0$，从而得到
$$H_z=C_1J_0(\sqrt{-\mathrm{j}}kr) \tag{2-140}$$

利用圆柱体表面处磁场切线方向分量连续的边界条件，可知
$$H_z\big|_{r=R}=H_0$$

可得
$$C_1=\frac{H_0}{J_0(\sqrt{-\mathrm{j}}kR)}$$

把值代入式（2-140），就可以得到圆柱体内磁场强度为
$$H_z=H_0\frac{J_0(\sqrt{-\mathrm{j}}kr)}{J_0(\sqrt{-\mathrm{j}}kR)} \tag{2-141}$$

由于贝塞尔函数是个复数，为了进行数值计算，利用开尔文函数把它展开为
$$H_z=H_0\frac{\mathrm{ber}kr+\mathrm{jbei}kr}{\mathrm{ber}kR+\mathrm{jbei}kR} \tag{2-142}$$

式中，开尔文函数的定义为
$$\mathrm{ber}x=1-\frac{1}{(2!)^2}\left(\frac{x}{2}\right)^4+\frac{1}{(4!)^2}\left(\frac{x}{2}\right)^8\cdots \tag{2-143}$$
$$\mathrm{bei}x=\frac{1}{(1!)^2}\left(\frac{x}{2}\right)^2-\frac{1}{(3!)^2}\left(\frac{x}{2}\right)^6+\frac{1}{(5!)^2}\left(\frac{x}{2}\right)^{10}\cdots \tag{2-144}$$

如有撇号（如 $\mathrm{ber}'x$），则表示对自变量求导数。

导体内的涡流流动可以由方程$\nabla\times\boldsymbol{H}=\boldsymbol{J}$求得。在圆柱坐标系中，因为磁场只有 z 向分量，且具有旋转对称性，故涡流只有 φ 分量，可得
$$J_\varphi=-\frac{\partial H_z}{\partial_r}=-H_0\frac{J_0'(\sqrt{-\mathrm{j}}kr)}{J_0(\sqrt{-\mathrm{j}}kR)} \tag{2-145}$$

利用贝塞尔函数关系式
$$J_0'(\sqrt{-\mathrm{j}}kr)=-\sqrt{-\mathrm{j}}kJ_1(\sqrt{-\mathrm{j}}kr)$$
$$J_1(\sqrt{-\mathrm{j}}kr)=\sqrt{-\mathrm{j}}[\mathrm{bei}'kr-\mathrm{jber}'kr]$$

可以得到
$$J_\varphi=-H_0\frac{J_0'(\sqrt{-\mathrm{j}}kr)}{J_0(\sqrt{-\mathrm{j}}kR)}=-\mathrm{j}KH_0\frac{\mathrm{bei}'kr-\mathrm{jber}'kr}{\mathrm{ber}kR+\mathrm{jbei}kR} \tag{2-146}$$

由式（2-142）和式（2-146）可以看出：处于均匀外磁场中的导电长圆柱体内的磁场和涡流流动也是由实部和虚部两部分组成。其实部表明磁场或涡流流动的幅值随着电磁场进入圆柱体径向深度的增加而衰减；虚部则表示磁场或涡流流动的相位随着这个深度的增加而滞

后。但两者之间的关系不是线性的。图 2-37 ~ 图 2-39 所示为导电圆柱体中一个典型的磁场强度和涡流流动分布。这些曲线是以表面处的数值作为基准，并取 f/f_g（f_g 是第 3 章将要讨论的特征频率）为对应参数作出的。

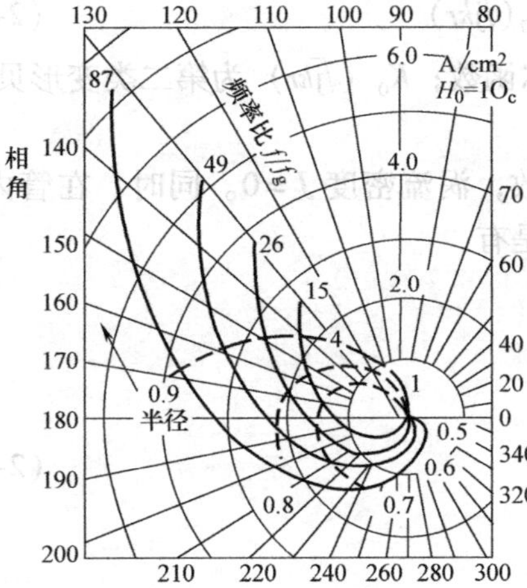

图 2-37　金属圆柱体涡流分布

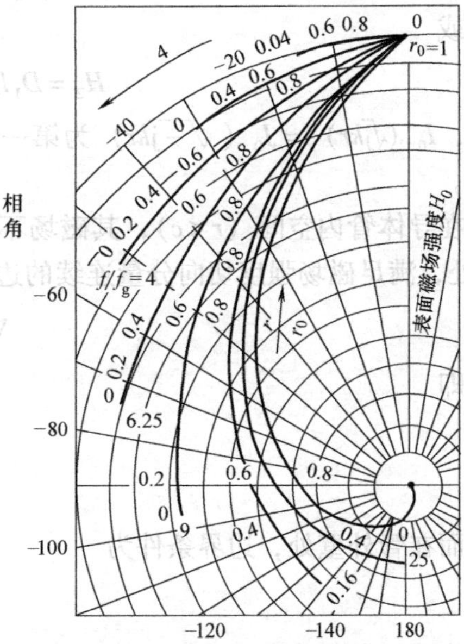

图 2-38　金属圆柱的磁场分布

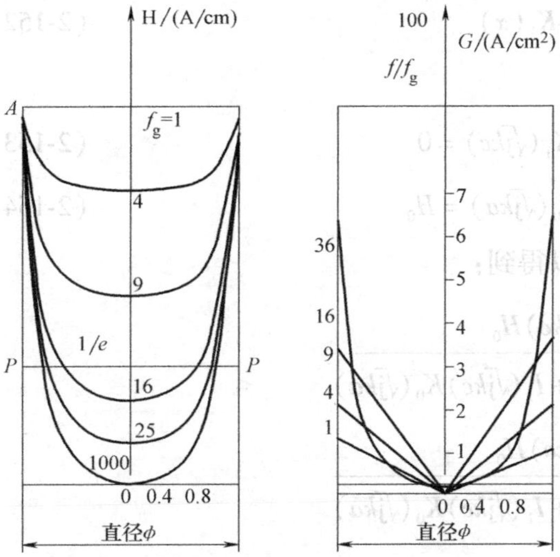

图 2-39　不同频率比（f/f_g）时，磁场和涡流的振幅与圆柱体径向位置的关系

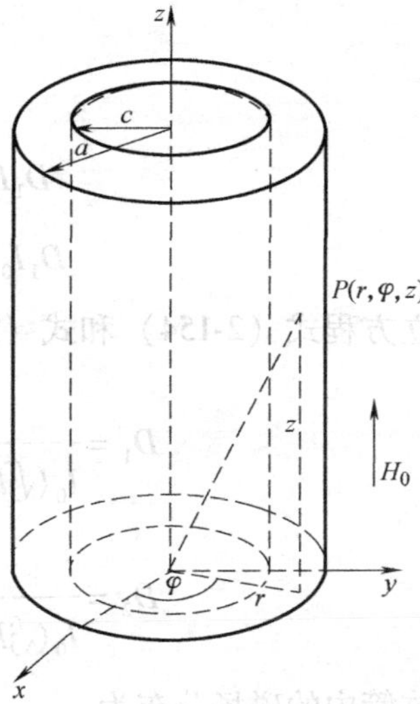

图 2-40　外磁场中的管材

2.4.4　导电管材中的电磁场

如图 2-40 所示，将一内、外半径分别为 c、a 的导电长管材置于作时谐变化的均匀外磁场 H_0 中。这时，在管内的电磁场分布可以按导电长圆柱体相似的方法求取。我们同样取圆

柱坐标系，设圆柱坐标的轴线与外激励磁场的方向相同。于是，可以通过求解电磁渗透方程，得到管内磁场为

$$H_2 = D_1 J_0(\sqrt{-\mathrm{j}}kr) + D_2 K_0(\sqrt{\mathrm{j}}kr) \tag{2-147}$$

或

$$H_2 = D_1 I_0(\sqrt{\mathrm{j}}kr) + D_2 K_0(\sqrt{\mathrm{j}}kr) \tag{2-148}$$

式中，$I_0(\sqrt{\mathrm{j}}kr) = J_0(\sqrt{-\mathrm{j}}kr)$ 为第一类变形贝塞尔函数；$K_0(\sqrt{\mathrm{j}}kr)$ 为第二类变形贝塞尔函数。

在导体管内空间（$r<c$），其磁场不变，为一常数，涡流密度 $J=0$。同时，在管内壁 $r=c$ 处，满足磁场强度切向分量连续的边界条件，于是有

$$\nabla \times H \big|_{r=c} = 0$$

即

$$\frac{\partial H}{\partial r}\Big|_{r=c} = 0 \tag{2-149}$$

而在管外壁处，边界条件为

$$H_z \big|_{r=a} = H_0 \tag{2-150}$$

将边界条件代入式（2-148），并利用贝塞尔函数关系：

$$I_0'(x) = I_1(x) \tag{2-151}$$

$$K_0'(x) = -K_1(x) \tag{2-152}$$

可得

$$D_1 I_1(\sqrt{\mathrm{j}}kc) - D_2 K_1(\sqrt{\mathrm{j}}kc) = 0 \tag{2-153}$$

$$D_1 I_0(\sqrt{\mathrm{j}}ka) + D_2 K_0(\sqrt{\mathrm{j}}ka) = H_0 \tag{2-154}$$

解联立方程式（2-154）和式（2-155），可以得到：

$$D_1 = \frac{K_1(\sqrt{\mathrm{j}}kc) H_0}{I_0(\sqrt{\mathrm{j}}ka) K_1(\sqrt{\mathrm{j}}kc) + I_1(\sqrt{\mathrm{j}}kc) K_0(\sqrt{\mathrm{j}}ka)}$$

$$D_2 = \frac{I_1(\sqrt{\mathrm{j}}kc) H_0}{I_0(\sqrt{\mathrm{j}}ka) K_1(\sqrt{\mathrm{j}}kc) + I_1(\sqrt{\mathrm{j}}kc) K_0(\sqrt{\mathrm{j}}ka)}$$

故导体管内的磁场分布为

$$H_z = H_0 \left[\frac{K_1(\sqrt{\mathrm{j}}kc) I_0(\sqrt{\mathrm{j}}kr)}{I_0(\sqrt{\mathrm{j}}ka) K_1(\sqrt{\mathrm{j}}kc) + I_1(\sqrt{\mathrm{j}}kc) K_0(\sqrt{\mathrm{j}}ka)} \right] + \frac{I_1(\sqrt{\mathrm{j}}kc) K_0(\sqrt{\mathrm{j}}kr)}{I_0(\sqrt{\mathrm{j}}ka) K_1(\sqrt{\mathrm{j}}kc) + I_1(\sqrt{\mathrm{j}}kc) K_0(\sqrt{\mathrm{j}}ka)} \tag{2-155}$$

同样，由于贝塞尔函数是个复数，为了进行数值计算，也可以利用开尔文函数把它展

开。同时，也可以由 H_z 通过公式 $\nabla \times H = J$ 求得导电长管材内的涡流分布。

复　习　题

1）简述涡流检测的特点。

2）什么是导体、绝缘体、半导体？金属导电的物理本质是什么？

3）影响金属导电性能的因素有哪些？

4）物质是如何产生磁性的？什么是顺磁体、抗磁体、铁磁体？

5）简述磁畴、磁壁以及居里温度的概念。

6）影响铁磁性的因素有哪些？简述它们的作用规律。

7）什么是直流电和正弦交流电？

8）正弦量的三要素是什么？简述它们的概念。

9）试举例说明阻抗图的表示方法。

第 3 章　涡流检测阻抗分析法

涡流检测信号来自检测线圈的阻抗或二次线圈感应电压的变化。由于影响阻抗和电压的因素很多，各因素的影响程度也不同，因此，为了从信号中提取信息，排除干扰信号，涡流检测设备必须具备对信号进行处理的功能，以达到消除干扰信号的目的。

在涡流检测的发展过程中，曾经提出过多种消除干扰因素的手段和方法，但直到阻抗分析法的引进，才使涡流检测技术得到了重大的突破和广泛应用。

阻抗分析法是以分析涡流效应引起线圈阻抗的变化及其与相位变化之间的密切关系为基础，从而鉴别各影响因素效应的一种分析方法。从电磁波传播的角度来看，这种方法实质上是根据信号有不同相位延迟的原理来区别工件中的不连续性。因为在电磁波的传播过程中，相位延迟是与电磁信号进入导体中的不同深度和折返来回所需的时间联系在一起的。

到目前为止，阻抗分析法仍然是涡流检测中应用最广泛的一种方法。在实际应用中常采用福斯特建立的阻抗分析法，下面依照该法进行讨论。

3.1　线圈的阻抗及其归一化

3.1.1　线圈的阻抗

简单线圈是由金属导线绕成的单个线圈，线圈具有电感，同时导线之中存在电阻，各匝线圈之间有耦合电容。所以，线圈可以用由电感、电容和电阻串联的电路表示，通常忽略线匝间分布的电容，则线圈自身的复阻抗可表示为

$$Z = R + \mathrm{j}\omega L \tag{3-1}$$

图 3-1 所示的电路中含有两个相互耦合的线圈，若在一次线圈通以交流电流 I_1，在电磁感应的作用下，在二次线圈中产生感应电流；反过来，感应电流又会影响一次线圈中的电流和电压的关系。这种影响可以用二次线圈中的阻抗通过互感折合到一次线圈电路的折合阻抗来体现。

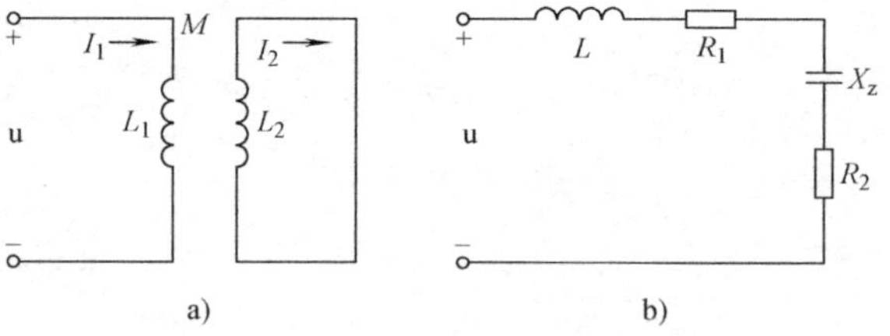

图 3-1　耦合线圈的互感电路

a）互感作用电路　b）耦合线圈等效电路

此时一次线圈 I_1 的阻抗发生变化，其变化量用折合阻抗（$Z_z = R_z + X_z$）来表示：

$$R_z = \frac{X_M^2}{R_2^2 + X_2^2} R_2 \qquad X_z = -\frac{X_M^2}{R_2^2 + X_2^2} X_2 \tag{3-2}$$

式中，$X_2 = \omega L_2$；$X_M = \omega M$

折合阻抗与一次线圈本身的阻抗之和称为视在阻抗（$Z_s = R_s + X_s$）。

$$R_s = R_z + R_1 \tag{3-3}$$

$$X_s = X_z + X_1 \tag{3-4}$$

式中，$R_1 + X_1 = R_1 + j\omega L_1$ 为一次线圈的视在阻抗。

根据视在阻抗的概念，可认为一次电路中电流或电压的变化是由电路中视在阻抗的变化所引起的。据此，由一次电路中的阻抗变化就可以知道二次线圈对一次线圈的效应，从而推知二次电路中阻抗的变化。

如果把二次电阻 R_2 从∞逐步递减到零（或是二次电抗 X_2 从零逐步增大到∞），便可以得到一系列相对应的一次回路中视在阻抗的两个分量 R_s 和 X_s（即 ωL）的值，把所得到的值描绘在以 R_s 为横轴，ωL（即 X_s）为纵轴的坐标平面内，可以得到如图 3-2 所示的半圆曲线。该坐标图称为阻抗平面图，图中圆的半径为 $\frac{K^2\omega L_1}{2}$，其中 $K^2 = \frac{M^2}{L_1L_2}$，称为耦合系数，视在阻抗 ωL 从 ωL_1 单调减少到 $\omega L_1(1-K^2)$；而视在电阻 R 由 R_1 开始增大，经过极大值点 $\left(R_1 + \frac{K^2\omega L_1}{2}\right)$ 后，再减小返回到 R_1，其参变量为 R_2（从 ∞→0）或 X_2（从 0→∞）。

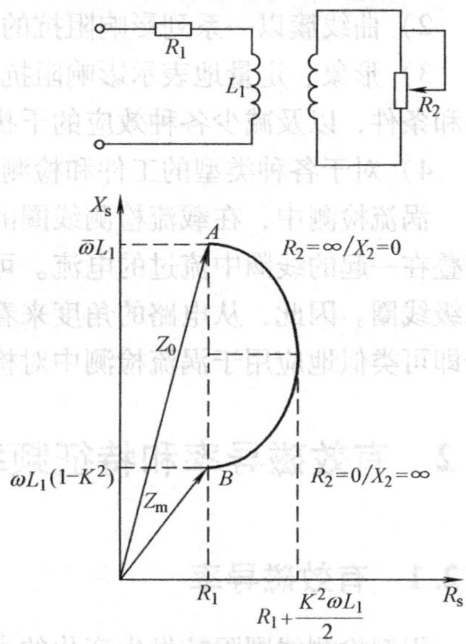

图 3-2　线圈耦合时一次线圈的阻抗平面图

3.1.2　阻抗归一化

阻抗平面图上的轨迹比较直观，但图中半圆形的位置与一次线圈自身的阻抗以及两个线圈之间的耦合系数有关。半圆的半径除受上述因素的影响外，还随试验频率的不同而改变。因此，每个阻抗值不同的一次线圈或试验频率不同的一次线圈的视在阻抗图，为半径不同、位置不同的多个曲线。这不仅给作图带来不便，而且对各条曲线的相互关系进行比较也很困难，通常采用阻抗归一化处理的方法解决此问题。

如图 3-3 所示，如果把坐标纵轴的位置向右移 R_1 的距离，随后将新的曲线坐标值除以 ωL_1，也就是采用下列坐标轴来表示视在阻抗的变化规律：

横坐标轴为　$\frac{R_s - R_1}{\omega L_1}$

纵坐标轴为　$\frac{X_s}{\omega L_1}$

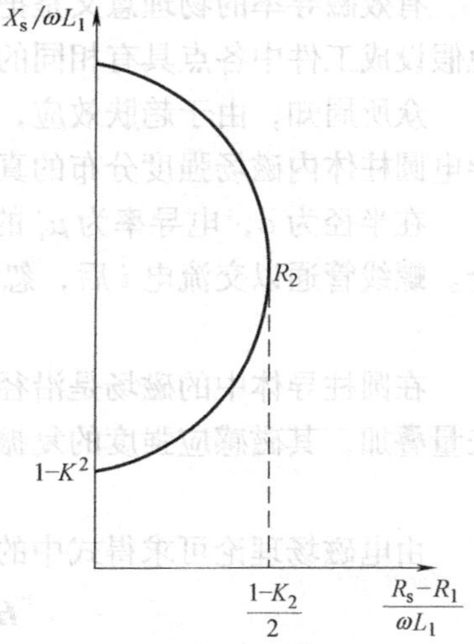

图 3-3　归一化阻抗平面图

这样轨迹半圆的直径必然重合于纵轴，半圆上端坐标为（0，1），下端坐标为（0，$1-K^2$），半径为 $K^2/2$，于是轨迹仅仅取决于耦合系数 K，曲线上点的位置依然取决于参变量 R_2（或 X_2）。图 3-3 所示为经过归一化处理后的线圈阻抗轨迹。由图可知，经过归一化处理后的电阻和电抗都是无量纲的量，且恒小于 1。根据此法得到的阻抗平面图，既有统一的形式，又有广泛通用的可比性。

归一化阻抗图的特点如下：

1）消除了一次线圈电阻和电感的影响，具有通用性。

2）曲线簇以一系列影响阻抗的因素（如电导率、磁导率等）作参量。

3）形象、定量地表示影响阻抗各因素的效应大小和方向，为涡流检测时选择检验的方法和条件，以及减少各种效应的干扰提供了参考依据。

4）对于各种类型的工件和检测线圈，有各自对应的阻抗图。

涡流检测中，在载流检测线圈的作用下，试件中由于电磁感应而感生的涡流宛若在多层密叠在一起的线圈中流过的电流。可以把被检测的金属试件看做一只与检测线圈相互影响的次级线圈。因此，从电路的角度来看，涡流检测类似于电感耦合回路的情形，线圈耦合的理论即可类似地应用于涡流检测中对检测线圈阻抗的分析。

3.2 有效磁导率和特征频率

3.2.1 有效磁导率

引起检测线圈阻抗发生变化的直接原因是线圈中磁场的变化，所以，在对检测线圈阻抗进行分析时，首先需要分析和计算工件放入检测线圈后磁场的变化情况，然后得到检测线圈阻抗的变化（或线圈感应电压的变化），才能对工件的各种影响因素进行分析。通过长期关于涡流检测理论的研究和试验分析，福斯特（Forster）提出了有效磁导率的概念，尽管学术界对这一理论的物理意义和表现方式有不同看法，但有效磁导率 μ_{eff} 的实际应用使阻抗分析的问题大大简化，得到了广泛的应用。

有效磁导率的物理意义是把实际工件中各点具有不同的磁场强度和具有相同磁导率等效地假设成工件中各点具有相同的磁场强度和不同的有效磁导率。

众所周知，由于趋肤效应，导电圆柱体内的磁场强度 H_z 在横截面上的分布是不均匀的，导电圆柱体内磁场强度分布的真实情况是从表面 H_0 向中心呈逐步减弱的规律变化。

在半径为 a，电导率为 μ_r 的长圆柱导体上，紧贴密绕螺线管，取螺线管轴与坐标 z 轴重合。螺线管通以交流电 i 后，忽略边缘效应，管内产生均匀交变磁场。

$$H_0 = e_z H_m \cos\omega t \tag{3-5}$$

在圆柱导体中的磁场是沿径向变化的磁场，由励磁场 H_0 和导体内的涡流产生的磁场的矢量叠加，其磁感应强度的复振幅为

$$\boldsymbol{B}_z(r) = \mu_0\mu_r \boldsymbol{H}_z(r)$$

由电磁场理论可求得式中的 $\boldsymbol{H}_z(r)$ 为

$$\boldsymbol{H}_z(r) = A_1 I_0(\sqrt{\mathrm{j}}kr) + A_2 K_0(\sqrt{\mathrm{j}}kr) \tag{3-6}$$

式中，I_0（$\sqrt{\mathrm{j}}kr$）为第一类零阶虚宗量贝塞尔函数；K_0（$\sqrt{\mathrm{j}}kr$）为第二类零阶虚宗量贝塞尔函数；A_1、A_2 为复常数，由磁场的边界条件及 K_0（$\sqrt{\mathrm{j}}kr$）的性质，可求得

$$\boldsymbol{H}_z(r) = e_z \cdot \boldsymbol{H}_0 \frac{I_0(\sqrt{\mathrm{j}}kr)}{I_0(\sqrt{\mathrm{j}}ka)} \tag{3-7}$$

通过导体任意横截面的磁通相量为

$$\Phi = \int_S \boldsymbol{B} \cdot \mathrm{d}s = \int_0^a 2\mu r\mu_0\mu_r \boldsymbol{H}_z(r)\,\mathrm{d}r = \frac{2\pi\mu_0\mu_r H_0}{I_0(\sqrt{\mathrm{j}}ka)}\int_0^a rI_0(\sqrt{\mathrm{j}}kr)\,\mathrm{d}r$$

利用关系式

$$\int xI_0(x)\,\mathrm{d}_x = xI_1(x) \tag{3-8}$$

$$\mathrm{j}I_1(\sqrt{\mathrm{j}}kr) = J_1(\sqrt{-\mathrm{j}}kr) \tag{3-9}$$

$$I_0(\sqrt{\mathrm{j}}kr) = J_0(\sqrt{-\mathrm{j}}kr) \tag{3-10}$$

式中，J_0 $(\sqrt{\mathrm{j}}kr)$、J_1 $(\sqrt{\mathrm{j}}kr)$ 是零阶和一阶虚宗量贝塞尔函数，于是得

$$\Phi = \frac{2\pi\mu_r\mu_0 \boldsymbol{H}_0}{I_0(\sqrt{\mathrm{j}}ka)} \cdot \frac{1}{\mathrm{j}k^2}\int_0^a \sqrt{\mathrm{j}}krI_0(\sqrt{\mathrm{j}}kr)\,\mathrm{d}(\sqrt{\mathrm{j}}kr)$$

$$= 2\pi\mu_0\mu_r \boldsymbol{H}_0 \frac{a}{\sqrt{-\mathrm{j}}k} \cdot \frac{J_1(\sqrt{-\mathrm{j}}ka)}{J_0(\sqrt{-\mathrm{j}}ka)} \tag{3-11}$$

对以上情况，福斯特（Forster）在分析线圈视在阻抗的变化时，提出了一个假设模型：圆柱导体的整个截面上有一个恒定不变的均匀磁场（磁场强度为 H_0），且存在一个在截面上沿半径方向变化的磁导率，它所产生的磁通量等于圆柱导体内真实的物理场所产生的磁通量。这样，事实上变化着的磁场 H_z 及恒定的磁导率 μ（见图 3-4a）被一个虚构的恒定的磁场 H_0 和变化着的磁导率所取代（见图 3-4b），这个变化着的磁导率便称为有效磁导率（或称之为变化的相对磁导率），以 μ_{eff} 表示，它是复数，对于非铁磁性材料来说，其模小于 1。

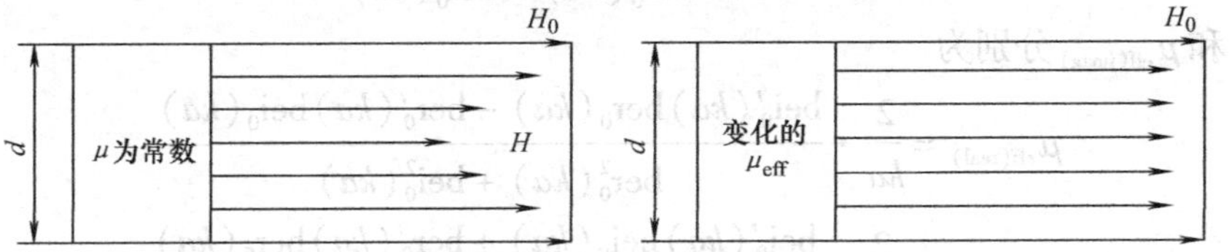

图 3-4 磁场分布

a) 检测线圈中含有圆柱体试件时磁场强度的真实分布 b) 福斯特的假想模型

按照这个假想的模型，可以写出下面的关系式：

$$\boldsymbol{B}_x = \mu_0\mu_r\,\mu_{\mathrm{eff}} H_0 e_z \tag{3-12}$$

$$\boldsymbol{\Phi} = \boldsymbol{B}_x S = \mu_0\mu_r\,\mu_{\mathrm{eff}} H_0 \pi a^2 \tag{3-13}$$

式中 a——圆柱体的半径；

μ_r——相对磁导率；

H_0——圆柱体表面磁场强度，即线圈空载磁场强度。

同时，由理论分析可知，当载流检测线圈的直径与导电圆柱体直径相等时，导电圆柱体内的磁通量可用式（3-11）求出。

对于非铁磁性圆柱导体，相对磁导率 $\mu_r \approx 1$，$\mu \approx \mu_0$，利用式（3-11）与式（3-13）相等，可以求出其有效磁导率为

$$\mu_{\text{eff}}=\frac{2}{ka\sqrt{-\mathrm{j}}}\cdot\frac{J_1(\sqrt{-\mathrm{j}}ka)}{J_0(\sqrt{-\mathrm{j}}ka)} \tag{3-14}$$

式中，贝塞尔函数的虚宗量为

$$\sqrt{-\mathrm{j}}ka=\sqrt{-\mathrm{j}\omega\mu\sigma a^2}=\sqrt{-\mathrm{j}2\pi f\mu\sigma a^2}$$

由式（3-14）决定的有效磁导率μ_{eff}是个复数，为将其实部和虚部分开，可利用以下关系式：

$$J_0(\sqrt{-\mathrm{j}}ka)=\mathrm{ber}_0(ka)+\mathrm{j}\,\mathrm{bei}_0(ka) \tag{3-15}$$

$$J_1(\sqrt{-\mathrm{j}}ka)=\mathrm{j}^{\frac{3}{2}}[\mathrm{bei}_0'(ka)-\mathrm{j}\,\mathrm{ber}_0'(ka)] \tag{3-16}$$

式中，ber_0、bei_0、ber_0'、bei_0'分别为零阶开尔文函数的实部、虚部及其一阶微分，零阶开尔文函数实部和虚部的级数表达式为

$$\mathrm{ber}_0(x)=\mathrm{Re}[J_0\sqrt{-\mathrm{j}}x]=\sum_{n=0}^{\infty}\frac{(-1)^n\left(\frac{x}{2}\right)^{4n}}{[(2n)!]^2} \tag{3-17}$$

$$\mathrm{bei}_0(x)=\mathrm{Im}[J_0(\sqrt{-\mathrm{j}}x)]=\sum_{n=0}^{\infty}\frac{(-1)^n\left(\frac{x}{2}\right)^{4n+2}}{[(2n+1)!]^2} \tag{3-18}$$

于是式（3-14）可化成

$$\mu_{\text{eff}}=\frac{2}{ka}\cdot\frac{\mathrm{bei}_0'(ka)-\mathrm{j}\,\mathrm{ber}_0'(ka)}{\mathrm{ber}_0^2(ka)+\mathrm{bei}_0^2(ka)} \tag{3-19}$$

$\mu_{\text{eff(real)}}$和$\mu_{\text{eff(imag)}}$分别为

$$\mu_{\text{eff(real)}}=\frac{2}{ka}\cdot\frac{\mathrm{bei}_0'(ka)\mathrm{ber}_0(ka)-\mathrm{ber}_0'(ka)\mathrm{bei}_0(ka)}{\mathrm{ber}_0^2(ka)+\mathrm{bei}_0^2(ka)} \tag{3-20}$$

$$\mu_{\text{eff(imag)}}=\frac{2}{ka}\cdot\frac{\mathrm{bei}_0'(ka)\mathrm{bei}_0(ka)+\mathrm{ber}_0'(ka)\mathrm{ber}_0(ka)}{\mathrm{ber}_0^2(ka)+\mathrm{bei}_0^2(ka)} \tag{3-21}$$

3.2.2 特征频率

特征频率是工件的固有特性，取决于工件的电磁特性的几何尺寸。式（3-14）中贝塞尔函数的虚宗量为

$$\sqrt{-\mathrm{j}}ka=\sqrt{-\mathrm{j}\omega\mu\sigma a^2}=\sqrt{-2\mathrm{j}\pi f\mu\sigma a^2} \tag{3-22}$$

有效磁导率不是常量，而是与激励频率f及导体的半径a、电导率σ、磁导率μ有关的变量，μ_{eff}中贝塞尔函数虚宗量的模为1时对应的频率称为特征频率，用f_g表示。

由式（3-22）可得

$$|\sqrt{\mathrm{j}}ka|=\sqrt{2\pi f_g\mu\sigma a^2}=1 \text{ 或 } f_g=\frac{1}{2\pi\mu\sigma a^2} \tag{3-23}$$

式中 σ——电导率，单位为S/m；

μ——磁导率，单位为H/m；

a——半径，单位为m。

工程上常采用混合单位制。对于非铁磁性材料，$\mu \approx \mu_0 = 4\pi \times 10^{-9}$ H/cm，可得

$$f_g = \frac{5066}{\sigma d^2} \tag{3-24}$$

式中　σ——电导率，单位为 m/(Ω·mm²)；

d——试件直径，单位为 cm。

在常用的工程单位制中，非铁磁性圆柱体导电试件的特征频率值还可表示为

$$f_g = \frac{8713}{\sigma d^2} \tag{3-25}$$

式中　σ——电导率，单位为%IACS；

d——试件直径，单位为 cm。

另外，利用诺模图（见图3-5）也可以很方便求出 f_g。

很显然，对于一般的试验频率 f，它与贝塞尔函数的参数 ka 之间的关系为

$$ka = \sqrt{\frac{f}{f_g}} \tag{3-26}$$

因此，在分析检测线圈的阻抗时，常以 f/f_g 作参数，因为有效磁导率 μ_{eff} 可用频率比 f/f_g 作为变量。图3-6所示为有效磁导率 μ_{eff} 与频率比 f/f_g 各点的关系曲线，曲线上各点不同的数值表示不同频率比的大小，由图可看出，随着 f/f_g 的增加（即参数 f、μ、σ 和 a 中任一个或几个增加），μ_{eff} 将减小。

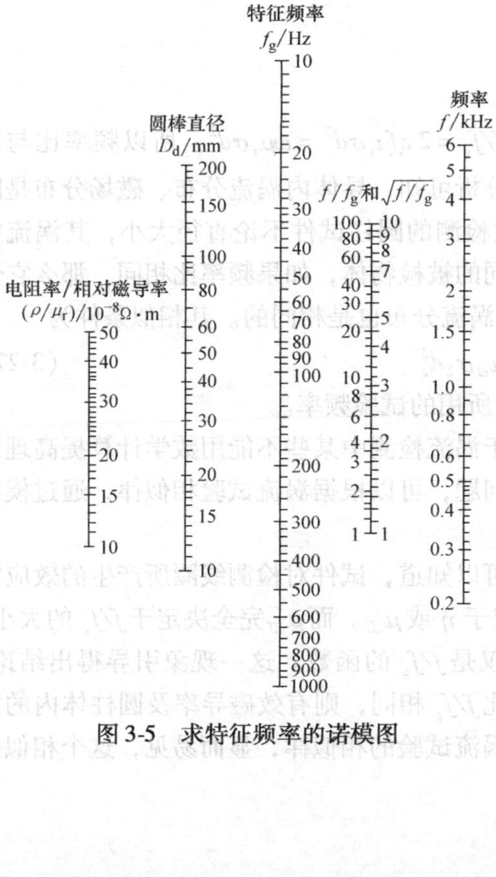

图3-5　求特征频率的诺模图

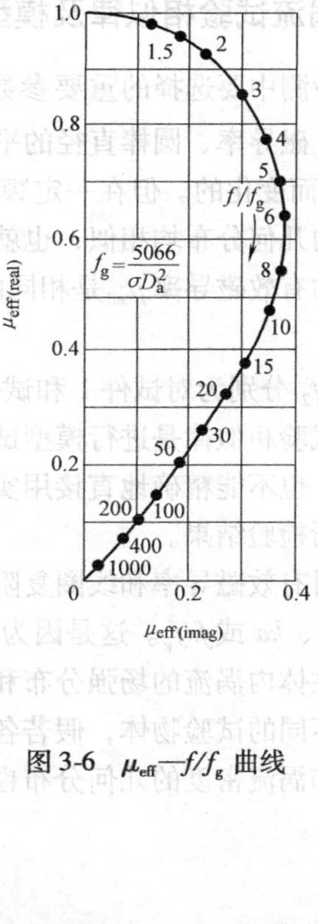

图3-6　μ_{eff}—f/f_g 曲线

在表3-1中列出了不同频率比时有效磁导率的实部和虚部。

表3-1 不同频率比的有效磁导率

频率比 f/f_g	有效磁导率 $\mu_{eff(real)}$	有效磁导率 $\mu_{eff(imag)}$	频率比 f/f_g	有效磁导率 $\mu_{eff(real)}$	有效磁导率 $\mu_{eff(imag)}$
0.00	1.000	0.0000	10	0.4678	0.3494
0.25	0.9989	0.0311	12	0.4202	0.3284
0.50	0.9948	0.0620	15	0.3701	0.3004
1	0.9798	0.1216	20	0.3180	0.2657
2	0.9264	0.2234	50	0.2007	0.1795
3	0.8525	0.2983	100	0.1416	0.1313
4	0.7738	0.3449	150	0.1156	0.1087
5	0.6992	0.3689	200	0.1001	0.09497
6	0.6360	0.3770	400	0.07073	0.06822
7	0.5807	0.3757	1000	0.04472	0.04372
8	0.5361	0.3692	10000	0.01414	0.01404
9	0.04990	0.3599			

3.3 涡流试验相似律和复阻抗平面图

3.3.1 涡流试验相似律及模型试验

涡流检测中要选择的重要参数为f/f_g，因为$f/f_g = 2\pi f\mu_r\sigma d^2 = \omega\mu_r\sigma d^2$，所以频率比与试件电导率、磁导率、圆棒直径的平方成正比。经分析可知，导体内涡流分布、磁场分布是随f/f_g的变化而变化的。但在一定频率比f/f_g时，被检测的圆柱试件不论直径大小，其涡流密度和场强的几何分布均相似，也就是两个大小不同的被检物体，如果频率比相同，那么它们相同部位的有效磁导率μ_{eff}是相同的，而其场强和涡流分布也是相同的。其相似条件为

$$f_1\mu_{r1}\sigma_1 d_1^2 = f_2\mu_{r2}\sigma_2 d_2^2 \tag{3-27}$$

式中，f_1、f_2分别为对试件1和试件2进行试验时所用的试验频率。

涡流试验相似律是进行模型试验的基础。对于涡流检测中某些不能用数学计算提高理论分析结果，也不能精确地直接用实物加以测量的问题，可以根据涡流试验相似律，通过模型试验来判断检验结果。

通过对有效磁导率和线圈复阻抗平面的讨论可以知道，试件对检测线圈所产生的效应完全决定于η、ka或f/f_g。这是因为，这类效应决定于η或μ_{eff}。而μ_{eff}完全决定于f/f_g的大小。这样，圆柱体内涡流的场强分布和密度分布也仅仅是f/f_g的函数。这一现象引导得出结论：对于两个不同的试验物体，假若各自对应的频率比f/f_g相同，则有效磁导率及圆柱体内的涡流的场强和涡流密度的几何分布也相同。这就是涡流试验的相似律，显而易见，这个相似条

件在

$$f_1\mu_{r1}\sigma_1 d_1^2 = f_2\mu_{r2}\sigma_2 d_2^2$$

时就能得到满足。式中的下脚标分别代表与被试验物体1和2相应的条件或物理性质。

举例来说，相似律指出，一根 $d=10\text{cm}$，$\sigma=35\text{m}/\Omega\cdot\text{mm}^2$ 的铝棒（$f_g=1.45\text{Hz}$）在 $f=145\text{Hz}$ 的试验频率下所显示的有效磁导率、场强分布及涡流密度分布，与一根直径 $d=0.01\text{cm}$，而 $\sigma=10\text{m}/\Omega\cdot\text{mm}^2$、$\mu_r=100\text{H/m}$ 的铁丝（$f_g=50660\text{Hz}$），在 $f=5.07\text{MHz}$ 的试验频率下所显示的结果完全相同，因为两者的频率比均为100。

相似律为合理地进行模拟试验提供了理论依据。当涡流检测中遇到了既不能由数学计算求得结果，也不能精确地直接利用实物进行实测的检测问题时，可以根据涡流试验的相似律，将那些容易在试验条件下得到的模型试验的结果加以推广应用。例如，把这一规律具体地运用到材料中不连续性缺陷的检测时，它的含义是：如果 f/f_g 相同，几何相似的不连续性（如以圆柱体的直径的百分率表示的一定深度、宽度的裂纹）将引起相同的涡流效应和相同的有效磁导率的变化。如果通过带有人工缺陷的模型测量出 μ_{eff} 的变化量 $\Delta\mu_{\text{eff}}$ 对裂纹的深度、宽度及位置的关系，那么相似律便指出：这些测量结果是具有普遍通用性质的。它有效地揭示了一般情形下的实质性规律。因此，在检测线材和小直径管材时，裂纹对线圈参数变化的影响，便可以用截面放大了的带有人工缺陷的模型研究来获得；而试验棒材或具有偏心度、壁厚差不均匀以及带有各类缺陷的大直径管材时，模型试验也使评定缺陷影响的工作变得较为容易。

在模型试验中，常用内部充有汞而形状与被试物体相似的玻璃、有机玻璃容器来模仿试验物体，在其外壁绕以线圈，并在容器中放入形状符合要求的有机玻璃、塑料或竹片制作的皮（块）来模拟缺陷。当需要测量场强分布时，探测器是一只细小的检测线圈，并把它置于汞模型内部制订的测试点，然后测量它的感应电压。当需要测定不连续性缺陷的影响时，则可把线圈直接绕在容器（内部带有模拟缺陷的模型）上，测量线圈阻抗或感应电压。

图3-7所示为一种测量缺陷影响的试验模型的试验装置，图3-8所示为用以验证基本理论导出的场强和涡流密度分布的模型试验装置。图3-9所示为管材模型试验中模仿管子的汞容器和支撑缺陷的支架。

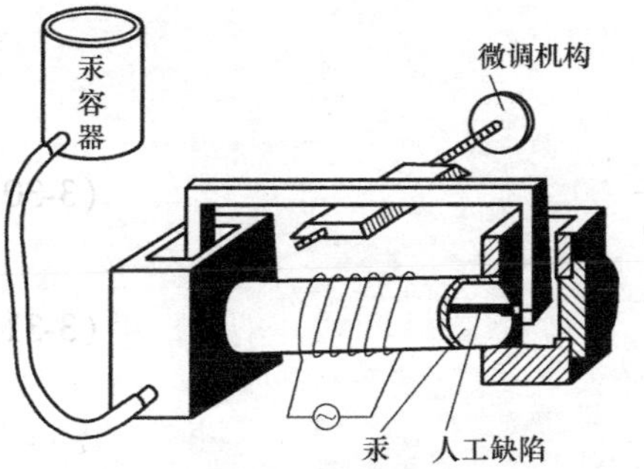

图3-7　模拟棒材中有任意指定不连续性缺陷的模型试验装置

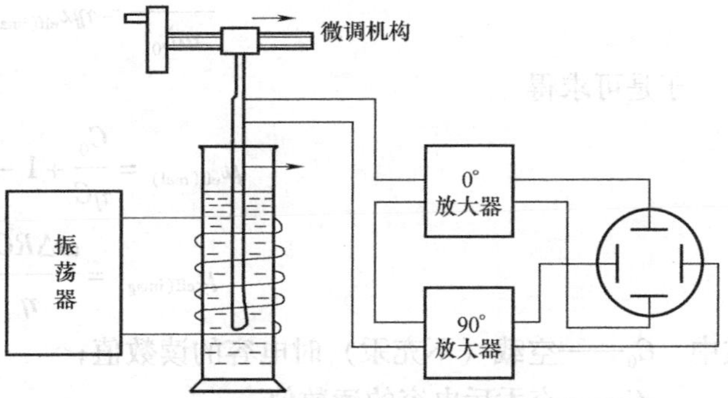

图3-8　验证圆柱体内场强分布和涡流密度分布的汞模型

利用汞模型试验还可以进行阻抗的测量，其简单的试验电路如图3-10所示。按照这个

电路，当电桥调节到平衡时，从可变电容箱的读数值 C 和振荡器的工作频率 f 就可以得出线圈的电感值 L 为

$$L=\frac{1}{\omega c} \tag{3-28}$$

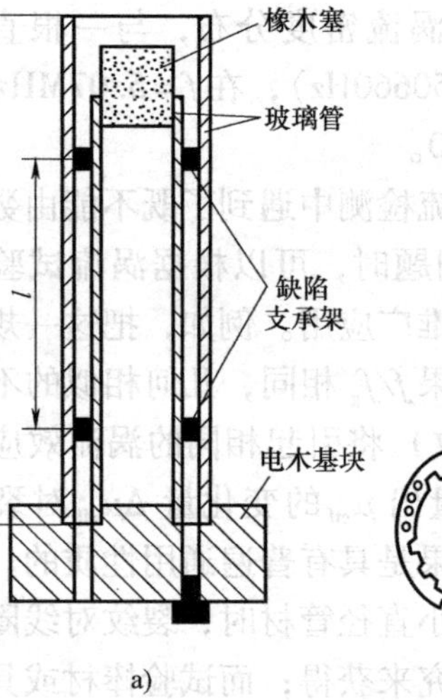

图 3-9 管材模拟试验中的模型

a）充汞容器 b）人工缺陷支架

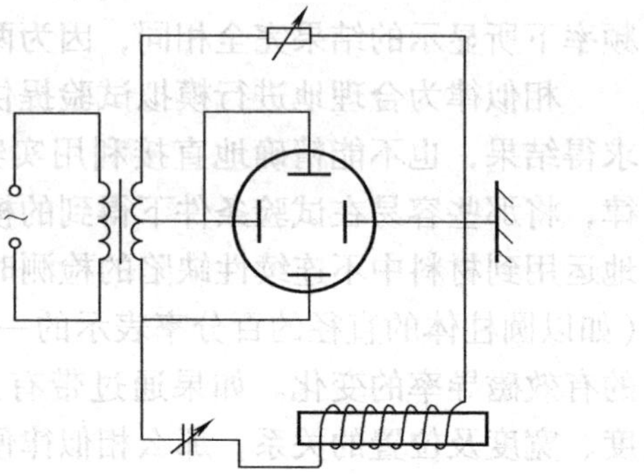
图 3-10 汞模型阻抗测量试验

线圈的电阻为

$$R=R_0 \tag{3-29}$$

若在充入汞之前，先测得电感和电阻分别为 L_0 和 R_0，则由式（3-26）和式（3-27）可分别求得

$$\frac{\omega L}{\omega L_0}=1-\eta+\eta\mu_{\mathrm{eff(real)}}$$

$$\frac{R-R_0}{\omega L_0}=\eta\mu_{\mathrm{eff(imag)}}$$

于是可求得

$$\mu_{\mathrm{eff(real)}}=\frac{C_0}{\eta C}+1-\frac{1}{\eta} \tag{3-30}$$

$$\mu_{\mathrm{eff(imag)}}=\frac{\omega\Delta RC_0}{\eta} \tag{3-31}$$

式中 C_0——空载（不充汞）时电容的读数值；

C——充汞后电容的读数值。

裂纹产生的效应也可以由有、无模型缺陷时相应的电容、电阻值求出。若以 $\Delta\mu_{\mathrm{eff}}$ 表示裂纹出现所引起 μ_{eff} 的变动，则

$$\Delta\mu_{\mathrm{eff(real)}}=\frac{C_0}{\eta}\left(\frac{C_{\text{裂纹}}-C}{C\cdot C_0}\right) \tag{3-32}$$

$$\Delta\mu_{\text{eff(imag)}}=\frac{\omega C_0}{\eta}(R_{\text{裂纹}}-R) \tag{3-33}$$

式中　C_0——线圈空载时电容的读数值；

C——充汞后没有裂纹模拟块时电容的读数值；

$C_{\text{裂纹}}$——充汞后有裂纹模拟块时电容的读数数值；

R——读取 C 时电阻 R_0 的读数值；

$R_{\text{裂纹}}$——读取 $C_{\text{裂纹}}$ 时电阻 R_0 的读数值；

η——充填系数。

上述各量除 η 为已知外，都可在没有充汞及充入汞后有、无缺陷模拟块的状态下，在电桥平衡时读取。

有了各种类型的裂纹模型试验的结果，依据相似律，就容易判断实际检测中引起 $\Delta\mu_{\text{eff}}$ 改变的究竟是类同于什么样形状、位置及深度的不连续性缺陷。

3.3.2　复阻抗平面图

在含圆柱导体的长直载流螺线管中，考虑一般情况，设圆柱导体的半径 a 小于螺线管的内半径 b，单位长度的匝数为 n，图 3-11 所示为螺线管的横截面图。在圆柱导体内（$0<r<b$），磁场强度 $H_z(r)$ 由式（3-26）决定，在空隙中（$a<r<b$）磁场强度为激励磁场 H_0，利用有效磁导率概念，可求出穿过线圈横截面的磁通量：

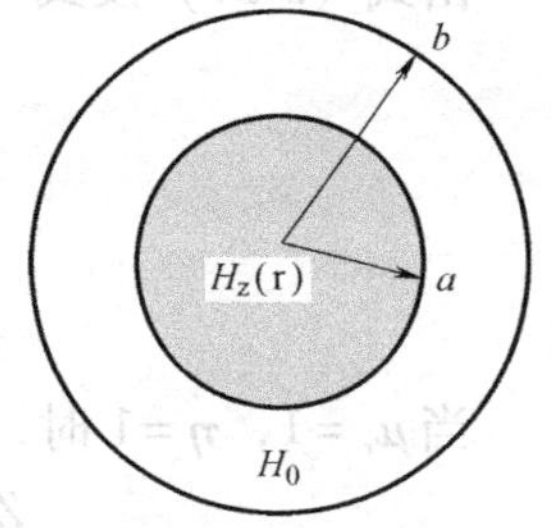

图 3-11　螺线管线圈横截面图

$$\boldsymbol{\Phi}=\mu_0\mu_r\mu_{\text{eff}}H_0\pi a^2+\mu_0H_0\pi(b^2-a^2) \tag{3-34}$$

则线圈单位长度上的感应电动势为

$$\boldsymbol{\varepsilon}=-n\frac{\mathrm{d}\boldsymbol{\Phi}}{\mathrm{d}t}=-\mathrm{j}\omega n\boldsymbol{\Phi} \tag{3-35}$$

其数量为

$$\boldsymbol{\varepsilon}=-\mathrm{j}\omega n\boldsymbol{\Phi}=-\mathrm{j}\omega n\mu_0\mu_r\mu_{\text{eff}}H_0\pi a^2-\mathrm{j}\omega n\mu_0H_0\pi(b^2-a^2) \tag{3-36}$$

线圈空载时，横切面上的磁通量为

$$\boldsymbol{\Phi}=\mu_0H_0\pi b^2 \tag{3-37}$$

所以，空载时单位长度上的感应电动势为

$$\boldsymbol{\varepsilon}_0=-\mathrm{j}\omega n\boldsymbol{\Phi}_0=-\mathrm{j}\omega n\mu_0H_0\pi b^2 \tag{3-38}$$

于是，单位长度上的线圈归一化感应电动势为

$$\frac{\boldsymbol{\varepsilon}}{\boldsymbol{\varepsilon}_0}=1-\eta+\eta\mu_r\mu_{\text{eff}} \tag{3-39}$$

式中，$\eta=\dfrac{a^2}{b^2}$称为线圈的填充系数。对于有厚度（b_2-b_1）的线圈，b^2 应为 b_{eff}^2：

$$b_{\text{eff}}^2=b_1^2+b_1b_2+b_2^2 \tag{3-40}$$

螺线管空载时，考虑到 $H_0=n\boldsymbol{I}_0$，长度单位上的阻抗为

$$Z_0=\frac{\boldsymbol{U}}{\boldsymbol{I}_0}=-\frac{\boldsymbol{\varepsilon}_0}{\boldsymbol{I}_0}=-\frac{\mathrm{j}\omega n\mu_0\pi b^2H_0}{\frac{H_0}{n}}=-\mathrm{j}\omega n^2\mu_0\pi b^2=-\mathrm{j}\omega L_0 \tag{3-41}$$

式中，$L_0=\mu_0 n^2\pi b^2$ 为空载时单位长度上的电感量。

螺线管空载时，利用有效磁导率的等效概念，则单位长度上的阻抗为

$$Z_0=\frac{\boldsymbol{U}}{\boldsymbol{I}}=-\frac{\boldsymbol{\varepsilon}_0}{\frac{H_0}{n}}\mathrm{j}\omega n^2\mu_0\mu_r \tag{3-42}$$

单位长度上的归一化阻抗为

$$\frac{Z}{Z_0}=1-\eta+\eta\mu_r\mu_{\mathrm{eff}} \tag{3-43}$$

由式（3-39）和式（3-43）可以看出，穿过式螺线管检测线圈的归一化感应电动势（或电压）与归一化阻抗有相同的表达式，且与有效磁导率μ_{eff}密切相关，令 $Z=R+\mathrm{j}\omega L$，$U=U_r+\mathrm{j}U_i$

由式（3-37）及式（3-42），可得

$$\frac{U_i}{U_0}=\frac{\omega L}{\omega L_0}=1-\eta+\eta\mu_r\mu_{\mathrm{eff(real)}} \tag{3-44}$$

$$\frac{U_r}{U_0}=\frac{R}{\omega L_0}=\eta\mu_r\mu_{\mathrm{eff(imag)}} \tag{3-45}$$

当$\mu_r=1$，$\eta=1$ 时，有

$$\frac{Z}{Z_0}=\frac{U}{U_0}=\mu_{\mathrm{eff}} \tag{3-46}$$

$$\frac{\omega L}{\omega L_0}=\frac{U_i}{U_0}=\mu_{\mathrm{eff(real)}} \tag{3-47}$$

$$\frac{R}{\omega L_0}=\frac{U_r}{U_0}=\mu_{\mathrm{eff(imag)}} \tag{3-48}$$

可见，对于含非铁磁性金属圆柱体穿过式线圈，在填充系数等于1的条件下，单位长度上的归一化复阻抗或复电压平面图就是有效磁导率的复平面图，如图3-6所示。图中纵坐标$\mu_{\mathrm{eff(real)}}$表示归一化复阻抗（复电压）的实部。含非铁磁性圆柱体穿过式线圈的不同填充系数的复阻抗（复电压）平面图如图3-12所示。

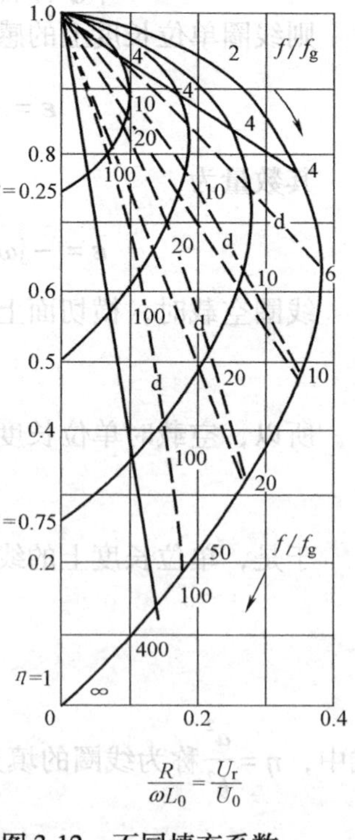

图3-12　不同填充系数复阻抗（复电压）平面图

如果通过匝数为N检测线圈（次级线圈）与激励线圈（初级线圈）的磁通相同，则检测线圈的感应电压由式（3-38）和式（3-43）决定，即

$$\boldsymbol{U}=\boldsymbol{U}_0(1-\eta+\eta\mu_r\mu_{\mathrm{eff}})=\mathrm{j}2\pi fN\mu_0H_0 \tag{3-49}$$

式中　f——激励频率，单位为Hz；

N——检测线圈匝数；

H_0——激励磁场强度，单位为 A/m。

由试件的 σ、μ_r、直径 d 及式（3-24）求出特征频率 f_g 和填充系数 η，然后根据所选定的涡流试验频率值就可由式（3-49）算出检测线圈的感应电压。

3.4 线圈的阻抗平面分析

3.4.1 含导电圆柱体线圈的阻抗分析

通过对含导电圆柱体线圈复抗平面的讨论，可得公式

$$\frac{Z}{Z_0}=\frac{E}{E_0}=1-\eta+\eta\mu_r\mu_{eff}$$

公式说明，线圈归一化的阻抗（简称线圈阻抗）或复电压可以表示为特性函数（$1-\eta+\eta\mu_r\mu_{eff}$），特性函数反映了线圈阻抗（或复电压）受试件的影响，因而取决于试件的性质，即包括了试件中各种对线圈阻抗有影响的基本因素。

影响线圈阻抗的主要因素有：试件的电导率 σ、磁导率 μ、几何尺寸、缺陷以及试验频率等。下面对其分别加以讨论。

（1）电导率 σ　由特性函数 $\frac{Z}{Z_0}=1-\eta+\eta\mu_r\mu_{eff}$ 可知：试件的电导率 σ 只出现在 μ_{eff} 以内，即 σ 只影响决定 μ_{eff} 值的参变量 f/f_g（$\omega\mu\sigma a^2$）。因而，σ 的变化反映在由特性函数确定的阻抗图上，只影响阻抗值在曲线上的位置。例如，假定一根铝棒（$\sigma=35\text{m}/\Omega\cdot\text{mm}^2$、$d=1.2\text{cm}$、$\mu_r\approx1$），其特征频率 $f_g=100\text{Hz}$，完全充填检测线圈，即填充系数 $\eta=1$。当采用 $f=1000\text{Hz}$ 的频率进行涡流试验时，其频率比 $f/f_g=100$，这时，线圈的归一化阻抗值可以通过特征函数的计算表示在复平面上，该点即为 $f/f_g=100$ 的位置。若换用 $\sigma=17.5\text{m}/\Omega\cdot\text{mm}^2$ 的另一试棒（$d=1.2\text{cm}$、$\mu_r\approx1$），用同样的试验频率进行上述涡流试验时，试件的特征频率 $f_g=200$，其频率比 $f/f_g=50$，线圈的归一化阻抗值就从 $f/f_g=100$ 的点移到了 $f/f_g=50$ 的点上。可见电导率 σ 的效应是发生在阻抗曲线的切线方向上。很显然，当对不同导电材料构成的试件进行涡流试验时，电导率的差异会引起检测线圈阻抗发生变化。因此，可以利用涡流检测的方法进行材质分选等工作。

（2）磁导率 μ　非磁性材料的 $\mu_r\approx1$，可看做常数，但铁磁性材料的情况却不一样。因为磁性材料的相对磁导率 $\mu_r>>1$，需要考虑它对特性函数的影响。

由式（3-44）和式（3-45）可以得到含磁性材料试件的线圈归一化阻抗值：

$$\frac{\omega L}{\omega L_0}=1-\eta+\eta\mu_r\mu_{eff(imag)}\approx\eta\mu_r\mu_{eff(imag)} \tag{3-50}$$

$$\frac{R}{\omega L_0}=\eta\mu_r\mu_{eff(real)} \tag{3-51}$$

当 $\eta=1$ 时，其复阻抗平面如图 3-13 所示。可见，曲线不同于非磁性材料的情况，每条曲线的 $\mu_{eff(real)}$ 和 $\mu_{eff(imag)}$ 都增大了 μ_r 倍。

当磁性材料的相对磁导率 μ_r 发生变化时，对线圈阻抗的影响是双重的。例如，当 μ_r 增大时，一方面它使特性函数中的 $\eta\mu_r\mu_{eff}$ 增大，即阻抗值要落到新的 μ_r 增大了的曲线上；另

一方面，它又改变了参变量f/f_g（使之增大），故阻抗值沿着同一条曲线移动到新的位置上（即变化后的f/f_g点上）。两者影响的总效果使磁导率变化引起的效应方向发生在图3-13所示的弦向曲线方向上。

在磁性材料中，电导率σ的变化所引起线圈阻抗的变化依然是曲线的切线方向。因此，从图3-13可以看出，在阻抗曲线的上半部分中电导率效应的方向和磁导率效应的方向之间有较大夹角，这样，就可以利用相敏检波的技术进行鉴别。相敏技术鉴别的难易程度取决于夹角的大小：夹角大鉴别容易，夹角小鉴别困难。由阻抗曲线可知，当频率比$f/f_g \leqslant 15$时，两者效应之间的夹角较大，具有良好的分辨性。

(3) 试件的几何尺寸　在讨论含导电圆柱体线圈的阻抗时，试件几何尺寸的变化通常以直径d（或半径r）的变化来描述。

对于非磁性圆柱体试件来说，由于$\mu_r=1$，特性函数为$\dfrac{Z}{Z_0}=1-\eta+\eta\mu_{eff}$，可见试件直径$d$的变化不仅影响了$\mu_{eff}$的参变量$f/f_g$，同时也决定了充填系数$\eta$的大小。因此它对线圈阻抗的影响是双重的。

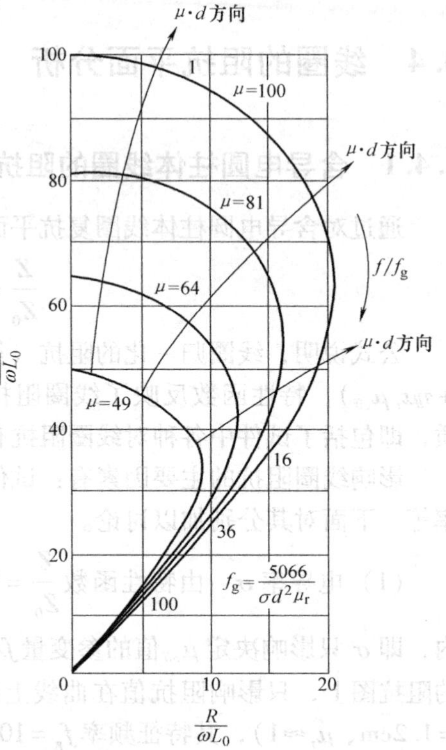

图3-13　含导电圆柱体线圈阻抗平面图

由图3-12所示的阻抗平面图可以看出：当试件直径d减小（即a减小）时，f/f_g值减少，影响线圈阻抗值沿着同一条η的曲线向上移动位置；同时，由于直径的减小，η值减小，使线圈阻抗值要从η较大的曲线上移到另一条η较小的曲线上。综合两者的影响，可见，直径效应的方向为图3-12所示的弦向虚线方向。

直径变化和电导率变化在复阻抗图上的效应方向是不同的，所以，利用相敏技术可以把电导率变化从直径变化中分离出来。要获得良好的试验效果，选取频率比$f/f_g>4$的试验频率比较合适。

铁磁性和与非磁性圆柱体试件的直径变化在复阻抗平面上的效应方向是不同的。在非磁性圆柱体中，直径的增加一般会引起有效磁导率的降低（见图3-12），然而在铁磁性圆柱体中其结果适得其反（见图3-13）。这是因为，若检测线圈中的试件是铁磁性物质，它引起磁场的增加超过了涡流对此磁场的削弱，因而使有效磁导率增加了。由式（3-50）和式（3-51）还可以看出，对于铁磁性材料，线圈的归一化阻抗值的两个分量取决于频率比的数值。对于铁磁性圆柱体试件，其频率比f/f_g可用下式表示：

$$f/f_g=\frac{f\cdot\mu_r\sigma d^2}{5066} \tag{3-52}$$

在式（3-50）和式（3-51）中，有$\eta\mu=d^2\mu_r/D_a^2$。可见，$d^2\mu_r$同时在式（3-50）、式（3-51）与式（3-52）中出现，说明要区分相对磁导率变化和直径变化的效应是困难的。

(4) 缺陷　缺陷对线圈阻抗的影响可以看做是电导率、几何尺寸两个参数影响的综合结果。它的效应方向介于电导率效应和直径效应之间。由于试件中的裂纹位置、深度和形状的综合影响结果，使缺陷效应的大小很难进行理论计算，所以通常都是借助模型进行试验，取得各种材料的不同形状、尺寸和位置的缺陷在不同频率下的试验结果，制成参考图表，以便为实用试验提供依据。

图 3-14 所示为在频率比 f/f_g 为 5、15、50 和 150 时，对非磁性圆柱体试件中含有不同位

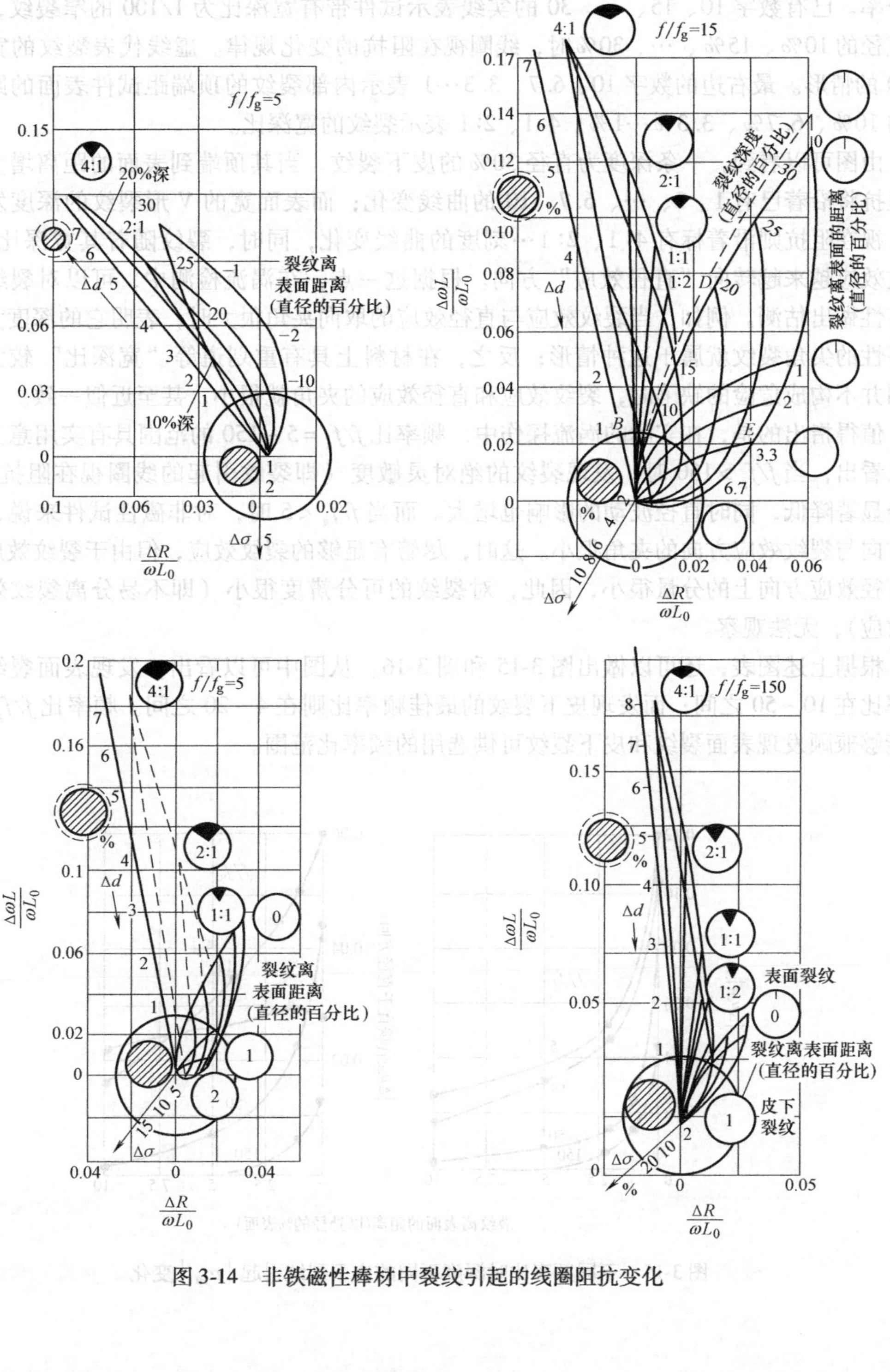

图 3-14　非铁磁性棒材中裂纹引起的线圈阻抗变化

置、形状、深度、宽度的裂缝进行模型试验得出的阻抗测量数据，绘制出的裂缝对线圈视在阻抗变化影响的曲线。所有这些图中的零点相当于没有缺陷时，该频率比所决定的μ_{eff}值所处的位置。各个图都是零点附近区域适当放大的图形。

以$f/f_g=15$为例，图中标有Δd的线段表示对应于直径变化的“直径效应”曲线，数字表示直径减小的百分率。标着$\Delta\sigma$的线段表示“电导率效应”曲线，数字表示电导率增加的百分率。已有数字10、15、…、30的实线表示试件带有宽深比为1/100的窄裂纹，其深度为直径的10%、15%、…、30%时，线圈视在阻抗的变化规律。虚线代表裂纹的宽深比为1/30的情形。最右边的数字10、6.7、3.3…1表示内部裂纹的顶端距试件表面的距离为直径的10%、6.7%、3.3%…1%。4:1、2:1表示裂纹的宽深比。

由图可以看到，一条深度为直径30%的皮下裂纹，当其顶端到表面的距离增大时，视在阻抗将沿着已有1、2、…、6.7、10的曲线变化；而表面宽的V形裂纹的深度发生变化时，视在阻抗则沿着标有4:1、2:1…刻度的曲线变化，同时，裂纹随着其宽深比的增大，裂纹效应越来越转向“直径效应”方向。根据这一点，在涡流检测中，可以对裂纹影响的危害性做出估测。例如，当裂纹效应与直径效应的取向夹角很大时，表明它的深度大，具有危害性的尖角裂纹就属于这种情形；反之，在材料上具有重划道等“宽深比”较大、但对应用并不构成危险的缺陷时，裂纹效应和直径效应的夹角就很小，甚至近似一致。

值得指出的是，在实际的涡流探伤中，频率比$f/f_g=5\sim150$的范围具有实用意义。由图可以看出，当$f/f_g>150$时，发现裂纹的绝对灵敏度（即裂纹引起的线圈视在阻抗的变化）已经显著降低，同时直径波动的影响也增大。而当$f/f_g<5$时，对非磁性试件来说，直径效应方向与裂纹效应方向的夹角很小。这时，尽管有足够的裂纹效应，但由于裂纹效应在垂直于直径效应方向上的分量很小，因此，对裂纹的可分辨度很小（即不易分离裂纹效应和直径效应），无法观察。

根据上述图表，还可以做出图3-15和图3-16。从图中可以看出，发现表面裂纹的最佳频率比在10~50之间；而发现皮下裂纹的最佳频率比则在4~20之间。频率比$f/f_g=5\sim10$是能够兼顾发现表面裂纹和皮下裂纹可供选用的频率比范围。

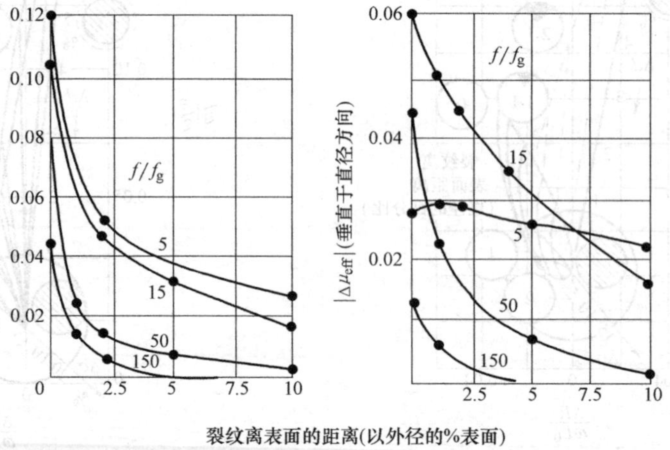

图3-15 不同频率比时深度不同的皮下裂纹引起$|\mu_{eff}|$变化

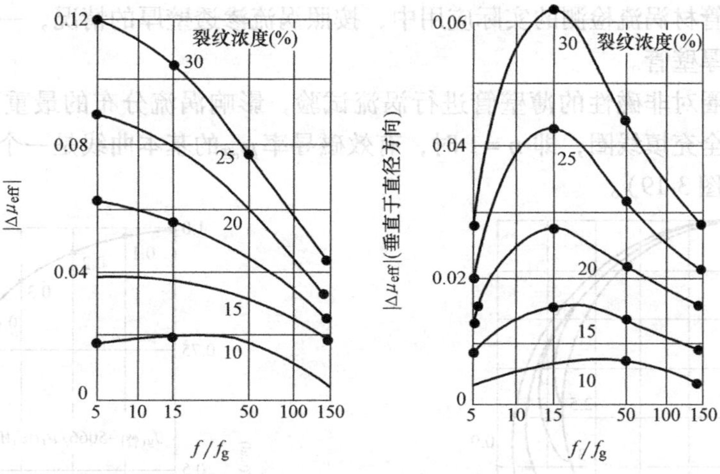

图 3-16　不同频率比时不同深度表面裂纹引起 $|\mu_{\mathrm{eff}}|$ 变化

至于在铁磁性圆柱体试件中出现裂纹所产生的效应，同直径变化和磁导率变化所引起的效应不同，彼此间成较大的角度。因此，对铁磁性试件中的裂纹，只要适当地选择工作频率（一般选取 $f/f_g<10$），就能够有效地显现出来。

（5）试验频率　试验频率对线圈阻抗的影响表现在频率比 f/f_g 上。由于有效磁导率 μ_{eff} 是以频率比 f/f_g 为参变量的，随着试验频率的不同，阻抗线圈在曲线上的位置发生改变。因此，试验频率和电导率两者的效应方向在阻抗圈上是一致的。

实际上，在涡流检测中，为了分离各种影响因素（诸如直径效应、电导率效应、裂纹效应等），有必要选择最佳的试验频率，而最佳试验频率的选择随检测目的和对象有所不同。

3.4.2　含导电管材的穿过式线圈的阻抗分析

在对含有导电管材的穿过式线圈阻抗进行理论分析时，与含导电圆柱体线圈的假设一样，设定线圈和管件为无限长，材料是各向同性均匀的金属，采用圆柱坐标系，使管的轴线重合于 z 轴，截面如图 3-17 所示。这样，就可以根据涡流方向和边界条件求得管内的磁场分布。同时，也可以仿照含导电圆柱体线圈阻抗的分析方法，求得线圈的归一化阻抗，其值为

$$\frac{\Delta R}{\omega L_0}=\frac{2\eta}{ka}\left(\frac{A\cdot D+B\cdot D}{C^2+D^2}\right) \tag{3-53}$$

$$\frac{\Delta\omega L}{\omega L_0}=\frac{2\eta}{ka}\left(\frac{B\cdot C+A\cdot D}{C^2+D^2}\right) \tag{3-54}$$

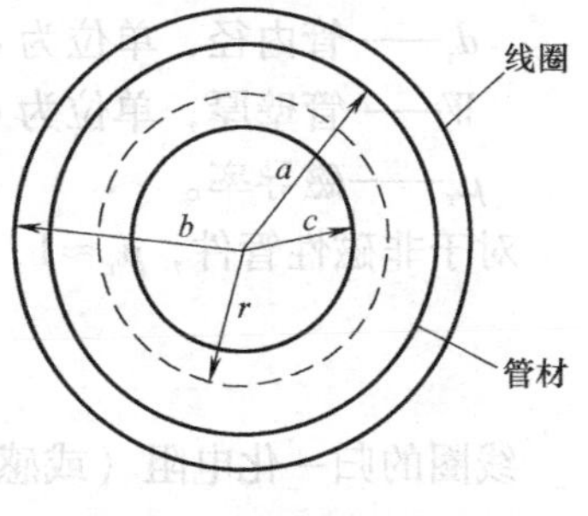

图 3-17　采用穿过式线圈检测管件的截面示意图

式中，$\eta=\frac{a^2}{b^2}$为充填系数；A、B、C、D 是含宗量 ka 和 ka 的贝塞尔函数的复杂变形。

图 3-18 所示为 $\eta=1$、$\mu_r=1$、$\frac{c}{a}=0.7$ 时得到的线圈复阻抗平面图。

事实上，在管材涡流检测的实际应用中，按照涡流渗透壁厚的情况，一般把管材分成两大类：薄壁管和厚壁管。

以穿过式线圈对非磁性的薄壁管进行涡流试验，影响涡流分布的最重要因素是管的壁厚。若薄壁管完全充填线圈，即 $\eta=1$ 时，有效磁导率 μ_{eff} 的基本曲线是一个形状准确、直径为 1 的半圆（见图 3-19）。

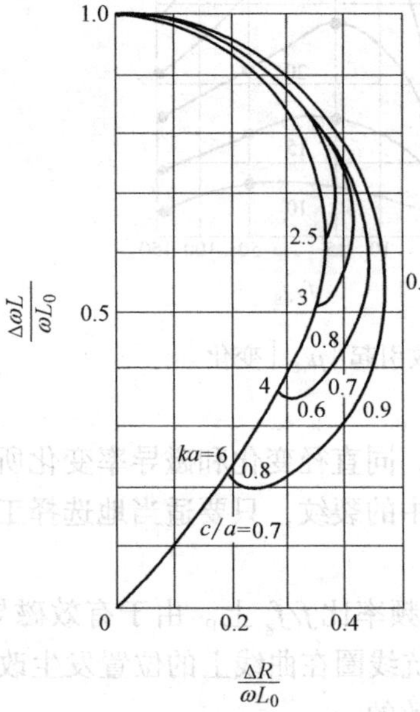

图 3-18 含导电管件的穿过式线圈阻抗图

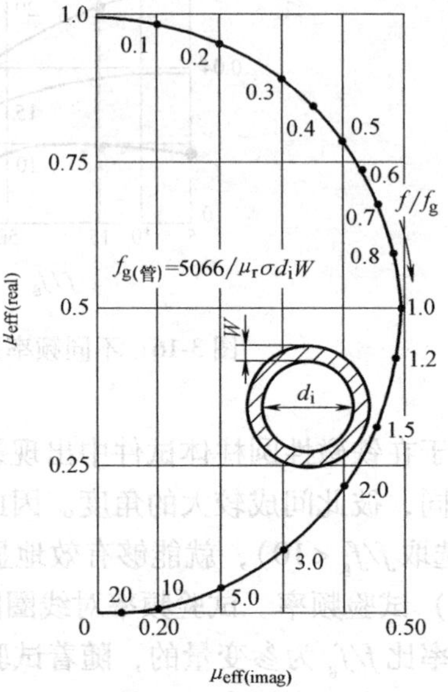

图 3-19 非磁性薄壁管磁导率曲线

和圆柱体试件的情况不同，在做薄壁管材的涡流试验时，其特征频率 f_g 取

$$f_{g(管)}=\frac{5066}{\mu_r\sigma d_i W} \tag{3-55}$$

式中 σ——电导率，单位为 $m/\Omega\cdot mm^2$；

d_i——管内径，单位为 cm；

W——管壁厚，单位为 cm；

μ_r——磁导率。

对于非磁性管件，$\mu_r\approx1$，故有

$$f_{g(管)}=\frac{5066}{\sigma d_i W} \tag{3-56}$$

线圈的归一化电阻（或感应电压），则可借助于式（3-44）和式（3-45）求取，分别为

$$\frac{\omega L}{\omega L_0}=\frac{E_{(\text{imag})}}{E_0}=1-\eta+\eta\mu_{\text{eff(imag)}} \tag{3-57}$$

$$\frac{R}{\omega L_0}=\frac{E_{(\text{real})}}{E_0}=\eta\mu_{\text{eff(real)}} \tag{3-58}$$

式中 $\eta=\frac{d_a^2}{d_c^2}$——充填系数；

d_a——管外径；

d_c——线圈的有效直径。

薄壁管的有效磁导率的两个分量也可以由频率比$f/f_{g(管)}$求取，其公式为

$$\mu_{eff(real)} = \frac{1}{1+(f/f_{g(管)})^2} \tag{3-59}$$

$$\mu_{eff(imag)} = \frac{f/f_g}{1+(f/f_{g(管)})^2} \tag{3-60}$$

从上述表达式中可以看出，管材本身对线圈阻抗产生影响的主要因素有：电导率σ、磁导率μ_r、外径d_a、内径d_i、管壁厚W。同时，内、外表面的缺陷及管材的偏心度也将对阻抗产生影响。

对于非磁性薄壁管来说，当保持内径d_i和外径d_a的比值（d_i/d_a）一定时，改变外径d_a所引起的阻抗变化如图3-20所示，是一族半圆形曲线。图中最外面那条$\eta=1$，其余各条分别为$\eta=0.75$、0.5、0.25。如果外径不变，这些曲线可用来表示电导率σ和管壁厚W的变化，弦向分布的曲线则表示外径变化效应所引起的阻抗改变方向。

如果管件的内径d_i不变，那么外径d_a的变化会引起两种效果：一是外直径效应，类似图3-20中弦向分布曲线表示的变化；二是由于d_a变化带来管壁厚改变所引起的效果（薄壁管中d_a稍有改变则管壁厚W显著变化），它使得f/f_g改变显著，即阻抗值变到对应于新的f/f_g点的位置。由于两种效应同时发生，如图3-21所示，外直径d_a的变化将导致阻抗沿"外直径"弦向曲线作不大的变化和标着f/f_g的半圆曲线作显著变化，即总效应沿"d_a、W可变"字样的曲线变化。

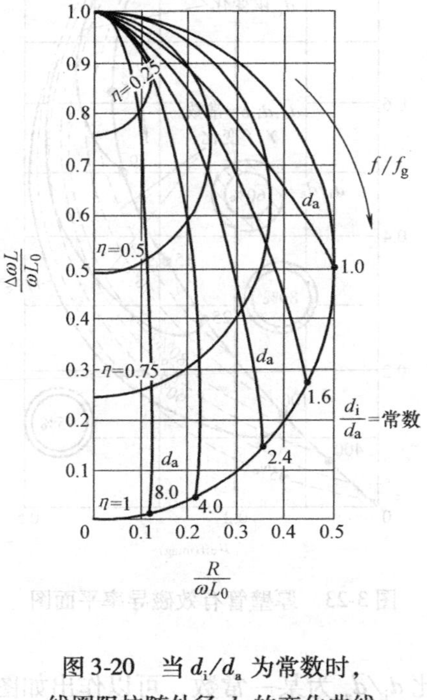

图3-20　当d_i/d_a为常数时，线圈阻抗随外径d_a的变化曲线

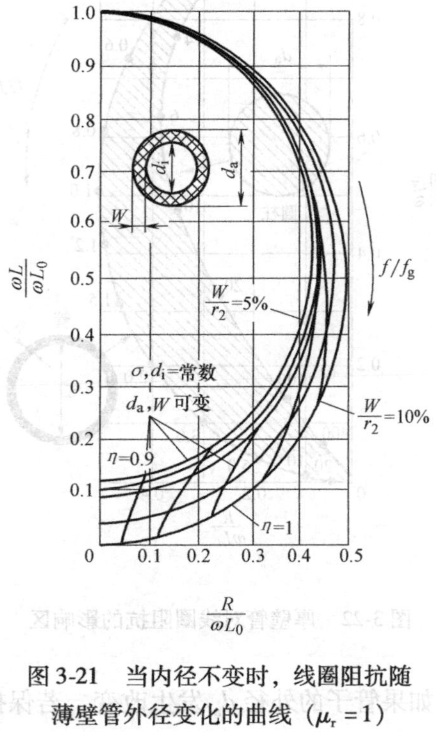

图3-21　当内径不变时，线圈阻抗随薄壁管外径变化的曲线（$\mu_r=1$）

薄壁管中裂缝与壁厚 W 的减小具有同样的涡流效应。因此，由外壁裂缝引起的效果与内径不变而外径改变所引起的效果相同（见图 3-21）；同样地，内壁裂缝对阻抗的影响也与外径固定不变而内径变化（即壁厚减小）所引起的效果相同（见图 3-20）。

按照涡流试验的一般规则，在有效磁导率曲线上虚数分量 μ_{eff}（即阻抗曲线或复电压曲线上实数分量）达到最大值的点，就是最高灵敏度点。由图 3-19 可知，最高灵敏度在 $f/f_g=1$ 的这一点。因此，一般在检测薄壁管中的裂缝和测量管子的合金成分或壁厚时，试验频率的范围选取 $f/f_{g(管)}=0.4\sim2.4$ 对应的频段。

内有厚壁管的穿过式线圈的阻抗曲线在复平面上的位置处于圆柱体的曲线和薄壁管的曲线之间，如图 3-22 所示，其阴影代表的区域即为管子特性改变时，线圈阻抗的变化范围。

当管子的外径 d_a 不变而内径 d_i 改变时，有效磁导率平面如图 3-23 所示，图中最靠左方的实线是按圆柱体试件公式作出的 μ_{eff} 曲线，其余实线则表示在频率比 f/f_g 别为 4、9、25、100 时，保持电导率 σ 和外径 d_a 不变时，配不同的内、外径比 d_i/d_a（以%表示）所得到的 μ_{eff} 曲线（注意：为了简化，这些曲线都采用实心圆柱体的 f/f_g 值）。可以看出，当内径 d_i 变化时，其有效磁导率 μ_{eff} 只沿着指定的频率比 f/f_g 的曲线变化。另外，图上的虚线是连接 d_i/d_a 值相同而 f/f_g 值不同的点而成的曲线，它表示了在内径、外径不变的情况下，电导率 σ 和试验频率 f 变化时阻抗的变化方向。

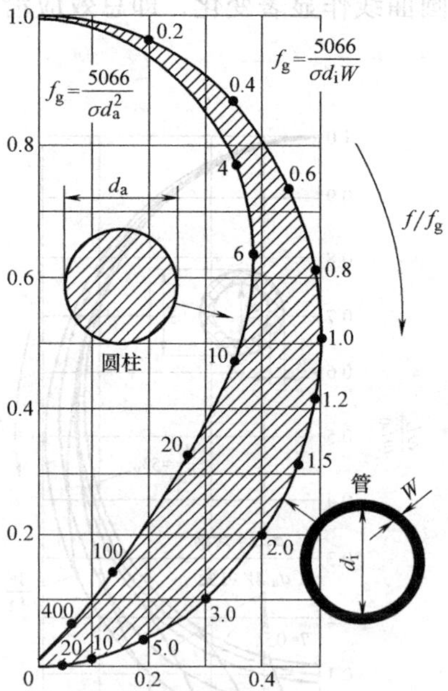

图 3-22　厚壁管对线圈阻抗的影响区

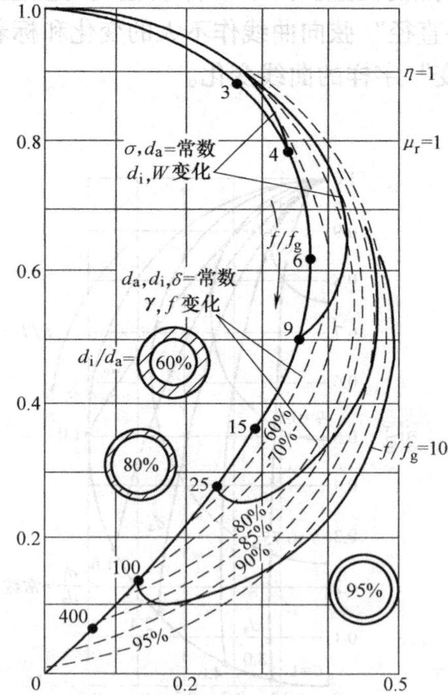

图 3-23　厚壁管有效磁导率平面图

如果管子的外径 d_a 发生改变，若保持内、外径比 d_i/d_a 为某一常数，可以作出如图 3-24

所示的复阻抗平面图，它表示在相同的 d_i/d_a 值（如图 $d_i/d_a=80\%$）时，外径不同（η 不同），线圈阻抗随频率比 f/f_g 改变所得到的轨迹曲线，图中 $\eta=1$ 的曲线相当于图3-25中同一 d_i/d_a 值的曲线，即连接图3-23中各条实线（f/f_g 不同）与同一 d_i/d_a（图为 $d_i/d_a=80\%$）虚线的交点而成的曲线。曲线族则表示填充系数 η 的影响。由图可见，当外径 d_a 改变时，线圈阻抗将沿着图示弦向曲线发生变化。直径效应 d_a 曲线和电导率效应 σ 曲线之间有较大的夹角，所以，直径变化和电导率变化是容易鉴别的。

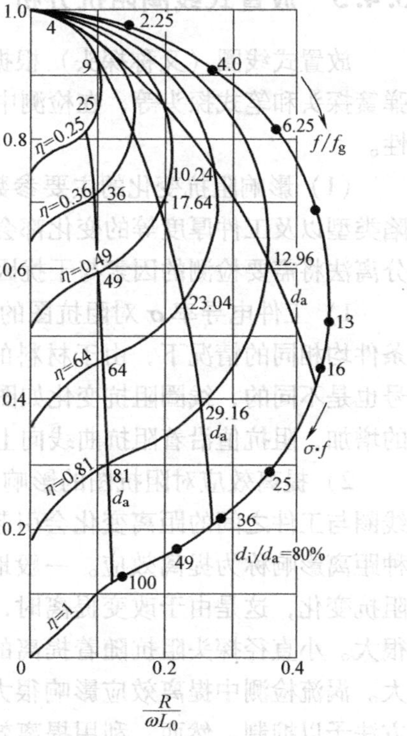

图3-24　非磁性厚壁管阻抗平面图

当管件内部有缺陷时，与圆柱体试件一样，由于边界条件复杂，很难由数学分析得出结果，只能通过大量的模型试验来获得数据。图3-25所示为在频率比 $f/f_g=5$、15、50、150时，在不同壁厚的非磁性管中，不同位置与深度的裂缝对检测线圈视在阻抗值的影响。

由图可以看出，管件上内、外壁裂缝的阻抗曲线间有相移，且随着 f/f_g、W/r_a 的增加而增加。同时，那些既不在内壁也不在外壁的表面下裂缝的影响略小于同样深度的表面裂缝的影响。

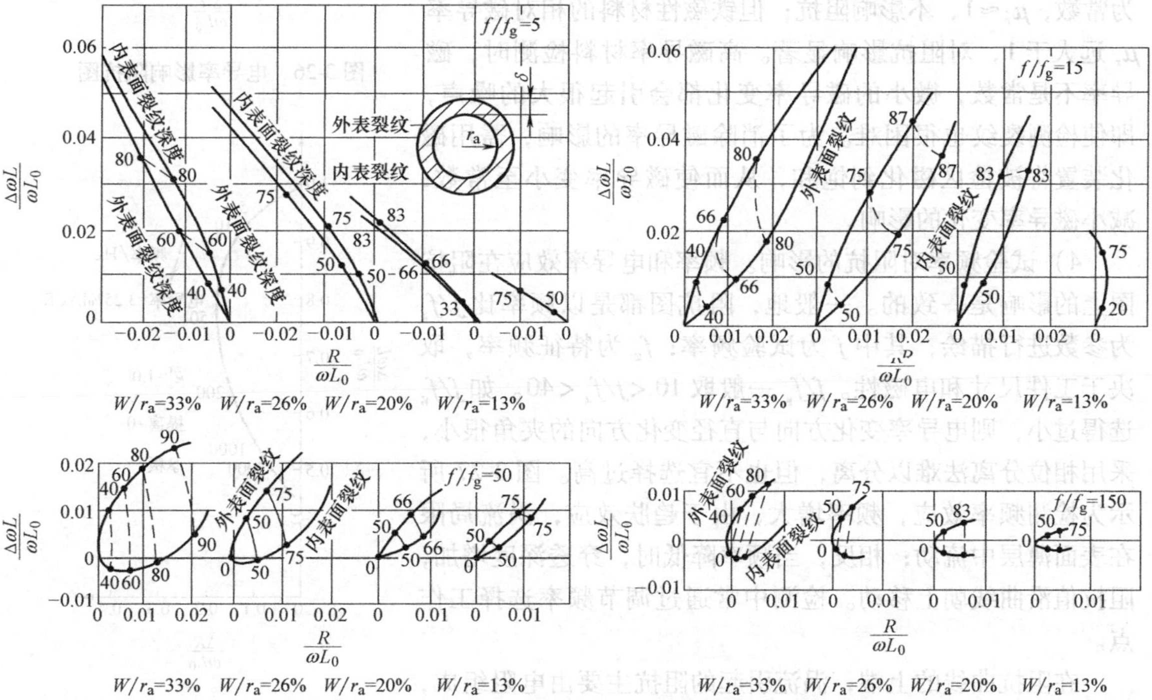

图3-25　非磁性管的裂缝对线圈阻抗的影响

3.4.3 放置式线圈阻抗分析

放置式线圈（又称探头）根据用途、结构和形状的不同，可分为饼式探头、平面探头、弹簧探头和笔式探头等，在检测中所形成的涡流信号阻抗图的特征不同，但阻抗分析有其共性。

（1）影响阻抗变化的主要参数 涡流检测在实际应用时，电导率、磁导率、频率、缺陷类型以及工件厚度等的变化都会引起阻抗的变化，其变化方向各不相同。因此可采用相位分离法将需要检测的因素与干扰因素分离开来，达到检测目的。

1）工件电导率 σ 对阻抗图的影响。将检测线圈放置于各种不同电导率材料上，在其他条件均相同的情况下，由于材料的电导率不同，获得的信号也是不同的，线圈阻抗变化如图 3-26 所示，随着电导率的增加，阻抗值沿着阻抗曲线向上移动。

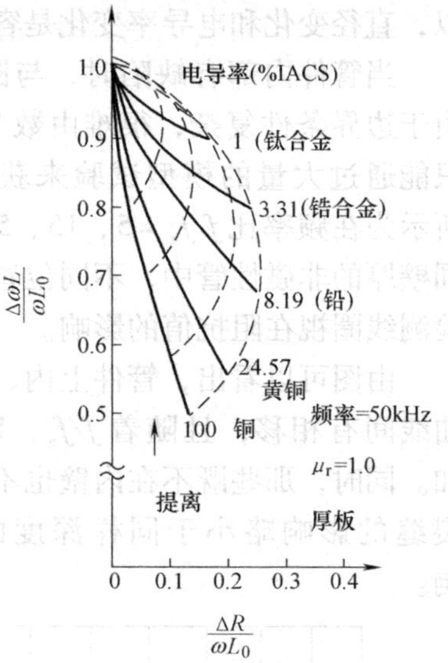

图 3-26 电导率影响阻抗图

2）提离效应对阻抗图的影响。应用点式线圈检测时，线圈与工件之间的距离变化会引起检测线圈阻抗变化，这种距离影响称为提离效应。一般地，小的提离会产生大的阻抗变化，这是由于改变提离时，工件中的磁通密度改变很大。小直径探头阻抗随着提离的变化比大直径探头还要大。涡流检测中提离效应影响很大，必须用适当的电子学方法予以抑制。然而，利用提离效应又可测量金属表面所涂油漆或覆盖绝缘层的厚度。

3）磁导率对阻抗图的影响。非磁性材料相对磁导率为常数，$\mu_r \approx 1$，不影响阻抗；但铁磁性材料的相对磁导率 μ_r 远大于 1，对阻抗影响显著。高磁导率材料检测时，磁导率不是常数，微小的磁导率变化都会引起很大的噪声，即使检测裂纹也很困难。为了消除磁导率的影响，需用磁化装置将被检区磁化到饱和，从而使磁导率变小至常数，减小磁导率变化的影响。

4）试验频率对阻抗的影响。频率和电导率效应在阻抗图上的影响是一致的。一般地，阻抗图都是以频率比 f/f_g 为参数进行描绘，其中 f 为试验频率；f_g 为特征频率，取决于工件尺寸和电磁性。f/f_g 一般取 $10 < f/f_g < 40$。如 f/f_g 选得过小，则电导率变化方向与直径变化方向的夹角很小，采用相位分离法难以分离，但也不宜选择过高。图 3-27 所示为检测频率效应，频率增大，由于趋肤效应，涡流局限在表面薄层中流动；相反，当频率降低时，穿透深度增加，阻抗值沿曲线朝上移动。检测中常通过调节频率选择工作点。

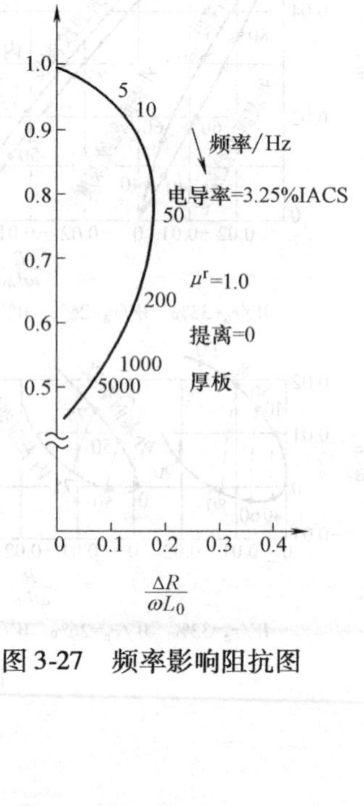

图 3-27 频率影响阻抗图

在阻抗曲线的上端，涡流引起的阻抗主要由电阻组成，而电阻依赖于工件的温度和线圈的温度，即温度的变化会对检测带来影响，所以希望工作点选在图中20～200kHz拐点的范围内。

5）工件厚度对阻抗图的影响。图3-28所示为工件厚度从无穷大减小到零时，探头阻抗变化的轨迹。当工件变薄时，线圈电阻分量增大，电抗分量也增大，阻抗值沿着曲线向上移动。这一点和电阻率增大的结果是类似的（见图3-26）。这意味着任何引起涡流流动电阻增加的因素（如裂纹、变薄、合金成分增大和温度升高等）将使得阻抗值沿着阻抗曲线向上移动，直到探头阻抗趋向于线圈在空气中的阻抗，即$X_L/X_0 \to 1$。

6）线圈直径对阻抗图的影响。图3-29所示为线圈直径效应。线圈直径增大，阻抗值沿着曲线向下移动，类似于频率的增大。这是由于线圈直径增大，则工件中的磁通密度增大，增大了涡流值，相当于电阻率的减小。选择最佳检测工作点，对于一定的材料，可以通过改变频率使工作点移动；如频率不宜改变，便可借助直径的改变来实现工作点的移动。

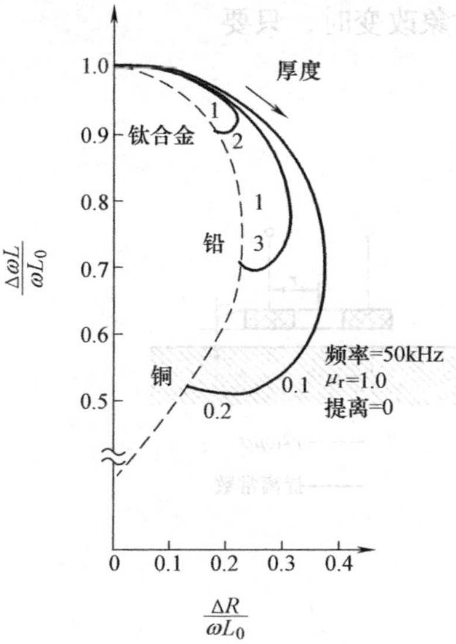

图3-28　厚度影响阻抗图

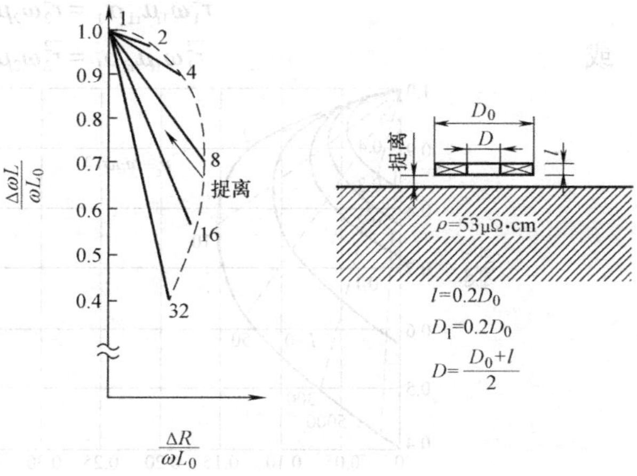

图3-29　线圈直径对阻抗的影响

（2）实验阻抗图和计算机模拟阻抗图的比较　图3-26、图3-28是计算机模拟计算作出的阻抗图，这些图可以通过实验进行校正。图3-30所示为探头对各种参数响应的实验曲线，如电阻率、磁导率、提离和工作频率等，实线是频率不变，探头从不同材料的表面提高到无穷远处所得到的电压轨迹。用虚线连接各实线的端点，表示电阻率变化曲线和前面所述曲线比较相似。例如，电导率增大，阻抗值朝下移动；频率增大，阻抗值也朝下移动。在10kHz时，304不锈钢的阻抗值在曲线的顶部；而在100kHz时，304不锈钢的阻抗值朝下移动，接近曲线拐点的地方。

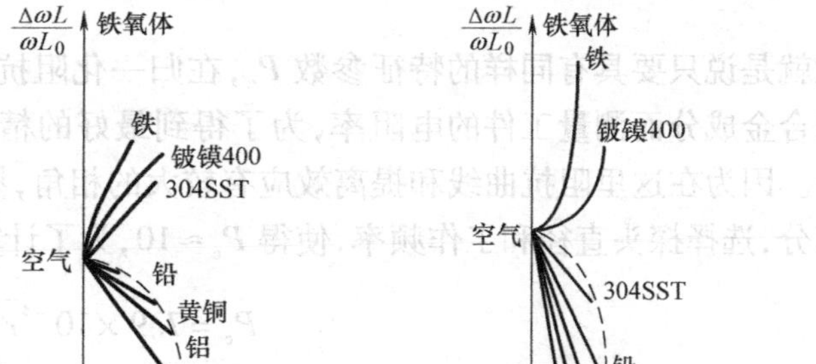

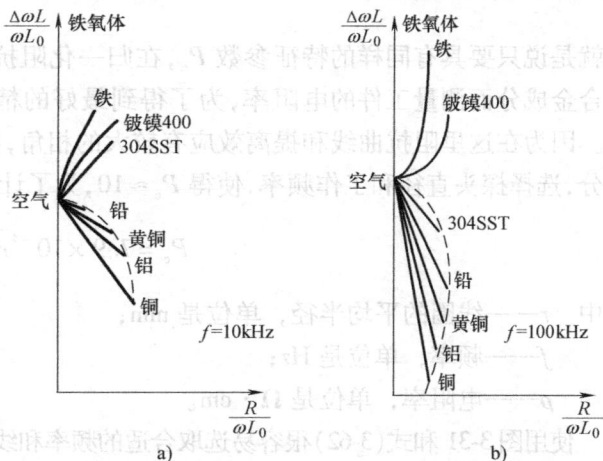

图3-30　探头在两个频率下对各种检测参数的影响

（3）特征参数 前面我们采用归一化阻抗使检测参数与探头本身参数（如电感等）无关。这里将频率、探头直径和工件参数结合在一起以构成一个特征参数：

$$P_c = \bar{r}^2 \omega \mu_r \sigma \tag{3-61}$$

式中 $\bar{r}$——线圈的平均半径，单位是 mm；

ω——角频率，单位是 rad/s；

μ_r——磁导率（对于非磁性材料 $\mu_r \approx 1$）；

σ——电导率，单位是 $\Omega \cdot$ cm。

以 P_c 为变量可描述四个检测参数对阻抗图的影响，如图 3-31 所示。实线表示当提离为常数时，P_c 从零增加到无穷大所得的阻抗曲线；虚线表示当保持 P_c 不变时，将探头从无限远处移到和工件接触（即提离等于零）所得到的阻抗曲线。

特征参数的用途在于它提供了一个模拟参数。检测对象改变时，只要

$$\bar{r}_1^2 \omega_1 \mu_{r1} \sigma_1 = \bar{r}_2^2 \omega_2 \mu_{r2} \sigma_2$$

或

$$\bar{r}_1^2 \omega_1 \mu_{r1} \rho_1 = \bar{r}_2^2 \omega_2 \mu_{r2} \rho_2$$

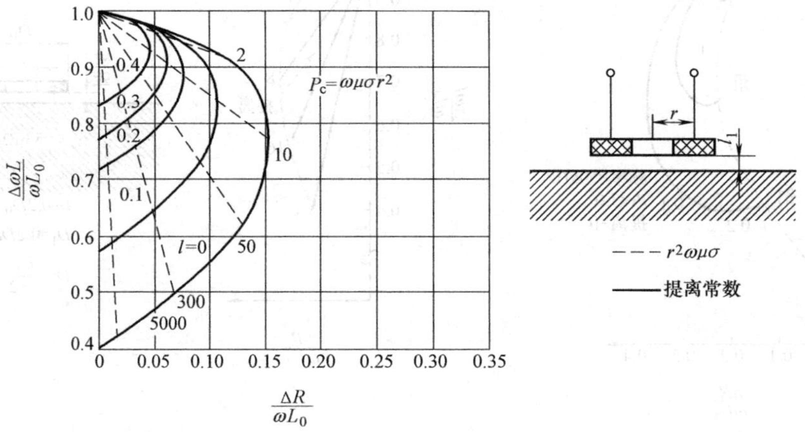

图 3-31 具有特征参数 P_c 阻抗图

r—线圈平均半径 l_1—提离 ω—角频率 μ—磁导率 σ—电导率

也就是说只要具有同样的特征参数 P_c，在归一化阻抗图上就有相同的工作点。例如，为了检测合金成分而测量工件的电阻率，为了得到最好的精度，工作点需选择在阻抗曲线的拐点部分。因为在这里阻抗曲线和提离效应有较大的相角，易于鉴别。要工作在阻抗图 3-31 的拐点部分，选择探头直径和工作频率，使得 $P_c \approx 10$，为了计算方便，式(3-61)可以改写成

$$P_c = 7.9 \times 10^{-4} \bar{r}^2 \frac{f}{\rho} \tag{3-62}$$

式中 r——线圈的平均半径，单位是 mm；

f——频率，单位是 Hz；

ρ——电阻率，单位是 $\Omega \cdot$ cm。

使用图 3-31 和式(3-62)很容易选取合适的频率和线圈直径，可以得到比较理想的工作点。

（4）相位 阻抗图的主要要素之一是相位。图 3-32 两轴分别表示线圈电压的两个分量：U_L 和 U_R，也可以表示归一化阻抗 $\Delta\omega L/\omega L_0$ 和 $R/\omega L_0$。图中所标相角含义如下：

1）$\theta_1=\theta_2=\arctan\dfrac{\omega_L}{R_L}$，电压矢量和横轴之间的夹角。

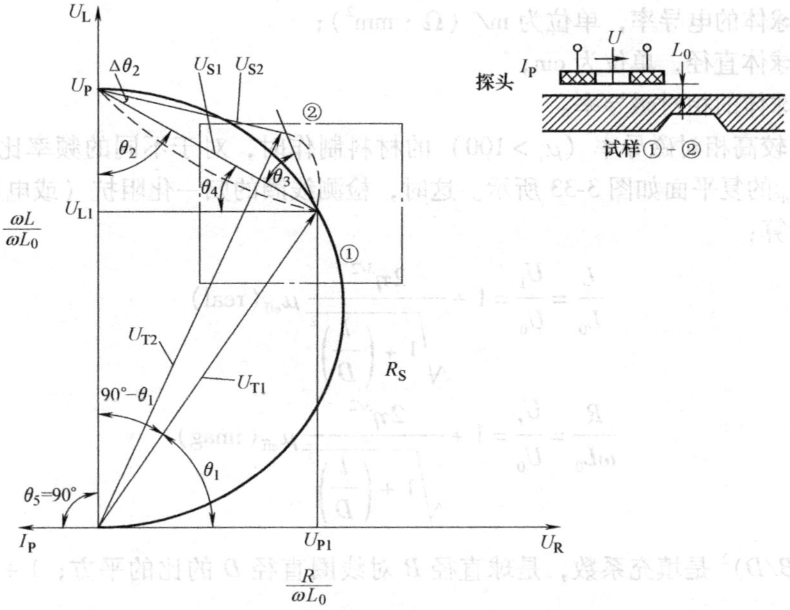

图3-32　线圈阻抗/电压显示

U—电压　I—电流　ω—角频率　L_0—探头在空气中的电感　R_{OC}—线路中直流电阻　R_s—试样交流电阻

T—初级线圈与次级线圈之和　L—电感　R—电阻　P—初级线圈　S—次级线圈

2）$\Delta\theta_1$：当探头移过缺陷时，归一化电压量的相位变化。

3）θ_2：感应电压和激励电压之间的相位。

4）$\Delta\theta_2$：当探头移过缺陷时，感应电压的相位变化。

5）θ_3：缺陷和提离电压信号之间的相位差。这是一个很重要的参数，在涡流检测中，常用估算缺陷的探头。

6）β：表示涡流的相位滞后情况，即深度为 x 处的涡流相位和表面涡流相位差，$\beta=x/\delta$，δ 为提离距离。

7）θ_4：许多涡流仪器都有"相位"旋钮，用它可以将整个阻抗平面进行旋转。通常将提留旋转到水平位置（因为在涡流仪器的显示中，电感和电阻的绝对方向可能是不知道的）。

8）θ_5：电感电压和电流之间的相位差，$\theta_5=90°$。

3.4.4　其他形式线圈的阻抗分析

1. 含球形导体的穿过式线圈

置于线圈中的球形导体的阻抗分析在理论与应用上都具有实际意义，因为球是短零件（如滚珠、滚棒、销钉、螺栓及螺母等）的典型，具有极好的对称形状，便于通过涡流方程求出精确解，由此可推出短零件在交变磁场中引起线圈阻抗变化的若干规律。若短零件是由铁磁材料制成，在理论分析时，必须考虑这些零件在磁场中磁化其内部产生的退磁场。在实际应用中，一般取球体的特征频率为

$$f_g = \frac{5066\mu_r}{\sigma B^2} \tag{3-63}$$

式中 σ——球体的电导率，单位为 m/（Ω · mm²）；

B——球体直径，单位为 cm；

μ_r——球体的相对磁导率。

当球体由较高相对磁导率（$\mu_r > 100$）的材料制作时，对于不同的频率比 f/f_g，球体的有效磁导率 μ_{eff} 的复平面如图 3-33 所示。这时，检测线圈的归一化阻抗（或电压）的两个分量可按下式计算：

$$\frac{L}{L_0} = \frac{U_i}{U_0} = 1 + \frac{2\eta^{3/2}}{\sqrt{1+\left(\frac{l}{D}\right)^2}}\mu_{eff}(\text{real}) \tag{3-64}$$

$$\frac{R}{\omega L_0} = \frac{U_r}{U_0} = 1 + \frac{2\eta^{3/2}}{\sqrt{1+\left(\frac{l}{D}\right)^2}}\mu_{eff}(\text{imag}) \tag{3-65}$$

式中，$\eta = (B/D)^2$ 是填充系数，是球直径 B 对线圈直径 D 的比的平方；$1+\left(\frac{l}{D}\right)^2$ 是考虑长度 l 影响的尺寸因子。

图 3-34 所示为含球体的短圆形线圈的复阻抗平面图。图中曲线表示球体直径 B、电导率 σ 及相对磁导率 μ_r 对检测线圈阻抗（电压）影响的变化规律。

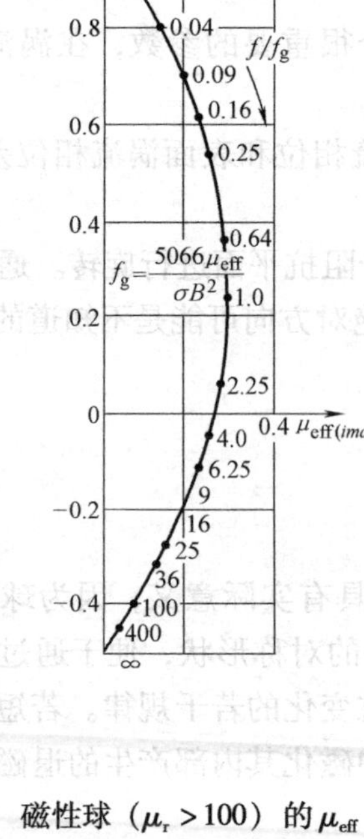

图 3-33 磁性球（$\mu_r > 100$）的 $\mu_{eff} \sim f/f_g$ 曲线

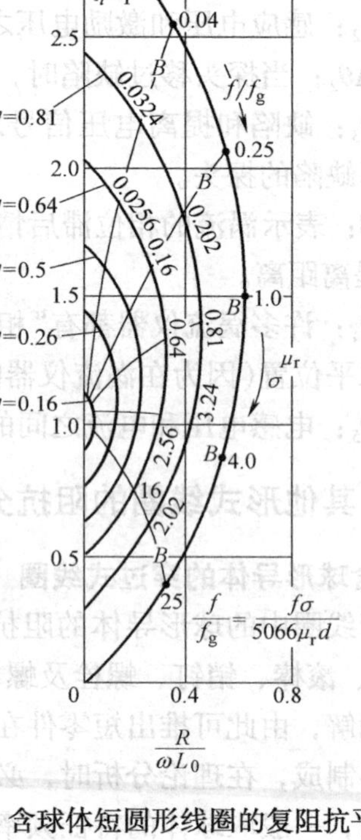

图 3-34 含球体短圆形线圈的复阻抗平面图

对于一短圆线圈，$l>>D$，式（3-69）、式（3-70）中的分母为l，可见，加长激励线圈只是降低球体对线圈阻抗的影响，因为一只长线圈将有一部分受球体影响微弱。例如，当线圈的长度等于球体直径，即$l=D$时，式中括号等于$\sqrt{2}$，这说明，球体对这个线圈的影响仅为它对一只短线圈影响的71%左右。

2. 内通过式螺管线圈

某些场合检测线圈必须放在管子内部才能进行检测。例如，对锅炉、热交换器内已组装好的管子进行检测，需把检测线圈从管子顶端或从其他进口插入管内；此外，对大的金属部件中直径小而深的孔的缺陷、偏析、腐蚀以及厚壁管内壁裂缝，也需把线圈插入深孔中才能检测。

对于非铁磁性薄壁管的检测，不论把检测线圈放在管的外壁或内壁，检测线圈的阻抗近似相等，因为在这两种情况下管件内部都会出现磁力线；而且由于管壁很薄，涡流产生的反磁场对穿过式线圈和内通过式线圈的影响大致相同。这样，含非铁磁性薄壁管穿过式线圈的阻抗图3-19～图3-21也适合于内通过式线圈测薄壁管。

厚壁管的检测则不同，其特征频率与实心圆柱导体一样，为

$$f_g=\frac{5066}{\mu_r\sigma d_i^2} \tag{3-66}$$

式中，d_i为管的内径。

若厚壁管为非铁磁性材料，$\mu_r\approx1$，则有

$$f_g=\frac{5066}{\sigma d_i^2} \tag{3-67}$$

图3-35所示为非铁磁性厚壁管内通过式线圈的归一化复阻抗平面图，其中填充系数为

$$\eta=\left(\frac{d_c}{d_i}\right)^2 \tag{3-68}$$

式中，d_c为线圈的有效直径。

由图3-35可以看出，当管内径d_i保持不变，而管材的电导率σ或激励频率f改变时，检测线圈的阻抗沿着f/f_g曲线移动，而内径d_i沿着d_i曲线移动，两者之间具有较大的夹角，比较容易分离。因此，利用内通过式线圈对管件内部检测，对于腐蚀效应（即d_i变化）有良好的检测效果。

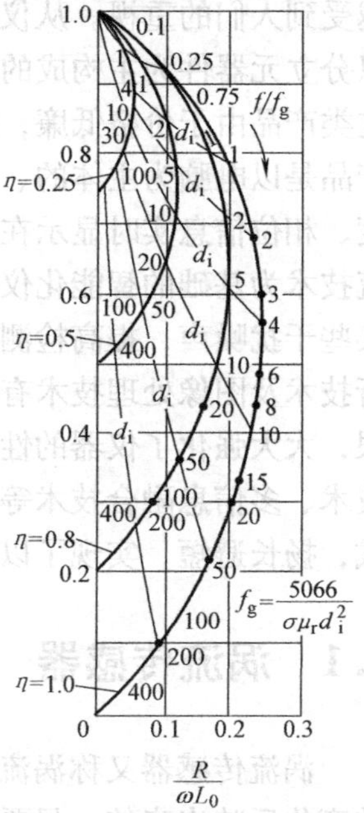

图3-35　非铁磁性厚壁管内通式线圈的复阻抗平面图

复　习　题

1）什么是电磁感应和法拉第电磁感应定律？

2）什么是自感和互感？

3）什么是涡流、趋肤效应和涡流透入深度？

4）简述线圈阻抗的组成及耦合线圈的折算方法。

5）什么是有效磁导率、特征频率和涡流相似律？

6）影响含导电圆柱体螺线管线圈阻抗的因素有哪些？

7）影响放置式线圈阻抗的因素有哪些？

8）什么是提离效应和边缘效应？

第4章 涡流检测设备

以电磁感应定律为基础的涡流无损检测是用于对金属半成品和金属构件（如坯料、机械零部件、管、棒、线材等）进行探伤、分选、测厚的一种非破坏检验方法，可实现与工件非接触、无耦合剂的高速检测，保证生产过程中的产品质量以及在役设备（如管道、叶片、传动轴等）的安全运行。

随着电子科学技术日新月异的发展，作为五大常规无损检测方法之一的涡流检测，越来越受到人们的重视。从仪器设备的发展水平来看，涡流检测设备可分为五代产品：第一代是以分立元器件为主构成的涡流仪，它仅显示检测目标（如缺陷、材质变化等）的一维信息，这类产品由于价格低廉，能解决特定范围内的无损检测问题，目前仍拥有一定市场；第二代产品是以电脑为主体的、采用涡流阻抗平面分析技术的多功能涡流仪，它能把涡流信号的幅度、相位信息实时显示在屏幕上，并具有分析、储存、打印等功能；第三代产品是以多频涡流技术为基础的智能化仪器，它除具有第二代涡流仪的所有性能外，还能在检测过程中抑制某些干扰噪声，提高检测的可靠性并拓宽其应用范围；第四代产品是数字电子技术、频谱分析技术及图像处理技术有机结合的智能多频涡流仪器，它突破了常规涡流仪使用中的某些局限，大大强化了仪器的性能；第五代产品是近年来发展起来的，以综合无损检测技术、网络技术、多信息融合技术等为一体的智能多功能综合型检测仪器，该仪器以多种方法互补的方式，扬长避短，实现了以涡流检测为主、多种无损检测方法共同检测的全面评估的目标。

4.1 涡流传感器

涡流传感器又称涡流检测线圈（探头）。在涡流检测中，工件的情况是通过涡流传感器的变化反映出来的。只要对磁场变化敏感的元器件，如线圈、霍耳元件、磁敏二极管等都可被用来作为涡流检测的传感器，但目前用得最多的是检测线圈。根据涡流检测原理，传感器首先需要一个激励线圈，以便交变电流通过并在其周围及受检工件内激励形成电磁场；同时为了把在电磁场作用下反映工件各种特征的信号检出来，还需要一个检测线圈。涡流传感器的激励线圈和检测线圈可以是功能不同的两个线圈，也可以是同一线圈具有激励和检测两种功能。因此在不需要区分线圈的功能时，通常把激励线圈和检测线圈统称为检测线圈，或称为涡流传感器。一般来说，涡流传感器具有下列基本结构和功能：

1）基本结构。涡流传感器根据其用途和检测对象的不同，其外观和内部结构各不相同，类型繁多。但是，不管什么类型的传感器其结构总是由激励线圈、检测线圈及其支架和外壳组成，有些还有磁心、磁饱和器等。

2）功能。涡流传感器的功能有三种。其一，激励形成涡流的功能，即能在被检工件中建立一个交变电磁场，使工件产生涡流的功能；其二，检取所需信号的功能，即检测获取工件质量情况的信号，并把信号送给仪器分析评价；其三，抗干扰的功能，即要求涡流传感器具有抑制各种干扰信号的能力，如探伤时要抑制直径、壁厚变化引起的信号变化；而测量壁厚时，要求抑制伤痕的信号等。

4.1.1 涡流传感器的分类

涡流传感器种类繁多，常见的分类方法有以下几种：

1）按检测线圈输出信号的不同，可分为参量式和变压器式两种（见图4-1）。参量式检测线圈输出的信号是线圈阻抗的变化，一般它既是产生激励磁场的线圈，又是拾取工件涡流信号的线圈，所以又叫自感式线圈。变压器式检测线圈输出的是线圈上的感应电压信号，一般由两组线圈构成，一个专用于产生突变磁场的激励线圈（或称初级线圈），另一个用于拾取涡流信号的线圈（或称次级线圈），又叫互感式线圈。

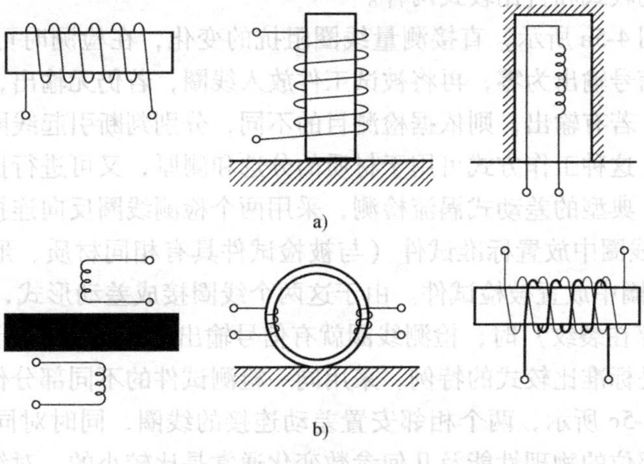

图4-1 检测线圈的基本形式
a）参量式检测线圈 b）变压器式检测线圈

2）按检测线圈和工件的相对位置分类，可分为外穿过式线圈、内通过式线圈和放置式线圈三类。

1）外穿过式线圈是将工件插入并通过线圈内部进行检测（见图4-2）。它能检测管材、棒材、线材等，可以从线圈内部通过的导电试件。由于采用穿过式线圈，容易实现涡流探伤的批量、高速检验，且易实现自动化检测，因此广泛地应用于小直径的管材、棒材及线材试件的表面质量检测。

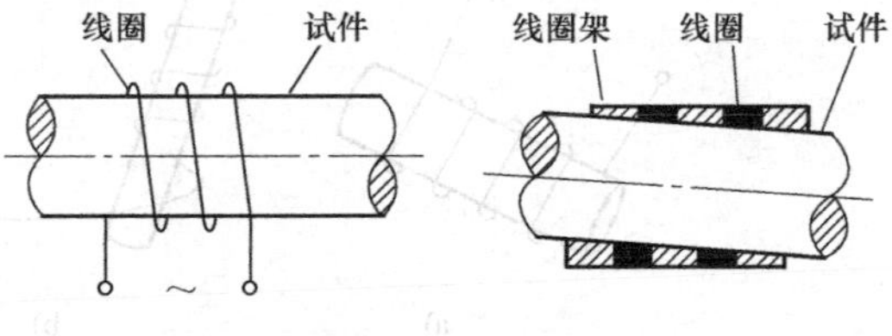

图4-2 外穿过式线圈结构示意图

2）内通过式线圈。在对管件进行检测中，有时必须把探头放入管子的内部，这种插入试件内部进行检测的探头称为内通过式探头（见图4-3），也叫内通过式线圈，它适用于冷凝器管道（如钛管、铜管等）的在役检测。

3）放置式线圈，又称点式线圈或探头，如图4-4所示。在探伤时，把线圈放置于被检测工件表面进行检验。这种线圈体积小，线圈内部一般带有磁心，因此具有磁场聚焦的性质，灵敏度高。它适用于各种板材、带材和大直径管材、棒材的表面检测，还能对形状复杂的工件某一区域作局部检测。

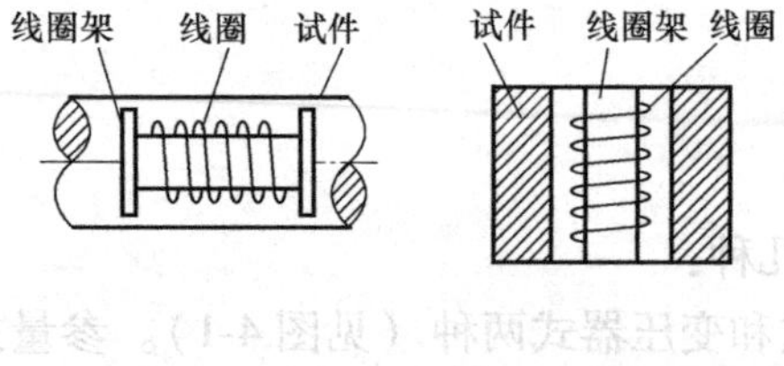

图 4-3 内通过式线圈结构示意图

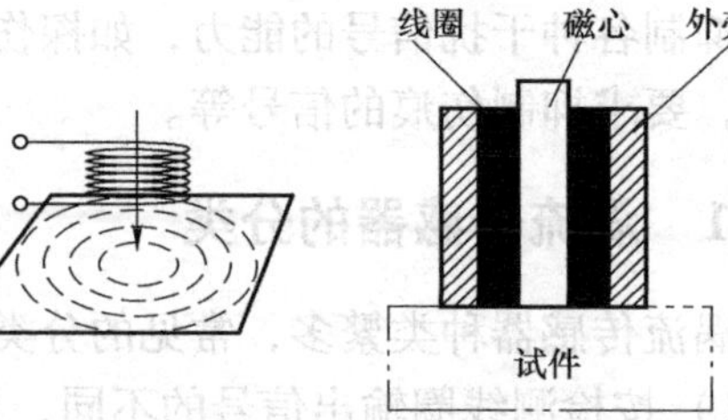

图 4-4 放置式线圈结构示意图

3）按线圈的绕制方式分类，可分为绝对式、标准比较式和自比较式三种。只有一个检测线圈工作的方式称绝对式，使用两个线圈进行反接的方式称差动式。差动式按试件的放置形式不同又有标准比较式和自比较式两种。

①绝对式。如图 4-5a 所示，直接测量线圈阻抗的变化，在检测时可用标准试件放入线圈，调整仪器，使信号输出为零，再将被试工件放入线圈，若仍无输出，表示试件和标准试件的有关参数相同；若有输出，则依据检测目的不同，分别判断引起线圈阻抗变化的原因是裂纹还是其他因素。这种工作方式可用于材质的分选和测厚，又可进行探伤。

②标准比较式：典型的差动式涡流检测，采用两个检测线圈反向连接成为差动形式。如图 4-5b 所示，一个线圈中放置标准试件（与被检试件具有相同材质、形状、尺寸，且质量完好），而另一个线圈中放置被检试件。由于这两个线圈接成差动形式，当被检试件质量不同于标准试件（如存在裂纹）时，检测线圈就有信号输出，因而实现对试件的检测目的。

③自比较式：是标准比较式的特例。采用同一检测试件的不同部分作为比较标准，故称为自比较式。如图 4-5c 所示，两个相邻安置差动连接的线圈，同时对同一试件相邻部位进行检测时，该检测部位的物理性能及几何参数变化通常是比较小的，对线圈阻抗影响也比较微弱。如果试件不存在缺陷，这种微小变化的影响便几乎被抵消掉；如果试件存在缺陷，当线圈经过缺陷时将输出相应急剧变化的信号，且两个线圈分别经过同一缺陷时所形成的涡流信号方向相反。

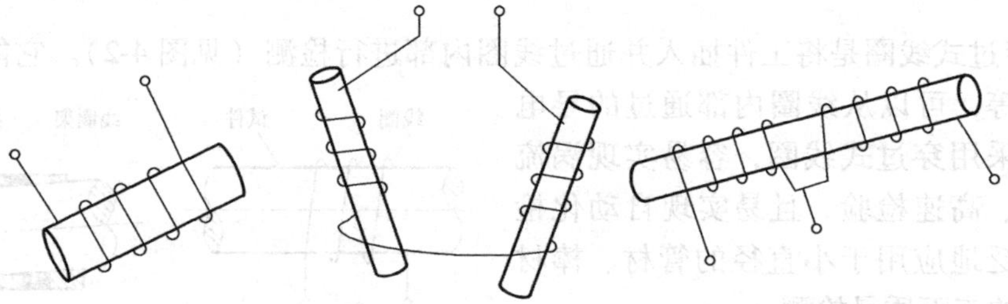

a) b) c)

图 4-5 检测线圈接线方式
a）绝对式 b）标准比较式 c）自比较式

涡流检测线圈也可接成各种电桥形式。现代通用的涡流检测仪使用频率可变的激励电源和一交流电桥相连，测量因缺陷产生的微小阻抗变化。电桥式仪器一般采用带有两个线圈的探头，两个线圈设置在电桥相邻桥臂上，如图 4-6 所示。如果探头仅有一个检测线圈和一个参考线圈，则属于绝对式探头（见图 4-6b）；如果探头的两个线圈同时对材料进行检测，则属于差动式探头（见图 4-6c）。

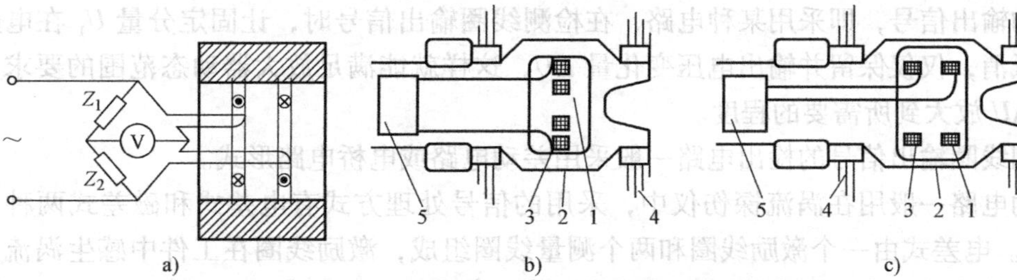

图4-6 用探头检测管子时线圈在交流电桥中的位置

a) 电桥 b) 绝对式探头 c) 比较式探头

1、3—线圈 2—外壳 4—软定心导板 5—接插件

绝对式探头对影响涡流检测各种因素的变化（如电阻率、磁导率、被测材料的几何形状和缺陷等）均能作出反应，而差动式探头给出的是材料相邻部分的比较信号。当相邻线圈下面的涡流分布发生变化时，差动式探头仅能产生一个不平衡的缺陷信号。因此，表面检测一般都采用绝对式探头，而对管材和棒材的检测，绝对式探头和差动式探头都可采用。绝对式探头和差动式探头的特点见表4-1。

表4-1 绝对式探头和差动式探头的比较

	优 点	缺 点
绝对式探头	1）对材料性能或形状的突变或缓慢变化均能作出反应 2）混合信号较易区分出来 3）显示缺陷的整个长度	1）温度不稳定时易发生漂移 2）对探头的颤动比差动式敏感
差动式探头	1）不会因温度不稳定而引起漂移 2）对探头颤动的敏感度比绝对式低	1）对平缓变化不敏感，即长而平缓的缺陷可能漏检 2）只能探出长缺陷的终点和始点 3）可能产生难以解释的信号

4.1.2 检测线圈信号检出电路

在涡流检测线圈的输出信号中，反映待测信息的是线圈感应电压的变化量（即线圈阻抗的变化量）。图4-7所示的线圈阻抗曲线及输出电压矢量图中，U_1 为检测线圈置于标准试件上的感应电压（即线圈阻抗 OB），U_2 为被检工件某待测因素影响后线圈的感应电压，ΔU 为变化量（即线圈阻抗的变化量 BC）。在实际检测中，由待测因素决定的检测线圈感应电压的变化量 ΔU 与线圈的感应电压 U_1（或 U_2）相比要小得多，为 $10^{-2}\sim10^{-3}$ 数量级。因此，在涡流仪中，为了表示待测因素的检测结果，一般都需要把 ΔU 加以放大。如果同时把 ΔU 和 U_1 一起加入放大器的输入端，由于 ΔU 和 U_1 相差很大，受放大器动态范围的限制，放大器的输出会产生严重失真，从而得不到正确的检测结果。为了解决这一问题，需要进一步改进检

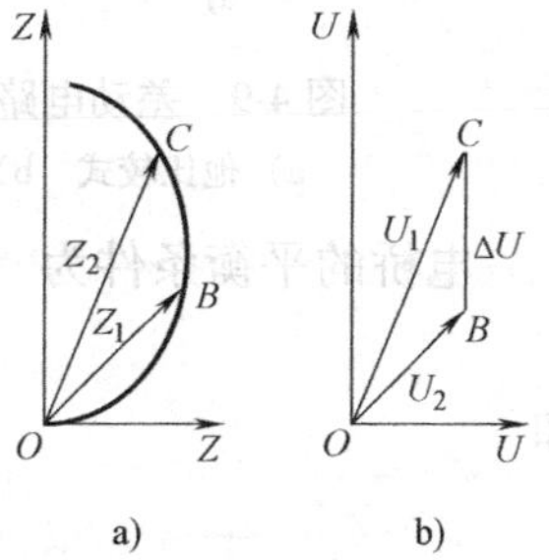

图4-7 检测线圈阻抗和电压的变化

a) 阻抗图 b) 电压图

测线圈的输出信号，即采用某种电路，在检测线圈输出信号时，让固定分量 U_1 在电路中自动平衡抵消，仅仅保留并输出电压变化量 ΔU，这样就能满足放大器动态范围的要求，不失真地把 ΔU 放大到所需要的程度。

检测线圈输出信号的检出电路一般采用差动电路或电桥电路形式。

差动电路一般用在涡流探伤仪中，采用的信号处理方式有电差式和磁差式两种，如图 4-8 所示。电差式由一个激励线圈和两个测量线圈组成，激励线圈在工件中感生涡流。当工件中没有缺陷时，由于两个线圈反向连接，感应电压互相抵消，没有输出。一旦工件中出现缺陷，测量线圈中的感应电压便发生变化，有信号输出。磁差式和电差式不同，它是由两个激励线圈和一个测量线圈组成。当工件中没有缺陷时，反向连接的激励线圈在工件中感应的磁场互相抵消，因而在测量线圈中不会有感应电压产生（或者说产生的感应电压正好平衡抵消）。如果工件有缺陷，激励线圈在试件中产生的磁场就会发生畸变，从而在测量线圈中有感应电压产生。

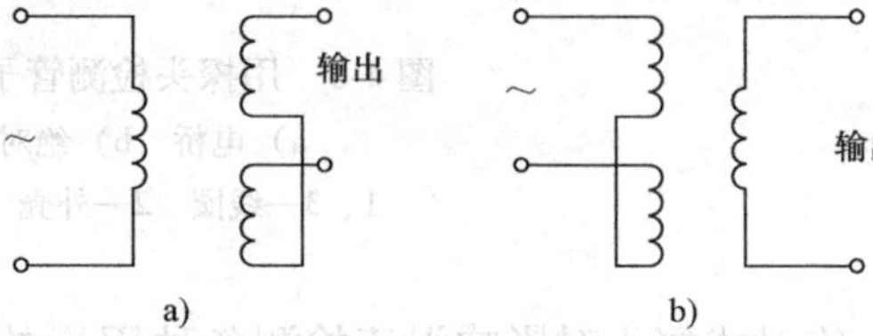

图 4-8 差动电路
a）电差式 b）磁差式

在使用时，差动电路既可以采用他比较式，也可以采用自比较式，如图 4-9 所示。

差动电路的灵敏度主要取决于检测线圈性能的好坏，因此，对于用差动式工作的检测线圈，一般都有比较高的性能指标和工艺要求。

电桥电路是涡流检测仪常采用的另一种信号检出电路。

图 4-10 所示为普通电桥，电桥的一个对角线接电源，另一对角线接指示器。当电压 $U_{AC}=U_{AD}$时，C、D 两点电位相等，CD 间没有电流流过，电桥处于平衡状态，指示器指针不摆动。激励 $U_{AC}\neq U_{AD}$时平衡被破坏，CD 间有电压存在，指示器的指针由于 CD 间有电流流过而偏转。

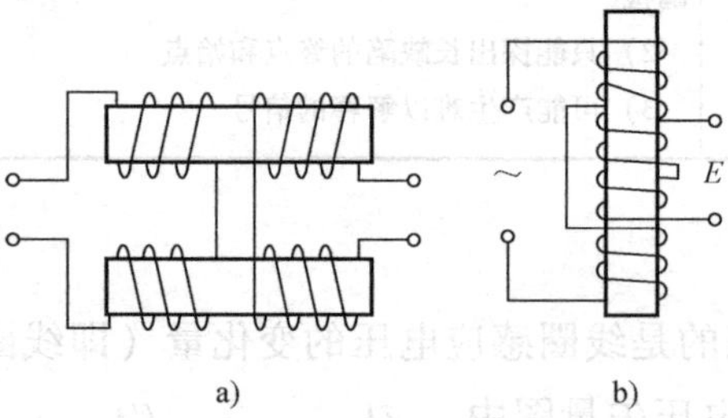

图 4-9 差动电路的使用方式
a）他比较式 b）自比较式

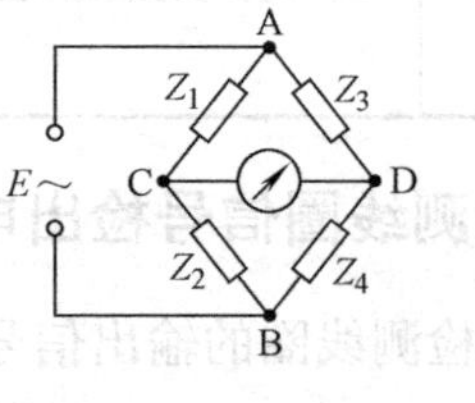

图 4-10 普通电桥电路

电桥的平衡条件为

$$Z_{A1}Z_{A4}=Z_{A2}Z_{A3} \tag{4-1}$$

和

$$\Psi_1+\Psi_4=\Psi_2+\Psi_3 \tag{4-2}$$

式中，Z_A 是阻抗的模；Ψ 是阻抗的幅角。

可以采用的电桥电路的形式有很多种，如图 4-11 所示。一般按使用方式分为两类：自感式（见图 4-11a、b）和互感式（见图 4-11c、d）。

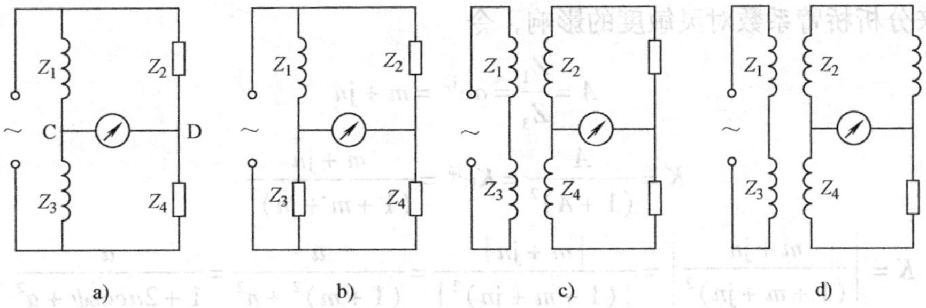

图4-11　几种常用电桥电路

一般可通过四臂电桥来分析电桥检出电路的灵敏度。如图4-10所示，设电桥的四臂阻抗分别为Z_1、Z_2、Z_3和Z_4。其中，Z_3为检测线圈的等效阻抗，电源内阻为Z_0，电动势为E_1。在理想状态下，电源内阻$Z_0 \to 0$，电源加在AB两端的电压为

$$U_{AB} = E_1$$

CD间输出电压为

$$U_{CD} = E_1\left(\frac{Z_2}{Z_2 + Z_4} - \frac{Z_1}{Z_1 + Z_3}\right) \tag{4-3}$$

若电桥平衡，则$U_{CD}=0$。这时，如果被检工件的性能发生变化（或有缺陷），将改变检线圈的阻抗，即Z_3变为$Z_3+\Delta Z_3$，那么，输出电压为

$$U'_{CD} = E_1\left(\frac{Z_2}{Z_2 + Z_4} - \frac{Z_1}{Z_1 + Z_3 + \Delta Z_3}\right) \tag{4-4}$$

且

$$\Delta U_{CD} = U'_{CD} - U_{CD} = E_1 \frac{Z_1 \Delta Z_3}{(Z_1 + Z_3 + \Delta Z_3)(Z_1 + Z_3)} \tag{4-5}$$

考虑到$\Delta Z_3 \ll Z_3$，上式可近似为

$$\Delta U_{CD} \approx E_1 \frac{Z_1 \Delta Z_3}{(Z_1 + Z_3)^2} = \frac{\dfrac{Z_1}{Z_3} \cdot \dfrac{\Delta Z_3}{Z_3}}{\left(1 + \dfrac{Z_1}{Z_3}\right)^2} E_1$$

设$\delta Z_3 = \Delta Z_3 / Z_3$为线圈阻抗变化率，$A = Z_1/Z_3$为桥臂比，$K = \dfrac{A}{(1+A)^2}$为桥臂系数，则可以得到

$$\Delta U_{CD} = \delta Z_3 K E \tag{4-6}$$

公式表明电桥电路的灵敏度与线圈阻抗变化率δZ_3、桥臂系数K及激励电源电压有关。理论上，随着激励电源电压升高，桥路的灵敏度会提高，但实际上采用的电源电压要适中，因为激励电源电压过高，不仅调整困难，而且容易使线圈发热产生许多干扰杂波，甚至会使线圈中的磁心形成磁饱和，反而降低线圈的灵敏度。

线圈阻抗变化率的大小对桥电路的灵敏度也有很大的影响，为了在检测中增大检测线圈阻抗的相对变化，就要求检测线圈具有较高的灵敏度及抗干扰能力。

最后来分析桥臂系数对灵敏度的影响，令

$$A=\frac{Z_1}{Z_3}=a\mathrm{e}^{\mathrm{j}\psi}=m+\mathrm{j}n \tag{4-7}$$

则

$$K=\frac{A}{(1+A)^2}=K\mathrm{e}^{\mathrm{j}\psi}=\frac{m+\mathrm{j}n}{(1+m+\mathrm{j}n)^2}$$

$$K=\left|\frac{m+\mathrm{j}n}{(1+m+\mathrm{j}n)^2}\right|=\frac{|m+\mathrm{j}n|}{|(1+m+\mathrm{j}n)^2|}=\frac{a}{(1+m)^2+n^2}=\frac{a}{1+2a\cos\psi+a^2} \tag{4-8}$$

式中 m——A 的实部；

n——A 的虚部；

$a=\dfrac{Z_{A1}}{Z_{A3}}$——A 的幅值；

ψ——A 的相位角。

由式（4-8）可以看出，要提高桥路的灵敏度，可增加桥臂系数 K 的幅值，而 K 取决于 a 和 Ψ，可见 $a=1$ 和 $\psi=180°$时，K 有最大值。而 $a=\dfrac{Z_{A1}}{Z_{A3}}=\dfrac{Z_{A2}}{Z_{A4}}=1$，即 $Z_{A1}=Z_{A3}$、$Z_{A2}=Z_{A4}$ 表明要提高桥路的灵敏度，需要采用对称电桥。

Ψ 对 K 值的影响如图 4-12 所示。从理论上讲，若辅助桥臂采用与检测线圈阻抗发生电压谐振的电容元件，K 可获得最大值，桥路的灵敏度最高。但是，由于 Z_3 是包含试件反作用在内的线圈等效阻抗，调整时，在某一状态下谐振，而另一状态可能会失谐，以致桥路的灵敏度发生较大的变化。所以，在实际应用中，为了在一定的检测范围内获取较高的灵敏度，一般并不选择谐振，而让桥路处于稍失谐的工作状态。

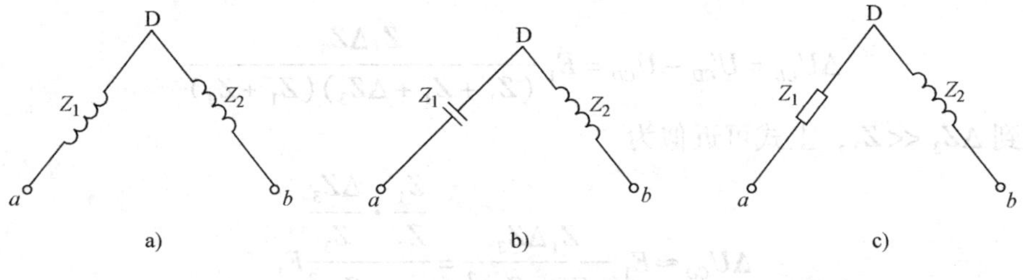

$a=1$　$\Psi=0°$　$K=0.25$　　$a=1$　$\Psi=\pm180°$　$K=\infty$　　$a=1$　$\Psi=\pm90°$　$K=0.5$

图 4-12　Ψ 对 K 值的影响

4.2 涡流检测仪器

4.2.1 涡流检测仪器的分类

根据检测对象和目的的不同对涡流检测仪器进行分类是最常见的分类方式，一般分为涡流探伤仪、涡流电导仪和涡流测厚仪三种，也有一些型号的仪器，除了具备涡流探伤这一主要功能外，还兼有电导率测量、膜层厚度测量的功能，但与单一功能的电导仪和测厚仪相比，这类通用型仪器对于电导率或厚度的测量精度要低得多。从另一个方面讲，任何一个涡流检测仪器都同时具备探伤、测电导率和测厚的能力，只是在检测范围和分辨力上存在明显的差异而已。

按照对检测结果显示方式的不同，涡流检测仪器可分为阻抗幅值型和阻抗平面型，这一般是针对涡流探伤仪而言，不包括涡流电导仪和测厚仪。阻抗幅值型仪器在显示终端仅给出检测结果幅度的相关信息，不包含检测信号的相位信息，如电表指针的指示、数字表头的读数及示波器时基线上的波形显示等。值得注意的是，该类仪器所指示的结果并不一定是最大阻抗值或阻抗变化的最大值，而通常是在最有利于抑制干扰信号的相位条件下的阻抗分量，这一点可以通过对具有相位调节功能仪器上相位旋钮的调整，观察电表指针摆动幅度的变化或示波器时基线上的波形幅度的变化加以确认。指针式涡流探伤仪、涡流电导仪和涡流测厚仪均属于该类型仪器。阻抗平面型仪器在其显示终端不仅给出检测结果幅度的信息，而且同时给出了检测信号的相位信息。当调节相位控制旋钮（或按键）时，只是显示信号的相位角发生变化，而其幅值不会发生变化。带有荧光示波屏或液晶屏的涡流探伤仪大多属于阻抗平面型仪器。

按照仪器的工作频率特征，涡流检测仪可分为单频涡流仪和多频涡流仪。单频涡流仪并非仅限于只有单一激励频率的仪器（如涡流测厚仪和大部分涡流电导仪），而是包括激励频带非常宽的涡流探伤仪。尽管宽频带的涡流探伤仪可以激励不同工作频率的线圈进行检测，但由于同一时刻仅以单一的选定频率工作，因此仍归类于单频涡流仪。多频涡流仪是指同时可以选择两个或两个以上检测频率工作的涡流探伤仪和具有两种或两种以上工作频率的涡流电导仪。多频涡流探伤仪是指仪器具有两个或两个以上的信号激励与检测的工作通道，因此又称为多通道涡流探伤仪。

随着涡流检测仪器制造技术的发展，不仅出现了多种型号的同时具备探伤、电导率测量、膜层厚度测量功能的通用型仪器，而且还能够以阻抗幅值和阻抗平面两种形式显示探伤信号。

4.2.2　涡流检测仪器的基本组成及电路

1. 涡流检测仪器的基本组成

根据不同的检测目的和应用对象，可以研制出各种类型的涡流检测仪器。尽管各类仪器的电路组成各不相同，但工作原理和基本结构是相同的。涡流探伤仪的基本原理是：信号发生器产生交变电流供给检测线圈，线圈产生交变磁场并在工件中感生涡流，涡流受到工件性能的影响并反过来使线圈阻抗发生变化，然后通过信号检出电路检出线圈阻抗的变化，检测过程包括产生激励、信号拾取、信号放大、信号处理、消除干扰和显示检测结果等。

图4-13所示为最基本的涡流探伤仪器原理图。振荡器产生的交变电流流过线圈，当探头线圈移动到裂纹处时，所产生的涡流减小，因此，线圈阻抗发生变化并通过电表指示出（假设电流保持常数）。

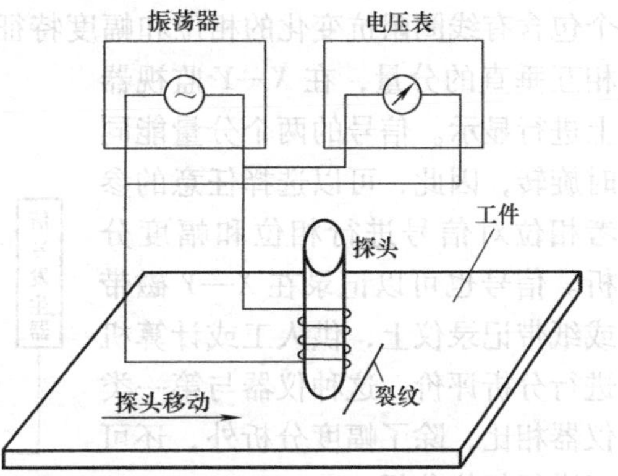

图4-13　涡流检测系统的基本组成

在大多数检测中，探头的阻抗变化很小。例如，探头经过缺陷，阻抗变化可能小于1%，这样小的变化采用图 4-13 所示的检测系统，测量绝对阻抗或电压是很难实现的。所以在涡流仪器中，广泛地采用了各种电桥、平衡电路和放大器等以检测和放大线圈的阻抗变化。由于线圈阻抗变化是工件各种参数（形状、尺寸、材质和缺陷等）影响的综合反映，所以在检测时，需要采用各种电路，如相敏检波、滤波等以消除干扰信号，取出所需要的信号（如缺陷等）。

常用的比较典型的涡流探伤仪器有两种：一种是常用于管、棒、线材探伤的涡流探伤仪器，其原理如图 4-14 所示。振荡器产生交变信号供给电桥，探头线圈构成电桥的一个桥臂，一般在电桥的对应位置上由一个比较线圈构成另一桥臂。因为两个线圈的阻抗不可能完全相等，所以一般采用电桥来消除两个线圈之间的电压差。这样的交流电桥通常允许两线圈阻抗相差不大于5%。电桥一旦平衡以后，如工件出现异常（如缺陷），电桥不平衡产生一个微小信号输出，经过放大、相敏检波和滤波，除掉干扰信号，最后经过幅度鉴别器，进一步除掉噪声以取得所要显示和记录的信号。这类仪器有阻抗的相位分析、相敏检波，但最后结果的显示是以信号的幅度为主的。

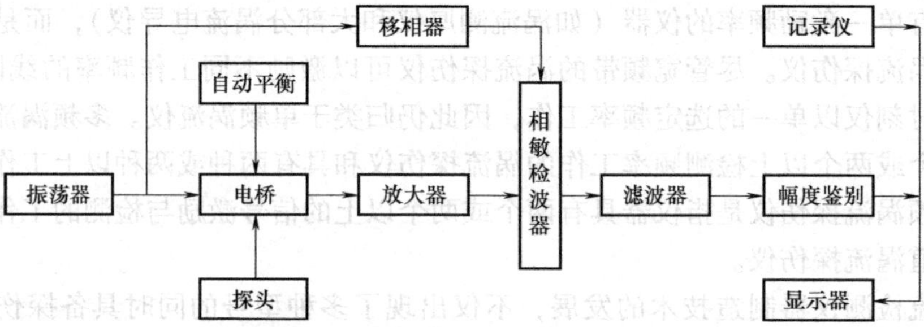

图 4-14 管材涡流探伤仪器原理图

另一种仪器是以阻抗的全面分析为基础的，所以又称为阻抗分析仪，其基本结构和原理如图 4-15 所示。正弦振荡器产生一个一定频率的正弦电流，通过变压器耦合到检测线圈，因为两个线圈的阻抗不可能完全相等，需要采用平衡电路以消除两个线圈之间的电压差。大多数涡流仪采用交流电桥或自动平衡电路来实现平衡，即用一个相位相反、幅度相等的电压来自动抵消这个不平衡电压。电桥一旦平衡，输出信号接近于零。如果缺陷出现在一个线圈的下面，则产生一个很小的不平衡信号，这个信号被放大，然后经过相敏检波和滤波变成一个包含有线圈阻抗变化的相位和幅度特征的直流信号。随后将这个信号分解成 X 和 Y 两个相互垂直的分量，在 $X—Y$ 监视器上进行显示。信号的两个分量能同时旋转，因此，可以选择任意的参考相位对信号进行相位和幅度分析。信号也可以记录在 $X—Y$ 磁带或纸带记录仪上，供人工或计算机进行分析评价。这种仪器与第一类仪器相比，除了幅度分析外，还可以进行相位分析。

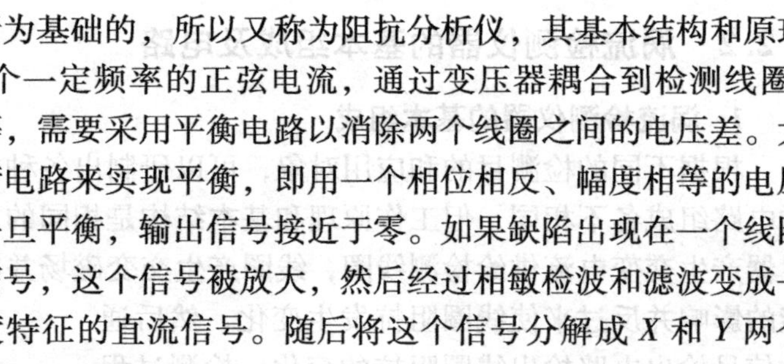

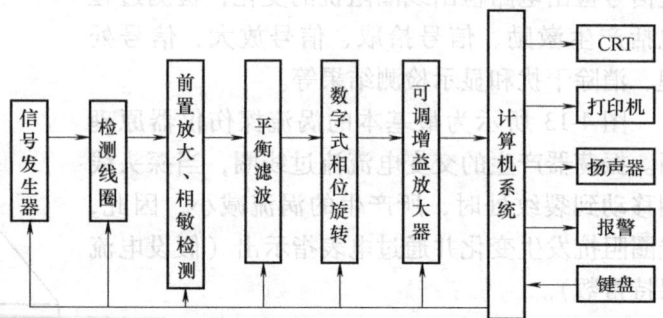

图 4-15 涡流阻抗平面分析系统原理图

比较上面两类仪器，大部分基

本电路是一致的。为了进一步了解涡流仪的工作原理，有必要对基本电路作一些说明。

2. 涡流检测仪器的基本电路

（1）电桥　大多数涡流仪器采用交流电桥来测量线圈之间或者线圈和参考线圈之间的微小阻抗变化。图4-16所示为涡流仪器中典型的电桥电路图。这个电路多了两个附加的桥臂，检测线圈和可变电阻并联，调节可变电阻，可以使电压矢量的幅度和相位满足平衡条件。电阻 R_2 的作用是使两个线圈产生的电压矢量的相位角相等，电位器 R_1 的作用是平衡电压矢量的幅值。图4-17所示为裂纹检测仪的电桥电路。探头线圈与一个电容并联，工作频率接近于谐振频率。当探头放置到工件上时，电表指示出不平衡电压并通过电位器 R_1 调节电桥至平衡。近年来，自动平衡技术（包括机械式和电子式）得到了越来越多的应用，电桥可以借助伺服电动机或电子线路实现自动平衡。

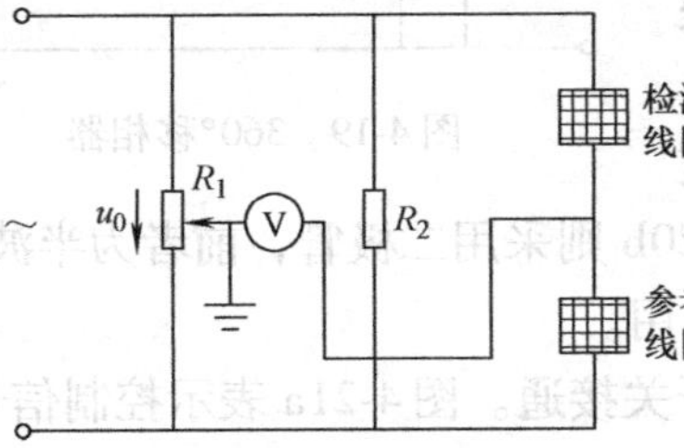

图4-16　典型的电桥电路图

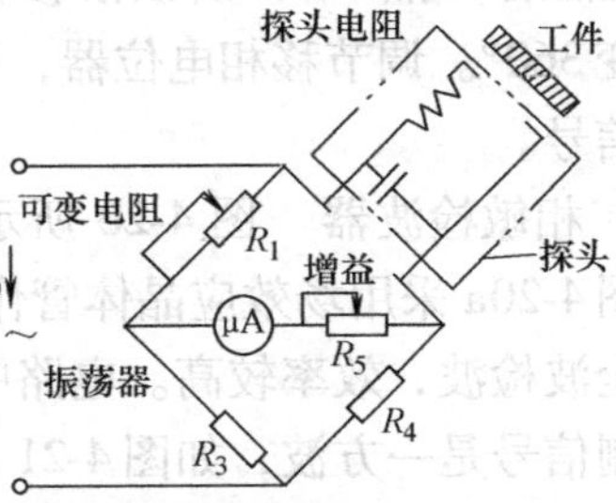

图4-17　裂纹检测仪电桥电路图

（2）移相器　涡流检测时，仪器参数或工件诸因素的变化将引起阻抗变化，如工件的某一参数改变，阻抗矢量沿着一定的相位变化。这一特征有利于在涡流检测中区别不同的参数，选择需要的检测参数，在涡流检测仪中是通过相敏检波来实现的。要进行相敏检波，需要有一个可供选择的参考相位，这一点是通过移相器来实现的。

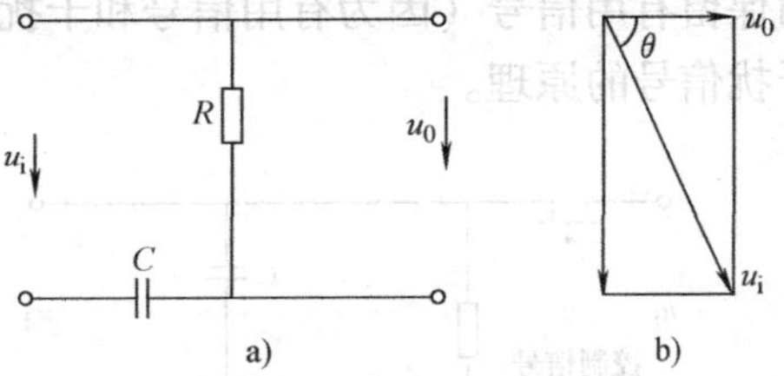

图4-18　简单的移相电路

将某一给定电压矢量旋转一个固定角度的装置称为移相器。为了选择任意的相角，移相器最好能进行360°移相而且保持输出幅度不变。图4-18a所示为一个最简单的移相电路，它能把一个已知的电压相位移动90°。一般地，正弦交流电路可用复数表示，电阻两端电压降的相位和电流同相，电感两端的压降相位超前于电流相位π/2，而电容两端的压降相位滞后π/2。相应的矢量图如图4-18b所示，输出电压 U_0（或者 U_R）超前输入电压 U_i 的相位角 θ 为

$$\theta = \arctan\frac{|\overrightarrow{U_0}|}{|\overrightarrow{U_i}|} = \arctan\frac{1}{\omega RC} \tag{4-9}$$

输出电压为 U_0（U_R）的大小为

$$U_0 = |I|R = \frac{|\overrightarrow{U_i}|}{Z}R = \frac{|\overrightarrow{U_i}|}{\sqrt{R+\dfrac{1}{\omega^2C^2}}}R \tag{4-10}$$

由式（4-9）可见，$R\to0$，那么 $\theta=90°$，$|\overrightarrow{U_R}|\to0$；而 $R\to\infty$，那么 $\theta\to0°$，$|\overrightarrow{U_R}|\to|\overrightarrow{U_i}|$；如果调节电阻，使 $R=\dfrac{1}{\omega C}$，那么 $\theta=45°$，且 $|\overrightarrow{U_R}|=\dfrac{\overrightarrow{U_i}}{\sqrt{2}}$。所以电阻从 0 变到∞，则 θ 可从 90°改变到 0°，此时 $|\overrightarrow{U_R}|$ 的大小由 0 变到 $|\overrightarrow{U_i}|$。

上述移相器不是一个理想的移相器，因为相位只能移动 90°，而且输出幅度变化很大。图 4-19 所示为一个能移相 360°的实用移相器。输入信号 U_i 经过倒相后分别从晶体管的发射极和集电极输出至移相器的 A、C 两端，A、C 两点信号相位相差 180°。由于 A、C 之间接有两个 R—C 移相电路，当 R 较小时，B 点相位滞后 A 点 90°。所以沿移相电位器一周，信号相位改变 360°。调节移相电位器，可以得到任意相位差的输出信号。

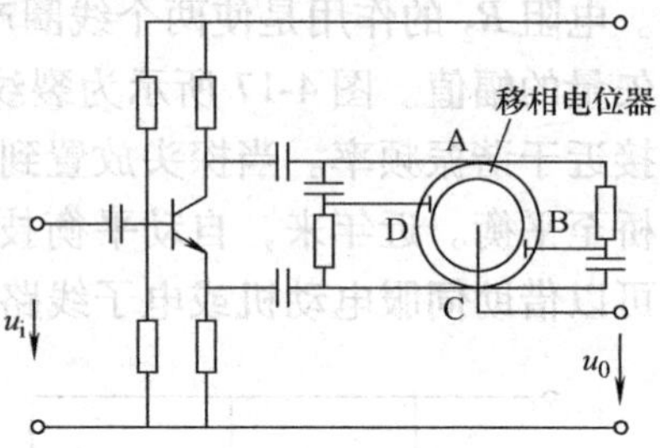

图 4-19　360°移相器

（3）相敏检波器　图 4-20 所示为常用的相敏检波电路。图 4-20a 采用场效应晶体管作为开关元件，图 4-20b 则采用二极管，前者为半波检波，后者为全波检波，效率较高。电路中电容 C 作平滑滤波用。

控制信号是一方波，如图 4-21 所示，正半周时，开关接通。图 4-21a 表示控制信号输入同相，这和二极管整流情况基本相同，输出信号如图中阴影所示。图 4-21b 表示输入信号和控制信号相差 90°的情况，这时输出电压（阴影所示）正相和负相对称，互相抵消，输出为零。如果控制信号和输入信号相位差在 0 到 90°之间，输出从最大逐渐减小直到零。由此可见，只要我们选择控制信号和干扰信号相差 90°进行检波，就能在输出信号中消除干扰信号而保留有用信号（因为有用信号和干扰信号之间存在相位差）。这就是采用相敏检波来消除干扰信号的原理。

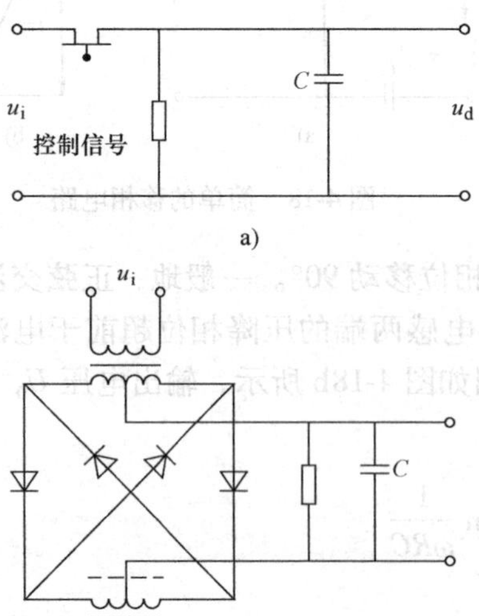

图 4-20　相敏检波电路实例

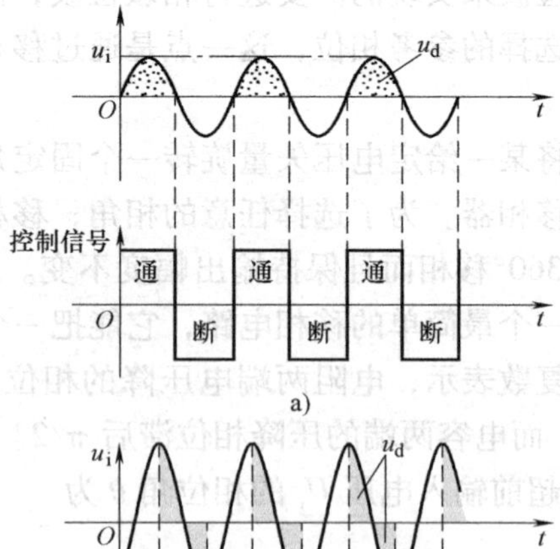

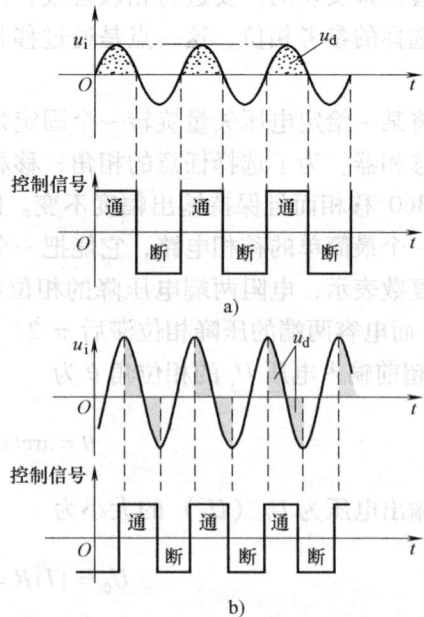

图 4-21　相敏检波器原理

（4）幅度鉴别器　在经过相位分析和频率分析以后，除了有用信号以外，还伴有被检测信号同一数量级的杂波干扰信号，如图4-22a所示。这些杂波的存在会给缺陷信号的观察带来很大的不便。利用幅度鉴别器，即限幅器，建立一个鉴别电平，可以将在此电平以下的噪声信号都除掉，提高了信噪比（见图4-22b）。既有利于缺陷信号的观察和分析，也提高了检测结果判断的准确性。

（5）提离效应抑制电路　在使用放置式检测线圈的涡流仪中，试件和线圈之间的间隙变化对检测线圈阻抗产生的影响称为提离效应，如图4-23所示。由于提离效应引起线圈阻抗的变化往往大于裂纹或电导率改变对线圈阻抗的影响，因此，不加以抑制，检测难以正确进行。提离效应的抑制方法很多，在涡流仪中常用的有以下两种：

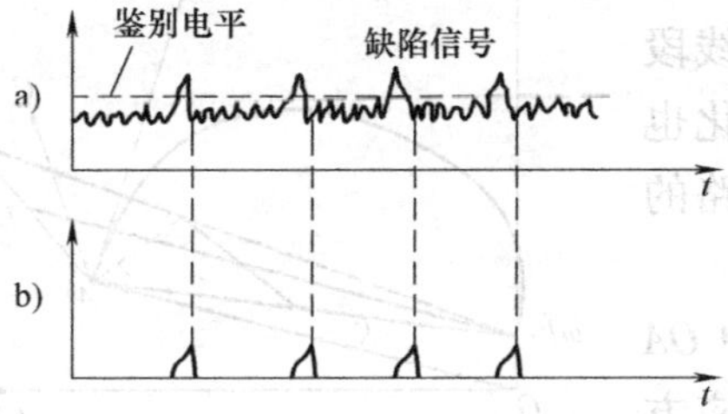

图4-22　幅度鉴别抑制干扰

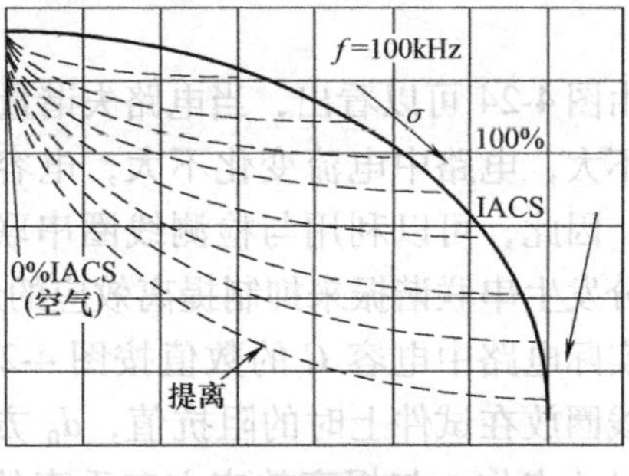

图4-23　检测线圈阻抗图中提离效应和电导率效应

1）谐振电路法。根据欧姆定律，在L、C串联电路中（见图4-24a），电路的电流与电容上的电压有关，其大小和电路中流过的电流成正比。

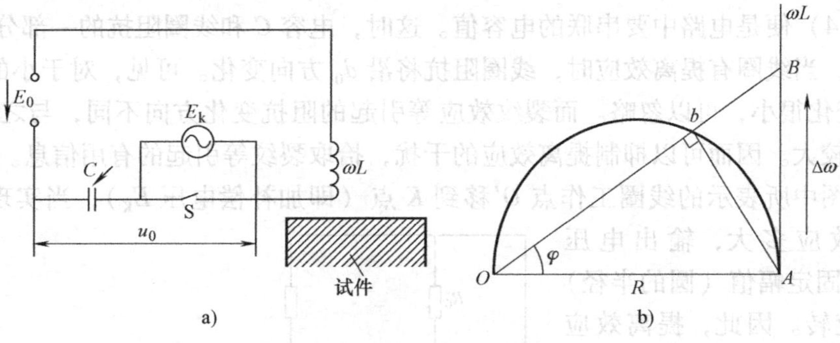

图4-24　谐振电路法工作原理
a）电路图　b）矢量图

当电路处于谐振时，$\omega L=\dfrac{1}{\omega C}$电路仅呈现电阻分量$R$，电路中电流幅值大小仅与电阻有关，为$I=\dfrac{E_0}{R}$。若线圈与金属表面有提离存在，相当于电路中感抗变化了$\Delta\omega L$，电路中的电流变为

$$I=\frac{E_0}{\sqrt{R^2+(\Delta\omega L)^2}} \tag{4-11}$$

由相似三角形 OAB 和 ObA（见图 4-24b）可知

$$\frac{OA}{OB}=\frac{Ob}{OA} \tag{4-12}$$

$$Ob=\frac{(OA)^2}{OB}=\frac{R^2}{\sqrt{R^2+(\Delta\omega L)^2}} \tag{4-13}$$

可见线段 Ob 和电路中电流 I 成正比，反映了失谐时电抗改变对电路的影响。因此，为了求串联电路中有失谐量 $\Delta\omega L$ 时的电流值，只要先画出表示线圈电阻的线段 OA，并以它为直径作圆，再从 O 点引直线到达对应于失谐量的点，则连线与半圆交点 O 点的距离正比与电路中的电流，角 φ 就表示电流 I 对电源电压 E_0 的相移角。

由图 4-24 可以看出，当电路失谐量不大时，Ob 线段变化不大，电路中电流变化不大，电容上的电压变化也不大。因此，可以利用与检测线圈串联电容，使电路的一部分发生串联谐振来抑制提离效应的影响。

实际电路中电容 C 的数值按图 4-25 选取，图中 OA 点是线圈放在试件上时的阻抗值，d_0 方向为提离效应方向，过 A 点作一与提离效应方向垂直的线，并与表示感抗的纵轴相交于 O'，设此点感抗为 ωL_r

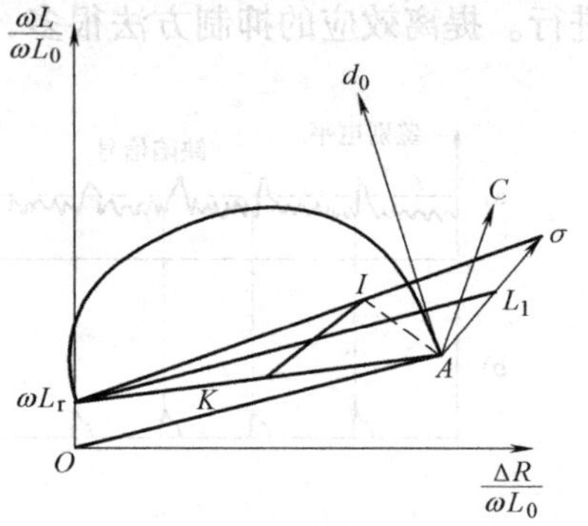

图 4-25 谐振电路补偿原理

令 $\omega c=1/\omega L_r$，则

$$C=\frac{1}{\omega^2 L_r} \tag{4-14}$$

式（4-14）便是电路中要串联的电容值。这时，电容 C 和线圈阻抗的一部分感抗 ωL_r 处于谐振状态，当线圈有提离效应时，线圈阻抗将沿 d_0 方向变化。可见，对于小的提离来说，电压 u_C 的变化很小，可以忽略。而裂纹效应等引起的阻抗变化方向不同，与之相对应的电压变化数值较大。因而可以抑制提离效应的干扰，拾取裂纹等引起的有用信息。进一步的补偿方法是将图中所表示的线圈工作点 O' 移到 K 点（即加补偿电压 E_K），当实现这一点时，无论提离效应多大，输出电压 $|\dot{u}_C-\dot{E}_K|$ 以固定幅值（圆的半径）绕着 K 点旋转。因此，提离效应被完全抑制了，而一旦线圈遇到裂纹（或其他效应），仪器将给出明显指示。

2）不平衡电桥法。利用不平衡电桥法抑制提离效应的原理如图 4-26 所示。检测线圈两端的输出电压为 $\dot{u}$，由于受提离的影响，电压 $\dot{u}$ 将沿圆弧①变动，而裂纹的存在使电压 $\dot{u}$ 沿圆弧②变动。如果电桥输出电压 $|\dot{u}_0|-|\dot{u}-\dot{u}_r|$，设法调

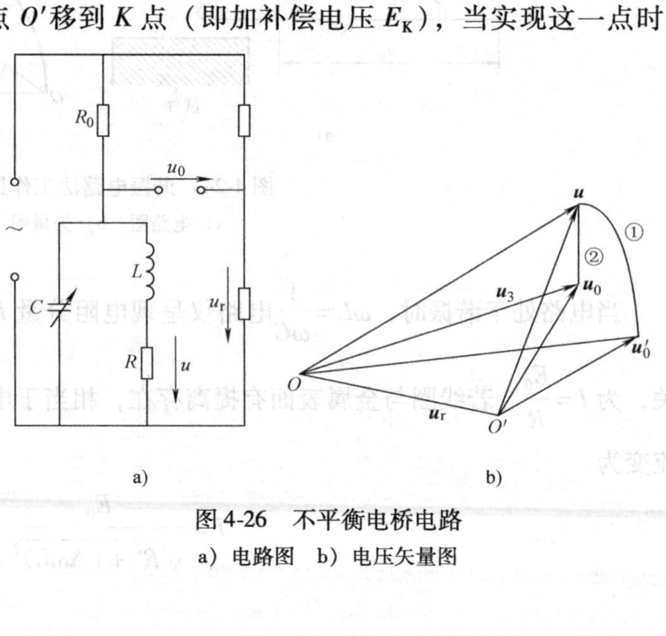

图 4-26 不平衡电桥电路
a）电路图 b）电压矢量图

节电桥，使电桥输出电压的始点为O'点，它是圆弧①的圆心。这样，电桥输出电压u_0的幅值不随提离的变化而改变，但却受缺陷存在的影响，因而可以抑制提离效应的干扰，提取缺陷存在的有用信息。

电桥的调整可以通过并联电容C来实现。并联电容C的改变实际上是使检测线圈两端的电压u随着并联回路的谐振曲线变化。同样，电桥输出电压$|\dot{u}_0|=|\dot{u}-\dot{u}_r|$亦随并联回路的谐振曲线变化。如图4-27所示，当提离为某一数值时，改变电容C，可以得到输出电压$\dot{u}$的变化曲线为①；如使提离为另一数值，同样改变C，可以得到$\dot{u}$的另一条变化曲线②。两条曲线的交点P说明了只要电容值取C，则输出电压$\dot{u}_0$的幅值为u_{OP}，不随提离而变化，因此抑制了提离效应的干扰。

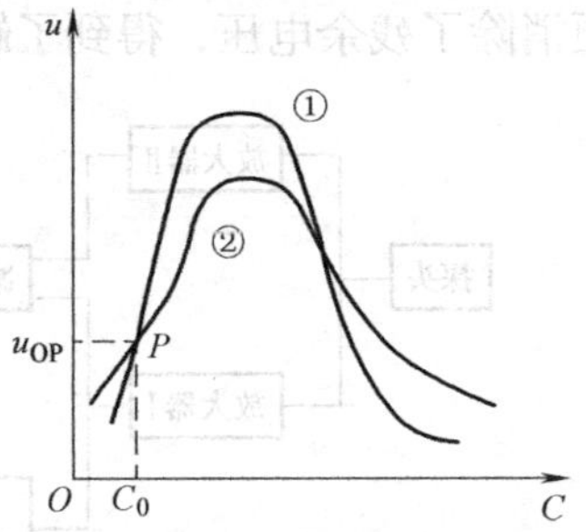

图4-27　电容变化对输出电压的影响

（6）残余电压补偿电路　涡流仪在采用差动电路作信号检出电路时，由于检测线圈不可能严格对称，当检测线圈空载或内含试件无差异时（即物理性能相同且无缺陷），反接的差动线圈仍然会有微弱的残余电压（或称不平衡电压）输出，从而影响检测的正常进行。因此，在采用差动线圈作信号检出电路的涡流仪中，通常都装有消除残余电压干扰的补偿器。

图4-28所示为一种常用的残余电压补偿器的工作原理。它由ωL补偿器和R补偿器两部分组成，同一激励电源供电，保证与残余电压同频率。在ωL补偿器中，L_1上的电压与激励电流的相位差为$\pi/2$，感应到L_3上的电压与激励电流的相位差也为$\pi/2$，在矢量图上为纵轴（ωL或U_L分量）；在R补偿器中，C和L_2并联，使L_2上的电压与激励电流同相，感应到L_4上的电压亦同相，在矢量图上为横轴（R或U_R分量）。芯块（通常用铜块）位置的改变可以改变L_3与L_1、L_4与L_2之间的耦合程度，即改变了纵轴和横轴分量的大小。所以，把补偿器和测量线圈串联在一起，通过芯块位置的调节，就可以得到任意相位的电流和任意幅度的补偿电压去抵消测量线圈中的残余电压（见图4-28a）。

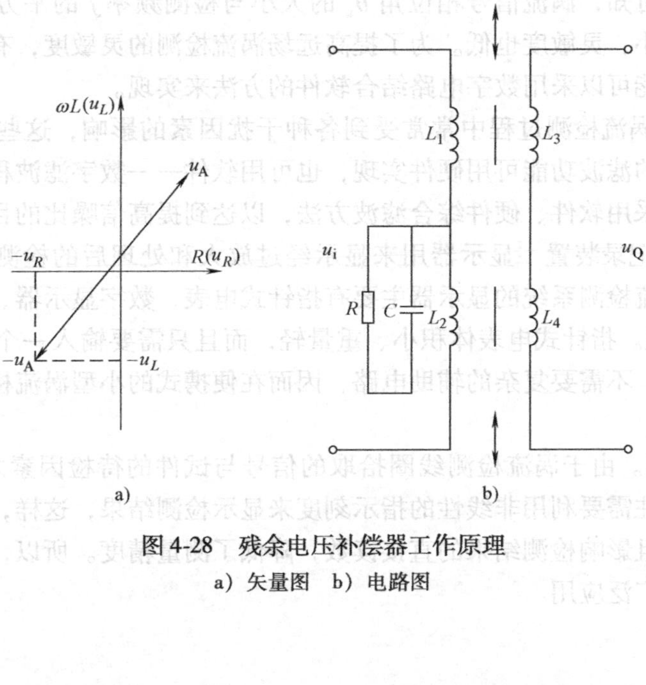

图4-28　残余电压补偿器工作原理

a）矢量图　b）电路图

但是，这种 $\omega L—R$ 补偿器需要操作人员手工调节，操作复杂，检测精度也不高。为了提高检测速度和自动化程度，随着电子技术的发展，在涡流仪中也采用了多种形式的自动平衡调节装置。图 4-29 所示为一种全集成电路组成的自动平衡调节装置的原理框图。其工作波形如图 4-30 所示，当无缺陷时，探头输出电压中的残余电压分别经放大倍数相同的放大器Ⅰ和Ⅱ放大后输入减法器运算，由于等幅同相，相减抵消后输出为零。同时，接于放大器Ⅱ的双向限幅器上建立了一个与残余电压相对应的正直流电平和负直流电平。当有缺陷时，探头输出带有缺陷信息的调幅波，这时放大器Ⅰ输出放大了的调幅波，放大器Ⅱ由于双向限幅器的限幅作用，仍然只输出与残余电压对应的等幅波。这样两个信号经过减法器的运算，便消除了残余电压，得到了缺陷电压，实现了自动平衡调节。

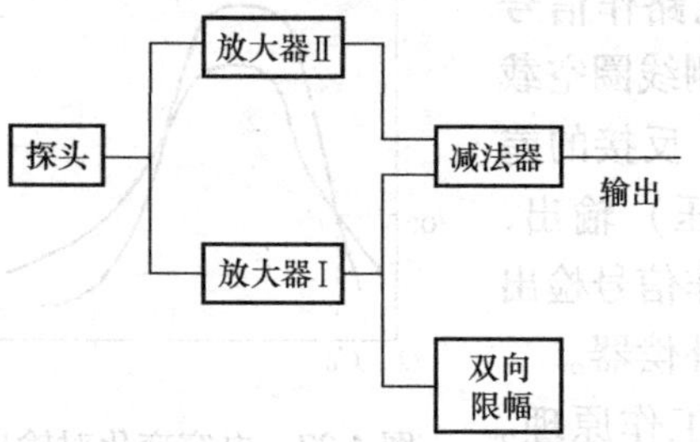

图 4-29　自动平衡调零原理框图

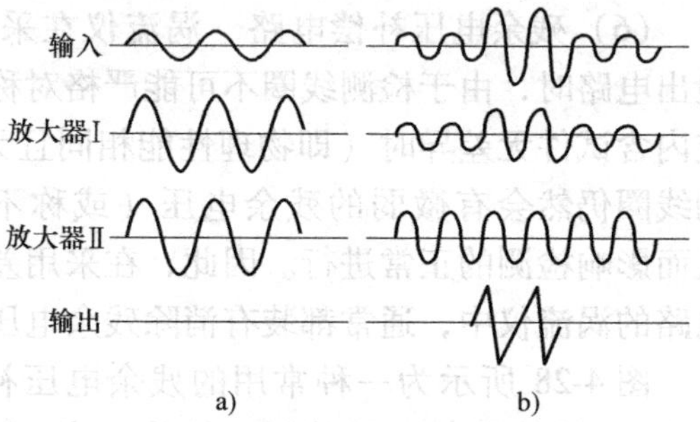

图 4-30　自动平衡调零波形图

a）无缺陷信号　b）有缺陷信号

（7）相位放大器　信号的相位和幅度是涡流检测中的两要素。对远场涡流检测来说，相位（即检测线圈的感应电压和激励信号间的相位差）是获取信息的依据。铁磁性管道在役检测通常选用内通过式涡流传感，信号自管内壁向外壁渗透距离为 x，滞后相位角 θ_x 为

$$\theta_x = x\sqrt{\pi f \mu_r \sigma}\text{（弧度）} \tag{4-15}$$

为了提高涡流的渗透能力，检出钢管内外壁的缺陷，必须采用低频激励，一般仅数百赫兹。从式（4-15）可知，涡流信号相位角 θ_x 的大小与检测频率 f 的平方根值成正比，即频率越小，相位角越小，灵敏度也低。为了提高远场涡流检测的灵敏度，有必要对相位进行放大。相位放大的功能可以采用数字电路结合软件的方法来实现。

（8）滤波器　涡流检测过程中常常受到各种干扰因素的影响，这些干扰信号需经滤波器予以滤除。仪器的滤波功能可用硬件实现，也可用软件——数字滤波程序来实现。

现代仪器通常采用软件、硬件综合滤波方法，以达到提高信噪比的目的。

（9）显示器和记录装置　显示器用来显示经过放大和处理后的检测信号，提供检测结果。目前，用于涡流检测系统的显示器主要有指针式电表、数字显示器、示波管显示器等。

1）指针式电表。指针式电表体积小、重量轻，而且只需要输入一个微小的信号就能驱动电表的指针偏转，不需要复杂的辅助电路，因而在便携式的小型涡流检测仪器中得到了广泛的应用。

2）数字显示器。由于涡流检测线圈拾取的信号与试件的待检因素之间是非线性关系，采用指针式电表往往需要利用非线性的指示刻度来显示检测结果，这样，不仅增加了仪器指示标定的困难，而且影响检测结果的直接读数，降低了测量精度。所以，数字显示器已在涡流检测系统中得到广泛应用。

数字显示电路一般由非线性校正、A-D转换器和数字显示部件组成，如图4-31所示。

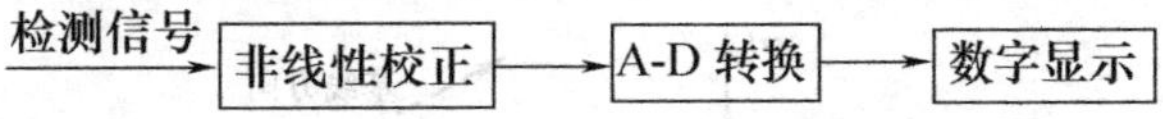

图4-31 数字显示电路原理图

3）示波管显示器。示波管显示器是在涡流检测系统中普遍采用的一种显示部件。下面着重讨论用示波管显示器检测信号的几种方法。

①椭圆显示。在图4-32所示的阻抗图上，用直线表示试件尺寸变化、电导率变化以及裂纹变化的方向。设线段 EOC 表示直径效应的方向，OA 为裂纹效应的方向。把电压 OC 加到示波管的水平偏转板上，而垂直偏转板上不加电压，荧光屏上就会出现一条长度为 $C'OC''$ 水平扫迹。如果把相当于直径变化效应的电压 OE 加到示波管的垂直偏转板上，此时，因水平偏转板上的电压 OC 与垂直偏转板上的电压 OE 在空间上正交而时间上相差180°，且频率相同，所以两者叠加后的轨迹在荧光屏上显示的是一条斜线 $E'OE''$，它在垂直轴和水平轴上投影的半振幅分别是 OE 和 OC'。

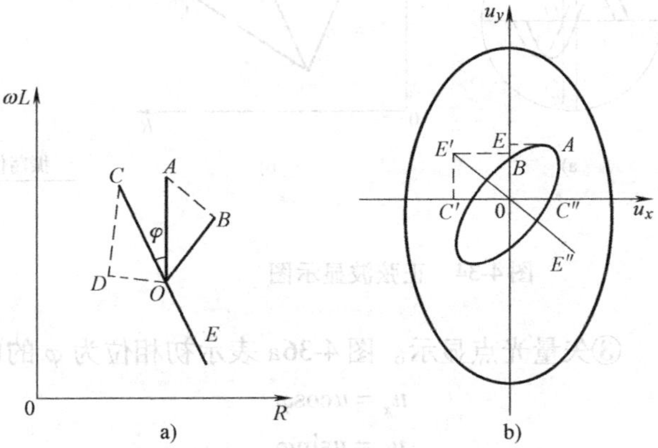

图4-32 椭圆显示图

a）阻抗平面图 b）椭圆显示

若在垂直偏转板上加表示裂纹效应的电压 OA，则因加到水平和垂直偏转板上的电压之间相位差不是0°或180°，所以两者合成的结果在荧光屏上显示的图形是个椭圆。它在垂直方向上的半振幅为 OA，而在垂直轴的截距 OB（即椭圆的开口度）与裂纹效应在垂直于直径效应方向的分量成正比，因为垂直效应不会出现椭圆，故它在垂直轴上没有截距。如果直径效应和裂纹效应同时存在时，椭圆的开口度仅与裂纹效应相对应，而与直径变化无关。

图4-33所示为椭圆显示的原理框图，只要通过移相器将振荡信号的相位调到直径变化的方向上，就可以利用示波管荧光屏上显示的椭圆图形进行裂纹效应的分析，类似地也可以进行直径效应或电导率效应分析。

②正弦波显示。如果在示波管的水平偏转板上加与振荡电压同频率的锯齿波电压，垂直偏转板上加检测信号，那么，荧光屏上显示的是正弦波图形。图4-34所示为荧光屏上显示的图形和对应的阻抗平面图，图4-35所示为正弦显示电路框图。

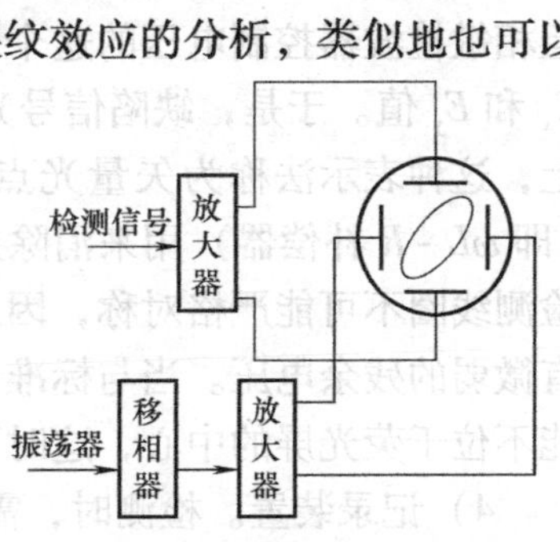

图4-33 椭圆显示原理框图

为了定量分析信号波形，在示波管的荧光屏中心刻一条狭缝，信号的重要部分可用移相器移到狭缝上。图4-34a表示荧光屏上有振幅为 OA 和 OB 两个正弦信号，调节水平偏转板上锯齿波电压使之与垂直偏转板上的电压 OA 同相，则这个信号的正弦波在荧光屏中心狭缝处的瞬时值为零，而信号 OB 在荧光屏中心狭缝处的瞬时值则不为零，狭缝处波的高度 OC 则表示待测信号在垂直基线电压方向上的分量。因为狭缝值与椭圆图形中的椭圆开口度是相同的，所以同样可以利用正弦波显示对影响检测线圈阻抗的各种因素进行相位分析。

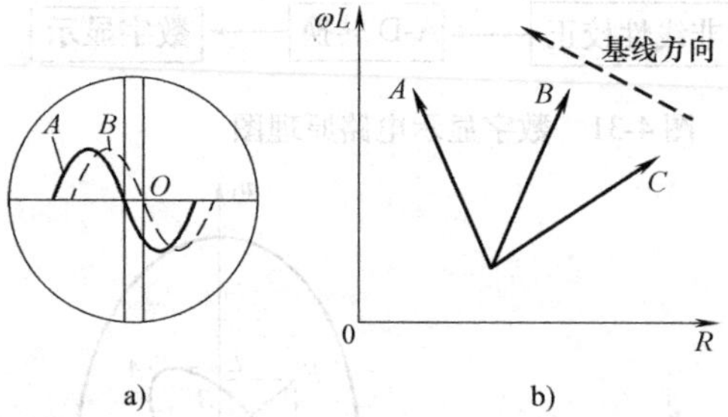

图 4-34　正弦波显示图

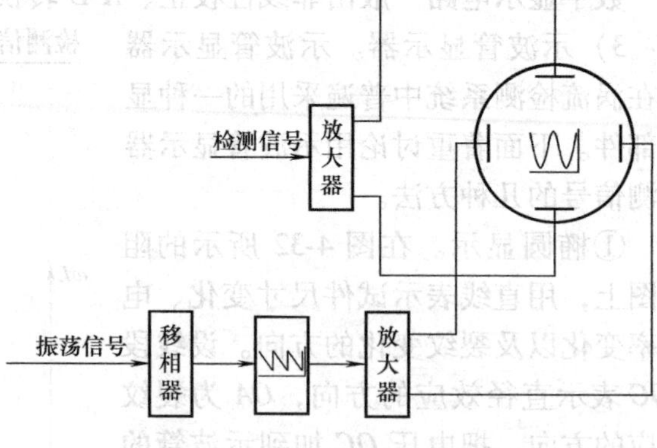

图 4-35　正弦波显示电路框图

③矢量光点显示。图 4-36a 表示初相位为 φ 的电压 u，它在 x 轴和 y 轴上的分量为

$$u_x = u\cos\varphi$$

$$u_y = u\sin\varphi$$

如果利用两个控制信号电压相位差为 90°的同步检波器分别对信号电压 u 检波。很明显，两个同步检波器输出的直流电压 E_x、E_y 分别与 u_x、u_y 成正比。若把 E_x、E_y 分别加到阴极射线管的水平和垂直偏转板上，那么在阴极射线管的荧光屏上，光点 P 随两输入电压大小变化在荧光屏上移动，且光点 P 与 O 点的连线即表示电压 u 矢量，如图 4-36a 所示。

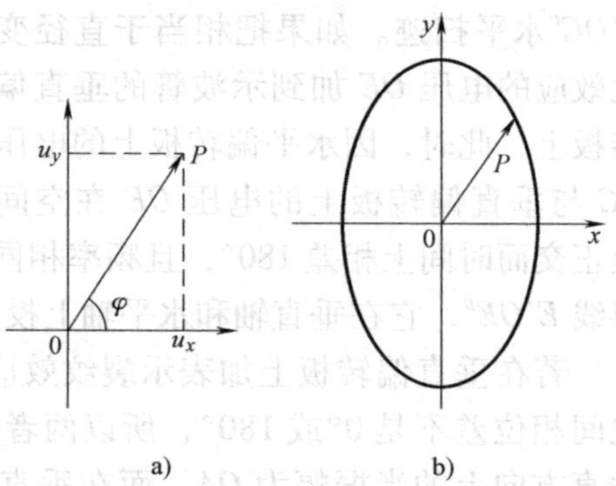

图 4-36　矢量光点显示

a) 矢量图　b) 显示图

如果输入信号中同时存在缺陷信号和干扰信号，调节相敏检波器控制信号的相位，使之与干扰信号相位差 φ 为零，则干扰信号的相位差分量 $E_y=0$，只有 E_x 分量，它在荧光屏上的光点如图 4-37 所示，它只在水平 x 轴上移动。但相敏检波器控制电压的这个相位，与缺陷信号相位差 φ 不为零。因此出现了缺陷信号的 E_x 和 E_y 值。于是，缺陷信号光点的移动不是在 x 轴上，而是在由 E_x、E_y 共同决定的位置上，这种表示法称为矢量光点法。图 4-38 所示为矢量光点显示器电路框图，其中平衡器（即 $\omega L-R$ 补偿器）用来消除差动电路中的残余电压（或称不平衡电压）。由于差动连接的检测线圈不可能严格对称，因此，当检测线圈空载或内含试件无差异时，反接的差动仍然会有微弱的残余电压。当与标准试件进行调整时，由于残余电压的干扰，平衡时的矢量光点可能不位于荧光屏的中心，这时可通过平衡的调节将矢量光点调至中心。

4）记录装置。检测时，需要将检测结果记录下来，然后进行分析判断。根据检测设备不同，对记录仪的要求也不一样。对于以显示信号幅度为主的探伤仪来说，只需用二通道的记录仪，以分别记录 x 分量和 y 分量；对于用于某些在役检测的多频涡流仪，需要多通道（有时多至八通道）记录仪，除纸带记录仪外，有时也用磁带记录仪。目前，配备计算机的涡流仪的记录形式很多，如磁盘、磁带机及光盘等，不仅可记录下多通道的缺陷信息，还可将针对不同检测任务（如检测不同工件）的合适检测参数（采用频率、场强、增益、相位等）分别赋予文件名，定量存储，以供现场检测需要时方便调用。

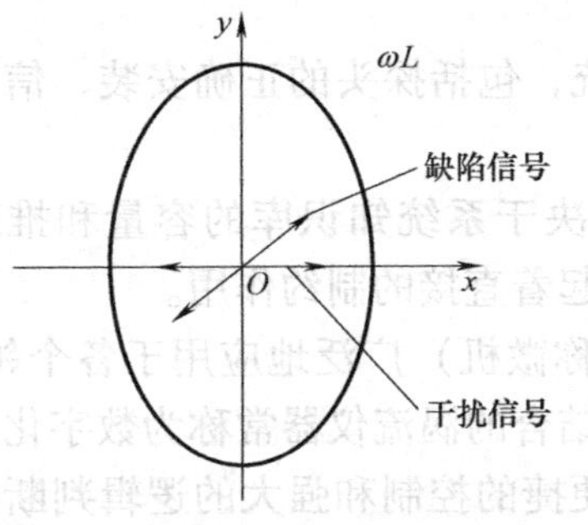

图4-37　荧光屏上光点移动图

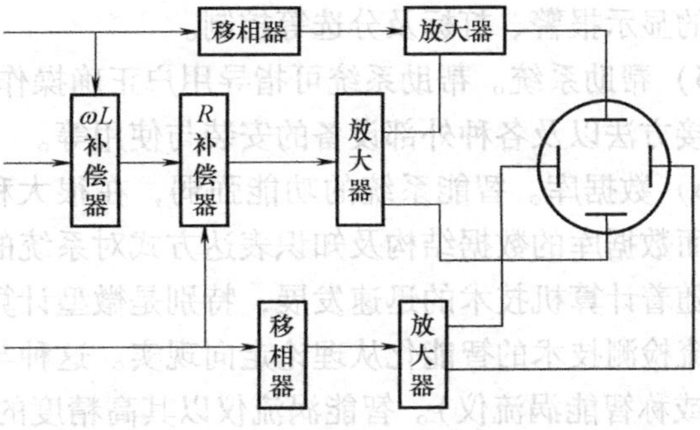

图4-38　矢量光点显示器电路框图

4.2.3　涡流检测仪器的智能化

涡流检测虽然具有许多其他检测方法所不具备的独到特点，但由于其各种检测参数的设定、检测结果的分析处理是一项比较繁琐的工作，并需要具有较高知识层次的工程技术人员才能胜任，使涡流检测技术的应用和推广受到一定的影响。涡流检测的智能化正是这一问题的有效方法。智能化涡流检测系统结构如图4-39所示，系统功能及特点如下：

1）管理系统。管理系统是系统的核心部分，负责系统中各个子系统之间的协调控制和调度。系统具有友好的人机界面，采用基于事件驱动的中枢用户接口管理系统进行多进程通信，用户只需在自然语言环境下向系统输入检测任务及逻辑信息，而无需详细了解系统的具体结构和软件设计。系统可自主完成用户指定涡流检测任务的参数设置与调整、检测信号的分析处理及特征参数的提取，并利用规则库中的专家知识进行涡流检测的无损评价。

2）智能分析系统。智能分析系统是系统完成涡流无损评价的软件包，包含信号的时域分析、频谱分析、人工神经网络分析、平面阻抗分析及三维图像分析等多种信号分析处理程序，具有多种推理模式的智能推理机。

3）自学习系统。自学习功能是智能系统的一个重要方面。它可以在检测、评价的实际工作中不断完善和充实自己的知识库，不断提高系统检测的灵敏度和无损评价的准确度。

4）检测系统。检测系统是直接驱动仪器硬件系统完成信号采集、转换与存储的软件系统，它可根据不同的检测任务，采用最佳的控制参数和控制程序实现涡流检测，并实现检测

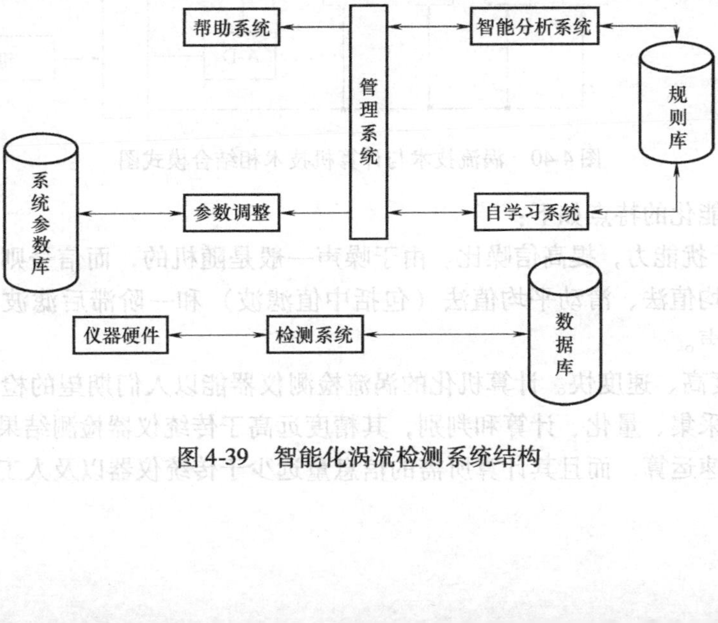

图4-39　智能化涡流检测系统结构

结果的显示报警、打标及分选等控制。

5）帮助系统。帮助系统可指导用户正确操作检测系统，包括探头的正确安装、信号线的连接方法以及各种外部设备的安装与使用等。

6）数据库。智能系统的功能强弱，在很大程度上取决于系统知识库的容量和推理机制，而数据库的数据结构及知识表达方式对系统的功能也起着直接的制约作用。

随着计算机技术的迅速发展，特别是微型计算机（简称微机）广泛地应用于各个领域，使涡流检测技术的智能化从理论走向现实。这种与计算机结合的涡流仪器常称为数字化涡流仪（或称智能涡流仪）。智能涡流仪以其高精度的运算、便捷的控制和强大的逻辑判断能力代替大量的人工劳动，减少了人为因素造成的误差，提高了检测可靠性和稳定性。智能化使涡流检测操作人员无需长时间的特别培训，无需具备太多的专业知识和经验，它能自动设定诸如仪器频率、增益、相位及采样速率等仪器参数。

在涡流检测中，主要应用计算机的数字控制、数据存储和处理功能。前者促进了检测仪器的自动化和多功能化，后者用来处理检测拾取的数据以提高检测的可靠性和精确性。图4-40所示为涡流技术与计算机技术相结合模式图。

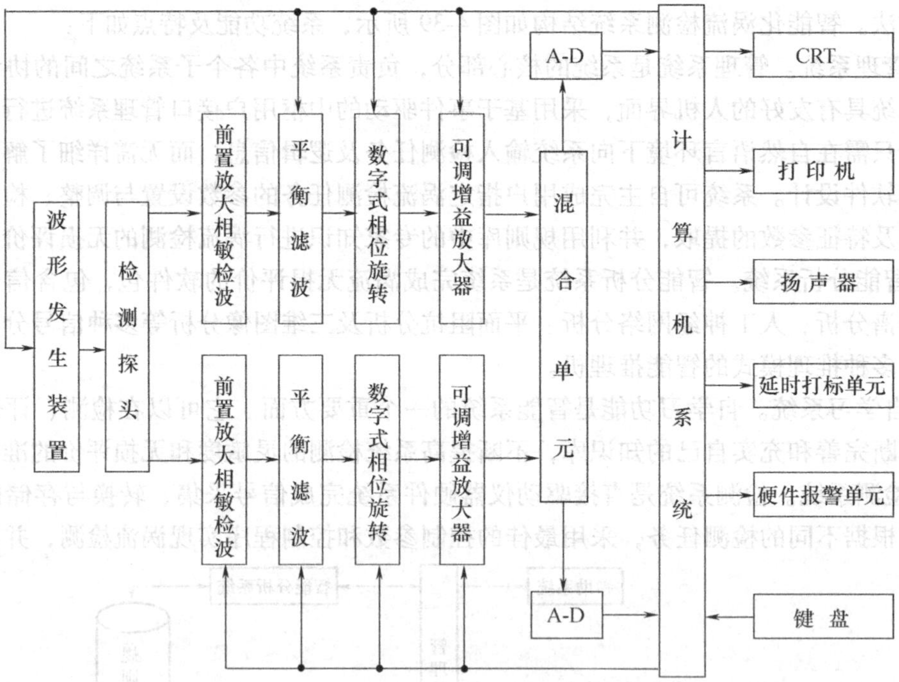

图4-40 涡流技术与计算机技术相结合模式图

涡流技术智能化的特点如下：

1）增强抗干扰能力，提高信噪比。由于噪声一般是随机的，而信号则是有序的，因此可以通过算术平均值法、滑动平均值法（包括中值滤波）和一阶滞后滤波等程序进行相关处理，以排除噪声。

2）检测精度高、速度快。计算机化的涡流检测仪器能以人们期望的检测精度对模拟信号进行高速数据采集、量化、计算和判别，其精度远高于传统仪器检测结果，并可根据预设置的程序进行高速运算，而且其计算所需的信息量远少于传统仪器以及人工检测所需的信息量，因此检测速度明显提高。

3）客观、全面地采集、存储和分析数据。可以对采集的数据进行实时处理和后处理，对信号进行时域分析、频域分析或图像分析处理，以提高检测的可靠性，亦可通过模式识别对工件的质量分级或对缺陷进行定性、定量评价。

4）记录和存档。计算机系统可存储和记录检测的原始信号和检测结果，甚至可将各种检测方法的检测结果存入计算机，对工件质量自动进行综合评价，亦可对在役设备定期检测结果进行分析处理，为材料评价和寿命预测提供新的手段。

5）可编程性。数字化涡流仪的性能和功能的最优化程度取决于是否有高级软件系统的支持。

将预先编好的操作程序输入系统，以实现人机对话、数控操作，并可根据需要自动进行调整各种参变量，使仪器处于最佳检测状态。

（1）涡流检测的数控操作　数字化涡流仪的核心是计算机。计算机通过总线及接口与其他各组件连接，实现功能选择、量程选择、数据传输和处理。

1）键盘操作、人机对话。免除了繁琐的开关、拨盘和旋钮操作，直接利用计算机键盘进行仪器功能和参变量的选择。

2）数据采集。在检测系统中，常常进行多点多参数的数据采集，然后通过对这些数据的分析作出判断，精确地对检测系统进行监视与控制。

3）数据传输。在检测系统中经常需要把一组数据从存储器的一个地方传送到另一个地方，或从存储器调出数据送到显示装置的显示缓冲存储器中，以便显示等。

4）自检测。自检测又称自诊断功能。当按下键盘上的自检测键时，检测仪器将按事先设计好的程序进行自检测，以判断是否有故障存在。

5）检测过程自动化。在由计算机和检测仪器组成的检测系统中，检测指令可由键盘逐一输入，也可以通过已编好的程序在计算机的控制下实现自动化检测。

（2）涡流检测的数据处理　计算机的另一功能是在控制器的控制下完成各种算术或逻辑运算，实现数据处理功能。在检测技术中常用到的数据处理功能有：常规运算、误差处理和统计运算等。

1）常规运算。常规运算功能包括偏移（$R=X-\Delta$）、乘法（$R=CX$）、比例（$A:B$）或 $\frac{X-Z}{Y}$ 和求比较等运算。

①偏移运算。偏移 $R=X-\Delta$ 中，R 为显示值，它表示从某给定值 X 中减去一常数。如果检测结果为 X，Δ 为实际值，则 $R=X-\Delta$ 为绝对误差，用于在检测中进行满足这一数学模型的检测结果绝对误差的计算。一般地，实际值可以在校验时存储在存储器内，在检测完成后进行检测结果处理时运算。这一程序比较简单，就是加减法程序。

②乘法运算。乘式 $R=CX$ 中，X 表示测量值，C 为常数，R 为结果。它表示测量值乘一常数后等于检测结果。常数 C 可以由操作者预先由键盘输入或在选用此程序时先存储在存储器中。这个运算在检测中有广泛的用途，如单位换算、量纲转变、直线斜率的改变和长度（如缺陷）计算等。这个程序可以用移位相加法的乘法程序来实现。但是，由于常数（如乘数）可能为正也可能为负，所以必须采用带符号数的乘法程序。在进行乘法运算之前，必须对乘数和被乘数的符号进行判断，然后处理。在程序开始时，先分别用两条指令把乘数 C

和 X 送到寄存器中，再调用乘法子程序进行运算。返回主程序后，还需要用几条指令将寄存器中的结果传送到数据区（或显示存储器中）。

③比例运算。一般用 $A:B$ 表示，在数学上即为 $A \div B$。在检测中，比例运算的应用很多。

线性比例：$R=\frac{X}{Y}$。这是一种最简单的比例，式中 Y 为参考量，可以由键盘直接输入。这个程序就是简单的除法程序。

二次方比例：$R=X^2/Y$。这个程序包括 X^2 程序及除法程序。对 X^2 的运算可以采用查表法或连乘法。

百分率：$\frac{X-Z}{Y}$或$\frac{X-Z}{Y}\times 100\%$。式中，$X$ 为测量值，而 Y 和 Z 可以是操作者确定的常数，或是实际值、标准值等，可以由键盘输入或通过标准校验后存入存储器中，这也是检测中常用的一种运算。例如，涡流控制的涡流测厚仪中，可以利用这个程序来计算被测膜层厚度与标准膜层厚度之间的相对偏差值，以便直接给出膜层厚度是否合乎要求的显示。

这种运算功能的程序，实际上是偏移与比例两者的结合，可以通过加、减和除法的程序综合编制来完成。

④比较运算。在检测中，经常遇到要找出一组数据中的最大值或最小值的运算。这种运算分两种情况，一种是由所有数据中发现最大值或最小值，称为极值寻找，它可以用于检测结果的分析、误差运算中求极值误差等；另一种是预先设置最大值或最小值，把测量值与已知值进行比较，称为极值判别，它可以用于自动分选，如涡流检测中的材质分选、厚度比较和缺陷等级分类等。

2）误差处理

①消除系统误差。使用检测仪器总是不可避免地会有误差。误差的种类和出现误差的原因有很多。其中，在一定条件下误差的数值保持恒定或按一定规律变化的称为系统误差，如电子器件的老化等。

在一个检测系统中，系统误差说明了检测结果偏离被测量的真值的程度，因而决定了测量的准确度。为了得到较高的准确度，必须消除或减小检测系统误差。减小系统误差的方法有很多，如零值法、替代法、补偿法等。只要我们尽可能预先了解到产生系统误差的原因和可能的规律，就可以找到减小系统误差的方法。这里，以自动校正方法来说明利用计算机消除系统误差的方法。在检测仪器中，待检测信息大都是转换成电压信号，然后经过模拟电路的各种处理，最后通过电压测量来反映待检测信息的大小。模拟电路部分的漂移、增益变化以及放大器失调电压的影响都会引起系统误差，我们可以利用计算机，采用自动校准的方法来消除。

②消除随机误差（数字滤波器）。检测系统在消除或减小了系统误差后，在相同的条件下进行测量，仍然可能出现随机误差，或称偶然误差。随机误差是由于大量偶然因素的影响而引起的测量误差。这些偶然因素互不相关，没有规律性，因此在检测过程中，尽管检测条件不变，由于随机误差的存在，每次检测的结果并不一样。然而，虽然一次测量的随机误差不可预见，也无法消除，但多次重复测量时，随机误差是服从统计规律（如正态分布、均匀分布和离散双值分布等）的。因此，可以按照统计规律对随机误差进行处理。

算术平均法滤波。按照随机误差均匀分布的统计规律，以相等的精度检测时，其测定值的随机误差的算术平均值随测量次数的无限增加而趋于零。因此，多次检测的测定值的算术平均值 $\overline{X}$ 趋于真值 X_0，检测结果不受随机误差的影响，即减小或消除了随机误差。如果测量次数不趋于无穷大，即为有限数，取测量的平均值 $\overline{X}$ 也远比各次测定值 X_i 逼近真值 X_0 的概率大。因此，把多次测定值的算术平均值称为被测量的最可信赖的值。算术平均值 R（即 $\overline{X}$）为

$$R = \frac{1}{n}\sum_{i=1}^{n} X_i$$

求算术平均值的运算程序可以通过先求出和，然后再除以 n 得到。通常，为了消除随机误差的影响，只需要在计算机的控制下，进行多次快速检测，然后求出测定值的算术平均值，将其作为测定值的检测结果就可以了。

滑动平均值法滤波。该方法采用先进先出的循环队列作为测量数据的缓冲区。每进行一次新的测量，就把测量数据插入队尾，移出队首的一个数，然后计算队列中所有数的算术平均值，将此平均值作为采样值。该方法参与运算的队列虽然遵照数据先进先出的原则，舍弃了最先进入队列的测量数据，但其结果与数据在队列中的顺序无关。因此，测量的数据不必插入队尾，通过巧妙安排，可以达到提高速度、精练程序的目的。

防脉冲干扰平均值法滤波。当系统采集 N 个数据后，挑出 N 个数据中的最大值和最小值，并将其去掉，再求 $N-2$ 个数的算术平均值，此平均值作为当前采样值。

中值滤波。连续采集三个数据，取其中间值作为采样值。

程序判断滤波。宽度判别法：对输入信号找上升沿后连续采样 K 次，如在 K 次后仍有信号则认为是真信号，否则是干扰信号。按条件必须保证最大的干扰信号脉宽 $\tau<(K-1)t$。幅值判别法：对输入采样信号要求在一定的幅值范围内认为是真，大于或小于此范围都认为是假。总之，程序判断滤波可根据具体情况将有用信号和干扰信号区别开来，其程序简单。

一阶滞后滤波。此方法第 n 次采样后滤波结果输出值为

$$(1-\alpha)x_n + \alpha y_{n-1}$$

其中 α——滤波环节时间常数；

x_n——第 n 次采样值；

y_{n-1}——$n-1$ 次滤波结果值。

重复检测法。用软件冗余方法来提高系统的信噪比，是容错技术之一。当采集数据时，进行多次检测判断真假：若多次采样数据一致，则数据为真；若多次采样数据不一致，或相邻两次采样数据不一致，则认为是假。

求接近数学期望 EX 值滤波法。虽然干扰和其他原因使测量采样得到的数据不尽相同，具有随机波动性，但当重复测试数增大时，可以发现采样值常常在某一常数附近摆动。因此，设离散型随机变量 x 的概率分布序列为

$$p(x=x_i)=p_i \quad i=1, 2, \cdots$$

若级数 $\sum_{i=1}^{\infty} x_i p_i$ 绝对收敛，则称 $\sum_{i=1}^{\infty} x_i p_i$ 为 X 的数学期望，记为 EX 或 $E(X)$，即

$$EX = \sum_{i=1}^{\infty} x_i p_i$$

理论上，此数学期望 EX 是一个常数，不随试验结果而改变，但实际因采样点数受到限制，因此常将求接近于数学期望值 EX 的点值作为采样真值。

以上介绍了几种数字滤波方法。其中，滑动平均值法速度较快，而防脉冲干扰平均值法、重复检测法和求接近 EX 值滤波法速度较慢，中值滤波虽然速度快，但比较粗糙。只有求接近 EX 值滤波法所得的滤波结果刚好等于最接近 EX 值的采样点，其他方法的结果一般都是计算出来的值。防脉冲干扰平均值法、重复检测法以及求接近 EX 值滤波法都有较高的滤波精度。

3）频谱分析。根据离散傅里叶变换原理，对涡流响应信号抽样，并利用计算机进行傅里叶变换，计算可获得主频分量及高次谐波分量的校出矢量。实时监测这些矢量能获得更多有关缺陷和材质方面的信息，从而提高了对工作缺陷或理化性能的分辨能力，拓宽涡流检测的应用范围。例如，某些材料表面硬度和涡流响应信号三次谐波有近似线性关系，分析三次谐波质量比分析主频信号更为直观、准确。再如，铁磁性材料具有“磁滞”特性，用正弦波激励时，将产生丰富的二次谐波，包含在该谐波中的缺陷信号比主频更易分析处理。

4）主频涡流扫描成像。缺陷信息的提取是涡流检测的重要技术。现代涡流仪器的信息显示正朝着直观、准确、有效的涡流扫描成像方向发展。主频涡流扫描成像系统由扫描涡流传感器和计算机组成。主频涡流传感器由系统的扫描机械装置（扫描架）在样品表面定向、定位移动，通过扫描检测成像技术获取缺陷的涡流信号。结合传统的阻抗分析技术，用计算机对缺陷进行定性定量分析，最终在显示屏上形成三维彩色缺陷图，缺陷的深度用不同的颜色表示。

5）组态分析。采用涡流方法进行自动检测，必须首先确定报警域。

由于实际工作材料电磁特性的离散特性，同类金属材料在相同的检测条件下，涡流信号在阻抗平面图上的映射呈二维正态分布（二维亦斯分布）。计算机的引入使得报警域可以根据统计的规律设置为选择度可调的椭圆分选域，椭圆分选域克服了上、下报警线的缺点，降低了自动探伤过程中错检、误检率。

4.3 试样与辅助装置

4.3.1 标准试样与对比试样

涡流检测与其他无损检测方法一样，其对被检测对象质量的评价和检测都是通过与已知样品质与量的比较而得出的。如果脱离了这类起参比作用的样品，很多无损检测方法将无从实施，这类参考物质在无损检测中通常被称作标准试样或对比试样。根据标准试样或对比试样的具体形态不同，又有试块和试片之分。

目前，一些标准文件和文献资料对于标准试样和对比试样冠以不同的名称，甚至对标准试样和对比试样不加区分地混用。以下从无损检测技术领域已形成的较为广泛共识的角度，对涡流检测中涉及的标准试样和对比试样作一介绍。

标准试样是按相关标准规定的技术条件加工制作、并经被认可的技术机构认证的用于评价检测系统性能的试样。上述定义确定了标准试样的属性和用途。属性之一是必须满足相关技术条件要求，如规格尺寸，材质均匀且无自然缺陷，人工缺陷的形式、位置、数量、大小等。属性之二是应得到授权的技术权威机构的书面确认和批准。标准试样不仅应在加工制作完成后需要得到认证，在长期重复使用过程中还应按相关标准文件规定定期进行认证。标准试样的本质用途是评价检测系统的性能，而不是用于产品的实际检验。

对比试样是针对被检测对象和检测要求按照相关标准规定的技术条件加工制作、并经相关部门确认的用于被检对象质量符合性评价的试样。与标准试样的定义相比，可以看到对比试样不同于标准试样的重要属性包括以下两个方面：一是与被检测对象密切相关，即对比试样的材料特性与被检测对象必须相同或相近，这一点在标准的技术要求中会作出明确规定，如材料牌号、热处理状态、规格或形状等；二是与检测要求相适应，即对比试样上人工缺陷的形式和大小应根据检测要求确定，这一点是由对比试样的本质用途所决定的。根据定义，对比试样是用做被检测对象质量状况的评价依据，因此其人工缺陷的形式和大小尺寸应根据被检测对象在制造或使用过程中最可能产生的自然缺陷的种类、方向、位置和对产品可靠使用的影响等因素确定。

对比试样同样应按照相关标准文件或技术条件要求制作，一般不允许带有自然缺陷。虽然可以不要求对比试样必须经过技术权威的认证和进行周期检定，但应当由相关部门（如质检部门或计量部门）采用适当、可靠的方法对其作出满足相关标准文件或技术条件要求的结论。如果对比试样在使用过程中外形尺寸、材质和缺陷大小不会发生变化，一般在初次验证合格后可不必定期进行检测。为确保对比试样上述各项参数的稳定性，使用部门定期采用简单实用的方法对其进行核查是必要的。

1. 涡流探伤试样

如前所述，标准试样是按照相关标准加工制作并用于仪器性能测试与评价的标准样品，并不直接与被检测对象的材质相关和用于具体产品的检验。大多数涡流探伤标准对对比试样的选材、加工制作和人工缺陷的形式、大小作了规定。但对涡流仪器的使用性能，如检测能力、周向灵敏度、端部盲区、分辨能力及线性度等性能指标均未作规定，因此也就未涉及用于涡流仪器性能测试与评价的标准试样。德国 DIN 54141 标准第二部分“无损检测 管材的涡流检测穿过式线圈涡流检测系统性能的测试方法”、国家标准 GB/T 14480.3—2008《涡流探伤系统性能测试方法》和国家计量检定规程 JJG（民航）0061—2001《涡流探伤仪》等，是关于涡流仪器性能测试的专用标准，以德国 DIN 54141 标准有关内容为例，对管材涡流探伤标准试样的相关知识简单加以介绍。

（1）标准试样　为使测试、评价结果具有良好的可重复性和可比性，标准对系统测试用标准样管的规格、尺寸及材料做了统一规定；建议采用外径为 25mm、壁厚为 2mm、长度为 2000mm 的铜（SF-Cu）、奥氏体不锈钢（X-10，1Cr18Ni9Ti）、铜-锌合金（CuZn20Al）和铁磁性钢管（St35.2）制作。不同材料的选用是根据测试的频率范围和所期望的内部缺陷与表面缺陷信号间相位角的差异所决定的。表 4-2、表 4-3 列出了上述材料对应的测试频率范围和不同测试频率条件下各种材料管材内、外壁缺陷涡流响应信号的相位角差。

表 4-2　几种材料管材（壁厚为 2mm）涡流检测的参考频率　　（单位：kHz）

材料	SF-Cu	X-10	CuZn20Al	St35.2
频率范围	0.5 ~ 6	10	2.5 ~ 30	1 ~ 50

表4-3 不同测试频率条件下各种材料管材内、外壁缺陷涡流响应信号的相位角差（°）

频率 f/kHz	铜 (52.0mS/m)	CuZn20Al (12.5mS/m)	奥氏体不锈钢 (1.4mS/m)	碳钢 (5.8mS/m)
0.5	30	—	—	—
1	50	—	—	28
3	128	42	—	48
6	200	73	—	60
10	—	110	—	73
20	—	175	32	95
30	—	220	45	115
50	—	—	70	152
100	—	—	120	—
300	—	—	230	—

如图4-41所示，在管材试样一端管壁同一母线位置上加工10个间距为20mm、直径为1mm通孔缺陷。通过记录和比较各人工缺陷响应信号的大小，可评价涡流仪对靠近管材端部缺陷的检测分辨能力，即检测系统的端部效应。

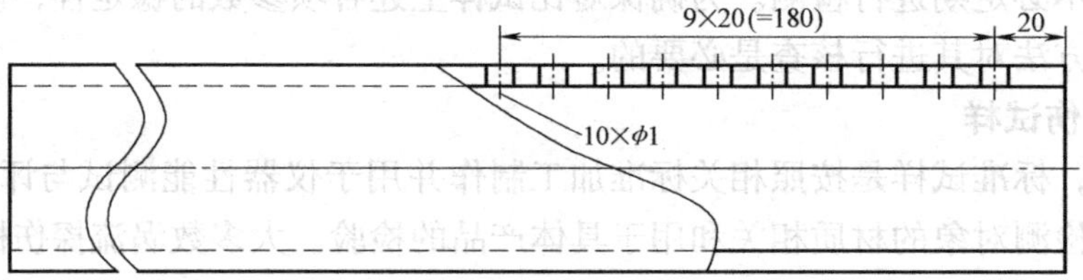

图4-41 检测系统端部效应标准试样

（2）对比试样 对比试样的本质用途是建立评价被检测产品质量符合性的标准，即以对比试样上人工缺陷作为判定该产品经涡流检测是否合格的依据。除此之外，对比试样在检测过程中还具有以下作用：①对涡流检测系统进行调试，如检测频率、相位等检测参数的设定和机械系统传送速度、稳定度的调整；②检测系统长时间工作稳定性的监测。为消除外界干扰因素的影响，保证涡流检测结果的一致性，通常在涡流检测系统连续工作一段时间后（如2h或4h）或发现涡流仪器显示出现异常时，要求采用对比试样对检测系统进行重新测试。

由于对比试样的形状相对被检测产品必须具有代表性，因此对比试样的形状必然是千差万别、各不相同的。按照对比试样上人工缺陷的形式不同，可分为孔形缺陷对比试样和槽形缺陷对比试样。按照涡流探伤应用对象的不同，也可分为外穿过式线圈检测用对比试样、内通过式线圈检测用对比试样和放置式线圈检测用对比试样。无论是用于哪一类产品检测的对比试样，人工缺陷的形式并不受统一的限定，而是由产品制造或使用过程中最可能产生缺陷的性质、形态所决定。

通孔形人工缺陷能较好地代表穿透性孔洞，虽然穿透性孔洞在管材制造过程中较少出现，但由于通孔缺陷最易于加工，因此被广泛采用。平底不通孔缺陷对于管壁的腐蚀具有较好的代表性，因此在在役管材的涡流探伤中较多采用。槽形人工缺陷能更好地代表管、棒材制造过程中产生的折叠、使用过程中出现的开裂等条状缺陷和各种机械零件使用过程中产生的疲劳裂纹。可以说，槽形人工缺陷在多数情况下比通孔形人工缺陷更具代表性。但由于槽形缺陷的加工与测量比孔形缺陷难度大，因此在涡流对比试样制作中并没有更广泛地选择槽形人工缺陷，这也是人们对涡流检测结果可靠性不能够充分信任的重要原因之一。

图4-42所示试样是一典型的管材探伤用对比试样。试样上3个通孔形人工缺陷沿轴向方向等距离排列，在圆周方向上以120°均匀分布在圆周面上，其作用是调定检测灵敏度和传动系统的对中状态；在接近对比样管某一端部位置上的通孔的作用是评价和保证涡流检测系统的端部盲区。

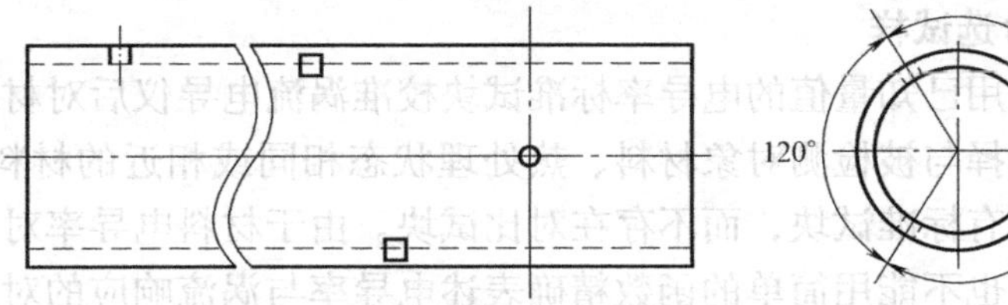

图4-42　评价检测系统周向灵敏度的对比试样

图4-43所示试样是一典型的热交换器管探伤用对比试样。试样外表面从左至右加工有5个深度分别为管材壁厚10%、20%、30%、40%和50%的周向刻槽，内表面刻有1个深度为壁厚10%的周向刻槽，槽深公差为±0.075mm。各槽宽度和间距分别为50mm和25mm，槽宽和间距容许偏差为1.5mm。

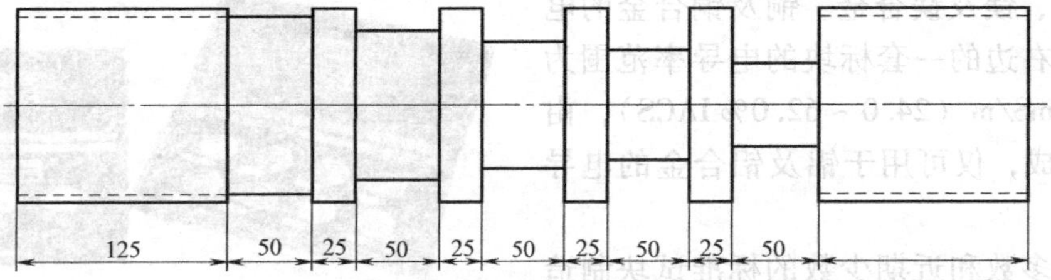

图4-43　热交换器管探伤用对比试样

图4-44所示为两个零件探伤用典型对比试样，分别是用于平板试件或具有较大曲率半径试件和带有螺栓孔零件探伤的对比试样。图4-44a中，槽的宽度为0.15mm，公差均为±0.05mm。

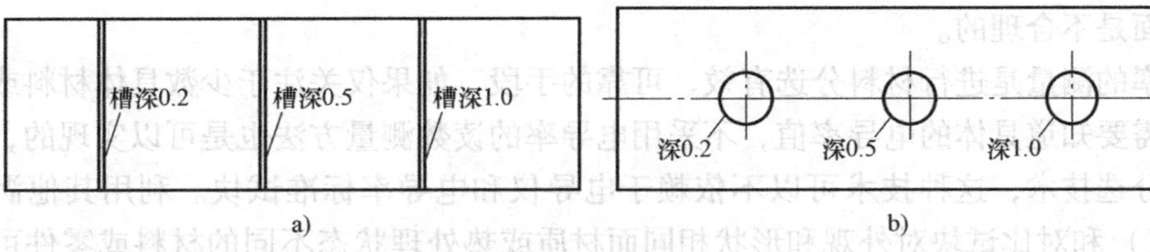

图4-44　零件探伤用对比试样

a）平板试件探伤用对比试样　b）螺栓孔探伤用对比试样

对比试样上孔形缺陷的制作一般采用机械加工的方法，在加工平底孔时，应选用平刃刀具切削。槽形缺陷的制作一般采用电化学加工方式，最常用的两种加工方法是线切割和电火花加工。前一种方法适用于贯穿整个加工面的槽形缺陷的加工，槽形缺陷宽度一般可达到0.15mm，更细小的槽则难以加工；后一种方法适用于较短槽形缺陷的加工，刻槽宽可达到0.05mm，对于长度大于20mm的槽形缺陷，加工电极则难以保证槽形缺陷的平直度精度。

在加工孔形缺陷过程中，钻头施加给对比试样较大的压力和切削力，因此需要注意防止试样产生变形。在管材试样上加工通孔时，在管材内壁容易留下毛刺。毛刺的存在不仅会产生干扰信号，而且会损伤检测线圈。线切割和电火花加工方式会产生较大的热量，应注意避免烧伤试样。不论是变形、毛刺，还是烧伤，都可能会引起涡流效应。因此涡流检测人员在制作对比试样时应将这些注意事项向加工人员提出。

2. 电导率测量与分选试样

电导率的测量是采用已知量值的电导率标准试块校准涡流电导仪后对材料或零件的电导率进行测量，不需要选择与被检测对象材料、热处理状态相同或相近的材料制作对比试块，因此在电导率测试中只有标准试块，而不存在对比试块。由于材料电导率对涡流的影响不是简单的线性关系，而且也不能用简单的函数精确表述电导率与涡流响应的对应关系，因此选择校准仪器的标准试块的量值不能与被检测材料或试样的电导率值相差过大。受涡流边缘效应、集肤效应和提离效应的影响，相关标准对电导率标准试块的大小、厚度和表面粗糙度作出了严格的规定，如外形尺寸不小于30mm×30mm，厚度不小于5mm，表面粗糙度参数 *Ra* 不大于3.2μm。

图4-45所示为美国波音公司制作的两套电导率标准试块，其中左边的一套标准试块的电导率范围为0.58～58mS/m（1～100%IACS），由5块试块组成，可用于钛及钛合金、奥氏体不锈钢、镁及镁合金、铜及铜合金的电导率测量；右边的一套标块的电导率范围为14.0～36.0mS/m（24.0～62.0%IACS），由3块试块组成，仅可用于铝及铝合金的电导率测量。

图4-45 电导率标准试块

早期大多数和近期少数的标准试块制造商将电导率值刻在标准试块的表面上，实际上这种做法是不科学的。因为材料都或多或少地存在时效性，特别是铝合金尤为明显。尽管在制作标准试块前就要求选择有足够时效时间的材料，但在实际应用中仍然发现标准试块在每一次检定时电导率值都会发生一些变化，标准试块的电导率值是在每一次检定时重新赋予的，因此在标准试块销售之初将电导率值固化在其表面是不合理的。

电导率的测量是进行材料分选有效、可靠的手段，如果仅关注于少数具体材料或零件的区分而不需要知道具体的电导率值，不采用电导率的读数测量方法也是可以实现的，这就是采用涡流分选技术，这种技术可以不依赖于电导仪和电导率标准试块。利用其他涡流仪器（如探伤仪）和对比试块对外观和形状相同而材质或热处理状态不同的材料或零件可实施正确的分选，这就要求对比试块应与被分选对象的材质、状态和尺寸相同，并且知道各个对比试块的材质和状态。

3. 膜层厚度测量试样

与电导率测量相似，膜层厚度是采用标准试片校准测厚仪进行测量的，因此绝大多数情况下不存在对比试片的问题。作为校准仪器的标准试片必须有明确的量值，并满足以下要求：①良好的刚性，即检测线圈压在上面时不会发生显著的弹性变形；②良好的弯曲性能，当用于曲面制件表面覆盖层厚度测量时，应能与被检测对象的弧面基体形成良好的吻合。

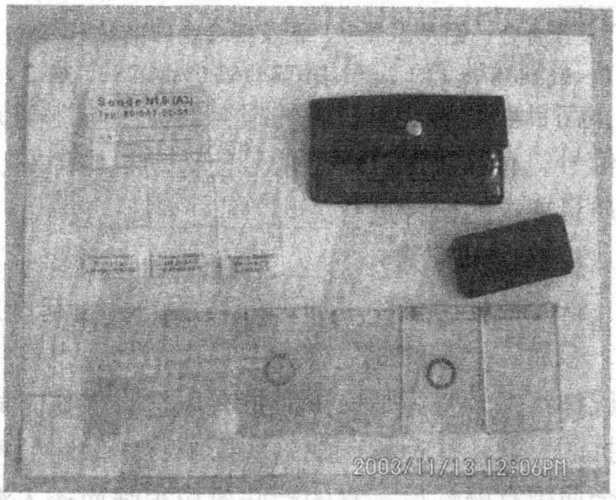
图4-46　标准厚度膜片

膜层厚度测量使用的标准试片主要有两类：一类是不带有基体的薄膜（片），这类标准试片可覆盖在各种制件的基体进行仪器校准，具有良好的适用性，如图4-46所示；另一类是带有基体的标准试片，这类试片的覆盖层与基体结合为一体，但这类标准试块的使用有一定局限性。

涡流测厚的精度不仅与标准厚度膜片的不确定度、基体材料的电磁特性有关，而且与标准厚度膜片的选用密切相关，校准仪器使用的标准厚度膜片与被测量覆盖层的厚度越接近，测量结果就越准确。因此，涡流检测人员在购买涡流测厚仪时应特别关注仪器配备的标准试片的数量、厚度与实际工作中检测对象厚度范围的相关性。

4.3.2　涡流检测辅助装置

涡流检测设备要对试件进行自动高效地检测，通常还包括一些辅助装置，如进给装置、报警装置、磁饱和装置等。

1. 进给装置

进给装置主要用于自动检测，如试件的自动传送装置，探头绕试件作圆轨迹旋转的驱动装置，试件的自动上、下料装置，自动分选装置等。

由于检测对象不同（如管材、丝材、球体等），各种进给装置的结构形式各不相同。但为了保证得到良好的检测效果，涡流仪对进给装置有一些共同的基本要求。

1）传动装置的传动速度要稳定，一般要求传动速度的误差在5%以内。在检测时，试件和探头之间的相对运动在检测信号中会产生各种调制频率，需要利用频率分析法（即采用滤波器）来抑制干扰频率的杂波，提取有用信息。传动机构的不平稳、振动或速度不匀不仅会产生大量各种频率的杂波干扰信号，而且会引起所需要检出信息的频率发生变化，影响检测的正常进行。因此，往往要在电动机线路内接入各种反馈电路，以保证电动机的转速稳定。

2）传动机构速度可调。为了满足对各种型号、尺寸规格的试件进行涡流检测，要求在调换新的检测品种或进行新的检测试验时，传动装置的速度可以调节，以便一机多用，扩大仪器的适用范围。调速可由简单的齿轮来完成，也可以采用变速箱装置，但较多采用的是可控硅调速，它具有简单、方便，可以实现无级调速等多种优点。

3）要求试件在传送过程中能保持和检测线圈的同心度精度。在传送过程中，保持试件和线圈的同心度精度与检测灵敏度有着直接的关系。当采用穿过式线圈时，试件和线圈的不同心会使线圈阻抗发生不应有的变化；而旋转探头运转圆轨迹和试件的同心则会产生提离效应。这些影响都会使检测灵敏度大大降低，因此，必须要求传送装置能保持试件和线圈之间的同心度精度。因此，常常在涡流仪中增加一个自动增益控制电路，以消除由于试件和线圈的不同心而引起的干扰信号。

2. 报警装置

在自动探伤仪中装备的报警器，当检测到大于标准伤痕的缺陷时，能提供声音或灯光指示信号，有的还可以输出信号使传动机构停车，操作人员就可以及时判断检测结果，对不符合质量要求的试件进行处理。

3. 磁饱和装置

铁磁性金属在经过加工处理后，会引起金属体内部磁导率分布的不均匀。在涡流探伤中，金属磁导率的变化会产生噪声信号；也有一些非铁磁性不锈钢在进行强制性加工之后，奥氏体组织转变为马氏体而带有磁性，探伤时同样也会引起噪声。一般来讲，磁噪声对线圈阻抗的影响往往远大于缺陷的影响，给缺陷的检出也带来困难。另外，铁磁性金属或非铁磁性金属带有磁性后，它的趋肤效应很强而透入深度很浅，可探测深度大约只是非铁磁性金属的1/1000~1/100。由此可见，铁磁性金属大而变化的磁导率对探伤有害无益。

克服铁磁性金属磁导率对擦伤影响的方法是对试件进行饱和磁化。外加稳恒磁场 H 达到一定值后，金属的磁感应强度 B 不再增加，趋于饱和状态，而磁导率降至最小值。铁磁性金属经过饱和磁化后既消除了磁导率不均匀的现象，也使涡流的透入深度大大增加。经过磁饱和处理后铁磁性材料可作为非铁磁材料对待。

在涡流探伤中使用的磁饱和装置有两类。一类由通有直流电的线圈构成。这类磁饱和装置中有代表性的是通过式和磁轭式，前者主要用于穿过式线圈的探伤，而后者主要用于扇形线圈或放置式线圈的探伤。图4-47所示为这两种磁饱和装置的示意图，它们都是利用线圈来产生稳恒磁场，并借助于导体或磁轭等高导磁部件将磁场疏导到被检试件的探伤部位，使之达到磁饱和状态。为了充分利用线圈产生的磁场，这些装置一般都有铁磁性材料（如纯铁）制作的外壳。由于纯铁 μ 值很大、磁阻很小，这样泄漏在空间中的磁力线会被引导到工件的检测部位。

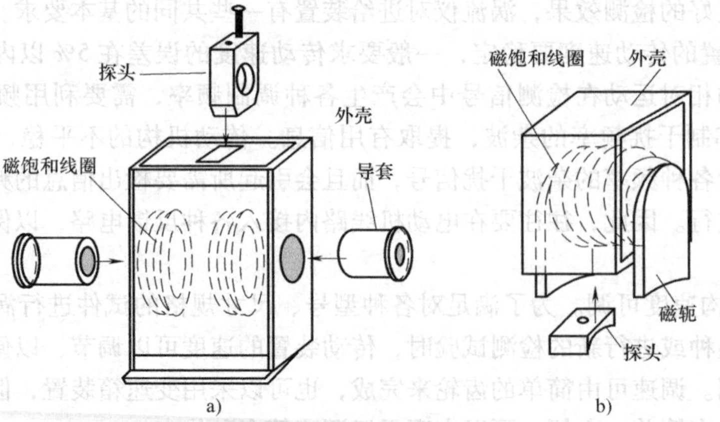

图4-47 磁饱和装置示意图

另外，由于磁饱和线圈中通过的电流强度很大，会使线圈发热甚至烧毁，所以在较大型的磁饱和装置中需要采用水冷或风冷措施。在水冷却的磁饱和装置中，线包要用环氧树脂浸封，以免线圈导线直接与水接触。

另一类磁饱和装置由永久强磁铁构成，它们主要用在不宜通电线圈型磁饱和装置的场合。例如，在用内通过式线圈进行探伤时，大型的磁饱和装置无法展开，此时便可采用永久磁铁探头的铁心，利用磁铁的磁场对管壁或孔壁进行局部的饱和磁化。

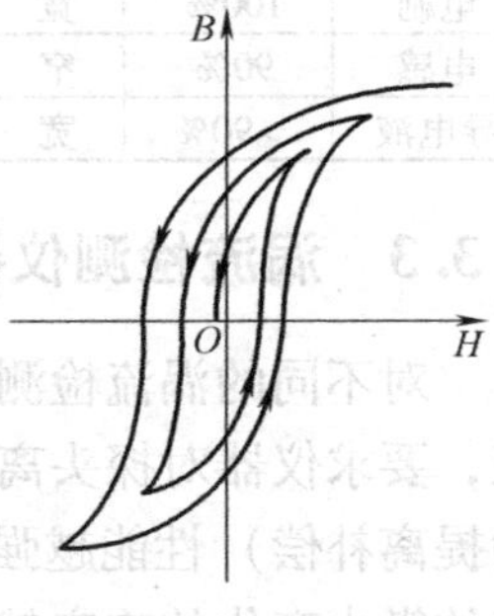

图4-48 退磁过程

经饱和磁化后的工件，在去除磁化场后，会留有剩磁。一些要求较高的产品需要进行退磁处理。通常用通有交流电的退磁线圈进行消磁。让带有剩磁的工件通过退磁线圈，在试件逐渐远离线圈的过程中，工件上各部位都受到一个幅值逐渐减小、方向在正、负之间反复变化的磁场的作用。在这个磁场的作用下，材料的磁化状态将沿着一次比一次小的磁滞回线，最后回到未磁化状态 O 点，其过程如图4-48所示。

一般来说，使用交流线圈的退磁处理，还不能把磁去除干净，为提高退磁效果，有时需要使用（或合并使用）直流电线圈进行退磁。

4. 耦合装置

在使用旋转探头金属管（棒）材进行的涡流检测时，由于探头的高速旋转，需要解决探头和仪器之间的信号传输问题。也就是说，在采用旋转探头的涡流仪中，探头和涡流仪之间需要配备信号耦合装置。

耦合装置置于探头与仪器之间的方式简单易行，且探头体积小、重量轻，得到广泛的应用。但由于探头输出的信号很微弱，要求耦合装置的噪声系数必须很小。为了解决这个问题，有时也采用另一种安装方式，即将探头得到的信号加以放大后，再经过耦合装置传输给仪器处理。但这样大大增加了探头的体积和重量，给制造和使用带来了许多不便。

目前，耦合装置采用的耦合方式有以下几种：

1）电刷耦合。利用电刷和滑环直接接触来传输信号，这是最早采用的一种方法。这种方式结构简单、制造方便、容易实现多路耦合。其致命的弱点是电刷和滑环的接触电阻不稳定，特别是在高速旋转时（如2000r/min以上），由于接触不良会给仪器带来很大噪声，甚至产生跳动火花引起的假信号误检。另外，电刷和滑环容易磨损，寿命短，需要经常维护。

2）电感耦合。利用线圈之间的耦合来传输信号的耦合方式克服了电刷耦合方式中接触不良的缺点，且体积小、结构可靠、失真度也小。但是，这种方式存在着线圈之间的阻抗匹配问题，因而效率较低（为了提高耦合效率，常常给感应线圈外面加电磁屏蔽罩）。

3）电容耦合。利用电容进行耦合的方式噪声很小，但只适用于高频率的检测设备（为了减小耦合电容），频率响应较差，而且体积大、阻抗匹配难，不容易实现多路耦合，应用较少。

4）导电液耦合。利用旋转电极和固定电极之间的导电液来传输信号。这种耦合方式的耦合效率很高（可达95%以上），噪声小，频带宽，不需要阻抗匹配，对探头的适应性强，容易实现多路耦合。主要缺点是制造比较困难。

表4-4列举了以上几种耦合方式的比较。在实际应用中可以根据具体的技术要求和制造

能力加以考虑。

表 4-4　几种信号的耦合方式比较

耦合方式	耦合系数	频率范围	容许转速范围/(r/min)	信号电平大小	阻抗匹配难易	寿命长短	成本高低	制造难易	实现多通道难易	维护难易	外来干扰大小
电刷	100%	宽	<1500	较大	易	短	低	易	能	易	大
电感	90%	窄	任意	较小	难	长	中	中	能	易	需屏蔽
导电液	>90%	宽	<300	较小	易	中	高	难	能	易	需屏蔽

4.3.3　涡流检测仪器的性能评价

对不同的涡流检测仪器所关注的性能参数和指标是各不相同的。例如，对于涡流电导仪，要求仪器对探头离开被检测对象距离的微小变化的响应越小越好，即提离抑制（或称为提离补偿）性能越强越好；而对于涡流测厚仪，则要求仪器对于探头离开被检测对象距离的微小变化的响应越显著越好。因此，本节分别针对涡流探伤仪、电导仪和测厚仪介绍涡流检测仪器的性能测试方法。

1. 涡流探伤仪的性能评价

涡流探伤仪的种类很多，当配以不同形式的检测线圈并用于不同的检测对象时，人们所关注的性能及其表现形式也会有较大的差异。下面以配备外穿过式和内通过式线圈、用于检测管材或管材制品的涡流探伤系统为例作一介绍。检测系统的性能是通过对标准试样上人工缺陷的响应进行测试和评价的，因此标准试样的设计制作是正确、合理评价系统各种性能的关键。

1）对缺陷深度响应性能的评价。如图 4-49 所示，试样外壁上加工有一组深度分别为壁厚 20%、40% 和 60%，宽度为 0.5mm，长度为 30mm 的纵向槽伤。使标准试样以尽可能平稳的速度通过检测线圈（如果采用内通过式线圈，使检测线圈平稳地穿过标准样管），调整检测灵敏度，使深度为 60% 壁厚的人工伤响应信号的幅度为显示屏最大显示值的 100%，记录和比较各人工伤响应信号的幅值来评价涡流仪对不同深度缺陷响应性能。

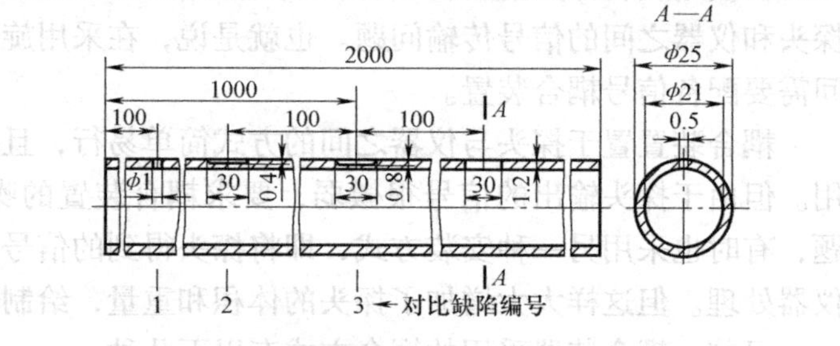

图 4-49　评价缺陷深度响应性能的标准试样

2）对内部缺陷和表面缺陷响应能力的评价。图 4-50 所示标准试样上有两对深度分别是管材壁厚的 20% 和 40%，宽度均为 0.5mm 的内、外槽伤。以尽可能平稳的速度使试样同心地通过检测线圈中心，并将最大响应信号的幅度调整至仪器最大指示值的 100%，测量和记录各响应信号的幅度。根据标准试样内、外壁上深度为壁厚 20% 和 40% 环形槽响应信号幅度的测定值，计算出检测仪器对表面缺陷和内部缺

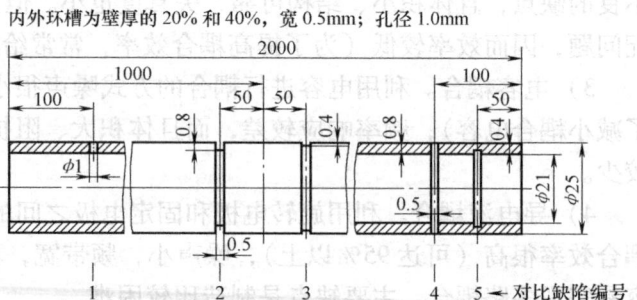

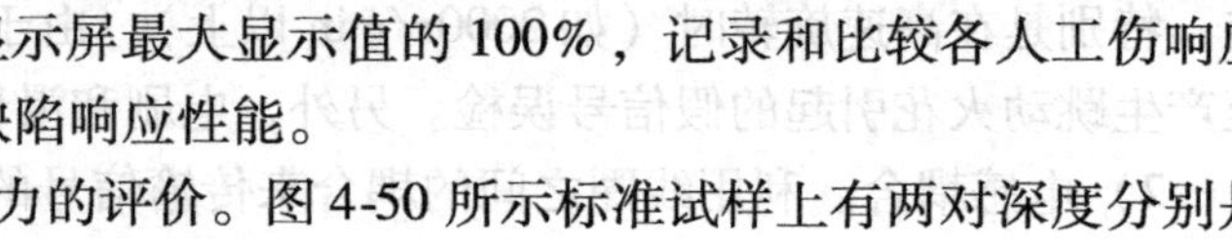

图 4-50　评价内部缺陷和表面缺陷响应能力的标准试样

陷指示信号幅值之比，并以此作为评价仪器响应能力的指标。

3）对缺陷长度响应性能的评价。图4-51所示标准试样上加工有深度为0.2mm，长度分别为2.5mm、5mm、10mm、15mm、20mm和40mm的人工槽伤。将该试样平稳地穿过检测线圈中心，并测量和记录信号幅度。以响应信号幅度与40mm长槽伤响应信号幅度之差不大于3dB的最短槽伤的长度作为评价涡流检测仪“极限缺陷长度”的指标。

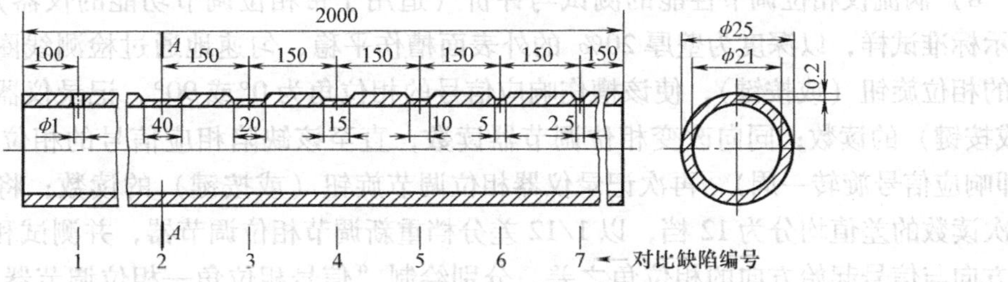

图4-51　评价缺陷长度响应能力的标准试样

4）对缺陷间距分辨能力的评价。如图4-52所示，试样管壁同一母线位置上加工有6组间距为50mm、直径为1mm的通孔缺陷。每组缺陷包括3个通孔，它们之间的间距依次为4mm、6mm、8mm、10mm、15mm、20mm。通过记录和比较各组人工伤响应信号的大小，以邻近两个孔指示信号与间距为200mm的孔的指示值之差不大于3dB的最小孔间距，作为评价涡流仪的检测分辨能力和对不同间距缺陷响应性能的指标。

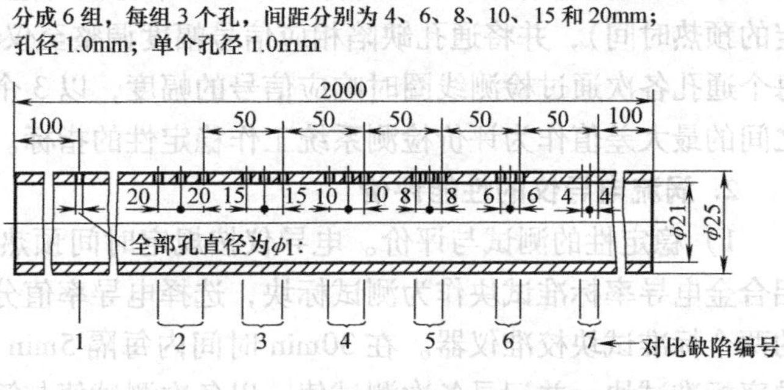

图4-52　评价缺陷间距分辨能力的标准试样

5）周向灵敏度差的测试与评价。使图4-53所示的标准试样上直径为1.0mm、沿圆周以角距为120°分布、孔距为100mm的3个人工通孔缺陷平稳、匀速地通过检测线圈中心，测定和记录每个孔响应信号的幅度。以3个孔响应信号之间的最大差值作为评价仪器周向灵敏度差性能的指标。

6）端部盲区的测试与评价。如图4-53所示，在距离标准试样一端的管壁同一母线位置上加工有10个间距为20mm、直径为1mm的通孔缺陷。使这10个通孔平稳、匀速地通过检测线圈中心，各孔响应信号幅度与距离管端部最远孔的响应信号幅度相比，以其中幅度之差不大于3dB、距离管端部最近的孔到管端部的距离作为评价和确定涡流仪的检测端部盲区的评价指标。

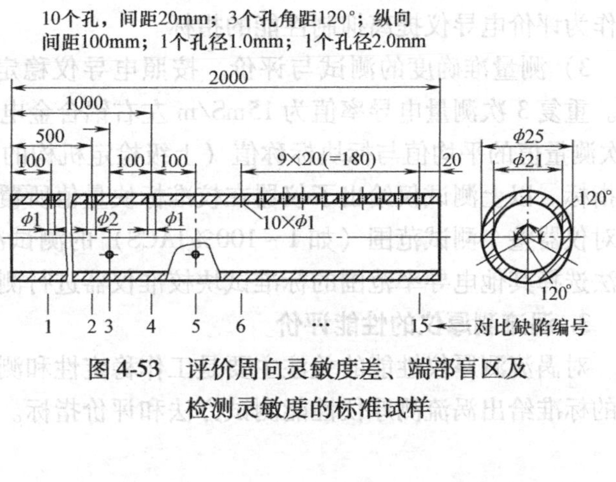

图4-53　评价周向灵敏度差、端部盲区及检测灵敏度的标准试样

7）涡流仪灵敏度调节性能的测试与评价。采用图4-53所示标准试

样，使直径为2mm的通孔缺陷平稳、匀速地通过检测线圈中心，调节仪器检测灵敏度，使该人工缺陷的响应幅度为仪器最大显示值的100%。依次降低检测灵敏度，使响应信号幅度分别约为仪器最大显示值的75%、50%、35% 、25%和10%，在上述不同灵敏度水平下分别重复进行3次测量，并记录每一次孔伤响应信号的幅度。以每个灵敏度级别下3次测量值的平均值与理论计算值之差作为评价仪器灵敏度调节性能的指标。

8）涡流仪相位调节性能的测试与评价（适用于带相位调节功能的仪器）。采用图4-49所示标准试样，以深度为壁厚20% 的外表面槽伤平稳、匀速地通过检测线圈中心，调节仪器的相位旋钮（或按键），使该槽伤响应信号的相位角为0°或90°，记录仪器相位调节旋钮（或按键）的读数；同向改变相位调节器读数，直至该缺陷相应信号的相位角变化了360°（即响应信号旋转一周），再次记录仪器相位调节旋钮（或按键）的读数；将相位调节器的两次读数的差值均分为12档，以1/12差分档重新调节相位调节器，并测试和记录信号的相位方向与信号起始方向的相位角之差。分别绘制“信号相位角—相位调节器的读数”、“信号相移角—相位调节器的读数”和“信号幅度—相位调节器的读数”曲线，并以此评价仪器的相位调节性能。

9）检测系统工作稳定性的测试与评价。采用图4-53所示的标准试样，使周向夹角为120°的3个通孔缺陷在1h之内每隔15min平稳、匀速地通过检测线圈中心（仪器经过了规定的预热时间），并将通孔缺陷相应信号幅度调整至仪器最大指示范围的50%。测试和记录每个通孔各次通过检测线圈时响应信号的幅度，以3个孔每次通过时响应信号幅度的平均值之间的最大差值作为评价检测系统工作稳定性的指标。

2. 涡流电导仪的性能评价

1）稳定性的测试与评价。电导仪按规定时间预热后，选择电导率值为15mS/m左右的铝合金电导率标准试块作为测试标块，选择电导率值分别低于和高于该值的并与该值最邻近的两个标准试块校准仪器。在30min时间内每隔5min测量一次标称值为15mS/m左右的电导率标准试块，并记录各次测试值。以各次测试值与第一次测试值之差中的最大值作为评价电导仪工作稳定性的指标。

2）提离抑制性能的测试与评价。按照与测试电导仪稳定性相同的方法选择测试标块和校准仪器。分别在测试标块上覆盖有厚度为0μm（无非导电膜层）、25μm、50μm、75μm、100μm、200μm、300μm和500μm非导电薄膜条件下测量电导率的读数，并记录各次测试值。以各次测试值与零覆盖层条件下的测试值之差中不大于0.2mS/m时覆盖层的最大厚度值作为评价电导仪提离抑制性能的指标。

3）测量准确度的测试与评价。按照电导仪稳定性测试的方法选择测试标块和校准仪器。重复3次测量电导率值为15mS/m左右铝合金电导率标准试块，并记录各次测试值。以3次测量值的平均值与标块标称值（上级检定机构的赋值）之差作为评价电导仪测量准确度的指标。以上测试仅给出了仪器在校准标块量值所覆盖的电导率范围内测量准确度。如果需要对仪器整个测试范围（如1~100%IACS）的测试准确度进行测试和评价，应当按照上述方法选择其他电导率范围的标准试块校准仪器进行测试。

3. 涡流测厚仪的性能评价

对涡流测厚仪性能的关注主要是工作稳定性和测试准确度两项技术指标。目前还没有相关的标准给出涡流测厚仪性能测试方法和评价指标。如果要求或希望对所使用涡流测厚仪的上述两项性能进行测试，可参照电导仪的测试方法进行测试和评价。

4.4 涡流检测设备的新发展

性能可靠的设备是有效检测的前提，而先进的检测技术大大扩展了涡流无损检测和评价的应用范围。近年来，国内、外电磁检测技术在开发应用方面取得了突破性进展：检测技术方面，由较为单一的涡流电磁检测方法发展为多种无损检测手段，同时综合其他信息技术；硬件方面，超大规模集成电路的应用大大缩小了仪器的体积和功耗；软件方面，计算机性能大幅度提高，检测仪器智能化水平有了很大提高，从而降低了对仪器使用者操作技能的要求。特别是近几年，NDT集成技术和现代无损检测设备与网络技术相结合的研究课题成为了世界各国的研究热点，各种综合型、一体化检测设备及得到网络技术支持的检测系统纷纷推向市场，并付诸实际应用，其主要分为大型在线检测系统和便携式一体机两大系列。其中，美国彪维公司（Bowing International Company）研制的超声+漏磁组合式无损探伤系统就是一款在线检测系统，主要应用于钢管质量检测，该系统结合了超声探伤技术与漏磁探伤技术，有很强的互补性。在国内，对涡流及超声联合探伤技术和NDT集成技术的研究与应用亦有突破。有色金属研究总院及中科院金属所在20世纪90年代中、后期采用过两种检测方法实现小口径金属管材的在线探伤。1996年，爱德森（厦门）电子有限公司推出的EEC-96多功能电磁检测成像仪，已初步具备NDT集成技术的特征，即集成了多频涡流、远场涡流、预多频、频谱分析、涡流成像等功能。而近年推向市场的EEC-2000系列多功能电磁/声学一体化检测仪更是针对NDT集成技术的一个尝试。

NDT集成技术是一种新概念。一般认为，具备一体化软硬件结构，对获取的测试数据实现资源共享和综合处理，具有两种或两种以上无损检测能力的产品技术，即可称为无损检测集成技术（简称NDT集成技术）。作为发展中的无损检测集成技术，它应当具备的基本特征是：具有对同一检测对象同时实施两种或两种以上检测方法的能力，且这种能力不应低于单一功能同类产品的基本要求；有一体化的设备支持，能对检测数据实现资源共享、综合处理（包括信息的同屏显示）；不只是多种技术简单汇集，而能够对所使用的多种方法获取的检测数据融合处理，获得统一的结论。

4.4.1 多功能涡流检测仪

常用电磁检测方法以涡流检测为主，可以达到高效快速检测的目的，但是涡流检测的一些固有特点使得其只能检测表面业已形成的缺陷，无法进行材料损伤的早期诊断和较深位置缺陷的检测。近年来，新兴的磁记忆检测方法可以针对材料疲劳损伤的应力集中进行评估，漏磁检测可以寻找铁磁性材料较深位置的缺陷。检测设备综合涡流、磁记忆、漏磁、低频电磁场、远场涡流等多种电磁检测的方法，即可对某一工件进行较为全面的检测，可以对在役设备中不连续性导致的应力集中进行早期诊断，并可以快速地检测材料表面或近表面缺陷。仪器可用于带防腐层焊缝和母材裂纹检测、深度测量以及其他各种在役金属构件的检测。

EMS-2003型智能磁记忆/涡流检测仪（见图4-54）即是新一代的多功能电磁无损检测设备，该设备集金属磁记忆检测技术、涡流检测技术、以及数字电子技术和计算机技术于一体。它采用最先进的计算机技术、DSP 技术和 SMT 工艺制造技术，性能稳定可靠，信噪比高，能实时有效地检测金属材料缺陷，区分合金种类和热处理状态，以及测量厚度等。EMS-2003 型智能磁记忆/涡流检测仪是一款实用性很强的多功能、数字化便携式电磁检测设备。

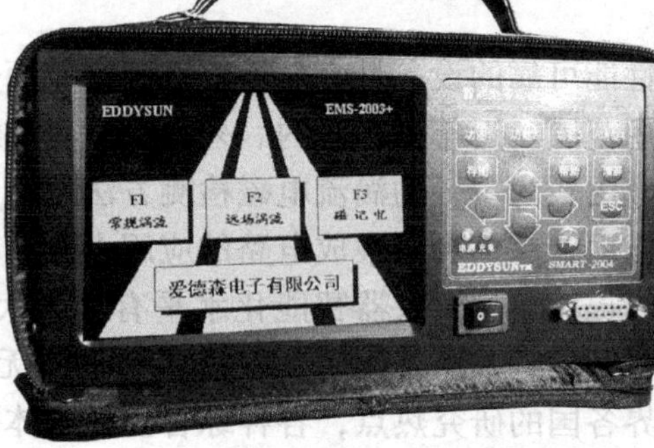

图 4-54　EMS-2003 智能磁记忆/涡流检测仪

EMS-2003 型智能磁记忆/涡流检测仪几种检测功能分述如下：

1）金属磁记忆诊断功能：金属磁记忆诊断技术是利用缺陷或缺陷形成之前的微区在地球磁场作用下产生磁场变化的一种特性，间接地判断铁磁性部件是否存在缺陷或应力集中区。该功能对在役设备由于材料不连续性（缺陷）而导致的应力集中，表面、亚表面缺陷，以全新的快捷检测方式给出设备疲劳损伤的早期诊断。仪器配有多种不同形式的传感器及长度检测仪，以适应不同形式的检测需要。

2）双频涡流检测功能：具有两个独立可选的频率，一个混频单元。具有 $64 \sim 5 \times 10^6$Hz 的可选频率范围，该功能特别适用于核能、电力、石化、航天等部门的铜、钛、铝、锆等各种管道（包括裂纹、壁厚减薄、腐蚀坑等）的在役探伤及壁厚测量，能有效抑制在役检测中由于支撑板、凹痕、沉积物及管子冷加工产生的干扰信号，去伪存真，提高对涡流检测信号的评价精度。由于采用了全数字化设计，能够在仪器内建立检测程序参数，方便用户现场检测时调用。可用于一般缺陷评估（叶片、轮毂及起落架等飞机器件的表面检测）、各种金属焊缝探伤、原位检测紧固件的铆钉孔或螺栓孔的内裂纹、检测薄板的厚度变化（擦伤、锈蚀及机械磨损等）、检测导体上非导电涂层或镀层的厚度、检测复合材料层间腐蚀（如对飞机多层结构、铝蒙皮和机身机翼接头等的检测）、监控热处理状态的变化以及材料分选等。

EMS-2003 型智能磁记忆/涡流检测仪与传统的 NDT 法比较，最显著的特点是：不需要对部件表面进行任何预处理，检测速度快，探头提离信号小（提离几毫米甚至十几毫米时对检测结果影响不大）。现场检测时可选择磁记忆模块对铁磁性部件损伤进行早期诊断等，也可选择涡流检测模块对疑点进行定量、定性分析。因此，该仪器不仅适合部件（如管道、焊缝、港口机械及叶片等）的大面积普查，且可开展定量分析的工作。

4.4.2　多功能检测同屏综合显示系统

多功能检测同屏综合显示系统是在具有多种检测功能的检测仪器中，将各种检测功能的检测结果集中统一显示的信号处理、分析与显示装置。下面以 EEC-86 型涡流/磁记忆同屏显示综合检测系统为例作一介绍。该设备集金属磁记忆检测技术与涡流检测技术、数字电子技术和微处理机技术于一体，采用最先进的计算机技术、DSP 技术和 SMT 工艺制造技术，性能稳定可靠，信噪比高，能实时有效地检测金属材料缺陷，区分合金种类和热处理状态以及应力集中程度等，而且能将涡流与磁记忆两种检测功能的检测结果在同一显示屏上同时综合显示（见图 4-55），是一款实用性很强的多功能、数字化便携式电磁检测设备。

涡流/磁记忆探伤仪的检测功能如下：

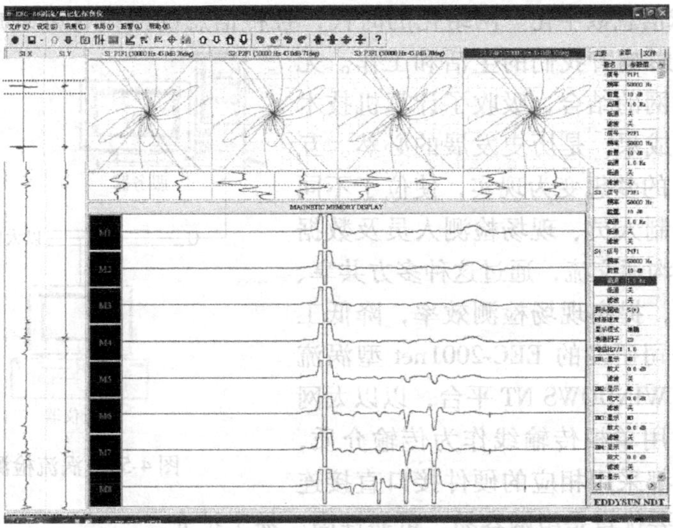

图 4-55 涡流与磁记忆信号同屏显示图

1）涡流检测功能。具有四个独立检测通道，每个通道都可以同时以八个频率来激励。每个频率都具有 $64 \sim 5 \times 10^6$Hz 的可选频率范围。由于采用了全数字化设计，能够在仪器内建立检测程序参数，方便用户现场检测时调用。可用于一般缺陷评估（叶片、轮毂及起落架等飞机器件的表面检测）、各种金属焊缝探伤、原位检测紧固件的铆钉孔或螺栓孔的内裂纹、检测薄板的厚度变化（擦伤、锈蚀及机械磨损等）以及检测复合材料层间腐蚀等。

2）金属磁记忆诊断功能。金属磁记忆诊断技术是利用缺陷或缺陷形成之前的微区在地球磁场作用下产生磁场变化的一种特性，间接地判断铁磁性部件是否存在缺陷或应力集中区。该功能对工件由于材料不连续性（缺陷）而导致的应力集中，表面、亚表面缺陷，以全新的快捷检测方式给出设备疲劳损伤的早期诊断。仪器配有多种不同形式的传感器及长度检测仪，以适应不同形式的检测需要。

EEC-86 涡流/磁记忆探伤仪的特点是：检测时不需要对部件表面进行任何预处理，检测速度快，探头提离信号小。现场检测时，可同时选择磁记忆模块对铁磁性部件损伤进行早期诊断和涡流检测模块对疑点进行定量、定性分析。因此，该仪器不仅适合于部件（如管道、焊缝、港口机械及叶片等）的大面积普查，且可开展定量分析的工作。

4.4.3 涡流检测网络系统

现代无损检测设备与网络技术相结合，可以实现数据采集、分析等多平台同时运行，软件、硬件及数据等资源的共享和实时远距离传输，从而提高管道检测效率，降低工作成本。涡流检测网络系统由无损检测服务器及检测仪器通过以太网与分析仪器（包括数据采集、数据分析、信号传输分配、检测计划报告、数据库管理等子系统，以及各种配套软件等）连成一体（见图 4-56）。系统基于以太网总线结构连接，采用单根传输线作为传输介质，所有的计算机都采用相应的硬件接口直接连接在总线上。检测仪器作为中央服务器，是涡流检测网络系统的核心部分，具有大容量、高速、可靠和安全的特性。其中存储了各种检测程序和应用程序，为网络用户提供共享资源。数据采集子系统可根据现场检测对象选择不同设备，实时提取采集的检测信号。

21世纪是全球信息数字化、网络化的时代，各种信息的网络化处理成了这个时代的重要特征，网络正在影响着我们的生活和工作。无损检测设备与互联网的结合，吸收了计算机技术与电子技术发展的成果，是历史发展的必然。互联网使“地球村”的梦想变为现实，使位于不同地理位置的设备研制人员、现场检测人员及数据分析人员随时都可沟通交流，通过这种多方共享、协同合作形成合力，提高现场检测效率，降低工作成本。爱德森公司研发的EEC-2001net型涡流检测网络系统基于WINDOWS NT平台，以以太网总线结构连接，采用单根传输线作为传输介质，系统所有的计算机都采用相应的硬件接口直接连接在总线上。其主要优点是组网容易、可靠性高、易于扩充。

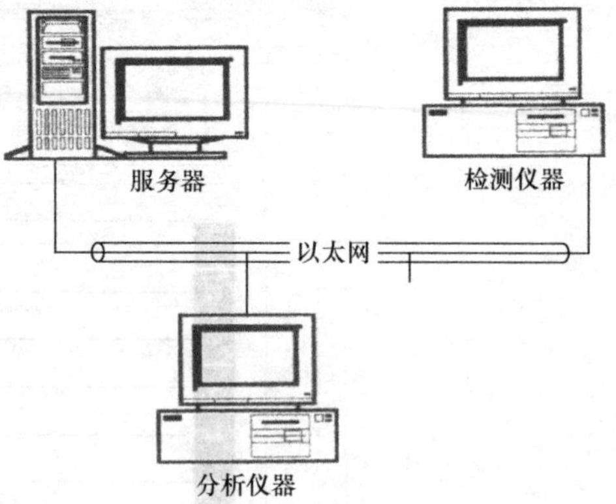

图4-56 涡流检测网络系统

服务器是指为网络用户提供共享资源的计算机，它作为中央服务器储存所有数据、资料文件，并能被所有的检测仪器和分析仪器调用，因而对其稳定性、可靠性和处理速度都有较高的要求。其基本硬件要求为：CPU为486以上，内存大于16MB，硬盘大于125MB，一个3.5in软盘，一个网卡，一个光盘驱动器CD—ROM以及一个光盘刻录机。

检测仪器及分析仪器是指充当工作站的计算机，它们可以申请服务器上的信息，所有检测仪器和分析仪器都通过网络接口卡与局域网或广域网连接。可以支持局域网或广域网上每个用户使用电子邮件或同步信息交流，允许共享安装在任何计算机上的打印机，绘图仪和其他设备，如CD—ROM、光存储器、磁-光存储器、调制解调器和扫描仪等，提供对应用程序的文件共享支持。

检测、分析数据均可存放在服务器中，便于局域网内的每台工作站调用。为防止网络故障的情况下单机不能工作，可同时将检测、分析数据存储在本机上，待网络恢复正常后，由系统自动拷贝到服务器中，这样保证了数据的共享性和完整性。

不需要在局域网内的每一台工作站上分别安装检测程序，可将检测程序的安装软件放在服务器上。当软件升级或局域网内的工作站的检测程序有错误时，该工作站重新启动后，软件会自动从服务器调用安装软件进行升级或修复安装，这使得检测应用程序的版本升级换代更新变得简单易行，且安全可靠。同时，网络文件服务以及客户备份功能使对每台工作站的硬盘空间需求也大为减少。此外，打印机和其他设备的共享服务减少了资源的浪费，电子邮件或同步信息交流服务加速了局域网或广域网的信息沟通。

数据分析子系统由多种配套软件组成，如检测信号混频处理软件、检测信号数字滤波（包括高通滤波、低通滤波和带通滤波等可选）软件、检测信号成像软件等（见图4-57～图4-60）。各个工作平台可通过服务器实时地提取采集的检测信号，进行实时分析处理。

信号传输分配子系统应用先进的网络传输分配技术，选择先进的网络传输设备，是连接各子系统的软硬件设施，确保数据信号传送的快捷、可靠和安全。

检测计划报告子系统，可根据不同项目制定或调用检测计划和总结报告的条款，该程序已设置好十几种检测计划和报告模式，用户可直接调用或在些基础上进行修改，系统将根据软件的设定自动展开检测和输出报告内容。

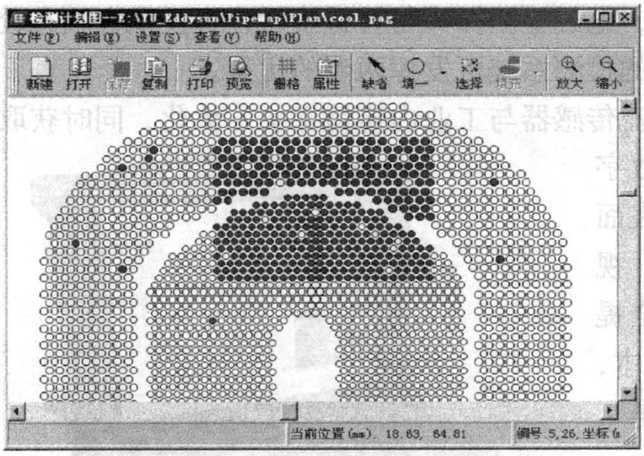

图4-57 检测计划报告子系统软件界面

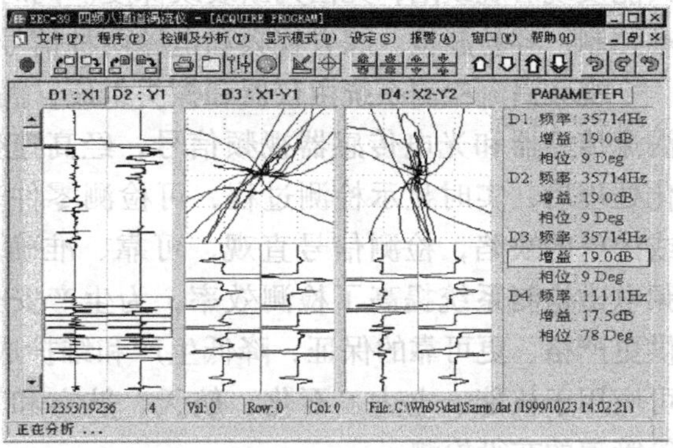

图4-58 数据采集子系统软件界面

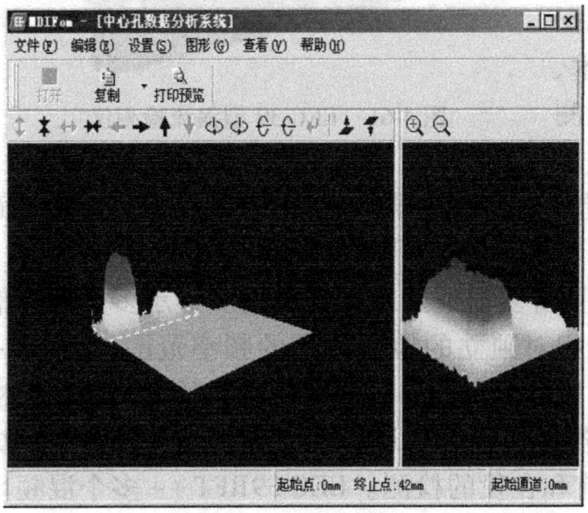

图4-59 数据分析子系统软件界面（三维）

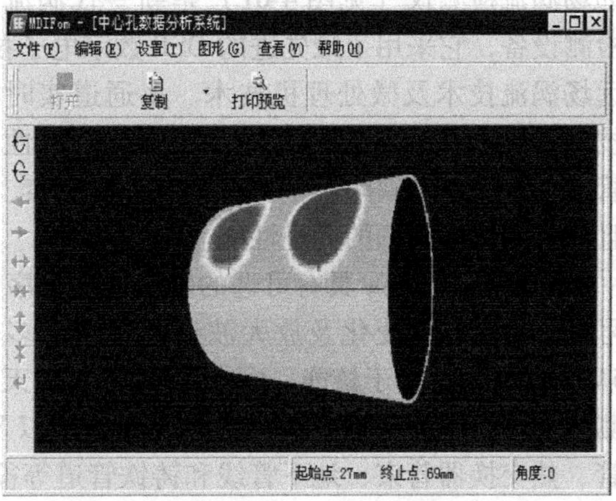

图4-60 数据分析子系统软件界面（扫描）

数据库管理子系统对所有检测数据进行分类管理，以便查阅、调用，是存档、跟踪和研究的基础资料。

启动计算机，操作系统选择WINDOWS NT，登录信息中键入用户名及密码，按确定，即可进入。应用该系统进行检测轻松自如。它的应用将给无损检测的探伤工作带来许多便利。例如当操作检测仪器的探伤人员在现场操作过程中遇到技术上的难题时，通过网络即可将现场检测数据传送给远程专业技术人员，而专业人员只需在自己工作室内，打开已联网的分析仪器，无需离开工作室，即可看到由现场操作人员发来信息，可直接调出他们的服务器原始数据进行分析处理，然后将结果回送给现场操作人员。这使所有的工作变得便利、经济、省时且省力。系统管理员设置并管理无损检测服务器，赋予网络资源的访问权限，监控网络的运行，在网络出现故障时进行恢复，通过网络发布信息帮助用户，保证网络的安全运行，同时对重要检测数据备份，以防破坏。同时可通过网络发布新的检测计划，布置新的检测任务。打印报告所需的数据可直接调用。

4.4.4 视频涡流检测系统

视频检测可用于不拆解情况下设备管道内部状态的现场探伤，但一般工业中的视频检测只能发现宏观缺陷，无法判断裂纹深度。同时，电磁检测探头与管材接触位置及耦合状态较难控制，容易漏检。综合视频和电磁两种信号的检测系统可发挥两者的优点。

视频涡流检测系统由仪器和探头组成，涡流传感器与工业内窥镜探头一体化，同时获取涡流传感器和光电传感器视频信号，经高速数字化处理后，实时显示检测过程，可检测零件表面或内壁的缺陷，检测信号直观、可靠、准确。视频电磁检测系统提高了检测效率，为生产安全提供更严格、更可靠的保证，降低生产和维护成本，可应用于核能、电力、石化、航天、航空和军工等管道的在役检测。

图 4-61 EEC-39 型涡流检测仪

EEC-39RFT ++型智能全数字式八频（视频）远场涡流检测仪（见图 4-61）是新一代涡流无损检测设备，它采用了最先进的 DSP 数字电子技术、远场涡流技术及微处理机技术、多通道实时检测技术和视频技术，能实时有效地检测铁磁性金属管道的内、外壁缺陷。检测时不受探头提离、趋肤效应、电导率和磁导率不均等的影响，而且又具有工业视频的先进性能。

EEC-39RFT ++具有可选的多个检测程序，同屏多窗口显示模式可同屏显示多个涡流信号的相位、幅度变化及放大波形的情况。多个相对独立的检测通道的频率范围为 64Hz ~ 5MHz，特别适用于核能、电力 、石化、航天、航空等部门各种非铁磁材料的役前和在役检测，铜、钛、不锈钢、铝、锆等金属管道以及各种铁磁性管道探伤、分析和评价，如锅炉管、热交换器管束、地下管线和铸铁管道等役前和在役的检测。EEC-39RFT ++多个混频单元能抑制在役检测中由支撑板、凹痕、沉积物及管子冷加工产生的干扰信号，去伪存真，提高对涡流检测信号的检测精度。因为有多个可选频率，检测时可同时兼顾工件不同深度缺陷的灵敏度。由于采用了全数字化设计，因此能够在仪器内建立多组常用检测参数，方便用户现场检测时调用。

EEC-39RFT ++还可根据需要选配 EEC-2001net 智能检测信号网络处理系统软件，EEC-2001net 系统将现代无损检测设备与计算机网络技术相结合，构成一个整体。系统基于 Windows NT 平台，实现检测数据的多方共享，实时计划、数据采集、传输、分析、存储、报告等多项任务同时进行，提高现场检测的工作效率。

用户使用带有摄像头的探头时，可以选择或单击“打开视频检测”窗口，屏幕出现“视频检测”窗口，此时即可开始视频检测，操作人员可根据需要调节窗口的大小，以便显示检测图像（见图 4-62）。同时还可以保持视频。

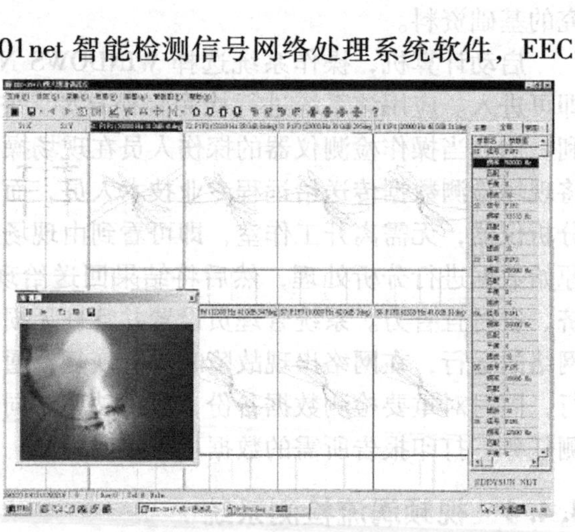
图 4-62 视频显示图

4.4.5　探头推拔器

进行锅炉水管、烟气管道等设备的在役检测时，需要将检测探头深入被测管内，通过移动探头在管道内的位置来对整个管路进行检测。由于锅炉的管道长度较长，检测探头的连接线较软，无法直接使用连接线将探头插入管道深处，常常是通过引导装置来实现。具体操作方法是：将探头与引导装置连接，由于引导装置有一定的刚性，不会发生弯曲变形，故先将引导装置插入管道中，从另一端引出，再由另一端把探头拉出，到达被测管道的另一端。检测时，把检测探头由管道中拉出，就可以检测整个管道。

这种检测方法的不足之处在于：首先，要求管道的两端必须都有开口，且管道长度不宜过长，否则引导装置将无法实现引导功能。其次，要求管道的尺寸和形状相对固定，不能有较大变化。如果尺寸变化或者管道弯曲，则有可能出现引导装置无法穿过的现象。另外，该检测方法的程序复杂，效率较低。

为了克服以上缺陷，提高检测的效率，有必要开发一种可以推动探头进入管道中检测的探头推拔器。探头推拔器按驱动方式不同分为机械式和气动式。

气动式探头推拔器的驱动设备为高压气瓶，通过高压气体将探头和线路压入管道中，探头的回收过程即为检测过程，可以人工收回或者采用机械方法收回。气动式探头推拔器的优点是传动迅速，检测效率高，每根管路的检测时间为几分钟。不足之处是：由于采用高压气体驱动，需要压气机和空气瓶等设备，使得系统庞大，重量较大，不适合空间狭窄的场合；其次，如果收回采用人工方法，则检测速率不恒定，易产生检测误差，如采用机械方法，还需增加机械式驱动设备，使得气动推拔设备的使用范围受到限制。

机械式推拔装置与气动式不同，采用电动机驱动齿轮，齿轮压紧探头连接线的方式向管道内输送探头。由于没有气体驱动，故其体积可以较小。爱德森（厦门）电子有限公司开发的直流电动机驱动的探头推拔装置如图4-63所示。装置由直流电源、驱动机构和探头手柄三部分组成，其主要驱动机构如图4-64所示。使用时，打开推拔器驱动机构，将探头的连接线放入驱动轮之间，把探头前端插入手柄中，合上驱动机构就可以进行探头的推拔工作。直流电源的开关有前进和后退挡，探头推入时选择前进挡，检测时使用后退挡。机械式推拔器可以保持探头均匀移动，使检测信号的变化平稳，同时提高了检测效率。

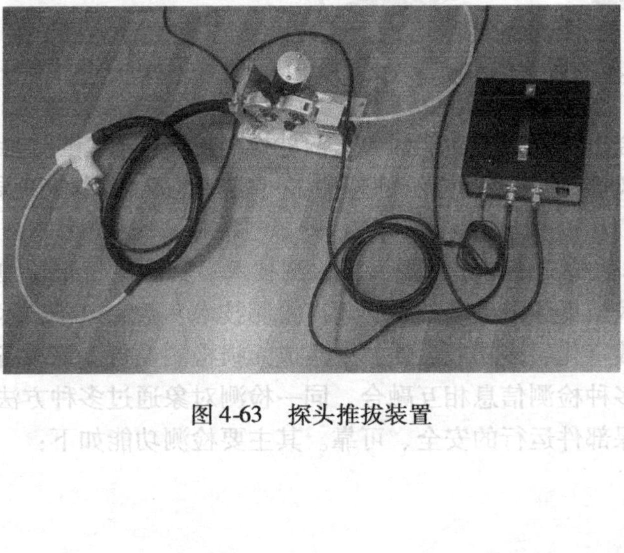

图4-63　探头推拔装置

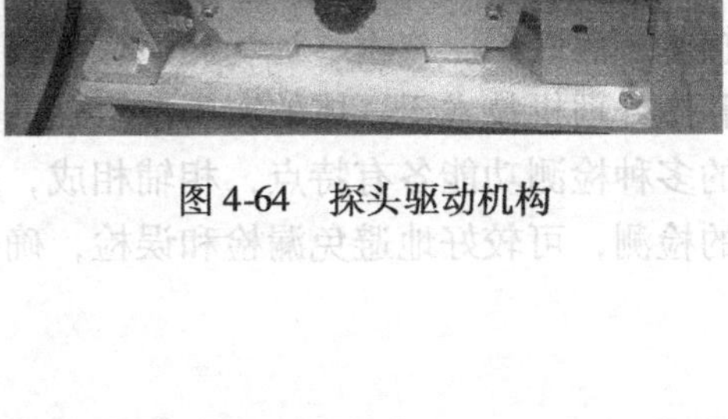

图4-64　探头驱动机构

4.4.6　多功能集成检测设备

现代无损检测技术有多种多样的方法，每一种检测方法都有各自的工作原理和检测特点，各有优劣。面对复杂的检测对象及不同的检测要求，单靠一种检测技术很难全面准确地判定缺陷程度并作出寿命评估。随着数字电子技术的发展，FPGA、ARM 和 DSP 等集成电子器件的大量应用，使研制和开发全新的 NDT 集成技术产品成为可能，即在一台设备中融合多种检测方法，对关键部件采用多种检测手段，对多种方法获取的检测数据实现资源共享、综合处理（包括信息的同屏显示）以及提供可比较的检测结论，以提高检测结果的置信度。

下面以超声与涡流检测技术的集成为例来说明系统的集成。这两种检测方法既有各自不同的信号产生、转换、提取及处理单元，又具有一部分相同的模块，如信号发生、信号放大、A-D 转换、数据存储管理、记录、报警、打印和可视化显示等。如果通过设计切换开关进行硬件和软件上的合理分配，便可将两种检测方法整合为一台具有综合检测功能的产品。

涡流检测速度快，对表面和亚表面缺陷敏感，同时可以在高温下检测；但其检测对象是导电材料，无法检测材料深层的内部缺陷，同时难以对缺陷作出准确的定性定量判断。超声波检测则可以检测非导电材料及其内部缺陷，并可以对缺陷做一定的性质判断；但其检测一般需要耦合剂，检测速度较慢。如果将两种检测方法结合，研制电磁超声一体的检测设备，则可以发挥两种方法的长处，对材料进行较为全面的检测。国内、外对于电磁超声一体的 NDT 集成技术的研究开发已经初具规模，已有相关的 NDT 集成检测仪器问世，如爱德森（厦门）电子有限公司的 EEC-2008NET 型多功能电磁/超声一体化检测仪（见图 4-65）、GE 检测公司的 Apollo 多通道/多频率涡流检测仪（见图 4-66）等。

图 4-65　EEC-2008NET 多功能电磁/超声一体化检测仪

多频涡流检测和超声波探伤功能结合，综合检测功能强大。两种检测功能各有特性，相辅相成，检测信息相互融合，同一检测对象通过多种方法的检测，可较好地避免漏检和误检，确保部件运行的安全、可靠。

EEC-2008NET 多功能电磁/超声一体化检测仪是集常规涡流检测技术、金属磁记忆检测技术、漏磁检测技术、远场涡流检测技术、低频电磁场技术、超声检测技术、数字电子技术和微处理机技术于一体的实用性很强的数字化、多功能、便携式集成无损检测设备。该设备的多种检测功能各有特点，相辅相成，多种检测信息相互融合，同一检测对象通过多种方法的检测，可较好地避免漏检和误检，确保部件运行的安全、可靠。其主要检测功能如下：

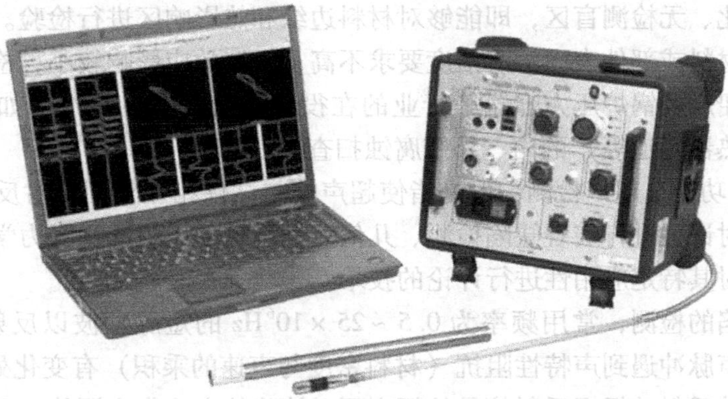

图4-66 Apollo多通道/多频率涡流检测仪

1）多频涡流检测功能。具有多个独立可选频率，多个检测通道，多个混频单元，可同时连接多只探头进行检测，具有$64\sim5\times10^6$Hz的可选频率范围，特别适合核能、电力、石化、航天等部门在役铜、钛、铝、锆等各种管道（包括裂纹、壁厚减薄、腐蚀坑等）的探伤及壁厚测量，能有效抑制在役检测中由于支撑板、凹痕、沉积物及管子冷加工产生的干扰信号，去伪存真，提高对涡流检测信号的评价精度。由于采用了全数字化设计，能够在仪器内建立标准检测程序，方便用户现场检测时调用。可用于一般缺陷评估（叶片、轮毂、起落架等飞机构件的表面检测）、各种金属焊缝探伤、原位检测紧固件的铆钉孔或螺栓孔的内裂纹、检测薄板的厚度变化（擦伤、锈蚀、机械磨损等）、检测导体上非导电涂层或镀层的厚度、检测复合材料层间腐蚀（如对飞机多层结构、铝蒙皮和机身机翼接头等的检测）、监控热处理状态的变化以及材料分选等。

2）金属磁记忆诊断功能。金属磁记忆诊断技术是利用缺陷或缺陷形成之前的微区变化在地球磁场作用下，“主动”发出磁场变化信息的这样一种特性，间接地判断铁磁性部件是否存在缺陷或应力集中区。该功能可对在役设备由于材料不连续性（缺陷）而导致的应力集中、表面与亚表面缺陷以全新的快捷检测方式给出设备疲劳损伤的早期诊断。仪器配有多种不同形式的传感器及长度监测器，以适应不同形式的检测需要。

3）远场涡流检测功能。能实时、有效地检测在役铁磁性金属管道的内、外壁缺陷。可用于石油化工厂、煤气厂、炼油厂和电厂等企业中各种铁磁性或非铁磁性金属管道的探伤和壁厚测量，如高加管、锅炉管、热交换器管、地下管线和铸铁管道等的役前和在役检测。

4）漏磁检测功能。漏磁检测技术利用铁磁性部件缺陷在外部强磁场作用下产生漏磁现象的原理来检测部件的缺陷，目前已作为常规检测技术广泛应用于各种铁磁性部件的质量检验。其机理是：受检部件被磁化，其缺陷在强磁场作用下将“被动地”产生“磁泄漏”，通过检测漏磁场强度，间接判断部件缺陷的大小和性质等。这种方法可用于钢铁、石油、化工压力容器等领域，检测铁磁性金属管材、棒材、板材表面/近表面的腐蚀、裂纹、气孔、凹坑、夹杂等缺陷，也可用于铁磁性材料的测厚。

5）低频电磁场检测功能。采用崭新的电磁NDT方法，在金属平板或弧面（如钢管）上产生比传统电磁方法更大而基本无吸引力的有效电磁场，从而改善并提高了仪器对钢板的穿透能力，减少了传感器与设备部件的磨损。其最大优势是可在设定范围内产生均匀的电磁场，对部件无磁化、无检测盲区，即能够对材料边缘和热影响区进行检验。该功能可实现实时检测，对受检材料或部件表面的清洁度要求不高，提离效应影响较小，检测范围宽。可用于电站、石化、船舶及锅炉压力容器等行业的在役、役前铁磁性部件（如钢板、锅炉水冷壁、过热器及再热器管道等）的内、外壁腐蚀扫查。

6）超声检测功能。超声检测一般是指使超声波与试件相互作用，对反射、透射和散射的波进行研究，对试件进行宏观缺陷检测、几何特性测量、组织结构和力学性能变化的检测和表征，并进而对其特定应用性进行评论的技术。

对于宏观缺陷的检测，常用频率为 $0.5\sim25\times10^6$Hz 的短脉冲波以反射法进行。此时，在试件中传播的声脉冲遇到声特性阻抗（材料密度与声速的乘积）有变化处（如出现缺陷）部分入射声能可被反射，根据反射信号的幅度可对缺陷的大小作出评估。通过测量入射波与反射波之间的时差可确定反射面与声入射点之间的距离。为适应不同类型试件及不同的质量要求，可选用的波型有纵波、横波、瑞利波及兰姆波等。采用特定的扫描显示方式及相应的电子线路可获得试件中缺陷分布及形态的图像。

4.4.7 掌上型电磁检测仪器

目前，国内生产与国外进口的电磁检测设备在检测功能与仪器体积之间存在矛盾，已影响到涡流检测技术在航空、电力、石化和国防工业的推广应用。随着电子器件集成度的提高，特别是高性能的数据采集芯片，以及低功耗液晶显示器和高容量锂电池的出现，使掌上型电磁检测仪器的研制成为可能。

国外一些电磁检测设备厂家（如德国罗曼公司）推出了M1、M2 型便携式掌上涡流仪，国内的爱德森公司 2006 年推出了 SMART-301 型掌上电磁检测仪（见图 4-67）。掌上型电磁检测仪器外形尺寸较小、重量较轻，与普通万用表相仿，但具有涡流阻抗平面图显示、较宽的频率检测范围、功耗微小等特点，采用了特别设计的数字电子平衡技术，可用于金属材料的探伤、镀层测厚和电导率测量，能够适应各种不同金属材料的检测要求。

图 4-67 SMART-301 型检测仪

SMART-301 的机壳采用轻型耐磨材料，坚固耐用。对金属材料的缺陷，如铜管的表面裂纹，无缝钢管的折叠、结疤（钢管表面的条状或块状折叠）、凹坑（压痕）、裂缝、导板划痕、横裂或分离层（钢管壁厚内有环状的分离）等具有很高的灵敏度。

SMART-301 操作简单、可靠。仪器具有 $100\sim5.5\times10^6$Hz 测试频率范围，能够适应各种不同金属材料的检测要求。由于采用全数字化设计，所以能够在仪器内建立标准检测程序，方便用户在改换管道规格时调用。它还可配接耦合间隙要求很低的穿过式线圈，探头的选择完全可根据用户的检测要求而定。

复 习 题

1. 选择题

1）利用试验信号的相位差来鉴别零件中变量的技术叫做（ ）。

A. 相位失真　B. 相移　C. 相位鉴别　D. 相位分析

2）涡流检测中，激励线圈与测量线圈位于试样同一侧的方法称为（　）。

A. 反射法　B. 透射法　C. 差动法　D. 绝对法

3）矢量光点法属于（　）。

A. 阻抗分析法　B. 调制分析法　C. 相位分析法　D. 以上都不是

4）检测线圈的阻抗可用（　）的矢量和来表示。

A. 感抗和电阻　B. 容抗和电阻　C. 感抗和容抗　D. 感抗、容抗和电阻

5）影响线圈阻抗的因素是（　）。

A. 被检导体材料自身的性质　B. 线圈与试件的电磁耦合状况

C. 试验频率　D. 以上都是

6）两个相互耦合的线圈，在一次侧中通以交变电流，则一次侧电路中电流和电压的变化受到的影响为（　）。

A. 一次侧自身的阻抗　B. 二次侧对一次侧的折合阻抗

C. A + B　D. A 或 B

7）为消除检测线圈电阻和电感的影响，阻抗图采取了（　）。

A. 统一设计　B. 归一化处理　C. 数学计算　D. 等效法

8）关于阻抗平面图的叙述，不正确的是（　）。

A. 阻抗平面图具有通用性

B. 阻抗平面图消除了二次侧电阻和电感的影响

C. 各种类型的工件和检测线圈有各自对应的阻抗平面图

D. 轨迹曲线的直径与纵轴重合

9）用来定义磁通密度的单位是（　）。

A. 高斯　B. 欧姆　C. 姆欧　D. 麦克斯韦

10）在串联式谐振电路中，为使流过线圈的电流最大，电容器应如何调整？（　）

A. 使容抗等于发生器感抗　B. 使容抗最小

C. 使容抗等于感抗　D. 使容抗最大

2. 判断题

1）不平衡电桥法适用于抑制阻抗平面图中不希望有干扰信号的情况。（　）

2）根据检测信号中干扰信号与缺陷信号的频率差异实现抑制干扰信号、提取缺陷信号的信号处理方法叫做频率分析法。（　）

3）涡流检测线圈的感抗取决于频率和线圈电感。（　）

4）能定量地表示出各影响阻抗因素的效应大小和方向，为涡流检测减少各种干扰效应提供参考依据的是阻抗图。（　）

5）涡流检测中以阻抗 R 为横坐标，电抗 X 为纵坐标所形成的直角坐标系称为阻抗平面图。（　）

6）各种不同的工件和检测线圈，其阻抗图都是相同的。（　）

7）常规涡流检测中的阻抗平面图表示涡流检测线圈阻抗的电阻分量、感抗分量与检测频率、试件的导电率、导磁率及尺寸等的基本关系。（　）

8）常规涡流检测中的阻抗平面图表示检测器的电压输出。（　）

9）因为每只放置式涡流检测线圈的参数都不一样，因此各只线圈的阻抗图不能通用。（　）

10）探头式线圈的参数不同，它们的阻抗图不同，不能通用。（　）

3. 问答题

1）涡流检测线圈的分类通常采用哪几种方式？

2）不同类型检测线圈的特点是什么？各种线圈的适用性如何？

3）简述绝对式互感线圈在接近导体时，检测线圈（次级线圈）内涡流信号的形成过程。

4）按用途不同，涡流检测仪分为哪几类？

5）阻抗幅值型涡流仪和阻抗平面型涡流仪的根本区别是什么？宽带式单涡流探伤仪与多频涡流探伤仪的区别是什么？

6）简述不同类型涡流仪器的优、缺点及适用性。

7）简述相位分析法、频率分析法和幅度鉴别法的技术原理及适用性。

8）涡流检测辅助装置主要包括哪些设备？

9）涡流检测的标准试样和对比试样有什么不同？对比试样的制作、选用应注意什么？

10）对涡流探伤仪、电导仪和测厚仪进行性能评价时，应分别测试仪器的哪些性能？

第5章　涡流检测应用

5.1　涡流检测应用分类

涡流检测技术具有适用性强、非接触耦合、检测装置轻便等优点，在冶金、化工、电力、航空航天、核工业等部门得到了广泛的应用。涡流检测主要用于探伤和材料测试两方面。

涡流探伤的应用主要分为管、棒材的在线检测与入厂复验检测、管道的在役检测和非规则零件制造与使用过程的检测等。

管、棒类材料及制件采用外穿过式或内通过式涡流线圈进行检测，因为环形线圈可以在同一时刻对管、棒材整个圆周区域实施相同灵敏度的检测，具有易于实现自动化、速度快、效率高的优点。

管、棒材的在线检测在冶金、有色部门应用广泛，如钢管、冷拉圆钢、钛合金管（棒）、铝合金管、铜合金管等的检测。不论是在原材料生产部门的检测，还是各制造行业的原材料复验，绝大多数是采用外穿过式线圈，且以检测原材料中的冶金缺陷为主要目标。

金属管材加工成产品并使用一段时间后，如锅炉、热交换器等，通常需要进行定期监测，由于管道外壁与其他构件相连接，无法采用外穿过式线圈实施检测，因此对于管状类产品的在役检测多采用内通过式线圈。

对于非管、棒类材料及制件，环形线圈无法提供可靠、有效的检测，因此放置式线圈在非规则零件的制造和使用中具有广泛的应用。

涡流检测技术还可用于材料或零件电磁特性的测量，如材质分选，电导率测量，防护层厚度测量，电阻、温度、厚度测量，振动以及转速测量等。

5.2　涡流探伤

5.2.1　涡流探伤响应特点

在涡流透入深度范围内，所有导致被检测材料或零件电磁特性变化的不连续均可能引起涡流的异常响应，其中影响被检测对象使用性能的不连续通常被视为缺陷。这些缺陷包括制造过程中出现的冶金缺陷、工艺缺陷和使用过程中产生的各类损伤缺陷和疲劳缺陷。

采用环形线圈（包括外穿过式和内通过式线圈）检测管材或棒材，对于方向以纵向为主并在径向方向具有不同深度的不连续，如裂纹、折叠、未焊透、焊接错位等缺陷比较容易检测出来。检测线圈对缺陷的涡流响应与线圈的结构、缺陷的形状密切相关，对于通常使用的自比差动式检测线圈，容易在长条状缺陷的两端产生较强的响应信号，而在条状缺陷中间，特别是深度较为一致的区域，难以产生响应信号。对于管、棒材内部的分层缺陷，由于对周向流动的涡流改变较小，不足以引起涡流响应的明显变化，因此难以检出。对于结疤、凹坑、夹杂、气孔等体积型的表面和近表面缺陷，无论是采用绝对式线圈，还是差动式线圈，都比较容易检测到。被检测材料如果存在材质不匀，如成分偏析、热处理或磁性不均匀等，也会引起涡流响应，这类不连续的响应一般呈连续、缓慢变化的特征，不像结疤、凹坑、夹杂、气孔等小的体积型缺陷通常表现为突变形式的响应，因此自比差动式线圈不容易检测出这类缺陷。

金属产品或零件在使用过程中容易产生腐蚀和疲劳裂纹，对于产品下表面的腐蚀和探测面上出现的开裂度极其微小裂纹，肉眼是无法发现的，采用放置式线圈则比较容易发现，尤其是探测面上出现的疲劳裂纹。由于腐蚀缺陷通常在腐蚀区域的边沿部位深度较浅，中间部位较深，且有一定的面积，当采用自比差动式检测线圈时，涡流响应的变化较为平缓；而对于疲劳裂纹，当检测线圈扫过缺陷时涡流变化则非常显著。放置式线圈垂直置于被检测对象表面时，涡流在试件表层形成平行于表面的涡旋状流动电流，与外穿过式和内通过式线圈类似，这种流动方式的涡流难以发现平行于试件表面的平面型缺陷，如分层；而对于垂直于试件表面的裂纹缺陷，涡旋状流动电流总是垂直于开裂面，因此无论放置式线圈相对于裂纹方向以何种角度扫过缺陷时，所产生的涡流响应都是一致的。

5.2.2 管、棒材涡流探伤

金属管、棒材表面或近表面探伤是涡流检测的一项重要应用。有效、可靠地对管、棒材实施涡流探伤，应解决好以下问题：检测频率与填充系数的确定、检测线圈与扫查间距的选择、传送速度与稳定性的控制和对比试样人工缺陷的制作。对于铁磁性管、棒材，还应考虑施加适当的磁饱和。

不同于放置式线圈（在半无限平面导体上的涡流透入深度可通过较简单的公式计算得出），对于管、棒材，由于涡流线圈的电磁场强度和试件中涡流的分布密度计算十分复杂，通常管、棒材的检测频率通过以下几种方式确定：

1）利用表征线圈内金属棒材尺寸和电磁特性的特征频率参数 f_g 进行非铁磁性棒材检测频率的计算。

2）利用“频率选择图”进行非铁磁性棒材检测频率的选择。

3）利用放置式线圈在半无限大平面导体上的涡流透入深度公式近似估算非铁磁性管材的检测频率。

4）利用对比试样上不同人工缺陷的涡流响应情况确定。

涡流穿过式线圈主要用于金属管、棒、线材的在离线、役前和在役检测。根据线圈与工件的位置关系有外穿过式线圈、内通过式线圈及放置式线圈之别。外穿过式线圈形成的涡流的方向和分布与检测的灵敏度密切相关，检测时为了获取较高的灵敏度，必须尽可能使涡流流动方向垂直于缺陷。外穿过式线圈所产生涡流的特征如图 5-1 所示。

线圈截面尺寸对检测灵敏度和分辨率具有很大的影响。一般来说，线圈长度越大，灵敏度越高，分辨率则相对较低。在分辨率和信号幅度之间最好的折中是选择线圈的长度和厚度等于缺陷的深度。一般地，线圈的长度和厚度应该近似等于壁厚。差动探头中，两线圈之间的跨度应该近似等于缺陷的深度或者壁厚。

探头与管子之间的间隙应尽量小，以提高检测灵敏度，但是间隙太小会给传动带来困难，一般采用内通过式探头检测管子时，耦合间隙为壁厚的 1/2。

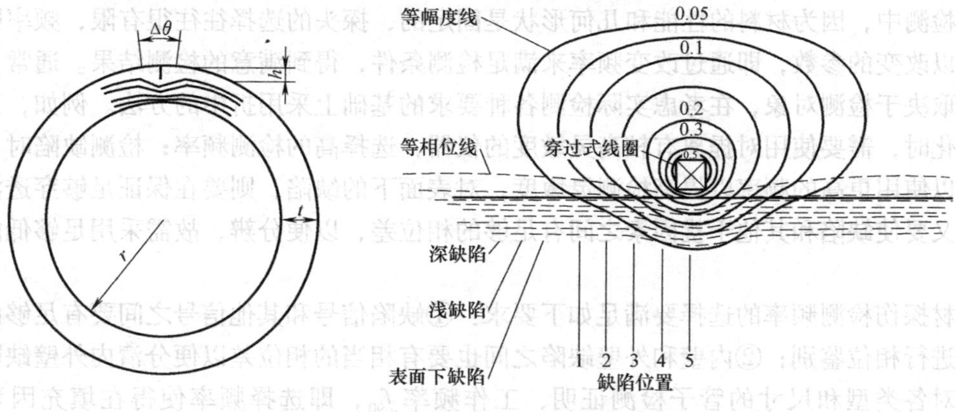

图5-1　外穿过式线圈在工件中形成的涡流场

1. 管材涡流探伤

金属管材化学成分、物理性能和几何形状都必须是连续的、单纯的和均匀的。如果这三方面存在不足或者受到破坏，该金属材料即为缺陷材料。为了确保管件生产的质量，及时检测区分出低劣的产品，许多生产厂家都相继配备了涡流探伤设备。

(1) 金属管材生产过程及缺陷的形成　无缝管是将圆管坯经穿孔机或挤压机加工成毛管，再经轧管机压延成形，小直管和薄壁管还要进行反复地冷轧退火工艺。无缝管的常见自然伤有折叠、结疤（钢管表面的条状或块状折叠）、直道缺陷（钢管内、外表面呈纵向的凹陷或凸起）、凹坑（压痕）、裂缝、导板划痕、横裂或分层等。

焊接管是将金属管材经变形加工成管状，在焊缝部位焊接成形。焊管常见的自然伤有夹渣、裂纹、气孔、焊接不良引起的表面裂纹、未熔合。

裂纹是最常见的自然伤，是由于材质不良、加热不当、内应力、热处理不当或皮下气泡暴露于表面等因素造成的。折叠大都是轧制过程造成的缺陷，夹渣则是冶炼或加热时带入炉渣或耐火材料所致，夹渣或氧化皮脱落则形成麻点或凹坑。

(2) 金属管材探伤的涡流设备和探头的选择　金属管材在线、离线涡流探伤的检测设备包括检测线圈和探伤仪。探伤仪器最好选用多通道的，也可根据实际情况选择双通道或者单通道涡流仪。

探头性能的好坏与探伤的灵敏度、可靠性密切相关。管材在线、离线探伤可采用多种形式的涡流传感器，如穿过式、扇形式、平面组合式、阵列式和旋转探头等。一般来说，穿过式线圈在电气和机械结构上都比较简单，形状试件吻合，能使用高速进给以提高效率，穿过式线圈对试件表面和近表面缺陷有较好的反应。直径较小的管材（$D<50$mm）通常选用外穿过式线圈，以便对工件进行100%检查，且速度快、功率高。焊管在线探伤时，由于焊接过程中焊缝不能保持一个方位，常发生偏转，严重时可超过180°。而焊管的缺陷主要发生在焊缝，使用穿过式线圈检测时，无论焊缝偏向角度多大，都可保证检测的可靠性。

直径大的管材用穿过式探头检测灵敏度较低，由于直径大的被检工件的体积增大，缺陷体积所占的比例就小了，又因为焊缝不易扭曲，所以对于大直径的金属管道或检测要求高的工件，可采用新式的平面组合式探头或旋转探头，以方便安装、调试，减少传感器的开销。对于氩弧焊不锈钢管的检测，因其焊缝较宽，则可用新式高灵敏扇形探头予以探伤。

在检测中，因为材料的性能和几何形状是固定的，探头的选择往往很有限，频率则成为唯一可以改变的参数，即通过改变频率来满足检测条件，得到满意的检测结果。通常，频率的选择取决于检测对象，在考虑实际检测各种要求的基础上采用折中的方法。例如，当测量直径变化时，需要使用对提离有较高灵敏度的仪器，选择高的检测频率；检测缺陷时，表面缺陷可以使用更高的频率以提高检测灵敏度，对表面下的缺陷，则要在保证足够穿透深度的同时，又要使缺陷和其他干扰因素之间有足够的相位差，以便分辨，故需采用足够低的工作频率。

管材探伤检测频率的选择要满足如下要求：①缺陷信号和其他信号之间要有足够的相位差以便进行相位鉴别；②内壁和外壁缺陷之间也要有相当的相位差以便分清内外壁缺陷。在实践中对各类型和尺寸的管子检测证明，工作频率 f_{90}，即选择频率使得在填充因素变化（或内壁缺陷信号）和外壁缺陷信号之间产生90°的相移，f_{90}是根据经验从管子厚度和趋肤深度一定的比例推导出来的，通常选择略大于1的值，即

$$t/\delta = 1.1$$

得到

$$f_{90} \approx \frac{3\rho}{t^2}(\mathrm{kHz}) \tag{5-1}$$

式中 ρ——电阻率，单位为 $\mu\Omega \cdot \mathrm{cm}$；

t——管子壁厚，单位为 mm。

式（5-1）适用于穿过式线圈和内通过式线圈，而且与管子直径关系不大。使用工作频率 f_{90}，对外壁和内壁缺陷都有较高的灵敏度。

如果工作频率高（高于100kHz）或者需要很长的信号电缆（大于30m）时，必须防止探头电缆谐振，因为大多数通用涡流仪不能工作在谐振状态。

总之，因为缺陷的可检出性决定于它对涡流的阻抗程度，最好的探头是要能在工件的检测范围内产生尽可能高的涡流密度并且使电流垂直于缺陷。

（3）管材探伤中的其他装置　进行铁磁性材料检测时，应外加磁饱和装置，利用直流电对试件进行饱和磁化。但通常用的磁饱和电流不宜过强，否则试件的推进有困难，一般取在使试件磁饱和稍稍不足的程度。采用穿过式线圈时还应注意充填率的取值，充填率太小则灵敏度较低，太大则由于试件的不规则和进给时难以避免的跳动等很容易损坏线圈，取值通常以允许稍不规则的试件能顺利通过为准。

涡流自动探伤装置中的机械装置包括三部分，即上料进给部分、检测部分和分选下料部分。试件从进给部分由滚轮等速同心地送入并通过线圈，由检测线圈拾取缺陷信号，然后根据检测结果由分选下料机构按质量分选为合格品、次品和废品（也可以二档分选），并分别送入各自对应的三个料槽。

涡流自动探伤装置中的机械构件一般包括：传动系统、调速系统（如可控硅调速）及控制系统（如光电控制上、下料）等部分。装置具有自动上、下料，自动传送，自动分选，自动停车及进给速度可调等性能，必要时可配备自动报警、自动记录及缺陷部位自动标记的设备，采用头尾信号自动切除（消除末端效应）和缺陷信号记忆延迟（供标记）等自动化措施。在检测过程中，传动装置应能使进给平衡，无打滑、跳动和冲击现象，不损坏试件。滚轮的高度调节应能使被检试件与检测线圈保持同轴。

探头和金属管材的相对运动方式通常有三种，即管材前进，探头不动；管材推进，探头

绕管旋转以及管件作旋转推进，探头不动等。使用旋转探头时，装置的电气和机械设备较复杂，调整时应注意各部的适配。

（4）热交换管的涡流检测　蒸汽发生器是核电站的主要部件之一，因为它包含有数千根热交换管子，在高温高压状态下工作，受到腐蚀、振动、磨损、挤压等外部因素的影响，容易因损坏而泄漏。蒸汽发生器是核电站运行中最容易产生问题而引起事故的主要部件。因此蒸汽发生器管子的役前和在役检查是确保核电站安全运行的重要环节。

蒸汽发生器管子的在役检查由于受支撑板、管板、凹痕、磁性沉积物、探头摆动以及管子内径不匀引起噪声等干扰因素的影响，传统的单频涡流检测已无能为力了，多频/多参数涡流检测技术的发展为核电站蒸汽发生器管子的检验提供了有效的手段。

在这类用途的多频率涡流仪器中，用于参数分离的转换系统（或称混合单元）是仪器的重要组成部分，大多采用坐标旋转的工作方式。

图5-2所示为用 $F_1=80\text{kHz}$ 和 $F_2=48\text{kHz}$ 同时激励检测线圈，得到两幅频率分别为 F_1、F_2 的阻抗图形。从图中可见，它们之间的支撑板图形有三个特点：①幅度不同；②形状不同；③相互之间呈现不同的取向。保持 F_1 的参数不变，将 F_2 图形经过因子变换，即改变图形的水平和垂直比率以及图形旋转等处理，把 F_2 图形上的支撑板轨迹调节成与 F_1 图形上支撑板轨迹一致（见图5-3）。将两图形矢量相减，即可消除支撑板信号。由于 F_1 图形与作了处理的 F_2 图形，缺陷相位、幅度均不相等，因此矢量相减后，缺陷信号仍可以保留。

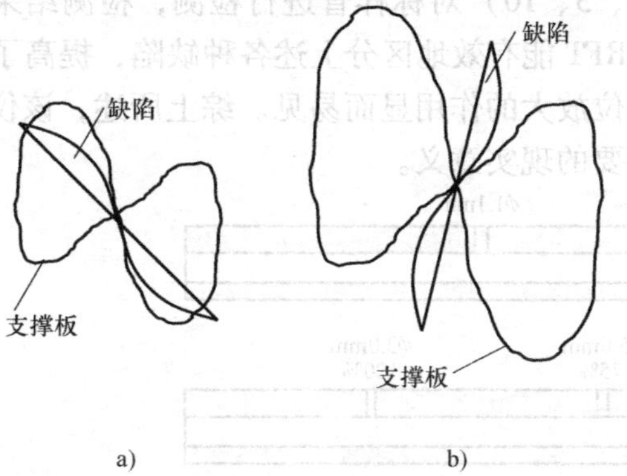

图5-2　用 F_1、F_2 频率激励分别得到的图形

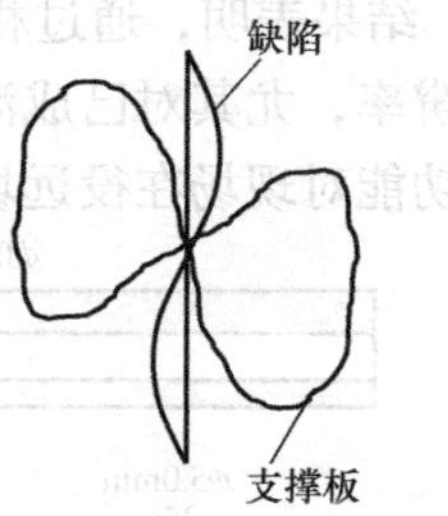

图5-3　用 F_2 图形经过因子交换和相位旋转处理后的图形

假设 C_1、C_2 为分别在频率 F_1 和 F_2 下得到的测试结果，其中 $A_1(S)$、$A_2(S)$ 分别为缺陷在 F_1 和 F_2 下的响应，$B_1(S)$、$B_2(S)$ 分别为某一干扰源在 F_1 和 F_2 下的响应，则有

$$C_1=A_1(S)+B_1(N) \tag{5-2}$$

$$C_2=A_2(S)+B_2(N) \tag{5-3}$$

可以看出在某一频率下的综合检测结果为缺陷和干扰源对探头阻抗影响的矢量和。

若令 δ 为调节因子，并使 $\delta B_1(N)=B_2(N)$，则有

$$\delta C_1=\delta A_1(S)+\delta B_1(N) \tag{5-4}$$

由上式（5-4）得到

$$\delta C_1-C_2=\delta A_1(S)-A_2(S) \tag{5-5}$$

此时的测试结果只与缺陷有关，是缺陷的单值函数，这就抑制了干扰。

多频与单频涡流探伤信号比较如图5-4所示。

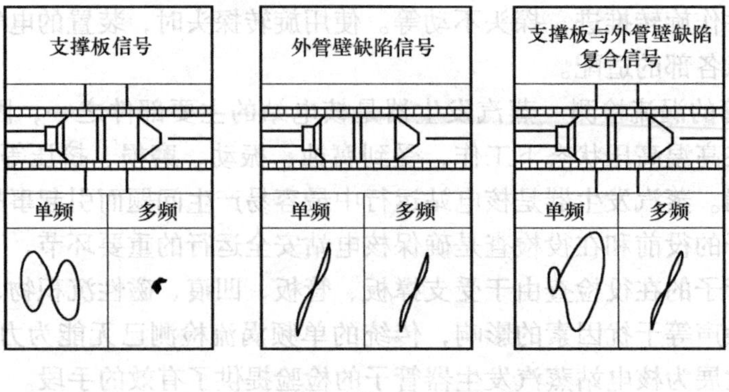

a)　　b)　　c)

图 5-4　多频与单频涡流探伤信号比较

a）支撑板信号　b）管外壁缺陷信号　c）复合信号

（5）远场涡流检测无缝钢管　EEC-39RFT 检测 ϕ16mm×2.2mm 无缝钢管（铁磁性）标样管的情况：标样管 A 上有 ϕ0.7mm、ϕ1.1mm 和 ϕ2.0mm 的人工小孔各一个，标样管 B 上有直径为 ϕ5.0mm，深度分别为 25%、50% 和 75% 的平底孔各一个，直径为 ϕ3.0mm 的通孔一个，如图 5-5 所示。检测标样管时，仪器参数设定为：频率 289Hz，增益 45.0dB，相位 249°。分别在不同相位放大分度下（即分度为 1、3、10）对标样管进行检测，检测结果如图 5-6 所示。结果表明，通过相位放大，EEC-39RFT 能有效地区分上述各种缺陷，提高了对小缺陷的分辨率，尤其对已成泄漏的小孔洞，相位放大的作用显而易见。综上所述，该仪器的相位放大功能对现场在役远场涡流检测具有重要的现实意义。

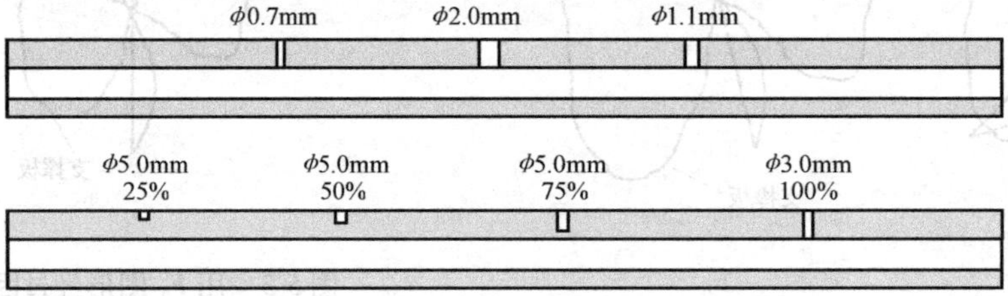

图 5-5　带有人工缺陷的无缝标样钢管

（6）智能高速在线涡流探伤系统在高速管材复绕机中的应用　管材复绕机性能及工艺水平的提高，使得生产效率也大大提高。例如，早几年国内生产的管材复绕机，工作速度最高大约为 120m/min，而目前国内生产的机组工作速度已达到 400～450m/min，某些国外机组甚至更高。由此一来，目前常规的涡流探伤仪所能提供的检测速度就显得捉襟见肘了。

其次，管材复绕过程中的工作速度是连续变化的。一般规律为：从“0”速逐渐加速到正常速度（高速）进行复绕，复绕工作末期，再由高速逐渐降到“0”速，且正常工作状态下，其工作速度也往往是变化的。总之，复绕过程工作速度是个变量，而且变化范围很大。目前国内生产的常规涡流仪普遍采用小带宽滤波方法（一般以按键分档手动调整带宽），故被探伤工作者称之为速度敏感型仪器。显而易见，仅此一项，目前市场上的常规涡流仪对实现变速条件下在线涡流探伤是无能为力的。就笔者所知，国内涡流仪生产厂家曾给铜加工企业提供过这种常规的速度敏感型涡流仪，用于变速条件下的在线探伤，均以失败而告终。因此，为保证整盘管材探伤结果的可靠性和良好的一致性，必须解决生产速度对检测系统探伤结果的影响。

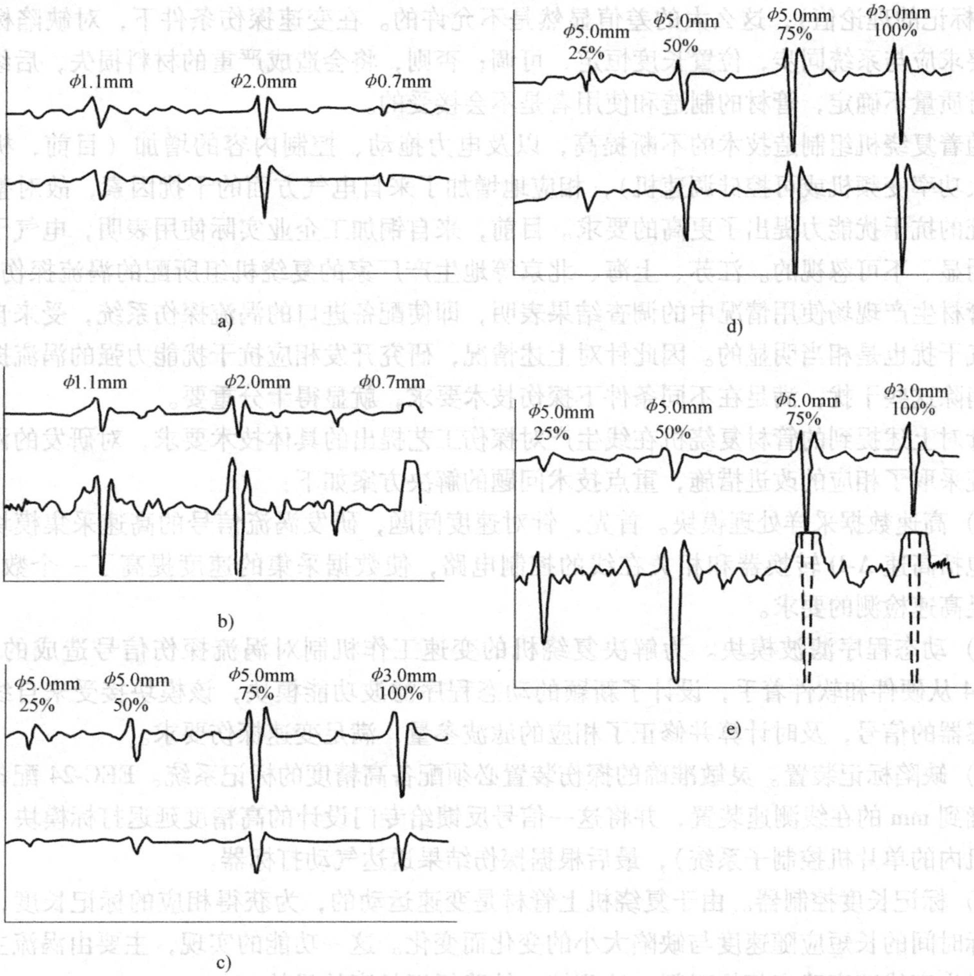

图5-6　标样管的涡流检测信号图

a）相位分度为3时检测标样管A信号图　b）相位分度为10时检测标样管A信号图

c）相位分度为1时检测标样管B信号图　d）相位分度为3时检测标样管B信号图

e）相位分度为10时检测标样管B信号图

其三，缺陷标记位置的准确性对后期管材投入使用的可靠性至关重要。即使有可靠的探伤结果，缺陷位置标记有误，也必将给管材投入深加工造成严重后果。因此，在变速探伤条件下，缺陷位置的标记必须与探伤速度同步。目前，大多数通用涡流仪无此功能，故无法用于变速条件下的在线探伤。即使个别涡流仪有此功能，但在系统的某些环节上存在不足，低速（小于10m/min）和高速（大于400m/min）缺陷标记位置偏差仍然有0.9m左右，这在实际生产中是不允许的。

其四，缺陷位置标记长度问题。缺陷位置标记长度，除应满足便于识别缺陷位置外，为减少管材的几何损失，其缺陷位置的标记长度必须恒定且可调整，这对于变速探伤（当速度差很大时）尤为重要。目前通用的涡流仪无此功能来满足上述实际应用要求，标记时间是恒定的，故其位置长度直接受探伤速度的影响。例如，缺陷标记时间恒定为 0.1s，探伤速度 10m/min，其标记长度为 17mm；而探伤速度为 400m/min 时，其标记长度达 660 mm（以点标记的理论值），这么大的差值显然是不允许的。在变速探伤条件下，对缺陷标记长度的要求应与系统同步，位置长度恒定、可调；否则，将会造成严重的材料损失，后续深加工管材质量不确定，管材的制造和使用者是不会接受的。

随着复绕机组制造技术的不断提高，以及电力拖动、控制内容的增加（目前，机组多采用大功率变频机或可控硅调速机），相应地增加了来自电气方面的干扰因素，故对整个探伤系统的抗干扰能力提出了更高的要求。目前，来自铜加工企业实际使用表明，电气干扰是相当明显、不可忽视的。江苏、上海、北京等地生产厂家的复绕机组所配的涡流探伤系统，在铜管材生产现场使用情况中的调查结果表明，即使配备进口的涡流探伤系统，受来自机组的电气干扰也是相当明显的。因此针对上述情况，研究开发相应抗干扰能力强的涡流探伤系统，消除这些干扰，满足在不同条件下探伤技术要求，就显得十分重要。

针对上述提到的管材复绕机在线生产对探伤工艺提出的具体技术要求，对研发的涡流检测系统采取了相应的改进措施，重点技术问题的解决方案如下：

1）高速数据采样处理模块。首先，针对速度问题，研发涡流信号的高速采集模块。该模块包括高速 A-D 转换器和相关在线的控制电路，使数据采集的速度提高了一个数量级，以满足高速检测的要求。

2）动态程序滤波模块。为解决复绕机的变速工作机制对涡流探伤信号造成的影响。EEC-24 从硬件和软件着手，设计了新颖的动态程序滤波功能模块，该模块接受来自线上速度传感器的信号，及时计算并修正了相应的滤波参量，满足变速探伤要求。

3）缺陷标记装置。灵敏准确的探伤装置必须配备高精度的标记系统。EEC-24 配备了能够精确到 mm 的在线测速装置，并将这一信号反馈给专门设计的高精度延迟打标模块（安装在主机内的单片机控制子系统），最后根据探伤结果送达气动打标器。

4）标记长度控制器。由于复绕机上管材是变速运动的，为获得相应的标记长度，打标机喷标时间的长短应随速度与缺陷大小的变化而变化。这一功能的实现，主要由涡流主机根据实时生产线速度确定打标时间，达到统一缺陷标识长度的目的。

EEC-24 智能高速涡流探伤系统检测速率高达 350m/min，具有较完善的在线高速变速检测及标记功能，达到了预期的设计目的。自 2000 年初，EEC-24 智能高速涡流探伤系统正式投入市场后，国内已安装了近 20 条不同用途的生产线（包括管材、棒材及线材），取得了良好的应用效果，获得了较大的经济效益和社会效益。例如，某铜管加工企业采用该仪器之前经常因为质量问题与用户纠缠不清。近几年来，在复绕机上安装了四台 EEC-24 型仪器，同时，进一步加强企业员工的质管意识，因而全面杜绝了质量隐患，获得了良好的用户反馈信息及更多的产品订单。另一家铜管生产厂，原采用多家国产涡流探伤仪，一直无法使用，只得报废。2001 年开始采用 EEC-24，取得了立竿见影的实效。

2. 棒、线、丝材涡流探伤

虽然涡流探伤仅能检测工件的表面或近表面缺陷，但对于某些棒材、线材和丝材，表面质量十分重要，因此，涡流探伤在这方面也得到广泛应用。对于批量的棒材、线材探伤，可采用与管材相类似的自动化检测装置。但是由于棒材中涡流分布与管材不一样，渗透深度更小，为了使试件达到良好的检测状态，提高检测灵敏度，选择的工作频率比管材要低。同时，铁磁材料的棒材采用直流磁化，达到磁饱和比管材更困难得多。因为棒材直径比管材小，但截面积却不一定小，所以要达到可以较好地进行检测的磁饱和程度，需要较大的励磁电流。例如，要使 $\phi3\sim\phi8$mm 的钢棒磁饱和，就需要约为 1500mT 的磁场强度。

棒材探伤可以采用穿过式线圈，但若棒材直径较大，与管材一样，应改用平面组合探头或旋转探头。由于棒材表面一般比较粗糙，所以选择线圈时，要求采用对试件表面轻微凹凸不太敏感的线圈。棒材探伤中的端头、端尾效应主要取决于试件的直径和速度，检测时应根据具体情况预先确定端头、端尾不检测的长度。

棒材通常由坯材轧制而成，试件的缺陷可以是坯材本身存在的缺陷，也可以是轧制加工引起的。由于缺陷的起因不同，它们的种类和形状也不同，涡流检测的效果也有差别。表 5-1 列出了轧制钢棒的常见缺陷以及它们的特征。

表 5-1　钢棒常见缺陷及其特征

起因	缺陷名称	形状特征	产生原因	检测效果（穿过式线圈）
坯材	裂纹	纵向裂纹较为多见	坯材裂纹经轧制延伸而成	裂纹很长时，检测困难
	重皮（鳞状折叠）	局部折叠	坯材浇铸时，由于冷却不均匀产生的表面缺陷经轧制所致	好
	夹杂	散布在材料内的杂质	可能产生于坯材中的去氧化物或渗入的硫	局部过分集中有反应
	坑泡	表面上的凹坑和凸泡	坯材中气泡经轧制为表面缺陷	好
轧制	折叠	轧制的上下辊错位引起的搭接，多数遍及全长	轧辊调节不良	若纵向很长，检测困难
	咬边（耳子）	以遍及全长的对称磨边形式为多见	由材料沿上下轧辊的间隙中挤出形成	若纵向很长，检测困难
	轧辊缺陷	由轧辊留下的擦伤痕迹	轧辊调节不良或粘有杂物	好

金属丝材的探伤与管材、棒材探伤有所不同，因为丝材直径很小（$\phi0.025\sim\phi1$mm），都是成轴生产的。一般丝材长度很大，不便单独标记缺陷，通常用缺陷的统计方式来评价丝材的质量。可以用数字记录器记录以下数据：①每 10m 或 100m 细丝上的缺陷数目；②每 10m 或 100m 丝上的缺陷总长度。可根据缺陷的数量、总长度和缺陷分布情况，评价丝材的质量等级以及对缺陷的起因进行分析。

由于丝材直径小，探伤时应选择比管材、棒材探伤高得多的频率，一般所选频率高达数十兆——甚至上百兆赫兹。检测线圈都采用外穿过式线圈。为了保证在长期检测过程中导孔不被磨损，并保证丝材与线圈的同心度，检测线圈中的导孔常用红宝石等极硬的材料制成，然后将线圈架在两个导孔之间，让细丝穿过导孔和线圈进行检测。用作传动的卷丝装置，要求对丝材的张力恒定，以防在检测中拉断丝材。

3. 管道在役涡流探伤

（1）管道在役检测概述　管道在役检测是涡流仪器的另一个重要应用。在核能、电力和石油化工等领域里，某些装置（如核反应堆、蒸汽发生器、冷凝器等）中都有许多金属管道，包括铜管、钛管、奥氏体不锈钢管以及无缝钢管等。在使用过程中由于高温、高压和强腐蚀介质的作用，管壁容易受到损伤和腐蚀破坏，产生裂纹、点蚀或减薄等，严重威胁着设备的安全运行。采用涡流探伤仪对这些管道系统进行定期的探伤、检查，称为在役涡流探伤。

1）在役金属管道常见缺陷。由于环境、应力、材质共同作用引起的应力裂纹主要发生在晶粒界面，这种裂纹通常窄而深；由于管道的冷热交变，有的还会产生热疲劳裂纹；由于管壁与流体杂质的化学反应、与旋体内固体粒子的碰撞，或与振荡物体的接触引起磨损等，引起管道内壁局部锈蚀、变薄，甚至点蚀穿透。

2）涡流设备和探头的选择、安装和调试。在役管道涡流检测最好选用双频或多频涡流检测仪器，涡流传感器应采用内通过式涡流探头，普通铜管在役检测可人工推拉探头，也可配备探头半自动推拉装置，或探头自动定位推拉装置（机械手）。核电站核岛中金属管道在役检测时，由于环境中充满射线污染，必须配置探头自动定位推拉装置。

采用多频涡流仪检测时，被测管道的状况（如缺陷、环境因素干扰等）在不同频率下将产生不同的反应，产生不同而又相关的矢量。经过混合处理，可以拾取有用信息，去除干扰因素。

3）仪器设备参数的设定和调节。检测前应对仪器设备进行调试，下面以钛管在役检测为例加以说明。检测频率范围为10~600kHz。检测的中心频率范围应能使标定管通孔信号与噪声互为40°左右相位差，并有良好的信噪比。检测探头的频率特性和灵敏度是用主检频率（即200~600kHz）来测试的，而用辅助低频与主频混合以消除支撑板下或其附近的缺陷。

在实际检测中，经试验选取400kHz作为主检频率，100kHz作为辅助频率，用这两个频率进行混合产生的混频通道抑制了支撑板涡流信号，可以判断在支撑板下或其附近的缺陷。

（2）冷凝器传热管的在役探伤　冷凝器传热管在常规火电厂和核能电厂中都是蒸汽侧与冷却水侧的分水岭，由于传热管本身比较薄，一段时间后，传热管会出现各种形式的泄漏现象。一旦出现泄漏，电厂一般都被迫降低功率停列堵管以免影响蒸汽侧水的品质。

为了尽可能避免出现这种现象，电厂一般都会利用停机检修期间安排对传热管进行检查。目前，常规的检测法有多频涡流检测法、声脉冲检测法和相控阵涡流检测法等。

冷凝器传热管处于蒸汽侧与冷却水侧之间，为了有效地将蒸汽中的热量带走，必须在满足工况的条件下尽可能采用薄壁管，同时根据所采用冷却水情况选择不同材质的管材，如滨海电厂一般选择铜管、钛管，而内陆电厂一般选用铜管。

对于滨海电厂而言，由于其冷却介质是海水，在管内壁易积累海生物，因而造成传热管堵塞；对于内陆电厂，由于其冷却介质为淡水，故管内壁的泥沙较多，因此也易造成管壁堵塞。无论是滨海电厂还是内陆电厂，以下的缺陷形式都是常见的：

1）凹陷。主要为内凹，产生原因是传热管在安装时的磕碰，以及冷凝器汽侧检修时人为或工具等造成管道的碰伤或砸伤。

2）裂纹。正常管段在制造过程中不可避免地存在着材质或工艺方面的微小缺陷，在使用过程中逐渐发展而形成的危险性裂纹缺陷，如在胀管区是受胀管工艺的影响。

3）冲蚀凹坑：通常在在役运行期间形成，正常情况下内壁的腐蚀凹坑相对危害比较小，而外壁的腐蚀凹坑对传热管的危害比较大。这主要是因为冷凝器汽侧工作介质是来自低压缸末级叶片甩下来的湿度较大的蒸汽。在离心力的作用下，湿蒸汽中的小液滴沿叶片圆周的切线方向飞出，集中对传热管的某些区域（见图5-7）造成正面冲击，因而这些区域会呈现集中减薄的特点，而减薄的区域由于制造时遗留下的气孔、夹渣、划痕等的影响很容易发展为贯穿性缺陷。

图5-7所示为某滨海电厂运行七年后冷凝器钛管冲蚀减薄区域示意图。图中垂直向下箭头线所指位置即为冲蚀减薄的第8和第9支撑板所夹区域。从图中可清楚地看到，在低压缸转子的高速旋转下，湿蒸汽中的小液滴被集中对称地甩在图示区域内。现场涡流检查及蒸汽侧超声检查结果表明：该区域至少有10%的壁厚减薄量，而某些管子的减薄量已达到70%。

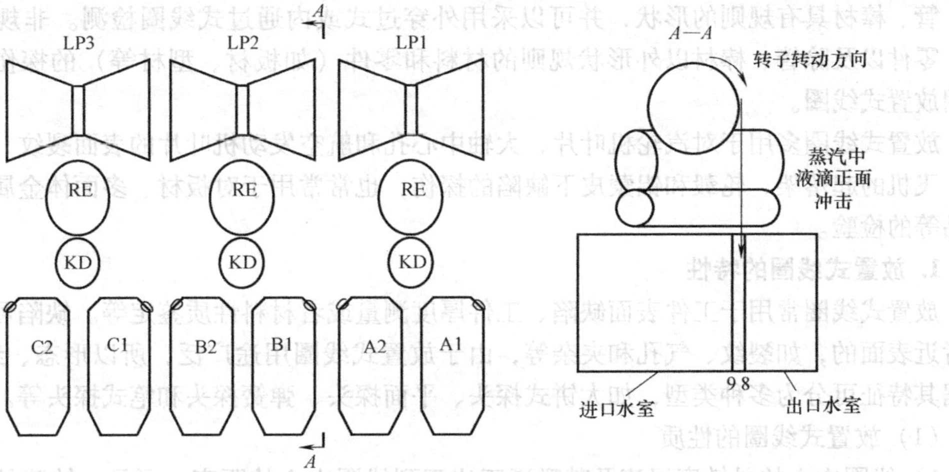

图5-7　冷凝器钛管冲蚀减薄区域示意图

LP—低压转子　RE—复式低压加热器　KD—扩散器　A1、A2、B1、B2、C1、C2—立式冷凝器水室

因此，在役检查的重点是对冲蚀凹坑减薄的检查。同时在检查中还发现，由于湿蒸汽沿切线方向甩出时，部分湿蒸汽与蒸汽侧水室墙壁撞击后反弹到水室中间部位的外排管子也有较大的冲蚀减薄。因此，在制订检查计划时，应根据历次检查结果重点选择这些冲蚀区域管进行监督检查。

目前，电力行业通用的检查手段是多频涡流检查，从仪器的角度出发，国内外的同类型仪器很多，也有各自的性能特点。国内常用的有四频八通道涡流仪EEC-39RFT。

对于涡流检测手段来说，上面所提的各种缺陷类型都可以检测，其特点如下：

1）非接触，无耦合剂，所以检测速度高，易实现自动化。对于16m长的传热管来说，配合爱德森公司生产的探头推拔驱动手枪，采用该公司提供的柔性电缆探头，可在60s内快速地采集到高质量的涡流信号，将探头的提离干扰因素降到最低。而且由于驱动手枪不到0.5kg重，相比以前由手动送入及拉出硬性塑料套管探头来说，现场工人的劳动强度和采集时间得到了质的改变。

2）检测灵敏度高，可发现较小的缺陷，由于仪器具备四个差动，四个绝对通道，故不仅可以发现突变性小缺陷，也可检出均匀腐蚀减薄的管段。按ASME标准进行探伤时，利用EEC-39RFT可轻松地实现检测$\phi0.6$mm当量直径的穿透性缺陷、10%以上（含10%）的外壁冲蚀减薄缺陷。

3）在一定的范围内具有良好的线性指示，可对不同缺陷进行评价，所以可用于质量管理与控制；按照 ASME 相位、幅度分隔关系，EEC-39RFT 可方便地实现对外伤、内伤及凹陷进行定量分析。

4）可存储、再现及进行数据的比较和处理。由于 EEC-39RFT 实现了电脑存储功能，可将数据保留，以便比较分析。若选用高智能网络数据库采集分析软件，还能制订计划图，实时监测采集分析进度、历史趋势管理。

5.2.3 非管、棒材涡流探伤

管、棒材具有规则的形状，并可以采用外穿过式或内通过式线圈检测。非规则形状材料、零件以及除管、棒材以外形状规则的材料和零件（如板材、型材等）的探伤，则主要采用放置式线圈。

放置式线圈多用于对汽轮机叶片、大轴中心孔和航空发动机叶片的表面裂纹、螺孔内裂纹、飞机的起落架、轮毂和铝蒙皮下缺陷的探伤，也常常用于对板材、多面体金属成品、半成品等的检验。

1. 放置式线圈的特性

放置式线圈常用于工件表面缺陷、工件厚度测量或者材料性质鉴定等。缺陷可以是表面或者近表面的，如裂纹、气孔和夹杂等，由于放置式线圈用途广泛，所以形态、结构各异，根据其特征可分为多种类型，如大饼式探头、平面探头、弹簧探头和笔式探头等。

（1）放置式线圈的性质

1）线圈中心的灵敏度涡流及其磁通正比于到线圈中心的距离。可见，缺陷处于试件相对于线圈中心的不同位置，检出灵敏度是不一样的。在线圈的中心位置没有涡流，缺陷的检出灵敏度等于零。

2）探头的电感、阻抗要求和仪器及其信号电缆的阻抗匹配。探头的电感是构成阻抗的主要成分，一般不需要精确计算。利用导线的直径和关系式 $L \propto N^2D^2$（其中，L 为探头的电感，N 为线圈的圈数，D 为导线的直径）可以比较容易地估计导线的尺寸达到一定的电感量所需要的圈数。

（2）影响缺陷检测灵敏度的参数　涡流检测的最大局限性是只能检测表面和近表面的缺陷。涡流对于表面的缺陷具有很高的灵敏度，但对于表面下埋藏较深的缺陷灵敏度较低。对于当前的涡流技术水平，表面下 4~5mm 就已经是很深了。

影响涡流检测深度有两个主要的因素。一个是检测频率，由于趋肤效应，涡流随着深度的增加迅速衰减，所以要提高检测深度，需要降低检测频率。另一个因素是探头直径，涡流探头的直径都很小，磁通量也小，为了增加检测深度，可以增大探头的直径。但是探头直径增大，必定降低对短小缺陷的检测灵敏度。一般来说，涡流检测的深度小于探头直径。

影响缺陷检测灵敏度的其他参数如下：

1）提离。线圈从工件表面离开，即提离增加时，线圈和工件之间的互感减小，工件中磁通密度也减小，对缺陷的检出灵敏度就降低。可以想象，线圈直径不同，磁通密度随着提离的变化也不一样，灵敏度的变化也不一样。图 5-8 所示为四种不同直径的探头的灵敏度随提离变化的情况，电火花槽缺陷的尺寸是深 2mm，长 12.5mm。由图可见，探头直径越小，灵敏度下降越快。例如，对于直径为 $\phi 5mm$ 的探头，提离为1mm时，缺陷信号幅度下降到表面1/4。

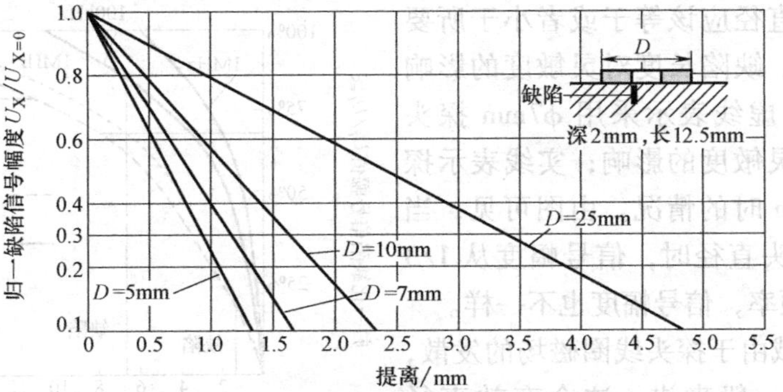

图5-8 探头灵敏度随提离的变化曲线

2）缺陷埋藏深度。工件中内部缺陷埋藏深度越大，磁通密度越小，再加上趋肤效应引起的衰减，缺陷的检出灵敏度也会下降。图5-9所示为灵敏度随着缺陷埋藏深度变化的情况，实线表示穿透深度（δ）为10mm，虚线表示穿透深度为2mm。由图可见，当穿透深度增大，即频率降低时，表面下缺陷灵敏度随深度的增加而降低，这与提离对检测灵敏度的影响类似，这意味着磁通密度随着距离的增加而减小，如果忽略趋肤效应的影响（因为频率很低），无论在空气中或在工件（指 $\mu_r=1$ 的材料）中是类似的。在典型的检测频率下，假设穿透深度 $\delta=2mm$，当缺陷埋藏深度为2mm时，信号幅度会再降低1/3左右（和低频时的实线比较）这是由于在一个穿透深度（δ）处，涡流密度降低到表面的37%所引起的。

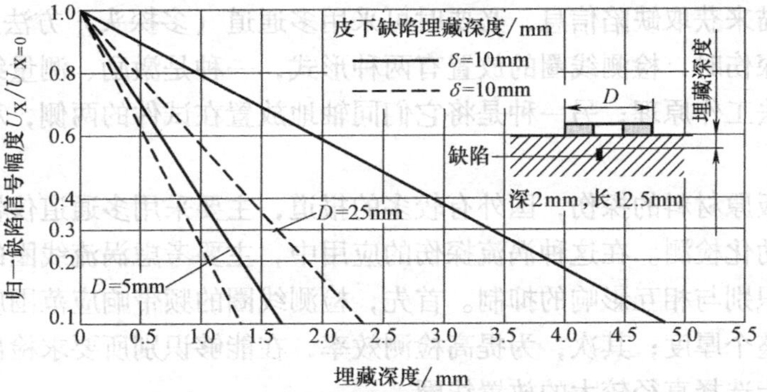

图5-9 灵敏度随缺陷埋藏深度变化曲线

如果不考虑趋肤效应的衰减，灵敏度随检测深度而下降，在无限厚的工件中和有限厚的工件一样。如果考虑趋肤效应衰减，在无限厚工件中，灵敏度下降比较缓慢，介于图5-9中虚线和实线之间。

通常，灵敏度随着深度的增加而下降主要决定于探头的尺寸，而不是趋肤效应衰减。因为大多数缺陷的长度不比工件的厚度大多少，因此也不可能采用直径比工件厚度大得多的探头，因为对于一定长度的缺陷的检测，其灵敏度随探头直径的增大而降低（见图5-10）。所以用表面探头进行涡流检测通常局限于厚度小于5mm的工件（厚度小于5mm）。

3）缺陷长度。涡流的流动局限于探头磁场变化的区域，区域的大小是线圈尺寸和几何形状的函数。对放置式线圈而言，缺陷灵敏度反比于线圈直径。作为一般规律，为了得到高的灵敏度，探头直径应该等于或者小于所要检测的缺陷长度。缺陷长度对灵敏度的影响如图 5-10 所示。虚线表示采用 ϕ7mm 探头时，缺陷长度对灵敏度的影响；实线表示探头直径为 ϕ1.3mm 时的情况。由图可见，当缺陷长度等于探头直径时，信号幅度从 1/3 变到 2/3，不同频率，信号幅度也不一样。

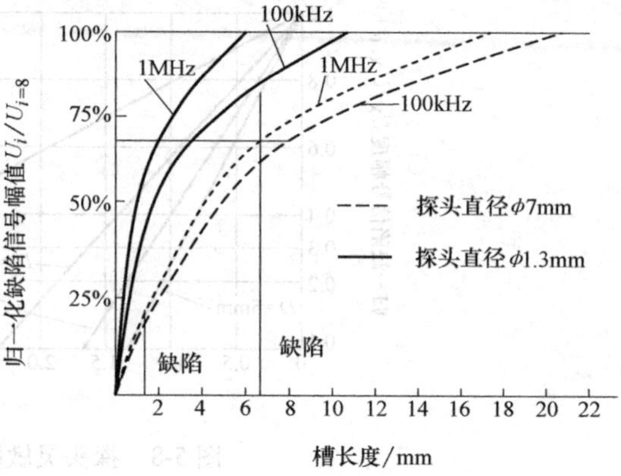

图 5-10 缺陷长度对灵敏度的影响

探头敏感区域由于探头线圈磁场的发散，比探头直径大，一般来讲，这个有效直径（D_{eff}）近似等于探头直径加上四倍穿透深度，即

$$D_{eff} = D + 4\delta \tag{5-6}$$

在高频时，4δ 这一项很小，探头的敏感区域可近似假设等于探头直径。但是在低频时，磁场扩散很大，通常使用铁氧体环等材料使磁场集中，这样既集中了磁场，又不影响穿透深度。

2. 金属板材探伤

（1）金属板材涡流探伤 放置式线圈的特性涡流探伤方法也可以用于金属板材、带材表面的检测。在这种应用场合，可以采用与管（棒）材探伤相同的涡流仪器，但为了保证对板材表面的全面检测，必须配备相应的机械驱动装置。探头作来回扫描的相对运动，通过探头对试件的扫描来获取缺陷信息，必要时可采用多通道（多探头）方法来提高检测效率。

板材、带材探伤时，检测线圈的放置有两种形式，一种是激励、测量线圈安放在试件同一侧，利用反射法工作原理；另一种是将它们同轴地放置在试件的两侧，利用透射法工作原理。

对于金属薄板原材料的探伤，国外有较多的报道，主要采用多通道仪器连接多个放置式涡流线圈进行自动化检测。在这种涡流探伤的应用中，主要考虑涡流线圈的选择与排布，以及各通道信号的识别与相互影响的抑制。首先，检测线圈的频带响应范围应能够保证涡流透过被检测板材的整个厚度；其次，为提高检测效率，在能够识别所要求检出的最小缺陷的前提下，一般尽可能选择直径较大的放置线圈。

板材检测线圈的排布常用方式为：检测线圈沿垂直于板材传送方向排布的方式，并且一组线圈排列的长度与板材在垂直于传送方向上的尺寸相等。这样，线圈保持不动，随着板材像流水一样从这组线圈下面不停地传送过，就完成了整张板材的检测。

每个涡流检测线圈与多通道涡流检测仪的每一个“输入/输出”端口相连接，有的仪器是将各通道获得的检测信号汇集在一起处理和显示，这种仪器不能区分异常信号来自于哪一个检测线圈，因此无法准确地确定引起异常信号的位置。另一类仪器将各通道获得的检测信号分别独立地处理和显示，便于对引起异常信号位置准确定位，但通常这类仪器造价较高。

（2）热轧钢板高温连铸坯的铁磁层深涡流检测 热轧钢板的生产过程中，为控制钢板的质量，须防止其表面出现微小的裂纹，以及在后续轧制的过程中裂纹加长或加宽。因此，常规的方法是测量热钢板的温度，并以此为依据，调整钢板进给速度或轧辊压力等工艺参数。但热钢板的温度难以精确测量，特别是在热轧 600 ~ 1100℃ 的中、厚钢板的生产过程中，钢板内部与表层温差很大，用测量热钢板温度调整工艺参数的方法很难防止其表面出现微小的裂纹。

涡流法测量高温金属薄板的厚度，直接利用放置式线圈向金属薄板施加电磁涡流，依据测出的线圈阻抗随板厚变化的对应关系，再测量出各被测件对应的检测线圈阻抗，来推导高温金属薄板的厚度。检测方案为：探头在金属平板或弧面（如钢管）上产生比传统方法更大且基本无吸引力的有效电磁场密度，并在设定范围内产生均匀的电磁场，对部件进行检验无需磁化，也无热影响区，从而改善并提高了仪器的检测能力。

在试验中，先用一系列标准厚度的普通钢板代替高温连铸坯进行标定，可得到钢板层厚度与涡流信号的相位或幅度对应的标定曲线。然后采用两个相同的涡流传感器，其中第一个涡流传感器置于标准钢板表面上探测，第二个涡流传感器先在该标准钢板表面进行平衡，再贴近所述各已知层厚度的标准钢板表面探测。传感器由同一低频信号激励（频率为 5 ~ 20Hz）。根据标定曲线将偏差信息处理为被测钢板距表面厚度数据。同理，在实际应用中，把一个传感器置于标准连铸坯，另一传感器靠近高温连铸坯上。其输出经仪器的处理，根据已标定好的曲线，即可判断该高温连铸坯的铁磁层深。

利用 EEC-3000L 连铸坯铁磁层厚度测量仪进行检测，得到如图 5-11 所示的标定图。经过仪器软件的后处理，可得到标定曲线图。在实际检测中，根据所测的阻抗图与标定曲线图的关系即可测出钢板的厚度。

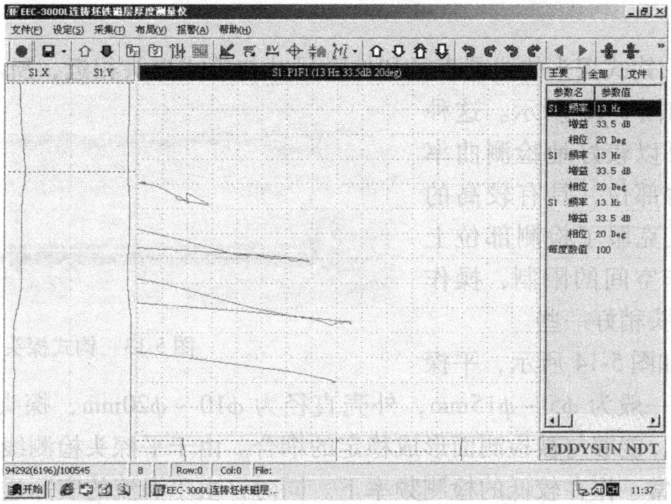

图 5-11　连铸坯铁磁层厚度测量标定图

试验证明，该方法可用于在线高温连铸坯铁磁层深的测量，能实时地监测和调整工艺参数，实施方便，抗干扰能力强。

3. 非规则形状零件检测

（1）非规则形状零件检测基本技术　采用放置式线圈对非规则形状零件进行检测的技术，更多地应用于已装配好的零件原位检测，这主要由以下两方面因素决定：①对于制造过程中未装配零件的表面或近表面缺陷，渗透或磁粉（仅指铁磁性零件）检测方法具有更高的灵敏度和效率；②对于装配好的零件，渗透和磁粉（非铁磁性零件除外）检测方法的实施往往受空间的限制。

采用放置式线圈检测，效果的好坏很大程度上取决于线圈外形与被检测零件形面的吻合状况，良好的吻合是保证检测线圈平稳扫查、形成最佳电磁耦合的重要前提。由于零件形状、结构多种多样，因此放置式线圈的形状也多种多样。要采用涡流方法完成多种检查项目，配备各式各样检测线圈所需花费往往是一台涡流仪器价格的数倍，甚至数十倍。以下对一些典型形状的放置式涡流检测线圈及其应用加以介绍。

1）笔式探头。如图 5-12 所示，笔式探头外形细长、平直，线圈直径通常只有 $\phi1 \sim \phi2$mm，线圈外壳直径一般也只有 $\phi3 \sim \phi5$mm。线圈端部多呈弧形球面，其优点是能够较好地检测曲率较大的平面、拐角和深孔底部，具有较高的检测灵敏度；缺点是保持线圈端部与检测部位耦合一致性的难度较大，在检测部位上方需要有较大的操作空间（至少大于探头外形高度）。

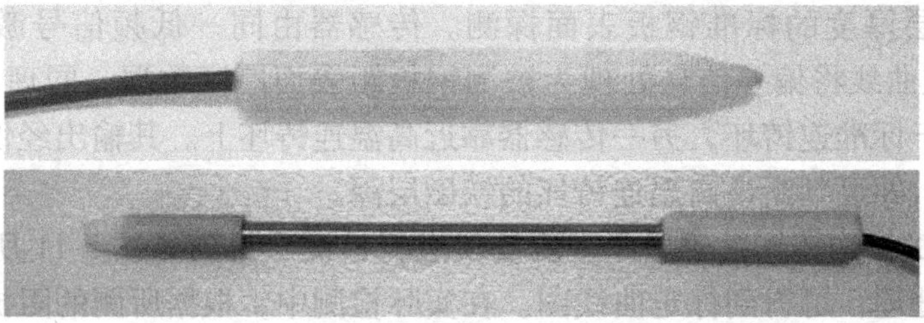

图 5-12　笔式探头

2）钩式探头。钩式探头的线圈直径和外形尺寸与笔式探头相近，所不同的是钩式探头的端部呈直角，如图 5-13 所示。这种结构的探头不仅可以较好地检测曲率较大的平面、拐角部位，具有较高的检测灵敏度，而且克服了检测部位上方需要有较大操作空间的限制，操作平稳性也较笔式探头稍好一些。

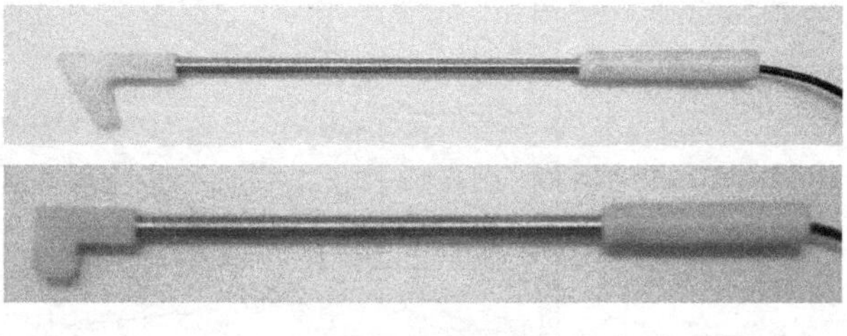

图 5-13　钩式探头

3）平探头。如图 5-14 所示，平探头检测线圈的直径一般为 $\phi5 \sim \phi15$mm，外壳直径为 $\phi10 \sim \phi20$mm，探头的探测面为平面，内部通常装有弹簧，能够与被检测面形成稳定的耦合。由于平探头检测线圈的直径较大，线圈电感量较高，通常工作在较低的检测频率下。同时，由于涡流的实际透入深度与检测频率和检测线圈的直径有关，因此平探头适用于检测深藏深度较深的近表面缺陷和薄金属板下的弧面。平探头不适合形状复杂零件的检测，对表面微小缺陷的检测灵敏度相对要低一些。

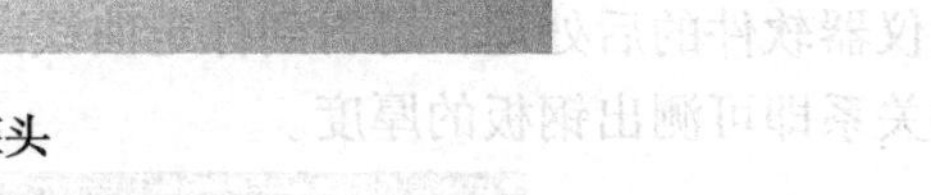

图 5-14　平探头

4）孔探头。如图 5-15 所示，孔探头的线圈尺寸较小，直径通常为 $\phi1 \sim \phi2$mm，与被检测孔的直径大小无关。相反，探头端部镶嵌检测线圈的球体的直径应与被检测孔的直径相同，以保证检测线圈与孔壁的紧密耦合，因此当检测不同直径螺孔时，需要购买相应规格的孔探头。为实现线圈与孔壁表面的紧密耦合，镶嵌检测线圈的球体采用弹性较好的塑料制

作，并在塑料球的中间切割一条狭缝。孔探头专为检测螺栓孔内壁表面缺陷设计，通常与专用的探头枪配合使用，以获得良好的检测信号。由于探头枪的价格较高，一些企业在配备检测设备时往往舍弃了探头枪的采购。采用手动方式转动、推进探头，耦合的稳定性、一致性和检测速度要明显劣于使用探头枪的操作。

图 5-15　孔探头

（2）飞机零部件在役探伤　近代飞机的结构以合金构件（硬铝合金、钛合金、高强度结构钢等）为主，这些结构件在运行中的可靠性是安全飞行的基本要求。因此，在飞机的定期或不定期维护检查中，发现这些构件存在的缺陷是消除飞行中可能引起故障的一项重要内容。

飞机上的连接构件和功能构件的工作环境比较恶劣，负荷较大，有些还在高温、高压、高速运转状态下工作，因而构件材料内容易产生缺陷，缺陷的形成以承受交变应力产生的疲劳裂纹较为常见。这种缺陷开始是很细微的，并且多数是在材料表面，然后逐渐扩展变大。对于这种缺陷，采用磁粉探伤、渗透探伤都很有效，但相比之下，涡流法不仅方便易行，而且还可以在飞机未拆开的状态下对许多部位进行检查，可以在涂有覆盖层的部件上、不通孔区以及螺纹槽底等部位进行检查，因而受到飞机维修部门的重视。

在飞机的维修检查中，涡流探伤可用于检查机翼大梁、桁条与机身框架连接的紧固件孔，发动机轴、盘、叶灯、起落架、旋翼等部位的疲劳裂纹，铝蒙皮铆接处的裂纹及蒙皮的腐蚀损伤等。

飞机零部件现场在役探伤常选用便携式涡流探伤仪。仪器应具有的特点为：体积小、重量轻，移动方便；灵敏度高，检测范围大；能抑制提离效应和干扰信号；要有灵敏的声光报警装置。为了适合不同形态、结构零部件的特征，制作涡流探头时，探头的外形和内部结构必须作相应的变化，如图 5-16 所示的飞机零部件探伤常用的几种探头。由于这类探头的通用性较差，往往是为某一部件检测特制的专用探头。

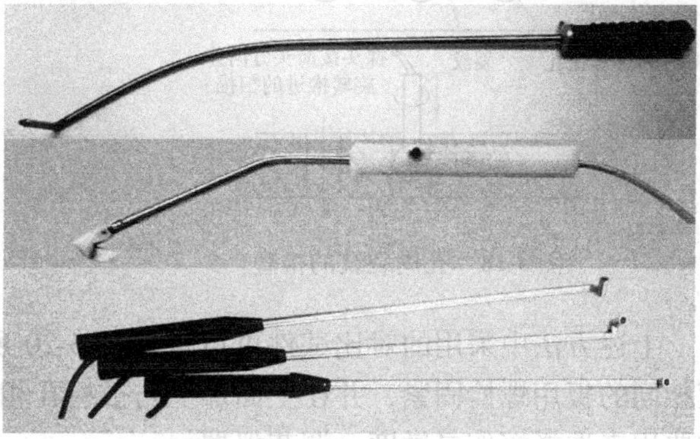

图 5-16　飞机零件探伤常用探头

在进行缺陷检测之前，首先要弄清缺陷的类型和信息。如果缺陷是裂纹，那么需要了解检测裂纹的最小值、表面裂纹或内裂纹、分层裂纹或垂直裂纹。通常要求用两个或者更多的频率不同的探头检测和评判缺陷。

选择工作频率要使缺陷和其他变化因素易于分辨。一般地，最主要的干扰因素是提离，所以，缺陷和提离的区分是最重要的。

如前所述，穿透深度为 $\delta = 50\sqrt{\rho/f}$，选择工作频率，使得穿透深度 δ 等于要检测的深度，这样在提离和缺陷之间能得到好的相位分离。图5-17所示为当探头移动经过表面下的缺陷时，涡流仪器的屏幕显示。这时所选择的工作频率应使δ等于最深的缺陷深度，仪器的相位调节到使提离的阻抗变化处于水平方向。注意表面下缺陷A和B的幅度差和相角差（相对于提离），这些结果是由于趋肤效应和相位滞后引起的。

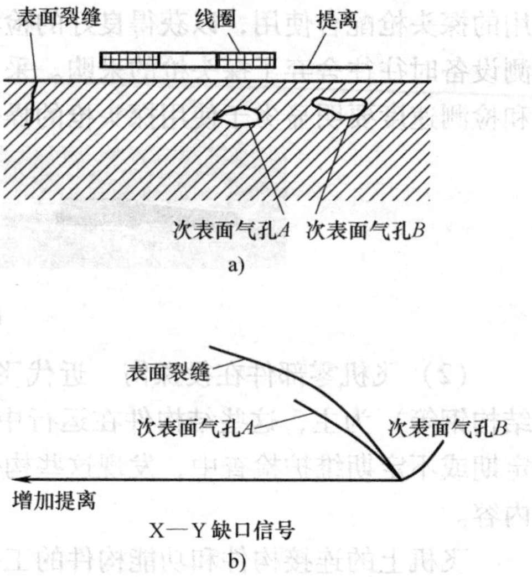

图5-17　两种缺陷典型影响

如果在检测时发现信号难以判断，分不清是缺陷信号还是其他变化引起的，可以改变检测频率再进行评判。

在检查机翼大梁、桁条与机身框架连接部位坚固件孔（螺栓孔和铆钉孔）周围产生的疲劳裂纹（见图5-18）时，可以将直径大小与孔径相适应的球形探头在孔内旋转，并上下移动地扫描，就可以得到孔周裂纹的信息。连接部位紧固件小孔的孔径约ϕ5mm，大孔的孔径达ϕ25mm，板厚0.5～25mm，其中大部分孔都能以这种方法检查。当板厚小于1.5mm时，由于板料太薄，边缘效应会给检查带来困难，而且这种场合只能采用人工操作，每次只能检查一个孔。因此，若要得到良好的检查效果和比较高的效率，操作必须熟练、准确。

这种方法所使用的探头要求头部与孔径相结合。但在实际应用中，因为孔径大小不一，即使是孔径公差尺寸相同，但制作中存在着误差，实际孔径也是有差异的，往往在探头头部开有槽口，如图5-19所示，这样可以使探头的检测范围有少量的弹性，并且能够改善探头与孔壁的接触状况，大大减少了干扰载波。

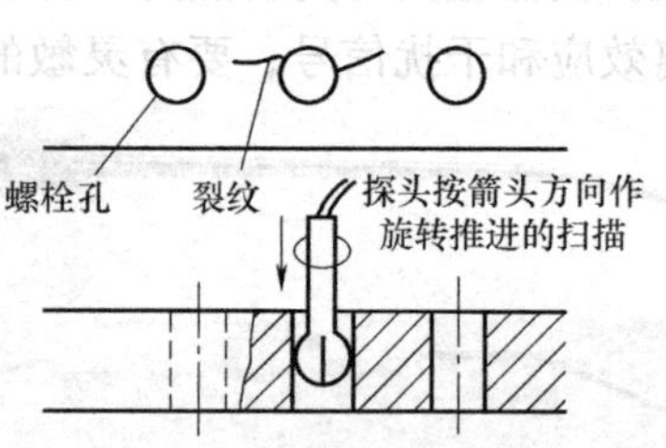

图5-18　孔周裂纹的检查

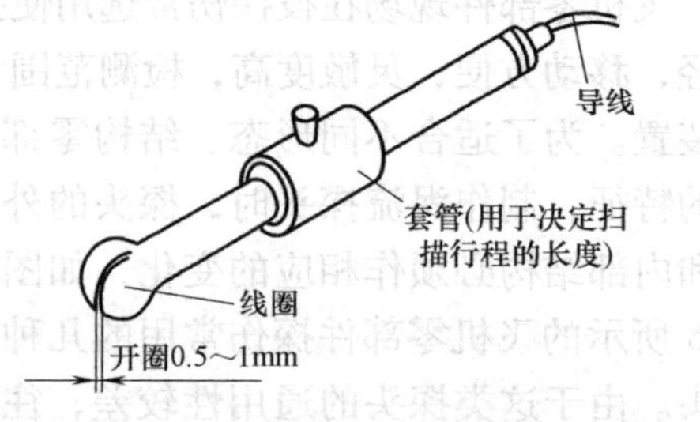

图5-19　头部开槽用于检查孔周裂纹的探头

上述方法中采用的对比试件可以取用图5-20所示的形式。将两块与试验材料相同、厚度相同的板用螺栓固紧，并在上面加上与被检孔相同的孔，在孔周刻上人工缺陷。对比试件主要用来选择探伤灵敏度，调节仪器。

（3）叶片和轴探伤　涡流探伤关于航空发动机零部件的应用包括涡轮叶片、压气机叶片、风扇叶片、涡轮盘及涡轮轴等。此外，还包括电厂的汽轮机叶片，大轴中心孔等。

由于航空发动机内涡轮叶片和汽轮机叶片处在高温、高转速、高负荷的条件下工作，较容易产生疲劳裂纹。叶片常见缺陷如图5-21所示，有排气边裂纹、叶尖裂纹、叶根裂纹和榫槽裂纹等。检测时应选择较高的频率，为了使检测线圈能在叶片各部位上准确地进行扫描，探头的外形应根据被检部位的形面决定，要求与表面能很好地贴合。图5-22所示为检测叶片排气边的探头示意图，为了适应叶片形面的少量变化，探头外壳可用一定柔性的材料（如硬橡胶）制作。这种方法能否成功地应用，关键在于探头能否贴合在被检表面上扫描。

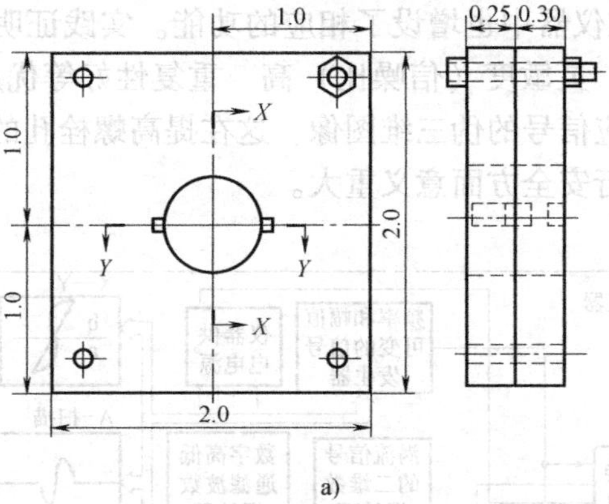

a)

编号	A	B	C
	宽/mm	长/mm	深/mm
1	5	6	3
2	5	3	3
3	5	3	3
公差	$^{0}_{-0.001}$	±0.001	±0.001

c)

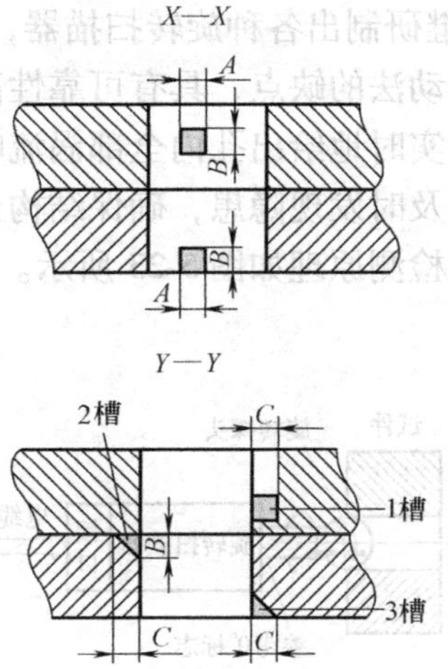

b)

图 5-20 对比试件形状及尺寸

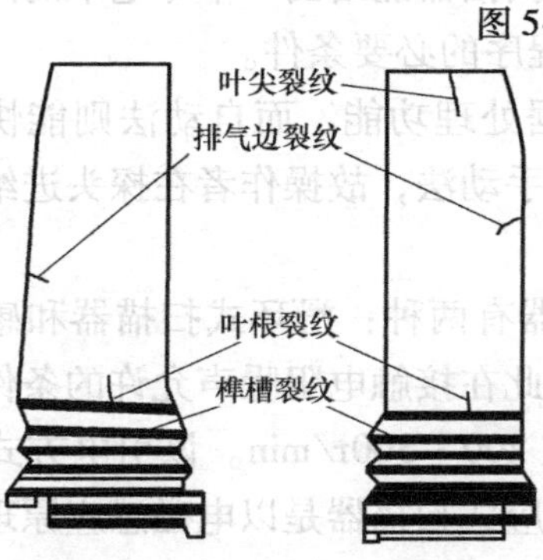

图 5-21 涡轮叶片的疲劳裂纹

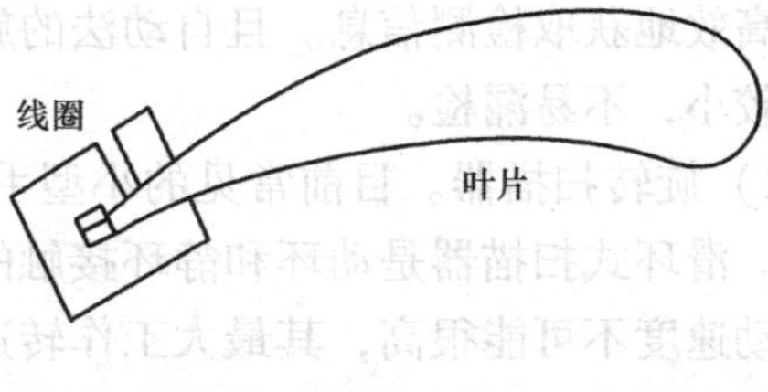

图 5-22 叶片排气边裂纹检查示意图

检查前，应采用无缺陷叶片调节仪器平衡并消除提离效应，探伤灵敏度采用由电火花加工的人工缺陷。

（4）螺栓孔涡流探伤 在工程领域，许多大载荷部件的螺栓孔处于高应力状态下运行，易于形成疲劳损伤。为了确保部件的安全、可靠，在部件制造过程中或运行维修时，对这些承力孔（单层孔、多层孔或螺纹孔等）的缺陷（材料、工艺或疲劳）都必须进行严格地检测。实际应用证明，涡流法用于这方面的检测是行之有效的。

手旋动涡流探头检测螺栓孔是早期最常采用的一种方式，即手动法。随着涡流探头技术的改进和阻抗平面仪器的应用，手动法检测品质得到许多改善。手动法在检测量少、标准不是很严格的条件下，仍是可行的。然而，手动法存在诸如信噪比不高，效率低，容易漏检等许多缺点。20 世纪 80 年代中后期，欧美产生了螺栓孔涡流探头自动旋转检测法（下称自动法），并相继研制出各种旋转扫描器，在仪器中也增设了相应的功能。实践证明，自动法不仅克服了手动法的缺点，具有可靠性高、灵敏度（信噪比）高、重复性好等优点，且省时、省力，还可实时地给出孔内全部涡流响应信号的伪三维图像，这在提高螺栓孔的检测效率和检测品质，及时发现隐患，确保结构运行安全方面意义重大。

自动法检测原理如图 5-23 所示。

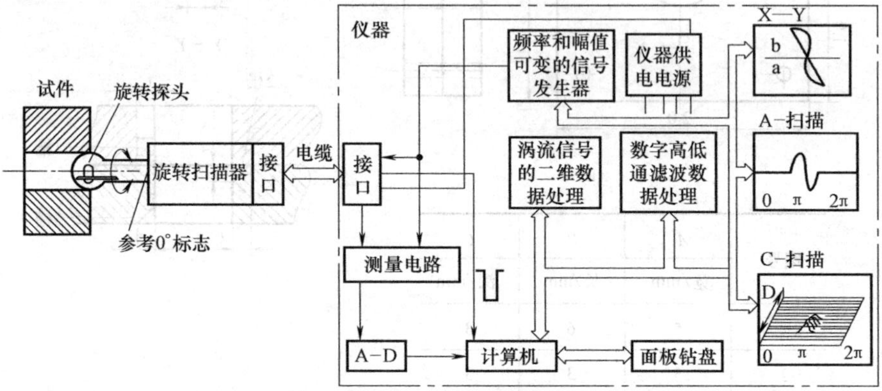

图 5-23 自动法检测原理

自动法增设了代替手动旋转的旋转扫描器。扫描器能驱动探头匀速旋转，为高低通滤波器截止频率的设置提供了数值依据。探头每旋转一圈，扫描器能给出一个零电平的同步脉冲信号。此信号是仪器规范地执行 A-扫描或 C-扫描显示程序的必要条件。

手动法只能使用仪器 *X-Y* 二维显示程序和二维数据处理功能，而自动法则能快速、直观、高效地获取检测信息。且自动法的旋转速度几倍于手动法，故操作者在探头进给量方面限制较小，不易漏检。

1）旋转扫描器。目前常见的小型手持式旋转扫描器有两种：滑环式扫描器和感应式扫描器。滑环式扫描器是动环和静环接触的工作方式，因此在接触电阻噪声允许的条件下，相对运动速度不可能很高，其最大工作转速通常被限定在 200 ~ 300r/min。该引电方式对探头的工作频率没有限制，可在仪器全频带范围内工作。感应式扫描器是以电磁感应原理完成引电的，即所谓旋转变压器引电方式，其转子和定子部分没有机械接触，因此扫描器工作转速没有限制。通常这种扫描器被设计在高转速下工作，一般为 1000 ~ 3000r/min。但这种引电方式，会限制探头的最低工作频率，一般最低不可低于 100kHz。两种扫描器的选择要视具体检测要求和条件而定。但无论哪种扫描器，在自动检测系统中必须具有如下功能：

①需具有一定的转速调节范围，以适应探头直径的变化；具有截止频率可调的高、低通滤波器。

②在给定的转速上，足以驱动探头在孔内匀速旋转。不应随负载转矩变动引起转速的明显波动。

③扫描器应在探头线圈经过定义的“参考 0°”位置上给出同步脉冲信号，触发仪器执行 A-扫描或 C-扫描显示程序。

2）A-扫描和C-扫描。A-扫描图是将探头自参考点开始旋转一周（见图5-24）所获得的测量数据实时地描写出来的一幅图像。当探头轴向移动一个位置时，其时间轴与先前是重合的。所以A-扫描只能给出缺陷在圆周上的位置，但不能确定其轴向长度，如图5-24b所示。

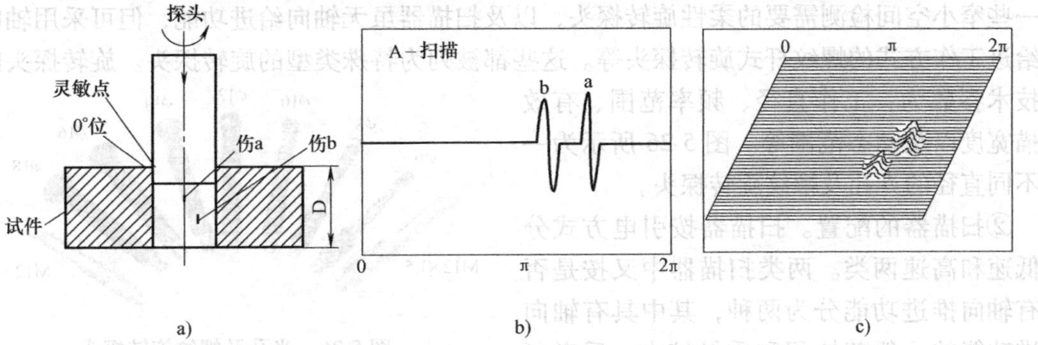

图5-24　A-扫描和C-扫描显示图

C-扫描是将探头每转一周所采集的信号数据不重叠地显示出来。如果探头取螺旋式旋转扫描，被检测孔的全部涡流数据将被记录并显示出来，且缺陷可定位（见图5-24c）。

扫描变量的选择。对涡流信号作A、C扫描显示时，可选择 U_x，也可选择 U_y。通常是将要测的变量在二维处理时，用相位旋转功能使它在Y轴上获得最大值，而将主要干扰变量旋转到水平轴上。这样在A或C扫描时选取 U_y（$0\sim2\pi$），则扫描图像上的响应信号只与测量变量相关，而将干扰变量消除（因其在Y轴上投影为0）。此外，A或C扫描图像中，没有信号的相位信息。若对图像中信号有疑问时，可将该信号（单频或多频）阻抗平面图取出，并做扩展分析，以评估缺陷性质。

3）系统配置。小型便携式螺栓孔自动检测系统的配置如图5-25所示。

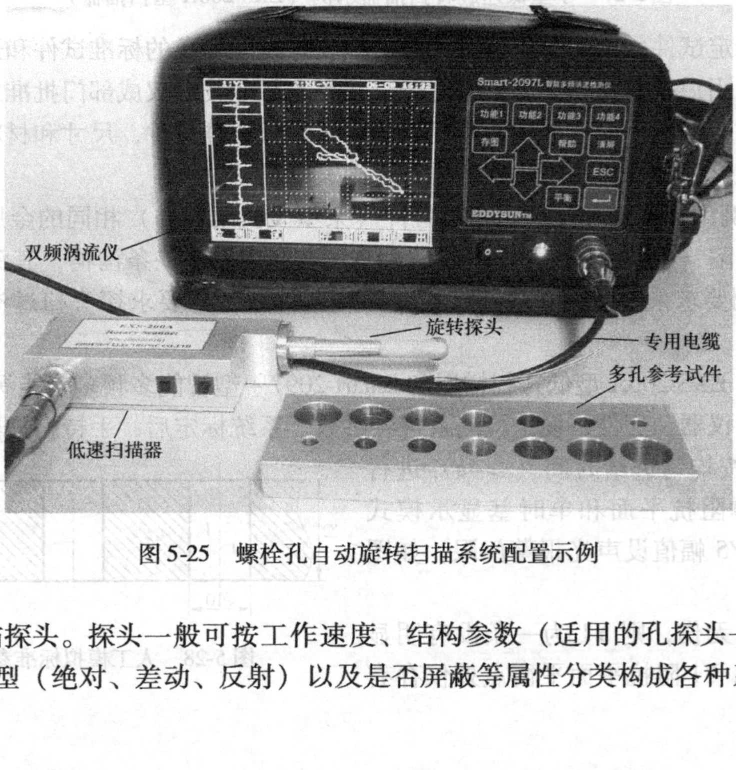

图5-25　螺栓孔自动旋转扫描系统配置示例

①旋转扫描探头。探头一般可按工作速度、结构参数（适用的孔探头一般可按孔径和孔深）、线圈类型（绝对、差动、反射）以及是否屏蔽等属性分类构成各种系列。接触型旋

转探头适用于低速扫描，有很高的灵敏度，但工作寿命不长；非接触型指探头灵敏点和孔表面不接触（保持很小间隙），适用于高速扫描，寿命长但灵敏性稍差。探头类型的选择与普通点式探头的选取原则相同。屏蔽式探头涡流场半径很小，对短小缺陷的分辨力强。此外还有一些窄小空间检测需要的柔性旋转探头，以及扫描器虽无轴向给进功能，但可采用轴向定量给进工作方式的螺纹杆式旋转探头等。这些都被列为特殊类型的旋转探头。旋转探头的主要技术参数为：工作直径、频率范围、有效扫描宽度以及动态范围等。图 5-26 所示为一组不同直径的光孔及螺纹旋转探头。

图 5-26　光孔及螺纹旋转探头

②扫描器的配置。扫描器按引电方式分为低速和高速两类。两类扫描器中又按是否具有轴向推进功能分为两种，其中具有轴向推进功能的一般其体积和质量较大，后者可制成较小型的。使用者可根据检测效率、孔径范围、孔的类型以及检测标准等具体要求加以选择。例如，同规格孔的数量很大时，宜采用高速的；孔规格多且包含螺纹孔，但数量不大，则宜采用低速扫描器。图 5-27 所示为一个小型低速旋转扫描器。

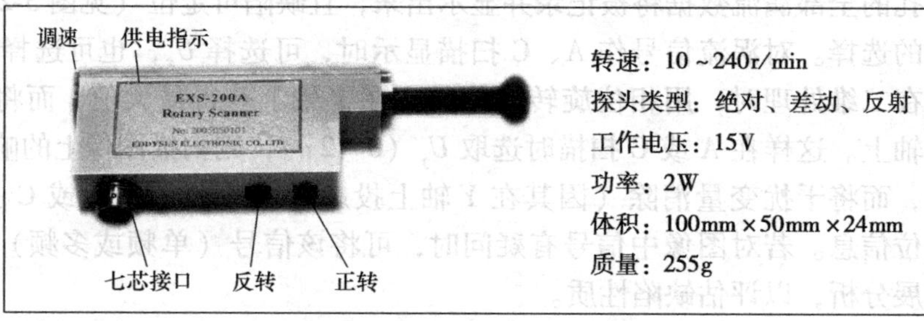

图 5-27　小型低速旋转扫描器示例（EXS-200A 型扫描器）

③仪器和标定试件。检测时需要有针对被检工件技术要求的标准试件和通用的参考标准试件。前者是由用户根据技术要求自行制造，并经本行业技术权威部门批准才能使用。后者则是根据国家相关标准，由仪器制造商提供的多孔参考标准试件，尺寸和材料都可与用户商定，但模拟伤痕尺寸和材料的匀质处理需符合国家标准。

4）应用实例。标准参考试件用与被检件（某型飞机结构件）相同的金属材料及加工方法制成。模拟缺陷（裂纹）采用 EDM 线切割方法在孔内割成一条沟槽，其深为 0.2mm，宽为 0.1mm。检测要求采用最小有效扫描宽度的旋转探头，并要求探头扫过沟槽信号的信噪比大于 5dB。

检测中选用 EXS-200A 型低速扫描器和 Smart-2097 + 型智能多频多功能涡流仪。

按要求连接仪器和配件，设定检测系统各参数。系统标定后，手持扫描器分别对被检件三个 φ10mm 孔按均匀进给时间（≥4s）进行扫描检测。在单阻抗平面和单时基显示模式下，以标准伤 4/5 幅值设声光报警门限，如图 5-28 所示。

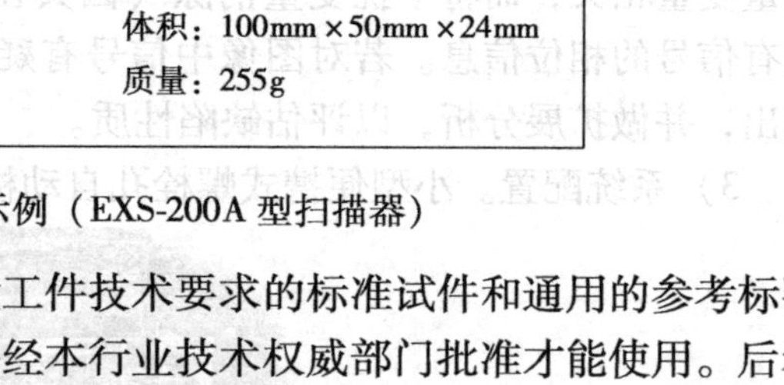

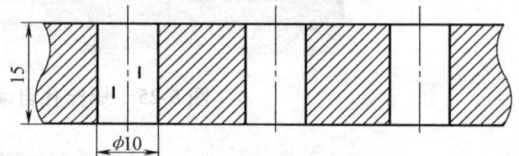

图 5-28　人工模拟标准参考试件

若被检孔内无伤，则 Y1 为一条没有明显信号的直线，X1-Y1 阻抗平面平衡点处仅存有扫描的背景噪声；若孔内有裂纹，则Y1-T时基线上以及X1-Y1阻抗平面图上会实时地显示裂纹信号。为了解孔内裂纹状况，转入C-扫程序，再对该孔扫描一次，可得该孔的C-扫描图像，如图5-29、图5-30所示。

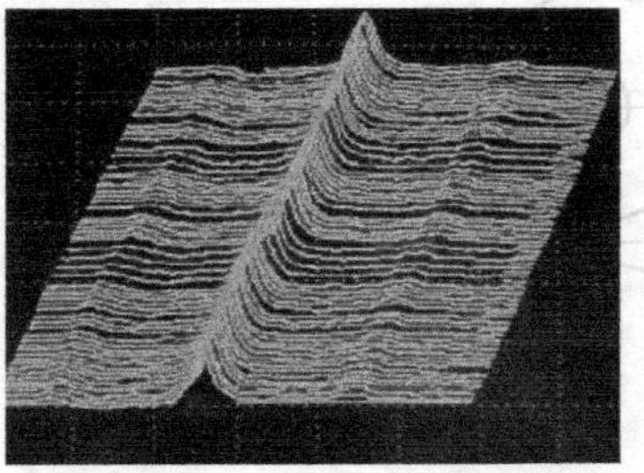

备　注
1）为观察标准件孔背景噪声，将高低通滤波器频率调整为： ● 高通：5Hz ● 低通：100Hz 2）增益：25dB

图5-29　C-扫描图像

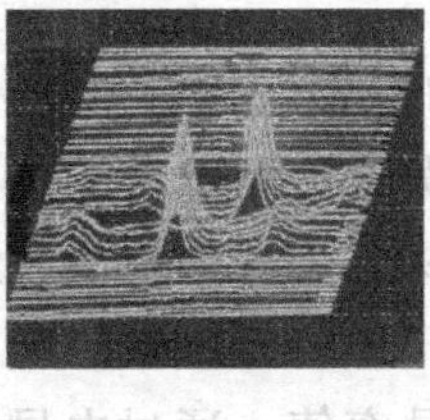

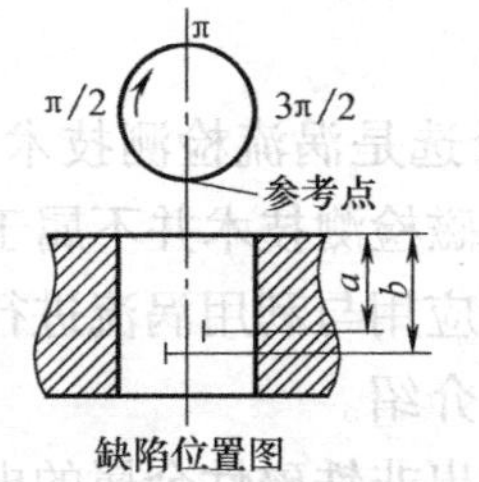

备　注
1）被检件检测时参数均为标定值 2）裂纹所处的角位可较准确地确定 3）由于手持进给，故所处的深度 a、b 不能准确确定

图5-30　C-扫描检测结果

（5）其他形状零件的表面缺陷检测　放置式线圈涡流探伤还可以用于球体、滚柱和销钉等零部件的表面缺陷检测，由于这类零件比较规则，可以实现自动检测、自动分选、提高检测效率。

钢球探伤仪工作原理与管（棒）材探伤仪相同，为了抑制各种干扰噪声，仪器中需要设置多种干扰效应抑制电路，如用于相位分析的同步检波器和用于调制分析的滤波器等，检测线圈可以是穿过式线圈，也可以是探头式线圈（旋转探头）。在使用探头线圈时，为了保证钢球表面都受到检测，应使用钢球展开机构。展开机构的形式可以有多种，图5-31所示为定点展开和飞点展开式的示意图，其中图5-31a为定点展开式，即探头固定不动，钢球在导轮的控制下自行展开；图5-31b为飞点展开式，即探头绕钢球赤道位置高速旋转，钢球以垂直于探头旋转方向自转。

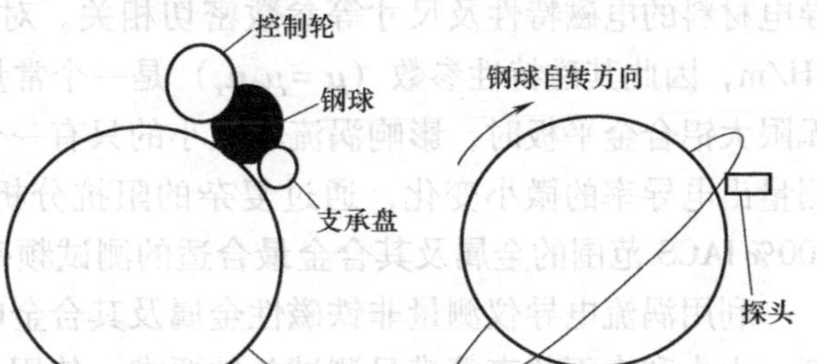

图5-31　展开方式示意图

a）定点展开式　b）飞点展开式

另外，利用涡流探伤可以进行疲劳裂纹的试验研究，监视试件疲劳裂纹的产生和扩展，图5-32所示为其工作原理图。试棒一端固定在旋转头上，另一端加负载试验时，旋转头带动试棒作高速旋转，涡流探头则沿着容易产生疲劳裂纹的试棒细颈处作旋转扫描。当试棒上产生疲劳裂纹后，探头便可以检出裂纹信号输入涡流仪，接入示波器进行观察，通过观察和计算可以得到疲劳裂纹随时间的扩展速率。

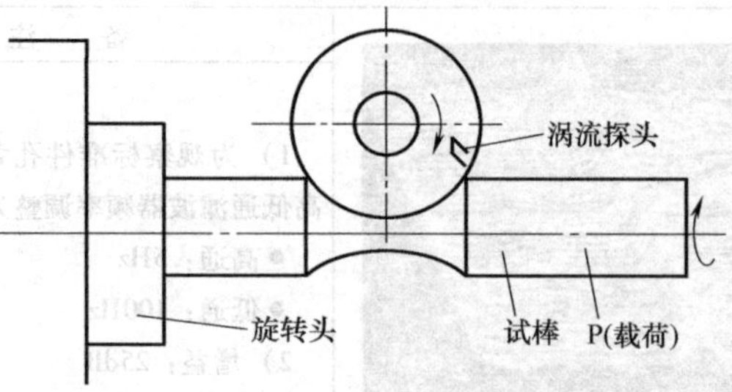

图 5-32 监视疲劳裂纹产生和扩展

5.3 电导率测量与材质分选

非铁磁性金属的电导率测量和材质分选是涡流检测技术的主要应用领域之一。严格地说，通过磁导率的不同进行材质分选的电磁检测技术并不属于涡流检测技术的范畴，但在电磁涡流检测技术中经常会遇到，该技术的应用与利用涡流进行材质分选的检测技术有相似之处。因此本节也将对这一技术的应用加以介绍。

电导率的测量是利用涡流电导仪测量出非铁磁性金属的电导率值，通过电导率值测量结果可以进行材质的分选、热处理状态的鉴别以及硬度、耐应力腐蚀性能的评价。材质分选可以通过电导仪测量出不同材料的电导率值实现，也可以通过其他类型涡流仪器（如涡流探伤仪、涡流测厚仪）检测出由于材料导电性的差异引起的涡流响应的不同，并据此进行不同材质的分选。这种检测往往不是准确的定量测量，而是定性的测试分析。铁磁性材料的电磁分选也是一种定性测试技术。

5.3.1 非铁磁性金属电导率的涡流检测

有交变电流的线圈接近导电材料时，交变电流产生的交变磁场会在导电材料表层生成涡旋状流动的电流。该涡旋电流的大小除了与激励磁场的大小及变变电流的频率有关外，还与导电材料的电磁特性及尺寸等参数密切相关。对于非铁磁性的铝合金，其相对磁导率 μ_r = 1H/m，因此其磁特性参数（$\mu=\mu_0\mu_r$）是一个常量。对于确定的仪器，当线圈紧密接触厚度无限大铝合金平板时，影响涡流场大小的只有一个变量，即铝合金板材的电导率。为了精确测量出电导率的微小变化，通过复杂的阻抗分析、计算和比较试验，确定了电导率在 1～100% IACS 范围的金属及其合金最合适的测试频率为 60kHz 左右。

利用涡流电导仪测量非铁磁性金属及其合金电导率的技术本身比较简单，只要试件的厚度、大小和表面状态等满足测试条件要求，使用量值准确的电导率标准试块校准性能合格的电导仪，即可直接测量出材料和零件的电导率值，并据此进行牌号、状态的识别或分选。不同于其他非铁磁性金属，由于铝合金的一些机械性能（如硬度）与其电导率之间具有密切的对应关系（见图 5-33），因此铝合金电导率的涡流检测技术应用更为广泛。

铝合金材料和零件的硬度和热处理状态均匀状况是工程应用中十分重要的技术指标。由于压痕式硬度检验是一种破坏性测量方法，且测试设备通常也比较大，对试件大小及硬度又有一定的要求，因此铝合金热处理质量的检验一般不直接采用打硬度的方法，而是通过电导率的测量进行间接地评价。由图5-33可见，各种牌号铝合金的电导率值与其硬度、热处理状态之间并不是单值的一一对应关系，因此要根据电导率值评价铝合金的硬度，首先还需要明确被测试对象的牌号和热处理状态。

若电导率的测量值在规定的电导率极限值范围内，可根据电导率合格推断其硬度合格；若电导率的测量值超出规定的电导率验收值范围，特别是超出量比较小的情况下，绝不能由电导率的不合格断定该试件为不合格品，而需要对电导率不合格的试件（或部位）做补充硬度试验，并对硬度试验结果作进一步的分析和判定。

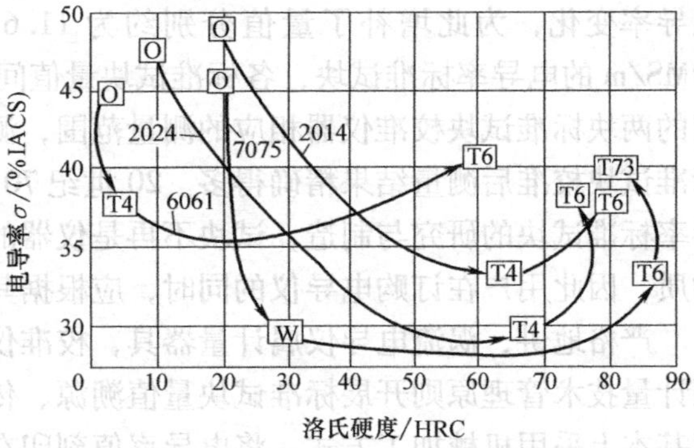

图5-33 几种牌号铝合金的热处理状态、硬度与电导率之间的关系曲线

变形铝合金原材料的种类分为铝合金棒材、板材、管材及型材，相应地有各种形状、规格、尺寸的变形合金制件。正是由于材料及零件在形状、尺寸上的千差万别，在电导率测试过程中，需要结合涡流技术的一些特点，采取相应的技术手段减小或消除各种因素的影响，或对各种因素的影响进行补偿，以准确地获得试件真实的电导率值。

电导率涡流测量的主要影响因素有板材的厚度与宽度、材料或零件表面的覆盖层以及表面形状等。对于铝合金板材，当厚度小于涡流有效透入深度时，受板材厚度的限制，涡流在板材中的分布不再遵循半无穷大导电介质中的分布规律，因此对检测线圈的反作用磁场的强度也随之发生变化，导致涡流电导仪指示的电导率值与板材的实际电导率并不相同。同样，当检测线圈置于宽度小于线圈涡流场作用范围的窄条材料或零件表面时，受边缘效应的影响，涡流场的分布也会发生畸变，出现仪器显示值与真实电导率不符的情况。材料和零件表面的覆盖层主要有包铝层和漆层或阳极氧化膜层两类。包铝层一般具有比基体铝合金具有更高的导电性，因此在带有包铝层的材料或零件（厚度大于涡流有效透入深度）表面上测得的电导率值要高于基体铝合金的实际电导率；后一类的覆盖层，无论是漆层，还是阳极氧化膜层，均为非导电层。铝合金零件表面非导电层的存在，使得检测线圈表面与铝合金表面之间形成了一定的间隙，铝合金电导率的测量因此受到提离效应的影响。对于铝合金棒材或曲面形状的铝合金制件，涡流检测线圈置于曲面上测量时，受电磁耦合条件的影响，同样无法正确测得棒材或曲面制件的电导率。

不同型号的涡流电导仪，由于受线圈尺寸、结构及仪器信号处理电路等方面不同因素的影响，即使采用相同的检测频率，对于上述各项影响因素的响应也不相同，并且可能存在较大的差异，因此在实际测量中，必须针对具体的仪器建立或制订适用的修正关系或修正系数，消除或补偿相关的影响。

利用涡流电导仪测量电导率之前，首先要用电导率标准试块校准仪器的测量范围。以Sigmatest 2.067型电导仪为例，该仪器配备了电导率值分别为9.18MS/m和58.2MS/m的标准试块。从该型号电导仪的指示盘可以看到，在不同的量值范围内，等量的电导率变化引起指针的偏移量并不相等，这是因为电导仪指示被测试件电导率值的刻度盘与仪器内某平衡电桥电路上的可调电容相连接，电导率变化量与电桥平衡过程中电容的改变量之间存在近似的对数函数关系，而不是线性关系。美国波音公司在20世纪60年代末期最早发现，以仪器配备的标准试块校准仪器量限的高、低端，测试铝合金得到的电导率读数与其真实电导率值有较大偏差，这是因为模拟对数函数变化规律标记的刻度盘不能在很宽的测试范围内准确反映电导率变化，为此增补了量值分别约为11.6MS/m、16.7MS/m、25MS/m、34.9MS/m和49MS/m的电导率标准试块，各标准试块量值间隔为5～15MS/m。选用与被测件电导率最接近的两块标准试块校准仪器相应的测量范围，测得的铝合金电导率结果要比采用仪器配备的标准试块校准后测量结果精确得多。20世纪70年代，美、德、英、俄及中国先后开展了电导率标准试块的研究与制造，试块不再是仪器的附属品，而成为独立于仪器之外销售的标准物质，因此用户在订购电导仪的同时，应根据其测试对象购置相应范围的电导率标准试块。

严格地讲，涡流电导仪属计量器具，校准仪器用的试块属于标准物质范畴，因此需要按照计量技术管理原则开展标准试块量值溯源、传递及仪器周期检定工作。早期标准试块的量值基本上采用机械加工方式，将电导率值刻印在其表面上，而且许多试块的量值不具有可溯源性。美国波音公司在20世纪60年代末最早开始研究电导率标准试块量值的计量溯源问题，他们首先在大量合金材料中选择均匀性好、稳定性佳的板材，经过精密机械加工制成尺寸为1524mm×50.8mm×12.6mm条形板，在能够精确控温的油槽内向长条板输入定值直流电，并在固定长度位置上（间距1m）精确测量电压降，经过电阻R，电阻率ρ的计算，导出电导率σ值，并定义该组长条板为Ⅰ级电导率标准，以Ⅰ级电导率标准的定值校准专用的涡流电导率测量装置，再测量尺寸为30mm×30mm×5mm试块的电导率值。以该方法及测量装置给出的量值作为试块的标准值，并定义其为Ⅱ级电导率标准。美国国家标准技术研究院（简称NIST，即原美国国家标准局NBS）在20世纪70年代中期开始建立原理方法与波音公司基本相同的Ⅰ级电导率标准，并以此作为美国国家电导率最高基标准，向波音公司等企业或部门的最高标准进行量值传递，其传递量值得到世界许多国家认可。由于电导率标准试块在使用过程中会磨损，保存不当还会出现腐蚀，更由于铝合金材料的时效特性，所以标块的制造、供应商在标块表面上刻印电导率量值的做法是不科学、不合理的。正确的做法是：在标准试块销售时出具包含标块量值的检定证书，每次周期检定后再出具新的检定证书。对于同一标准试块，各次检定的结果并不完全相同，这种标块量值在规定范围内变化的情况是正常的、允许的；如果标块量值的变化量超出规定范围，则须予以修复或报废。

即使电导率标准试块的量值非常精确，如果涡流电导仪性能不合格，仍不能准确测量铝合金材料或零件的电导率，须对可能影响仪器测量准确度的有关性能定期校验，如仪器的测试稳定性、准确度、灵敏度及提离抑制性等。稳定性是指仪器在一定时间内持续测量同一试件时指示值的变化；准确度是指仪器在校准范围内测量结果的正确程度；灵敏度是指仪器能够测量出电导率的最小差值或变化；提离抑制性是指仪器消除或减小探头与试件间微小间隙影响的能力。

5.3.2 铁磁性材料的电磁分选

涡流检测仪器可实现对不同铁磁性材料的分选。但由于涡流仪的响应是对铁磁性材料导电性与导磁性的综合效应，既包含了材料磁导率作用的贡献，也包含了材料电导率作用的贡献，当某两种铁磁性材料的电导率σ_1和σ_2、磁导率μ_1和μ_2之间均存在明显差异，而它们的电导率与磁导率的乘积相等时，即 $\sigma_1\mu_1=\sigma_2\mu_2$，二者对涡流检测仪的电磁作用大小相等，导致无法根据涡流仪的响应区分这两种电、磁特性均不相同的铁磁性材料。

为减小和消除不同铁磁性材料电导率不同对材料分选带来的不利影响，工程上通常采用很低的检测频率对铁磁性材料分选，即所谓的电磁分选。当检测频率只有几十至几百赫兹时，检测线圈交变电流所产生的低频交变磁场在铁磁性材料中激励产生的涡流非常微弱，其再生的磁场对检测线圈的反作用远远小于由铁磁性材料磁导率感应的磁场对检测线圈的反作用，因此涡流效应可以被忽略不计，从而实现仅根据低频线圈对铁磁性材料磁导率的不同响应进行材料分选。

铁磁性材料在低频交变磁场作用下产生的反作用磁场与高频电磁场在导电金属材料中形成的涡流的反作用磁场本质上是相同的，即铁磁性材料引起的反作用磁场的大小和相位与材料的磁导率之间存在密切的对应关系（由于材料电导率的作用非常微弱而被忽略），因此可根据电磁响应信号幅度和相位的不同实现对不同铁磁性材料的鉴别。

图5-34和图5-35所示分别为不同含碳量钢棒和不同处理状态的同一牌号碳钢材料在电磁分选仪示波屏上的阻抗响应波形。

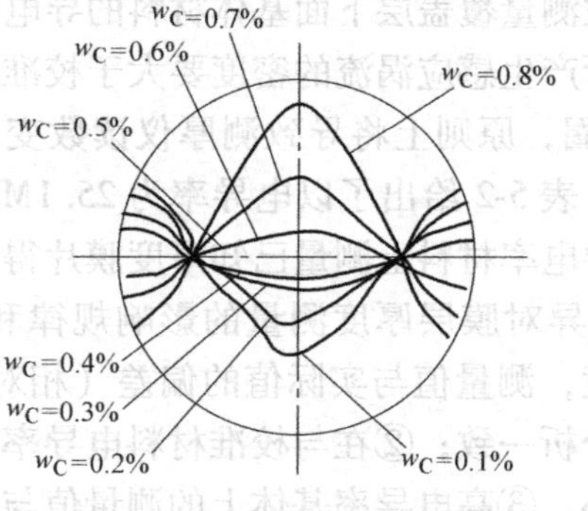

图5-34　不同含碳量钢棒阻抗响应

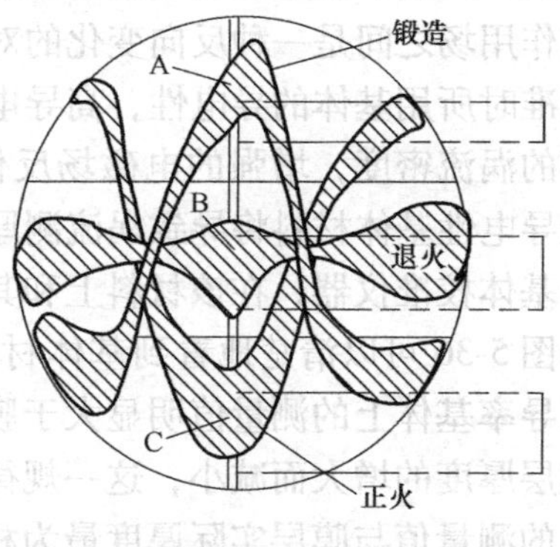

图5-35　不同热工艺钢棒阻抗响应

需要说明的是，电磁分选是一种定性比较的测试方法，只根据电磁响应的差异往往不能给出被区分材料的牌号，除非根据已有材料的电磁响应图谱对其中某两种材料在相同试验条件下进行鉴定，否则需要在被区分的两类或多类材料中分别取样，再根据化学分析或金相试验结果作进一步判定。

5.4　覆盖层厚度测量

根据覆盖层及其附着的基体材料的电磁特性，覆盖层厚度测量技术分为涡流测厚与磁性测厚两种方法。涡流法适用于基体材料为非铁磁性材料，如常见的铜及铜合金、铝及铝合金、钛及钛合金以及奥氏体不锈钢等；覆盖层为非导电的绝缘材料，如漆层、阳极氧化膜等。磁性法适用于基体材料为铁磁性材料，如碳钢，覆盖层为非铁磁性材料，包括非导电的漆层、阳极氧化膜、珐琅层和导电的铜、铬、锌的镀层等。

5.4.1　非导电覆盖层厚度的涡流法测量

涡流测厚技术利用的是涡流检测中的提离效应。为提高涡流测厚的灵敏度和准确度，涡流测厚仪在设计、制造时选用了很高的检测频率，一般为 1~10MHz。不同于涡流探伤仪，测厚仪通常使用固定的检测频率，在测试过程中不需要、也不能够进行频率选择。较高的检测频率可以增大检测线圈在被测量覆盖层下面导电基体中所激励产生涡流的密度，进而增强涡流的提离效应，达到提高测量灵敏度和准确度的目的。这一点从本书第 3.4.3 节图 3-31 中放置式线圈归一化阻抗变化与检测频率的关系曲线可以得到理论解释：$P_c=2$ 时，随提离改变，线圈阻抗的变化最小；$P_c=5000$ 时，随提离改变，线圈阻抗的变化最大。对于确定的检测线圈和检测对象，参数 $P_c=\bar{r}^2\omega\mu_r\sigma$ 中仅有 ω 为变量，即相同的提离变化，高频线圈的阻抗变化最大。

影响非导电覆盖层厚度测量的因素除了检测频率外，还包括基体的导电性，基体的厚度，测量部位的形状、尺寸与表面粗糙度，校准膜片厚度的选择，覆盖层的刚性以及操作的一致性等。

具有不同电导率的基体对于同一仪器和检测线圈，在相同距离上所感应产生的涡流大小必然不同，因此作用于测量线圈的电磁场的强弱也就存在差异。无论是指针式还是数字式涡流测厚仪，其指示覆盖层厚度的数值随着测量线圈离开基体表面距离的增大而增大，即与感应涡流作用场之间是一种反向变化的对应关系。当被测量覆盖层下面基体材料的导电性优于仪器校准时所用基体的导电性，高导电性基体材料所产生感应涡流的密度要大于校准用试块基体中的涡流密度，增强的电磁场反作用于检测线圈，原则上将导致测厚仪读数变小；反之，低导电性基体材料将导致涡流测厚仪读数增大。表 5-2 给出了以电导率为 25.1MS/m 的材料为基体校准仪器，在该材料上和其他具有不同导电率材料上测量已知厚度膜片得到的结果。由图 5-36 可以清楚地看到基体材料电导率的差异对膜层厚度测量的影响规律和程度：①低电导率基体上的测量值明显大于膜层的实际厚度，测量值与实际值的偏差（相对误差）随着膜层厚度的增大而减小，这一规律与上述理论分析一致；②在与校准材料电导率相同的基体上的测量值与膜层实际厚度最为相近，误差最小；③高电导率基体上的测量值与膜层的实际厚度较为接近，多数情况下略大于膜层的实际厚度，这一结果与理论分析不一致，其原因有待进一步研究和分析；④随着覆盖层厚度的增大，基体电导率差异的影响逐渐减小。因此，在采用涡流法测量覆盖层厚度时，首先要清楚被测量覆盖层下面基体的导电性，最好选择具有相同导电性的材料作为基体校准仪器。

表 5-2 不同电导率基体上非导电膜层厚度的测量值

试样编号	电导率/(MS/m)	膜片标称厚度/μm					
		18.5	50.5	174	494	1025	1519
1	0.60	66.8	98.8	218.6	520	1036	1538
2	5.42	25.1	56.5	180.6	499	1024	1533
3	11.73	21.2	52.4	179.3	498	1016	1528
4	16.74	20.1	51.5	177.3	498	1015	1524
5	25.10	18.6	50.7	175.3	490	1016	1532
6	34.99	19.2	50.0	178.3	497	1017	1529
7	49.25	18.3	49.8	176.3	499	1023	1541
8	58.60	19.2	51.1	178.3	495	1017	1531

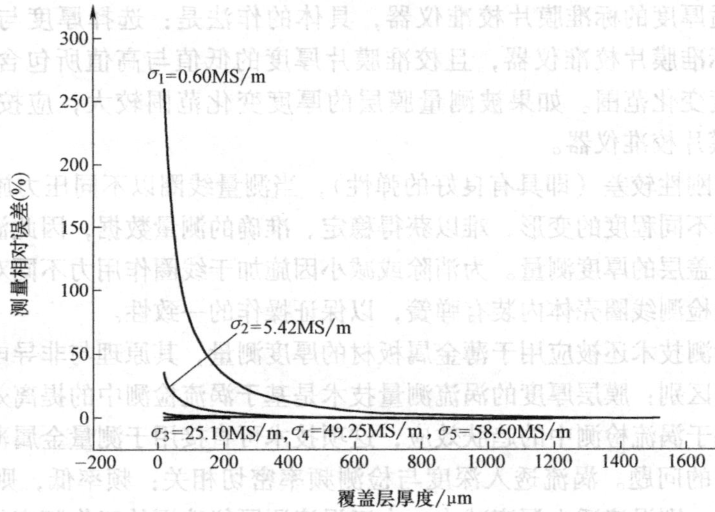

图5-36　基体电导率不同对膜层厚度测量的影响

基体有效厚度是指不影响对覆盖层厚度进行准确测量的最小厚度。由于涡流测厚仪采用的工作频率很高，以检测频率为4MHz、电导率为1～100%IACS的常用金属为例，取3倍的标准透入深度作为涡流的有效透入深度，则对应的基体有效厚度范围为0.03～0.3mm，因此绝大多数情况下基体的厚度都会大于这一厚度要求。但对于带有多种覆盖层试件的表面非导电覆盖层厚的测量，应注意表面覆盖层下面覆盖层的性质与厚度。如果多层覆盖层均为绝缘材料，则可以不考虑其厚度，但测量的结果是多重覆盖层的总体厚度；如果表层下的覆盖层是导电材料，如镀层，则必须考虑镀层的导电性和厚度，仪器校准时应采用带镀层的试样。

测量部位的形状、尺寸及表面粗糙度会直接影响测量线圈与基体的电磁耦合状况。因此在有曲面的零件上测量覆盖层厚度时，应在相同曲面形状的基体上或直接在不带有覆盖层的零件上校准仪器，以消除曲面的影响。值得注意的是，不同仪器对于相同曲面的响应可能是不同的。当使用不同型号的涡流测厚仪时，不应以一种仪器的测量修正结果或修正曲线应用于另一种型号的仪器。基体和覆盖层的表面质量会对覆盖层厚度的精确测量产生影响，通常表面较光洁的零件的表面粗糙度 *Ra* 值为1～10μm，非导电覆盖层的表面粗糙度一般要劣于这一水平，因此当基体和覆盖层粗糙度值不是很小时，期望测量厚度小于10μm的覆盖层和在粗糙覆盖层表面获得精确度高于10μm的结果都是不现实的。基于检测线圈离导电基体距离越近电磁感应越显著这一现象，仪器在10μm以上的测量范围内，一般对于较小的厚度测量范围，测量结果不确定度的绝对值较小；而对于较大的厚度测量范围测量结果不确定度的绝对值较大。

涡流检测线圈到导电基体表面的距离与基体表层感生涡流对线圈反作用磁场的大小之间不是线性关系。尽管在设计测厚仪电路时考虑了对二者之间对应关系的数学模型的拟合，但由于检测线圈作用于基体的电磁场并不是理想的零体积点源磁场的相互作用，因此检测线圈磁场与基体中涡流磁场之间的相互作用必然与仪器设计采用的物理模型存在差异，这种差异随着仪器校准范围的增大而表现得愈加显著。提高仪器测量精度的最有效办法是选择合适厚度的标准膜片校准仪器，具体的作法是：选择厚度与被测覆盖层厚度尽可能相近的标准膜片校准仪器，且校准膜片厚度的低值与高值所包含的范围应覆盖被测量膜层的厚度变化范围。如果被测量膜层的厚度变化范围较大，应按上述原则分别选用合适的标准膜片校准仪器。

如果覆盖层的刚性较差（即具有良好的弹性），当测量线圈以不同压力施加于测量表面时，会引起覆盖层不同程度的变形，难以获得稳定、准确的测量数据，因此涡流测厚方法不适用于刚性差的覆盖层的厚度测量。为消除或减小因施加于线圈作用力不同对测量结果的影响，许多测厚仪在检测线圈壳体内装有弹簧，以保证操作的一致性。

此外，涡流检测技术还被应用于薄金属板材的厚度测量，其原理与非导电涂层的厚度测量技术有着本质的区别：膜层厚度的涡流测量技术是基于涡流检测中的提离效应，薄金属板材的厚度测量是基于涡流检测中的趋肤效应，这项技术可直接用于测量金属薄板的厚度，而不涉及表面覆盖层的问题。涡流透入深度与检测频率密切相关：频率低，则涡流透入深度大；反之，频率高，则涡流透入深度减小。由于涡流测厚仪选用的工作频率很高，因此不适用于金属板材厚度的测量，这种技术的应用通常是采用检测频率较低的涡流仪器，如探伤仪和电导仪。

利用涡流方法测量金属板材的厚度并不一定局限于非铁磁性金属材料，从涡流检测原理上讲，该技术同样适用于铁磁性金属板材的厚度测量。但由于铁磁性材料磁导率不均匀的情况极为普遍，且由磁导率的不一致导致的涡流响应的变化可能往往比由厚度差异引起的涡流响应要大，因此难以对厚度的变化进行准确测量。

应用涡流方法测量金属薄板的厚度应注意以下几个问题：

1）选择合适的频率，确定有效的厚度测量范围。虽然从原理上讲，选择足够低的检测频率可使涡流透入深度达到几十毫米，甚至更大，但由于过低的工作频率会导致产生的涡流非常弱，实际上检测线圈无法提取到有效的涡流响应信号。一般来讲，涡流有效透入深度达到5mm左右，基本可视为有效实施涡流检测的极限厚度。采用工作频率为60kHz的涡流电导仪，对于电导率为15MS/m的铝合金板，其有效透入深度约为1.5mm，即采用固定频率为60kHz的涡流电导仪可测量电导率低于15MS/m、厚度小于1.5mm铝合金薄板的厚度差异。当使用工作频率可调节的涡流探伤仪，可根据涡流的有效透入深度计算公式

$$\delta_{有效}=(2.6\sim3)\times\frac{1}{\sqrt{\pi f\mu\sigma}}$$

确定检测频率。

2）被检测对象的电、磁特性应具有良好的均匀性。

3）在选定工作频率条件下的涡流有效透入深度范围内，涡流响应信号的大小与具有相同电磁特性的金属板材厚度之间的对应关系并不是一种单值对应关系，即存在不同厚度板材的涡流响应信号的大小相等的情况，而涡流响应信号的相位与金属板材厚度之间的关系却是一种单调对应关系。

4）在一定厚度范围内，如厚度约在涡流有效透入深度2/3范围内，涡流响应信号的大小与金属板材厚度之间呈单值对应关系，且响应信号的大小随金属薄板厚度变化而变化的情况较为显著，有利于更准确地测量板材的厚度。

应用涡流方法对金属板材厚度实时测量之前，除了要合理选定工作频率、确定适用范围

外，还要依据被检测对象的厚度及测量精度要求加工制作厚度阶梯试块，并通过实验绘出被测材料的厚度与涡流响应信号的幅度或相位之间的对应关系曲线。在实际测量中，根据被测对象的涡流响应信号的幅度或相位对应到前面制作好的关系曲线上，以确定被检测部位的厚度值。

最后需要说明，利用涡流方法测量薄金属板材的厚度，并没有专门的涡流测厚仪，而是利用涡流探伤仪或电导仪进行相对测量，因此这种测量的精度一般不是很高。要相对地提高测量精度，需要在频率选择、厚度阶梯试块制作、材料均匀性控制及对应关系曲线绘制等方面进行充分地技术准备。

5.4.2 非铁磁性覆盖层厚度的磁性法测量

磁性测厚技术包括机械式和磁阻式两种测量方法。机械式的磁性测量原理如图5-37所示，测厚装置的核心部分是探头中的永久磁铁（通常采用钕铁硼强磁材料制作）。测量时，探头与非铁磁性覆盖层接触，由于铁磁性基体与探头内永久磁铁的磁引力作用，永久磁铁克服弹簧的弹力向下移动，位移的大小取决于覆盖层的厚度。覆盖层薄，磁引力大，永久磁铁的位移就大；反之，覆盖层厚，磁引力小，永久磁铁的位移就小。由于磁引力的大小不仅取决于永久磁铁与铁磁性基体表面之间的距离，而且还与基体材料的磁性大小有关，永久磁铁的位移并不直接代表覆盖层的厚度，而是二者之间存在一种单值对应关系，并且这种对应关系随基体材料磁性不同而有所差异，因此这种对应关系需要采用标准厚度膜片针对具体的基体材料通过校准予以确定。

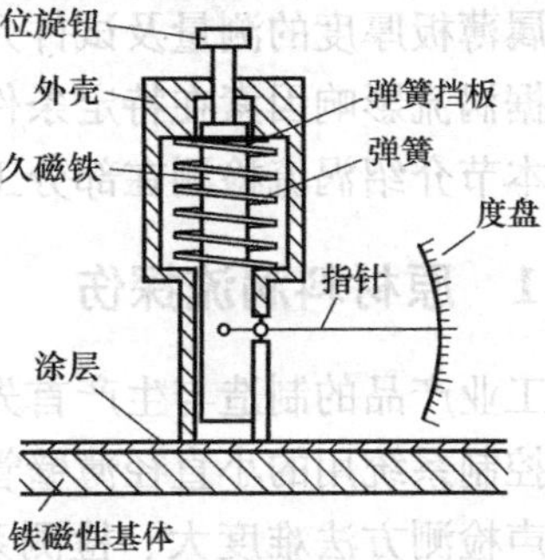

图5-37 机械式的磁性测量原理

磁阻式的磁性测量原理如图5-38所示，测厚装置的核心部分是带有磁心的电感线圈。为避免或减小涡流效应的影响，磁阻式磁性测厚仪采用较低的工作频率，通常是几十到几百赫兹的频率。当线圈通以低频交流电时，线圈内产生磁通，磁通穿过磁心和被测量对象的铁磁性基体形成闭合的磁路。当非铁磁性覆盖层厚度不同时，磁路中的磁阻不同。对于较薄的覆盖层，回路中的磁阻较小；对于较厚的覆盖层，回路中的磁阻则较大。因此根据磁阻的大小可以获得覆盖层的厚度信息。与机械式磁性测厚仪类似，回路中磁阻的大小不仅取决于检测线圈与铁磁性基体表面之间的距离，而且取决于基体材料的磁性大小。磁阻的大小与表面覆盖层厚度之间存在着明确的对应关系，这种对应关系同样随基体材料磁性不同而有所差异，因此它们之间的对应关系也需要针对具体的基体材料，利用标准厚度膜片通过校准予以确定。

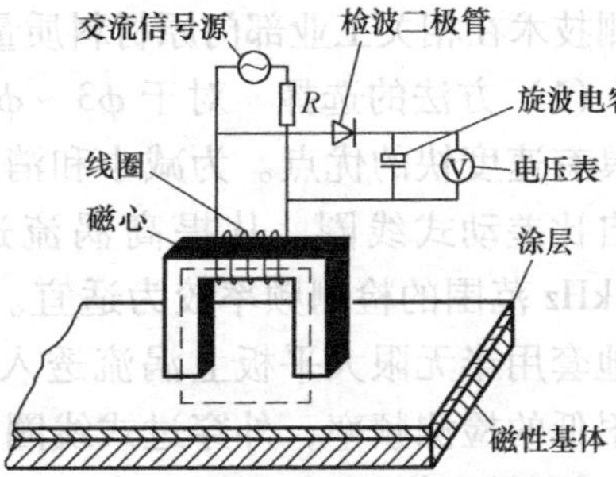

图5-38 磁阻式的磁性测量原理

与涡流测厚方法一样，无论是机械式磁性测厚技术，还是磁阻式测厚技术，磁性法测厚结果的准确度同样受基体的磁特性，基体的厚度，测量部位的形状、尺寸与表面粗糙度、校准膜片厚度的选择、覆盖层刚性以及操作一致性等因素的影响，而且这些因素影响的规律基本是一致的，此处不再赘述。

5.5 涡流检测典型应用示例

在工业生产中，涡流检测广泛应用于各种金属制件（如管、棒、线、板、坯材以及各种机械零件、部件等）和少量非金属导电材料（如石墨、碳纤维复合材料等）。根据检测目的的不同，可以应用于原材料检验、工艺检验、成品检验、在役检验及维修检验等各个质量管理环节。

涡流检测是以电磁感应为基础的无损检测方法，从原理上说，所有与电磁感应涡流有关的影响因素，都可以作为涡流检测方法的检测对象。所以，涡流检测除可以利用材料不连续性的影响进行探伤外，还可利用电导率效应测量金属材料的电导率并进行材质分选，利用提离效应测量导电基体金属材料上膜层的厚度及金属材料上腐蚀层的检测，利用厚度效应等进行金属薄板厚度的测量及试件几何尺寸、形状、大小的测量等。除此以外，涡流检测法还可以根据涡流影响因素在特定条件下进行特定的开发。

本节介绍涡流检测在部分工业部门中的典型应用示例。

5.5.1 原材料涡流探伤

工业产品的制造与生产首先离不开原材料采购后的入厂质量复验，如飞机、火箭燃油系统及控制系统用的小直径薄壁管，制造连接各种结构的紧固件使用的小直径棒材等。由于采用超声检测方法难度大、检测系统复杂，因此涡流探伤成为较为普遍采用的检测方法。相反，受透入深度的限制，对于大规格棒材和管材，除非对于表面质量有特殊的要求，一般很少采用涡流方法进行检测。本节以钛合金小直径棒材（$\phi3 \sim \phi6$mm）涡流检测为例介绍涡流检测技术在相关工业部门原材料质量复验中的应用。

（1）方法的选择　对于 $\phi3 \sim \phi6$mm 的钛合金小直径棒材，采用外穿过式线圈实施检测具有速度快的优点。为减小和消除小棒材沿轴向的尺寸变化引起的涡流响应，通常选用自比差动式线圈。从提高涡流透入深度和保证检测灵敏度两方面考虑，采用 50 ~ 500kHz 范围的检测频率较为适宜。需要注意的是，对于采用外穿过式线圈检测，不能机械地套用半无限大平板上涡流透入深度公式计算涡流在棒材中的透入深度，因为即使采用很低的检测频率，外穿过式线圈内棒材轴线上的涡流密度总是为零，因而无法检测棒材心部区域质量的好坏。

采用自比差动式线圈虽然有利于抑制被检测棒材沿轴线方向上直径、化学成分不均匀带来的影响，但两个串联反接的检测线圈容易使轴线方向上深度比较一致或深度变化比较缓慢的条状缺陷的响应相互抵消以致漏检，加上环形线圈在棒材心部区域形成检测“盲区”，要实现对小直径钛合金棒材的可靠检测，有必要考虑补充采用放置式线圈沿棒材表面作周向扫查。

（2）人工伤的制作　对比试样制作主要是人工伤的设计与加工。人工伤的形式可以选择钻孔、轴向刻槽或周向刻槽等多种方式。对于采用拉拔工艺生产的钛合金小直径棒材，产生长条状缺陷的几率大于点状缺陷和周向缺陷出现的可能，因此在棒材表面制作轴向刻槽最为合理。表面轴向槽伤通常采用电火花方式加工，槽的长度、宽度取决于作为加工电极的铜片的长度和厚度，由于槽伤的长度和宽度不是影响涡流响应信号幅值和相位大小的主要因素，而人工槽伤的深度与涡流响应信号密切相关，因此槽伤的深度是对比试样制作需重点控制的指标。为保持涡流探伤结果的可比性，对槽的长度和宽度也应作出统一的要求。通常槽的长度控制在5~10mm，槽的宽度在0.05~0.1mm。槽的深度是依据产品的验收标准确定的，采用涡流检测方法可检测出最小深度约为0.1mm的槽伤，从这一角度来说，如果产品表面不允许有深度小于0.1mm的缺陷，则不适合采用涡流方法进行探伤。

如果明确了以某一深度人工伤作为产品的质量实际需要验收标准，可以在对比试样上仅加工这一种深度的槽伤；如果考虑对发现的缺陷进行定量评价，则需要加工多种深度的人工伤。为调整检测系统传动装置的稳定性和保证线圈周向检测灵敏度的一致性，应在对比试样表面沿轴向等间距地加工制作3个沿周向120°分布的槽伤。如果对比试样的长度过短，则不利于试样的稳定夹持与传送，因此对比试样长度一般控制在1000~2000mm范围。

(3) 缺陷信号的分析与识别 图5-39所示为采用自比差动式的外穿过线圈检测直径为ϕ5.5mm钛合金棒材对比试样的结果。试样上加工有3个深度为0.2mm人工槽伤和0.15mm、0.1mm深度的槽伤各1个。该结果记录了人工缺陷的位置和响应信号的幅度。从图中可以看到，响应信号的幅度与缺陷的深度之间有着良好的对应关系。

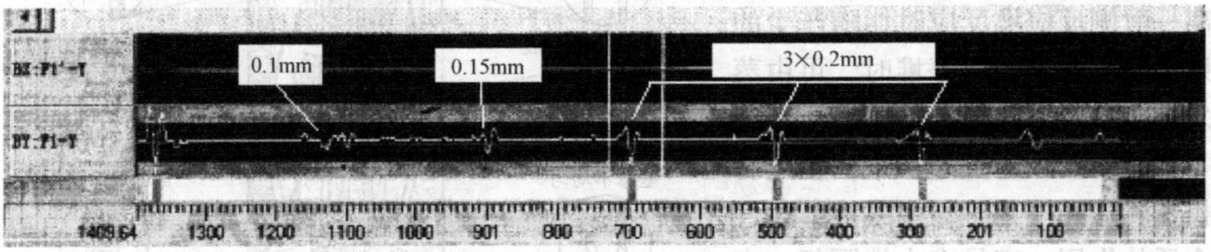

图5-39 钛合金棒材上不同深度人工槽伤的涡流响应信号

对于人工缺陷来说，由于加工形状规则、位置确定，且目视可见，因此检测获得的信号，不论是缺陷的数量、位置，还是大小，都非常容易识别。而在实际的产品检测中，对检测信号的识别与判读则远非如此简单，往往从仪器显示信号上较难直接得出缺陷的真实情况。

图5-40是一根ϕ5.5×1866mmTC16棒材的涡流检测结果记录，采用的是外穿过自比差动式线圈。由图5-40可见，在棒材末端约460mm长度范围内，出现了多个涡流响应信号，并达到了检测设定的报警范围。

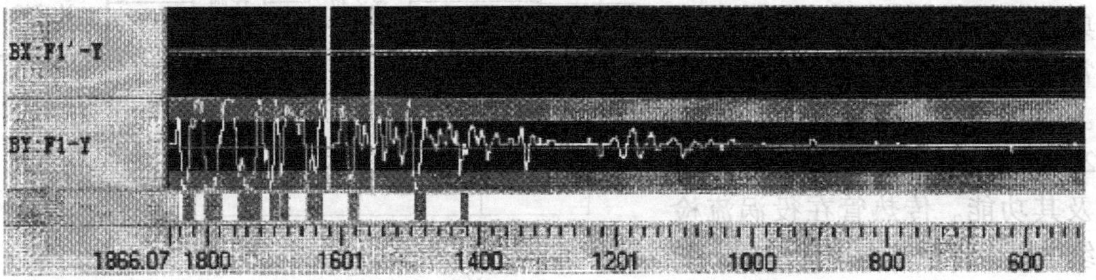

图5-40 钛合金棒材上自然缺陷的涡流响应信号

5.5.2 在役设备探伤

在核工业领域，涡流检测方法以其快速、经济且易于实现自动化的特点而得到广泛应用。其中，核动力设施中除了众多品种的钢、钛、铝、锆等管材制品外，还有多种热交换器传热管（如蒸汽发生器、冷凝器、高/低压加热器、设备冷却水交换器及汽水分离再热器等）、压力容器和主泵的螺栓、螺母以及燃料元件等，均需采用涡流技术实施在役检测，并以此作为保障核设施安全运行的重要手段。

（1）热交换器传热管的在役检测 核动力设施中有多种多样的热交换器，这些热交换器的传热管道均采用内通过式线圈的涡流技术实施在役检测。下面以压水堆核电站的蒸汽发生器为例，介绍热交换器传热管的在役涡流检测技术及相关的知识。

1）热交换器传热管的结构、常见缺陷的类型及损伤部位。蒸汽发生器是压水堆核水站的关键设备，它的功能是：将反应堆产生的热传递至二次侧，使之转变为高温、高压的蒸汽，以推动汽轮机带动发电机运转；隔离一次侧反应堆反应时伴随产生的放射性辐射；当需要停堆时，可由蒸汽发生器带走堆内的余热。

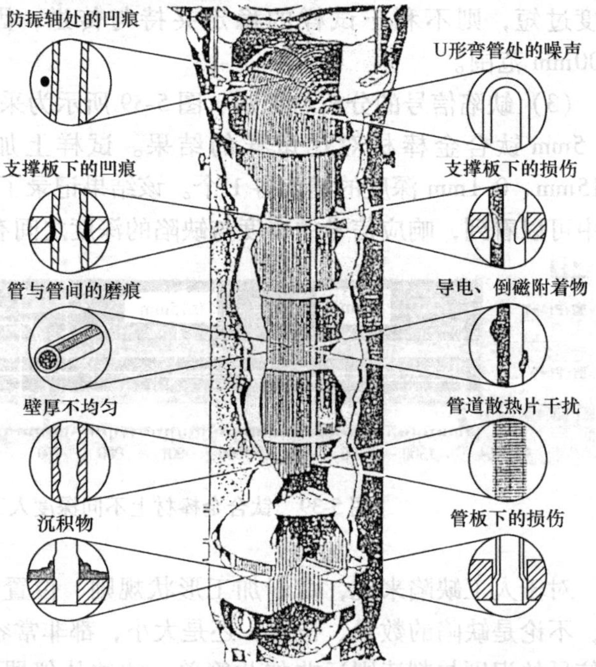

图 5-41 蒸汽发生器的结构、运行中常见缺陷及发生部位

热交换器在运行过程中，传热管受机械转动和电化学作用或液体、气体介质的作用，容易在支撑隔板、弯管、胀管区等产生磨损、腐蚀等缺陷。同时在振动和腐蚀的交互作用下，各种缺陷会不断扩展和加深。当交变应力超过材料残余部分的强度极限时，会形成破坏性的裂纹，最终导致传热管发生爆裂或泄漏，因此需要在事故发生前定期对热交换器管道进行检查，及时更换出现腐蚀和磨损的管子，预防事故的发生。

典型的蒸汽发生器的结构、运行中常见缺陷及发生部位如图 5-41 所示。

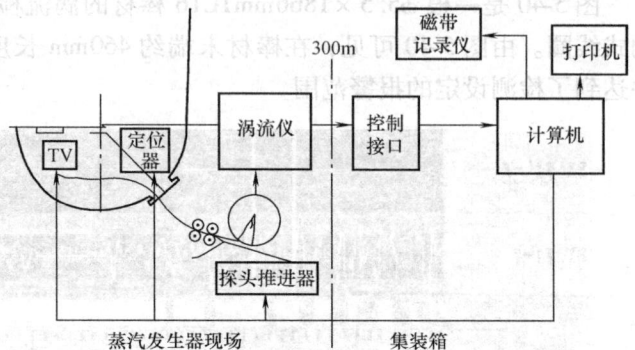

图 5-42 传热管在役涡流检测系统的基本组成单元

2）传热管涡流检测系统的基本组成及其功能。传热管在役涡流检测系统主要由 4 个基本单元组成，如图 5-42 所示。

①涡流检测单元，包括涡流仪和检测线圈。由于热交换器传热管之间由钢板支撑，并且

管板支撑部位是磨损和腐蚀等缺陷的易发生区，因此必须采用多频涡流仪实施检测；在热交换器的顶部，传热管呈倒立的U形，要求内通过式线圈具有良好的柔性，以顺利地通过该区域。

②机械传动单元，包括定位装置、检测线圈推进装置和旋转装置。其功能是按照控制系统传递的检测计划和指令准确地将检测线圈定位并均速地传送检测线圈。

③控制与记录单元，包括计算机、打印机、磁带机及各种控制软件。该单元在检测系统中起着指挥和控制的核心作用，通过专用的控制、管理软件，实现了监视装置、定位装置、探头推进装置和探头旋转装置在微机管理下的自动运行。

④监视单元，主要指监测装置。一般将小型的CCD摄像头放入蒸汽发生器外壳内部，对检测线圈的定位和传送情况实施在线监视。

(2) 压力容器、主泵螺栓螺母的涡流检测　美国机械工程协会（ASME）无损检测规范（该规范在世界各国压力容器检测行业被广泛采用）要求对核设施中压力容器、主泵上直径$\geqslant\phi$48mm承压螺栓件的表面缺陷采用涡流方法进行检测。螺栓、螺母涡流检测的具体实施方法可参照下面的应用实例进行。

1）主螺栓、螺母涡流检测系统及检测实现方式。图5-43所示为一螺栓涡流检测系统，该系统由单频涡流仪、专用检测线圈（放置式）、轮盘及控制台、线圈支架及纸带记录仪组成。检测线圈以铁氧体作磁心，其端部与螺栓的螺纹根部形状相吻合，并嵌入到一个与螺栓螺纹相匹配的螺母形状的支架上，如图5-44a所示。当转台带动螺栓旋转时，其带螺纹的部分带动嵌有线圈的螺母支架上、下移动，从而实现对螺栓整个螺纹区域根部表面的检测。与螺栓螺纹检测相反，当对主螺母内螺纹根部缺陷实施检测时，将检测线圈嵌入尺寸与螺母相匹配的螺栓形状的探头支架内部，转盘转动的同时带动螺栓支架旋转，从而实现对螺母整个螺纹区域根部的涡流检测，检测系统及检测方式如图5-44b所示。

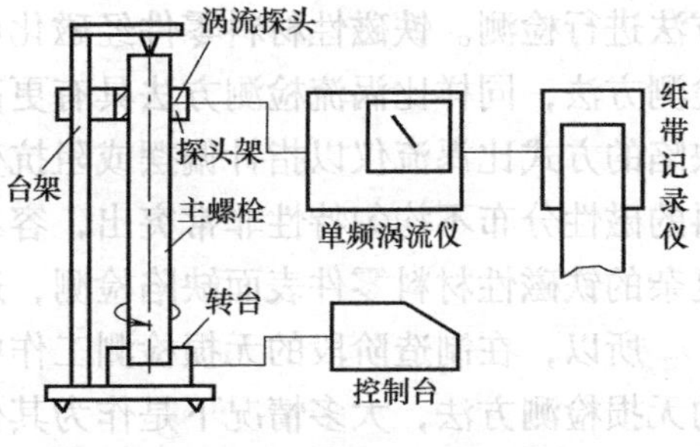

图5-43　主螺栓涡流检测系统

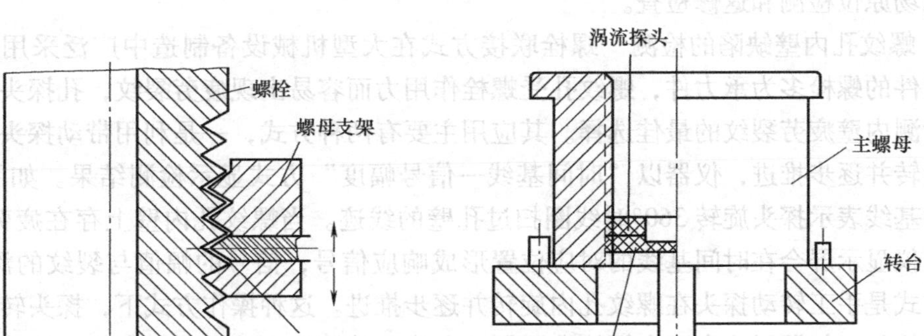

图5-44　螺纹根部裂纹检测方式

a）螺栓的检测方式　b）螺母的检测方式

如图 5-45 所示，分别在螺栓、螺母试样上加工宽度为 0.2mm，深度为 0.5mm、1.0mm、0.5mm 的人工槽伤 A、B、C，将其作为涡流探伤对比试样。

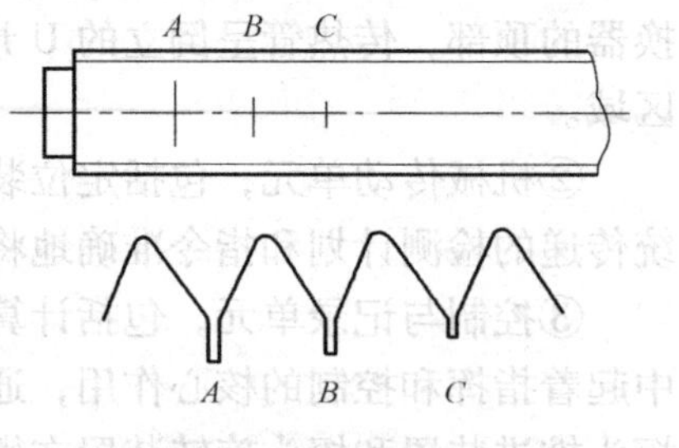

图 5-45 螺纹根部人工槽伤的制作方式

2）检测的实施。用对比试样对检测系统进行校准，并调整检测灵敏度和滤波相位，使记录纸带上打印出各人工伤响应信号的幅值，且呈近似的线性关系。检测频率可在 100～500kHz 范围进行优化选择，并记录所有幅度大于 0.5mm 人工伤的响应信号。

5.5.3 零件的涡流探伤

与射线和超声检测技术相比，涡流检测方法不适于尺寸较大零件的内部缺陷检测，而渗透检测方法对复杂形状零件具有更好的适应性和检测效率。因此在零件的制造过程中，铸件和焊接件的内部缺陷检测普遍采用射线照相的方法，表面缺陷检测主要采用渗透的方法。变形材料及制件，如锻件和机械加工件，通常在留有大于检测盲区的加工余量条件下采用超声方法进行检测。铁磁性材料零件经磁化后，采用施加磁悬液，并用肉眼观察磁痕显示的磁粉检测方法，同样比涡流检测方法具有更高的检测灵敏度和检测效率，且通过磁痕记录和显示缺陷的方式比涡流仪以指针偏摆或阻抗变化的形式显示缺陷的方式更直观。另外，铁磁性材料的磁性分布不均匀特性非常突出，容易成为涡流检测中的干扰因素，因此对于外形不是很复杂的铁磁性材料零件表面缺陷检测，通常更优先选用磁粉探伤方法。

所以，在制造阶段的无损检测工作中，涡流探伤方法一般不作为零件质量检验优先选用的无损检测方法，大多情况下是作为其他常规无损检测方法难以有效实施时的补充手段。例如，对于某些机械加工的非铁磁性零件，在实施超声检测时已没有加工余量，而在超声检测盲区范围可能存在非开口的表面缺陷，采用磁粉和渗透检测方法又都无法实施，此时，涡流检测方法则充分体现了它适用于导电材料表面缺陷检测的特点，成为唯一可选的无损检测方法。

涡流检测还因为检测仪器体积小，便于携带，且检测线圈外形设计灵活，被广泛应用于零件的现场原位检测和返修检查。

（1）螺纹孔内壁缺陷的检测　螺栓联接方式在大型机械设备制造中广泛采用。作为联接不同部件的螺栓多为承力件，螺纹孔受螺栓作用力而容易出现疲劳裂纹，孔探头是采用涡流方法检测内壁疲劳裂纹的最佳选择。其应用主要有两种方式，一是利用带动探头在螺纹孔内高速旋转并逐步推进，仪器以“时间基线—信号幅度”方式显示检测结果。如图 5-46 所示，时间基线表示探头旋转 360°时线圈扫过孔壁的线迹。当螺纹孔内壁上存在疲劳裂纹时，涡流检测仪显示屏会在时间基线的对应位置形成响应信号，信号的幅值与裂纹的深度相关。另一种方式是手工转动探头在螺纹孔内旋转并逐步推进。这种操作方式下，探头转动速度较慢，且不均匀，仪器无法实现在螺纹孔圆周壁上位置的缺陷自动识别和定位，缺陷的定位是通过观察在缺陷响应信号出现时探头上检测线圈扫到的位置实现的。这种扫查方式下，缺陷在阻抗平面式示波屏上形成“8”字形的响应信号，而不是“时间基线—信号幅度”的显示方式。

除了采用专用的孔探头检查外，也可以使用钩式探头进行扫查。与孔探头相比，钩式探头的优点是对不同直径大小的螺纹孔具有良好的适应性；不足之处在于探头与孔壁耦合的稳定性和一致性较差，且对操作人员的要求较高。如果孔壁上裂纹深度较大，利用孔探头或钩式探头从孔壁圆周面上扫查可能无法确定裂纹的深度，因此需要采用直探头和钩式探头在垂直于螺纹孔的平面上沿裂纹扩展的方向进行扫查的方式加以确定。

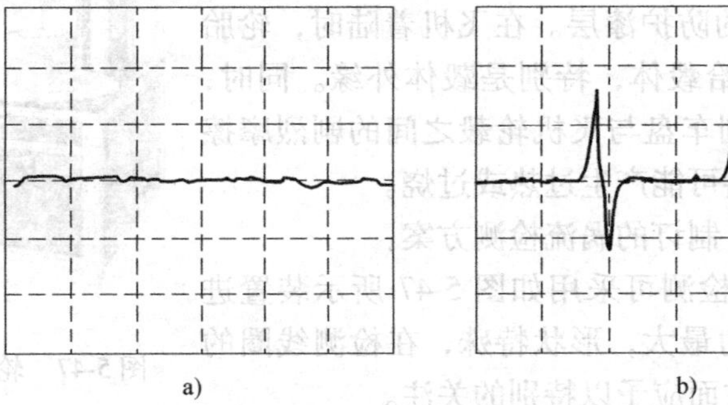

图5-46 探头枪驱动孔探头的扫查结果

a）孔壁无缺陷时的响应波形 b）孔壁上有两个缺陷时的响应波形

（2）发动机涡轮盘表面缺陷的检测 涡流盘是舰船和飞机发动机的重要承力构件。在高速旋转条件下，受材料自身离心力和叶片离心拉力的巨大作用。如果涡轮盘表面在加工过程中产生裂纹或划痕，或是在使用过程中出现裂纹，特别是周向裂纹，会形成严重的事故隐患。

制造过程中，涡轮盘表面缺陷的涡流检测可利用超声C-扫描系统的机械扫查装置来实施。需要注意的是，采用超声C-扫描技术检测涡轮盘时，通常使用具有一定焦距尺寸的水浸聚焦换能器，因此超声探头是在涡轮盘表面上方较大距离处进行检测，而涡流线圈需要贴近涡轮盘表面才可获得更高的检测灵敏度。作为主承力的重要构件，涡轮盘中允许存在的缺陷的尺寸非常小（往往在微米量级），要求所采用的超声换能器的焦点尺寸与之相适应，且扫查步进量为最小检测目标尺寸的1/3～1/2。从提高涡流检测灵敏度和缺陷定量的准确度角度讲，宜选择频率较高、直径较小的涡流线圈。

为了保证涡流检测线圈对涡轮盘表面缺陷具有一致可靠检测能力，需要在涡轮盘表面典型形面位置上制作人工缺陷。检测过程中，灵敏度的调整可以采取以下两种方式：一是以涡流响应最小的缺陷调整周向灵敏度，对整个涡轮盘进行检测；二是分别以不同型面上缺陷调整灵敏度，对不同形面区域分别进行扫查。前一种方式适用于不同形面位置上缺陷的涡流响应差异不大的情况，后一种方式适用于不同形面区域上缺陷的涡流响应差异较大的情况。以何种方式确定检测灵敏度和扫查方式，需要根据人工缺陷的涡流响应情况和相关标准的质量要求确定。

涡轮盘在使用中受发动机起动、加速、减速、停传过程叶片交替载荷作用，安装叶片的榫槽部位容易产生疲劳裂纹，尤其是榫槽的根部。

为了减小因线圈与被探测部位耦合不良产生的干扰，专用探头形状与镶嵌叶片的榫槽外形十分接近，由此也带来线圈扫查位置大大受到限制的问题。为解决这一矛盾，探头中在涡轮盘最容易产生裂纹的榫槽根部镶嵌多个检测线圈，探头从涡流盘的某一侧面嵌入榫槽，平稳地推移至另一侧面，完成对榫槽根部区域的检测。使用这种线圈结构的探头，通常要求涡流检测仪具有多个工作通道，以分别接收来自榫槽根部不同部位上线圈的响应信号。

（3）飞机轮毂的涡流探伤　轮毂在飞机着陆、滑行过程承受巨大冲力和摩擦力作用，是飞机定期安全检查的重点部位。飞机轮毂一般采用铝合金铸造或锻造工艺制成，使用中的轮毂表面涂有一层较厚的防护漆层。在飞机着陆时，轮胎将承受的巨大冲击力传递给毂体，特别是毂体外缘。同时，飞机在急速刹车过程中，刹车盘与飞机轮毂之间的剧烈摩擦产生大量的热，使轮毂材料可能产生过热或过烧。

以下是针对上述情况，制订的涡流检测方案：

1）涡流探伤。轮毂的检测可采用如图5-47所示装置进行自动扫查。外缘部位受力最大，形状特殊，在检测线圈的配备和检测信号的监视等方面应予以特别的关注。

图5-47　轮毂自动检测装置

无论是轮毂主体部位，还是轮毂的外缘部位，在实施涡流探伤时都要考虑漆层对检测的影响。表5-3和图5-48给出了铝合金试样上覆盖有不同厚度非导电层时，不同深度人工槽伤响应的变化情况，可供参考使用。

表5-3　非导电覆盖层下人工缺陷的响应（检测频率$f=200\text{kHz}$）

人工刻槽深度/mm	响应信号	非导电覆盖层厚度/μm				
		0	85	170	255	340
0.2	幅值	3.24V	2.04V	1.71V	1.32V	1.02V
	相位	8.9°	11.3°	6.7°	8.7°	11.3°
0.5	幅值	5.92V	4.81V	3.91V	3.1V	2.60V
	相位	15.7°	16.9°	13.3°	14.9°	15.6°
1.0	幅值	7.4V	6.07V	4.71V	3.89V	3.16V
	相位	18.9°	20.2°	17.3°	18.0°	18.4°

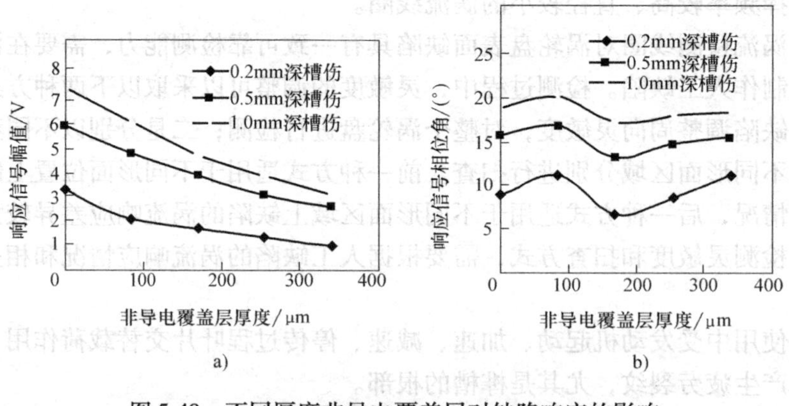

图5-48　不同厚度非导电覆盖层对缺陷响应的影响
a）对信号幅度的影响　b）对信号相位的影响

由图5-48可见，随着导电材料表面非导电覆盖层厚度的增大，涡流响应信号的幅度和相位都发生了显著的变化。如果要准确地测定可能出现的疲劳裂纹的深度，首先要清楚漆层的厚度，这就又涉及涡流检测技术另一项应用，即非铁磁性基体表面非导电覆盖层厚度的测量技术。

2）电导率检查。由于轮毂由铝合金制成，飞机刹车过程产生的高温可能引起轮毂局部区域材料发生相变。由于铝合金的高强度、高硬度是通过将材料加热至一定温度使之发生相变，并迅速置入盐熔炉中进行淬火，然后通过人工时效或自然时效方式获得的，所以轮毂过热或过烧部位的铝合金在发生相变后，因没有经历迅速冷却的淬火过程而导致这些部位硬度和强度大大降低，形成“软点”。由于“软点”部位的组织发生了变化，导电性能也随之改变，因此通过电导率检查可以确定飞机轮毂是否因飞机轮胎与机场跑道剧烈摩擦产生的热量而导致铝合金材料出现过热或热烧的情况。

涂层的存在同样会影响电导率的准确测量，影响程度的大小与所使用的涡流电导仪的提离补偿性能有关。了解涡流电导仪提离抑制性能的好坏，一种途径是从制造商提供的使用手册中查到，另一种途径是通过试验确定。如果所使用的涡流电导仪没有足够的提离抑制性能，则需要考虑采用涡流测厚仪测量出漆层的厚度，然后根据漆层的实际厚度对电导率的测量结果进行修正。

5.5.4 导电材料电导率的涡流检测

对于厚度大于涡流透入深度、宽度大于检测线圈涡流场作用范围的非包铝板材及其制件，只要其电导率值稳定，便可在板材或零件表面直接测得正确的电导率值。当材料或零件不满足上述条件，或存在其他影响线圈与被检测对象之间达到正常耦合状态的因素时，便无法直接正确地测得其电导率值。下面以薄裸铝板材、铝合金棒材为例，介绍铝合金材料电导率测试中经常遇到的有关电导率测试值修正或补偿的问题。

（1）薄裸铝板材的电导率测试 图5-49是采用工作频率为60kHz的Sigmatest 2.607型电导仪对0.4～2.0mm范围内四种不同厚度和电导率值铝合金板电导率进行测量获得的试验曲线。可以看到，板材厚度大于标准透入深度而小于有效透入深度时，电导率测量的视在值与板材的实际电导率值有较大差异，只有厚度达到或超过有效透入深度时，电导仪的视在读数才能正确反映材料的真实电导率值。

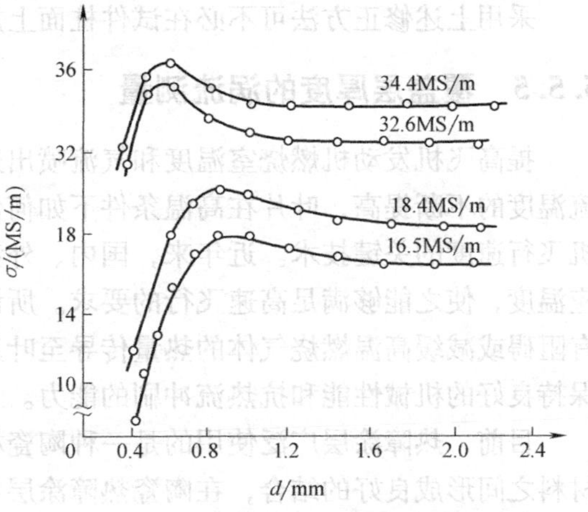

图5-49 Sigmatest 2.067型涡流仪的电导率测量读数与板厚关系

因此实际测量时，被测件厚度应大于涡流的有效透入深度，否则，需要采取叠加测量的办法。叠加测量时，可采取两张板叠加，亦可采取三张板叠加，原则上要求叠加后的厚度大于涡流有效透入深度，并要求各层必须贴紧，各层上、下位置互换后测量结果应一致。

（2）铝合金棒材的电导率测试 对于铝合金棒材的电导率测量，通常不允许在棒材横端面直接进行，这是因为与铝合金电导率相关的技术标准给出的数据均是在平行于铝合金轧制方向的平面上获得的。对于曲率半径小于 $R250$mm 的内凹状试件，不能在凹面上直接测得其真实电导率值；对于曲率半径大于 $R60$mm 的外凸状试件，才能直接在凸面上测得其真实电导率值，否则需要加工出平整的测试面或采取修正测量方法。

对于直径为 $\phi20\sim\phi120$mm 的棒材，按下述公式对实测数据加以修正后可得到铝合金棒材的真实电导率值：

$$\sigma(\infty)=\sigma(\varphi)/\exp\left(s+\frac{t}{\varphi}\right) \tag{5-7}$$

式中 $\sigma(\varphi)$——直径为 φ 的棒材上测得的视在电导率读数；

$\sigma(\infty)$——材料的真实电导率值，即最终期望获得的电导率值；

s，t——与试件直径 φ 有关的修正系数。

不同直径范围内 s、t 的取值见表 5-4。

表 5-4 不同直径范围内 s、t 的取值

直径 φ/mm	s	t
20 ~ 50	0.050	-4.87
50 ~ 120	0.018	-3.28

注：该修正系数的取值仅适用于 Sigmatest 2.607 型涡流电导仪。

举例说明：在 $\phi40$mm 和 $\phi90$mm 铝合金棒材柱面上测得的电导率值分别为 30% IACS 和 37% IACS，在表 5-4 中选择对应的 s，t 值，并分别代入修正系数计算式中，可分别得到 $\phi40$mm 和 $\phi90$mm 铝棒的真实电导率值：$\sigma(\infty)|_{\varphi=40}=\sigma(40)/\exp(-0.07175)=1.074\sigma(40)$，$\sigma(\infty)|_{\varphi=90}=\sigma(90)/\exp(-0.01844)=1.019\sigma(90)$

采用上述修正方法可不必在试件柱面上加工测试平面而获得比较准确的电导率。

5.5.5 覆盖层厚度的涡流测量

提高飞机发动机燃烧室温度和气流喷出速度是增大发动机推力的有效途径，随着燃烧气流温度的不断提高，叶片在高温条件下如何保持良好的机械性能和抗腐蚀性能已成为提高飞机飞行速度的关键技术。近年来，国内、外都在研究和采用热障涂层技术提高叶片的工作适应温度，使之能够满足高速飞行的要求。所谓热障涂层，就是在叶片表面喷涂或沉积一层具有阻碍或减缓高温燃烧气体的热量传导至叶片的功能涂层，使叶片在相对较低的温度条件下保持良好的机械性能和抗热流冲刷的能力。

目前，热障涂层广泛使用的是一种陶瓷材料。为使陶瓷材料与叶片基体的高温镍基合金材料之间形成良好的结合，在陶瓷热障涂层与叶片基体材料之间先沉积一种富铝材料的界面层。陶瓷层厚度一般要求在 250mm 左右，如果厚度小于这一指标，则阻热作用达不到预期的效果；如果热障涂层厚度过大，不仅会增加叶片的重量，而且会使保护层变脆，容易产生剥落，同样起不到热障及保护叶片的作用。除此之外，热障涂层厚度的均匀性也是必须关注的一项指标。

由于涂层厚度较薄，且在陶瓷层与富铝层之间、富铝层与叶片基体之间难以对超声波形成明显的反射回波信号，因此超声测量方法对于热障涂层厚度的测量受到一定的限制。由于镍基高温合金和富铝层材料均为非磁性导电材料，陶瓷热障涂层是非导电材料，因此特别适

合采用涡流方法进行厚度测量。

采用涡流测量叶片表面陶瓷层的厚度，应注意以下两方面的技术问题：

（1）不同形面曲率的影响　以 Mini 2100 型涡流测厚仪为例，在直径为 $\phi5\sim\phi100mm$ 的阶梯铝棒上对厚度 $\delta=15\mu m$ 的非导电薄膜进行测量，试验结果见表5-5、表5-6。

根据表5-5、表5-6中的数据绘制的“测厚仪读数—棒材直径关系曲线”，如图5-50所示，从图中可以看出：

1）测厚仪读数变化明显受棒材曲率大小的影响，大曲率（小直径）的影响较大，小曲率（大直径）的影响较小，呈单调变化规律；

2）在直径不大于 $\phi100mm$ 的曲率范围内，曲率的影响一直存在。

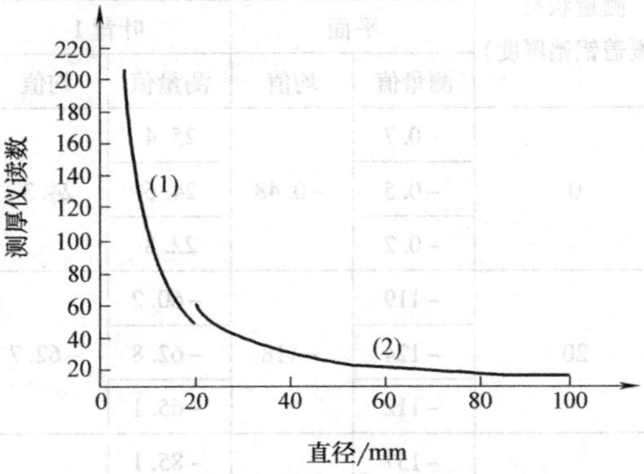

图5-50　测厚仪读数与棒材直径关系曲线

表5-5　$\phi5\sim\phi20mm$ 铝合金棒材上非导电薄膜厚度的测量结果　（单位：mm）

测量次数	直径 ϕ				
	5	7.5	10	15	20
1	207.5	140.6	103.8	68.2	49
2	203	141.8	102.4	67.1	48.8
3	207.51	140.2	103.6	67.3	47.3
4	206.5	140.6	103.6	66.8	49.3
5	205.5	138.6	103.2	67.1	50.4
平均值	206	140.4	103.3	67.3	49

表5-6　$\phi20\sim\phi100mm$ 铝合金棒材上非导电薄膜厚度的测量结果　（单位：mm）

测量次数	直径 ϕ							
	20	25	40	50	70	80	90	100
1	63.8	46.7	30.6	23.8	21.8	18	17.3	16.6
2	61.2	44.4	30.4	25.4	21.7	17.4	17.4	16.7
3	58.7	44.6	31	23.8	19.8	18.3	18.5	18.1
4	61.4	45	30.6	26.5	20.7	20.7	16.4	16
5	59.2	45.4	31.4	24.5	19.7	17.4	18.5	15.9
平均值	60.9	45.2	30.8	24.8	20.7	18.4	17.6	16.7

（2）不同厚度导电层的影响　在叶片上选择曲率不同的典型部位（叶根平面、叶背1、叶背2、叶心1、叶心2，叶背1部位的曲率大于叶背2部位的曲率，叶心1部位的曲率大于叶心2部位的曲率），分别对覆盖厚度为 $20\mu m$、$40\mu m$、$60\mu m$ 的铝箔进行测量，并与无覆盖层状态下测量结果相比，得到的数据见表5-7。

表 5-7 叶片不同曲率位置上不同厚度导电层的测量结果 （单位：μm）

测量状态（覆盖铝箔厚度）	测量位置									
	平面		叶背 1		叶背 2		叶心 1		叶心 2	
	测量值	均值	测量值	均值	测量值	均值	测量值	均值	测量值	均值
0	-0.7	-0.48	25.4	24.3	7.0	8.0	-11.3	-12.2	-4.6	-4.2
	-0.5		24.6		6.3		-13.5		-3.6	
	-0.2		22.8		10.8		-11.8		-4.3	
20	-119	-118	-60.2	-62.7	-114	-107	-224	-227	-155	-162
	-124		-62.8		-103		-220		-157	
	-112		-65.1		-104		-238		-176	
40	-157	-155	-85.1	-85.0	-127	-126	-231	-237	-187	-182
	-155		-85.1		-125		-238		-186	
	-154		-84.8		-127		-242		-174	
60	-169	-166	-86.2	-87.2	-136	-135	-259	-255	-209	-211

由表 5-7 数据可得到图 5-51。

如果没有铝箔覆盖层和曲面的影响，所有测试数据均应为零。由图 5-51 可以看出，铝箔厚度对涡流测厚仪读数的影响有以下特点：

1）影响趋势一致。由于铝箔的存在，导致测厚仪读数变为负值，且随着铝箔厚度的增加，这种影响变大。

2）以平面上测量数据为分界线，叶背（凸面）上铝箔的影响小于平面上铝箔的影响，叶心（凹面）上铝箔的影响大于平面上铝箔的影响。

3）不论是叶背部位，还是叶心部位，曲率大的部位上铝箔的影响大于曲率小的部位上铝箔的影响。

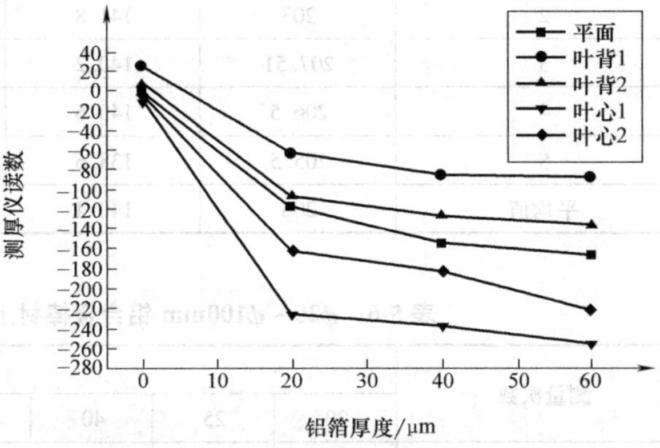

图 5-51 不同厚度导电层对测厚仪读数的影响

以上针对解决带热障涂层叶片的保护层厚度测量的问题，提出了需要考虑的主要影响因素及解决该类问题的试验分析方法，并没有完整地给出测量方法和相关技术的最终解决方案，因为该项技术本身尚需要做进一步的深入研究。

复 习 题

1. 选择题

1）涡流检测的标准试块用于（ ）。

A. 保证仪器调整的重复性与可靠性 B. 精确校准缺陷深度

C. 准确评定缺陷的尺寸 D. 对缺陷作定性评定

2）在外穿过式线圈的涡流检测系统中，标准试样用来（ ）。

A. 保证检验工作的重复性和可靠性　　B. 确定仪器的灵敏度或裂纹的深度

C. 测量试验频率　　D. 以上都是

3）用穿过式线圈涡流系统检测时，校准样件是用来（　　）。

A. 保证调整的重复性可靠性　　B. 校准可检出的缺陷的近似深度

C. A 和 B　　D. 测量试验频率

4）用自动化操纵系统对材料进行涡流检验时，最好按照（　　）校准和调整灵敏度。

A. 一些电子源　　B. 另一种无损试验方法

C. 一个 NBS 标准　　D. 一个被检验的实际零件

5）ET 用的参考对比试样可以是（　　）。

A. 含有槽、孔类型的人工缺陷

B. 含有裂纹、夹杂类自然缺陷

C. 含人工或自然缺陷，也可以是无法测量到的缺陷，取决于所用检测系统和检测方式

D. 以上都对

6）管材对比试样上的钻孔标准伤最适合模拟（　　）。

A. 泄漏　　B. 凹坑　　C. 短而严重的起皮　　D. 以上都可以

7）在穿过式线圈涡流仪中，试验频率受（　　）控制。

A. 示波器　　B. 灵敏度调节器

C. 振荡器　　D. 调制分析调节

8）纵向刻痕标准伤最能模拟（　　）。

A. 横向断裂　　B. 针孔

C. 疏松　　D. 纵向裂纹

2. 判断题

1）涡流检测的试验频率越高，内部缺陷的检出能力越高。

2）涡流检测的最佳激励频率通常不是一个定值，而是一个频率范围，在此范围内探伤灵敏度相差不多。

3）涡流检测的激励频率越高越好。

4）涡流检验仪器必须在预热后进行调整校准。

5）在穿过式线圈法涡流检测中，试样端部检测盲区的长度与检测线圈的尺寸和检测速度有关。

6）缺陷对线圈阻抗的影响涉及被检材料的导电率和几何尺寸两个参数的综合影响。

7）涡流检测法根据检测线圈的阻抗变化来检测试件的材质变化。

3. 问答题

1）简要说明不同类型线圈（绝对式、自比差动式、他比差动式）对不同类型缺陷（体积型、面积型和线型）的响应特点。

2）确定检测频率主要有哪几种方法？各种方法的适用性如何？

3）使用阻抗平面型涡流仪探伤时，首先需要调整的最主要的三个参数（或旋钮/按键）是什么？并分别说明其中一个参数改变（即调整其中某一个旋钮/按键）时，对涡流响应信号的其他两个参数的影响。

4）填充系数的意义是什么？是否填充系数值越大，检测灵敏度就越高？为什么？

5）涡流检测中使用的对比样管上的通孔伤、平底孔伤、轴向和周向槽伤分别对何种自然缺陷具有更好的代表性？

6）详细描述内通过式差动线圈通过管壁上一通孔缺陷时的涡流响应信号的变化过程。

7）将通孔伤涡流响应信号的相位角设定为40°时，被检测管材内壁缺陷和外壁缺陷响应信号相位角的分布有何规律？

8）在对热交换器管实时多频检测时，如何利用混频技术消除管板干扰信号？

9）典型的放置式线圈有哪几种？其优、缺点分别是什么？

10）电磁分选与涡流分选技术有何不同？

11）涡流测厚与电磁测厚原理有何不同？影响涡流与电磁测厚精度的主要因素是什么？

12）在进行涡流测厚或电磁测厚时，应如何选择标准厚度膜片校准仪器？

13）零件、结构件和热交换器管在使用中最常出现的缺陷分别是什么？

14）管、棒材在线探伤、零件和结构的原位探伤、热交换器管道的在役探伤应如何正确选用仪器和检测线圈？

15）简要说明铁磁性材料或零件探伤前进行饱和磁化的必要性及探伤完成后如何实施退磁处理。

第6章 涡流检测新技术

6.1 概述

从人类第一次利用涡流检测技术进行材质分选至今已有百余年的历史，但涡流检测技术真正得到广泛应用是始于半个多世纪前。20世纪40年代初，德国、美国等工业发达国家的一些研究人员开始较系统、广泛地对涡流检测技术进行研究，在理论和实践上完善涡流检测技术，极大推动了涡流检测技术的发展和应用。最早的涡流检测只是采用单一的较高频率的线圈检测导体表面、近表面的缺陷或电磁特性参数。当时，与其他几种常规的无损检测方法相比，涡流检测具有易于耦合、速度快、灵敏度高和成本低等优点，因此，在各工业领域较迅速地得到了广泛的应用和发展，成为一种常规的无损检测方法。

随着工业的发展，对材料、产品检测要求的不断提高，并由于涡流检测自身的特点，人们逐步认识到常规涡流方法的一些局限性。例如，高频磁场激励的涡流，由于极强的趋肤效应，使它对更深层缺陷和材料特性的检测受到限制；由于对提离效应敏感，检测线圈与被检试件间精确、稳定的耦合十分困难；干扰信号同有用信号混淆在一起，无法分离、辨别；检测易受工件形状限制等。针对以上这些问题，人们在努力完善涡流检测技术的同时，提出了很多新的基于电磁原理的检测设想，经过逐步的发展，有的成为相对独立的新的检测方法，如远场涡流、电流扰动、磁光涡流、涡流相控阵检测技术等。它们同常规的涡流检测方法一道组成了电磁涡流检测技术，这些技术方法的分类并不是断然分明的，而是相互融合和交叉，只是各有优势。

6.2 多频涡流检测技术

涡流检测过程中，主要通过测量线圈阻抗的变化检出工件的缺陷，受检工件影响检测线圈阻抗（或称感应电压）的因素很多，如磁导率、电导率、外形尺寸和各种缺陷等，各种因素的影响程度各异。涡流检测的关键就是从诸多因素中提取出要检测的因素。因此，涡流仪器性能的提高是同该仪器是否能有效地消除各种干扰因素，并准确提取待检因素的信号密切相关的。阻抗分析法（或称相位分析法）的应用使涡流检测向前跨出了一大步。但是，传统的相位分析法均采用单频率鉴相技术，最多只能鉴别受检工件中的两个参数（即只能抑制一个干扰因素的影响）。单频涡流检测应用较广，如对管、棒、线材等金属产品的探伤。但对于许多复杂、重要的构件，如热交换器管道的在役检测，邻近的支撑板、管板等结构部件会产生很强的干扰信号，用单频涡流很难准确地检出管子的缺陷；又如对汽轮机叶片、大轴中心孔和航空发动机叶片的表面裂纹、螺纹孔内裂纹、飞机的起落架、轮毂和铝蒙皮下缺陷的检测，具有多种干扰因素待排除。为了使涡流仪器能在试验中同时鉴别更多的参数，需要增加鉴别信号的元器件，以便获得更多的试验变量，才能做到有效地抑制多种干扰因素的影响，提高检测的灵敏性、可靠性和准确性，对受检工件做出正确评价。

多频涡流检测技术是1970年美国科学家Libby首先提出的，该方法采用几个频率同时工作，能有效地抑制多个干扰因素，一次性提取多个所需的信号（如缺陷信息、壁厚情况等）。

6.2.1　多频涡流检测基本原理

多频涡流法是同时用几个频率信号激励探头，它比用单个频率作为激励信号的试验方法能获得更多数据。检验中要如何充分利用所获取的各种信号、对这些信号进行分析处理是多频涡流法所要解决的问题所在。多频信号分离法常见的有下列几种：

（1）多元一次方程组消元法　多频涡流方法每一个检测通道的信号都是所有影响因素（即试件参数）作用的结果，这个结果的性质与时间及探头的位置无关。对于这些作用参数，严格地说，要求有相应数量的独立的测量通道，以便能将所有的参数分离，使每一个通道表示一个参数。

在信号通道 C_i（$i=1, 2, 3, \cdots, n$）和作用参数 P_i（$i=1, 2, 3, \cdots, n$）中，C_i 为

$$\begin{cases} C_1 = a_{11}P_1 + a_{12}P_2 + \cdots + a_{1n}P_n \\ C_2 = a_{21}P_1 + a_{22}P_2 + \cdots + a_{2n}P_n \\ \cdots \\ C_n = a_{n1}P_1 + a_{n2}P_2 + \cdots + a_{nn}P_n \end{cases} \tag{6-1}$$

由于各测量通道都是线性无关的，这个线性方程组可以解得

$$\begin{cases} P_1 = b_{11}C_1 + b_{12}C_2 + \cdots + b_{1n}C_n \\ P_2 = b_{21}C_1 + b_{22}C_2 + \cdots + b_{2n}C_n \\ \cdots \\ P_n = b_{n1}C_1 + b_{n2}C_2 + \cdots + b_{nn}C_n \end{cases} \tag{6-2}$$

从 C_i 得到的 P_i 变换是信号 C_i 的简单线性组合，系数 b_{ik} 是 a_{ik} 的单解值。由于在多参数检测系统中，需要的是实际变量分离，并不要求得到整个方程组的解，因此，尽管 a_{ik} 和 b_{ik} 预先都不知道，仍然可以通过相应的电子电路来实现参数的分离。

（2）多维空间矢量转换法　采用多维空间矢量转换的方法可以对参数（即变量）的响应函数进行解释。如图6-1所示，试件参数采用矢量 $\boldsymbol{P}$ 表示，在多维矢量空间，矢量 $\boldsymbol{P}$ 由 P_1，P_2，…，P_n 组成，激励函数被试件参数调制后，转换成信号的多维空间 C。信号矢量 $\boldsymbol{C}$ 也是一个合成矢量，它具有分量 C_1，C_2，…，C_n。然后，信号空间被转换成估算参数 q 的空间。矢量 $\boldsymbol{q}$ 同样具有分量 q_1，q_2，…，q_n，并响应试件参数 P_1，P_2，…，P_n。可见，多参数试验方法主要包括两个转换，第一个试件参数对探头激励信号的调制，即试件参数量 $\boldsymbol{P}$ 转换成信号矢量 $\boldsymbol{C}$；第二个则是信号矢量 $\boldsymbol{C}$ 经过计算而转换成估算参数矢量 $\boldsymbol{q}$。

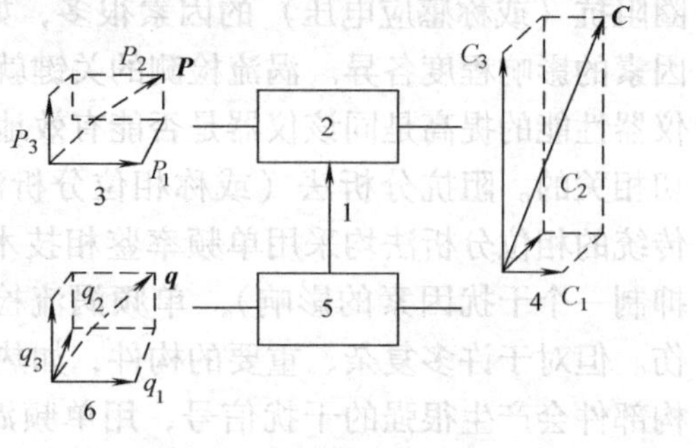

图6-1　多维空间矢量图

1—探头激励信号　2—转换位置　3—参数 P 空间　4—信号 C 空间　5—估算装置　6—估算参数 q 空间

(3) 矩阵代数法　从试件参数P空间到信号C的转换，可以由下面的矩阵方程来表示：

$$\boldsymbol{B}\boldsymbol{M}_B\boldsymbol{P}=\boldsymbol{C} \tag{6-3}$$

式中，$\boldsymbol{B}$是对角线矩阵，代表具有分量b_{11}，b_{12}，…，b_{nn}的多维矢量激励信号；$\boldsymbol{M}_B$是调制矩阵，表示调制因素，该矩阵的各元素也是激励信号矢量$\boldsymbol{B}$的函数；$\boldsymbol{P}$是列矩阵，具有分量P_1，P_2，…，P_n，表示试件各种参数的影响；$\boldsymbol{C}$列矩阵同样具有分量C_1，C_2，…，C_n，表示探头信号输出信号。

令$\boldsymbol{B}\boldsymbol{M}_B=\boldsymbol{A}$，式（6-3）可简化为

$$\boldsymbol{A}\boldsymbol{P}=\boldsymbol{C} \tag{6-4}$$

用$\boldsymbol{A}^{-1}$同乘以式（6-4）的两边，即可得到

$$\boldsymbol{P}=\boldsymbol{A}^{-1}\boldsymbol{C} \tag{6-5}$$

$\boldsymbol{A}^{-1}$的矩阵元素给出对转换装置中组合电路的调整。根据$\boldsymbol{A}^{-1}$矩阵元素的调整可以得到$\boldsymbol{P}$的全部解，但是在实际应用中，完整的解是不需要的，仅仅需要实现参数的分离。

上述$\boldsymbol{A}^{-1}$与矩阵$\boldsymbol{A}$的行列式$\boldsymbol{A}$和伴随矩阵adj（$\boldsymbol{A}$）的关系为

$$\boldsymbol{A}^{-1}=\frac{1}{|\boldsymbol{A}|}\mathrm{adj}\,(\boldsymbol{A}) \tag{6-6}$$

把式（6-5）代入式（6-6）后，可以得到

$$\boldsymbol{P}=\frac{1}{|\boldsymbol{A}|}\mathrm{adj}\,(\boldsymbol{A})\,\boldsymbol{C} \tag{6-7}$$

除去分母，并将式（6-7）的两边都乘以对角线矩阵（$\boldsymbol{D}_c$）得到

$$|\boldsymbol{A}|\,\boldsymbol{D}_c\boldsymbol{P}=\boldsymbol{D}_c\mathrm{adj}\,(\boldsymbol{A})\,\boldsymbol{C} \tag{6-8}$$

式中，伴随矩阵adj（$\boldsymbol{A}$）表示分离能力，其作用是使转换装置经过调整后可以实现对参数的分离；对角线矩阵允许具有矩阵元素的任何方便值，可以实现对灵敏度的调整。

值得指出的是，只有在$\boldsymbol{A}$矩阵的行列$|\boldsymbol{A}|$的值不等于零的情况下，参数分离才可能进行。如矩阵$\boldsymbol{A}$是奇异矩阵，则行列式为零，即式（6-7）为零，实际上是无法实现参数分离的。

6.2.2 多频分析处理法

信息传输理论中，香农—哈特莱（Shannon—Hartley）定理指出：一个信号所传输的信息量同信号的频带宽度W，以及信噪比$\left(1+\frac{S}{N}\right)$的对数成正比，用公式表示为

$$C=W\log_2\left(1+\frac{S}{N}\right) \tag{6-9}$$

式中　C——信息的传输率，单位为Bt/s；

W——频带的宽度，单位为Hz；

$\frac{S}{N}$——信噪比，单位为dB。

上式表明，在信息的传输过程中，使用频率的个数越多（即频带越宽），获取的信息量越大。因此，可根据检测对象同时需检测各部位（如管的内壁、外壁）和要排除的干扰信号（如支撑板、管板和抖动等），有针对性地选择多个频率去激励检测线圈。然后，对受检

试件作用参数调制的输出信号加以放大，使得各个彼此独立的信号通道仅仅输出与一个待检测参数有关的信号。

多频涡流法的信号流图如图6-2所示，多频率信号发生器为探头转置提供激励信号。受试件参数的影响，探头的响应信号 $r_2(t)$ 中包括了试件参数影响的调制信息。与此同时，多频率发生器也提供了一个激励信号给补偿电路，由补偿信号电路给出补偿信号 $r_3(t)$，并对探头信号 $r_4(t)$ 进行调整，然后把调整后的信号传送给滤波器和放大器。

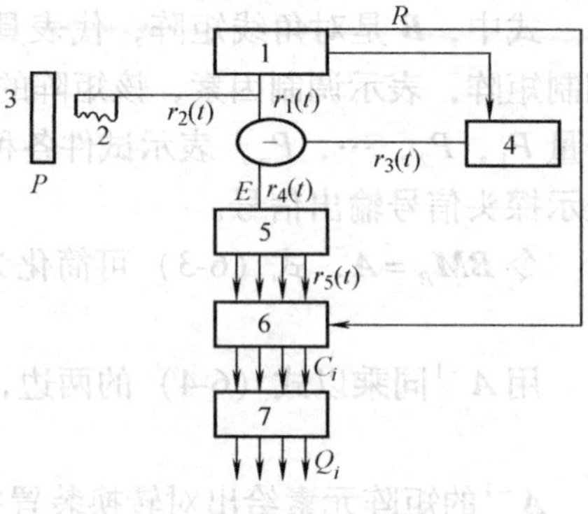

图6-2 多频率试验方法的信号流图

1—信号发生器 2—探头 3—试件 4—补偿装置 5—滤波器和放大器 6—频谱分析器 7—转换电路 $r_1(t)$—激励信号 $r_2(t)$—探头响应信号 $r_3(t)$—被偿信号 $r_4(t)=r_2(t)-r_3(t)$ $r_5(t)$—频谱分析器输入信号 P—试件参数 C_i—响应信号 Q_i—估算信号的输出信号

在多频率系统中，信号的分离采用带通滤波器或检波。放大器的输出信号传送给频谱分析仪后，频谱分析仪在展开信号时，将产生正交基函数的系数 C_i（按正交傅里叶级数展开，其基函数由各种不同频率的正、余弦函数组成）。C_i 的级数取决于对信号的要求，与所给试件参数一样是不随时间变化的，这些系数信号同样固定；但由于工件状态的改变，系数信号也将随响应信号的调制而改变。最后，系数信号被输入转换电路，通过不同比例、不同极性的组合后提供估算信号 Q_i 的输出，并经计算得到试件参数。

信号处理系统中的转换电路是多频涡流检测法的重要环节，实际上一个典型的单频涡流检测装置便具有两个通道（感应电压的实数和虚数部分）。假定线性变换是成立的，便可通过解多元一次方程组将两个参数分离到各自的通道中。这样，作为特检信息的一个参数（如缺陷信号）便可以从另一个干扰参数（如提离效应）中分离出来。

在多频涡流检测中，实现参数分离的变换可以采用电位器组合法或坐标旋转法。当采用电位器组合法时，作为每一个信号通道的相应电路是对应于输入系数电位器的加法器。在检测时，可以通过电位器的调整在各个通道中分别实现相应的参数分离。坐标旋转法按照正弦—余弦函数一同变化，通过坐标旋转（即旋转信号的相位），使干扰参数的信号位于水平方向上，进而实现参数的分离。

多频检测法是单频检测技术的拓宽，为了实现多参数的分离，其信号处理系统中的转换电路同样可以采用电位器组合法或坐标旋转法工作。

(1) 电位器组合法 以两频四参数的双频涡流检测为例，试验装置如图6-3所示。信号发生器同时产生两个频率 f_1 和 f_2 激励信号。一路供给检测线圈，产生经试件调制后的信号电压，然后通过对频率 f_1 和 f_2 的选频放大，在相敏检波器与信号发生器给出的频率 f_1 和 f_2 的参考信号进行比

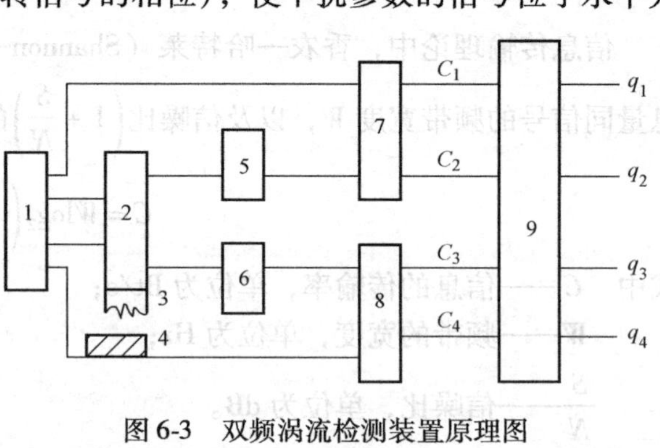

图6-3 双频涡流检测装置原理图

1—f_1 和 f_2 信号发生器 2—信号输出电路 3—检测线圈 4—被测试件 5—f_1 放大器 6—f_2 放大器 7、8—相敏检波器 9—转换电路

较，给出系数 C_1、C_2、C_3、C_4。这些信号经转换电路实现参数分离后，便可以从每个通道输出与试件参数相应的信号。

利用电位器组合法实现四参数分离的转换电路逻辑功能如图6-4所示。经过转换电路对信号的处理，各个通道的指示电表显示出仅与对应参数有关的读数。

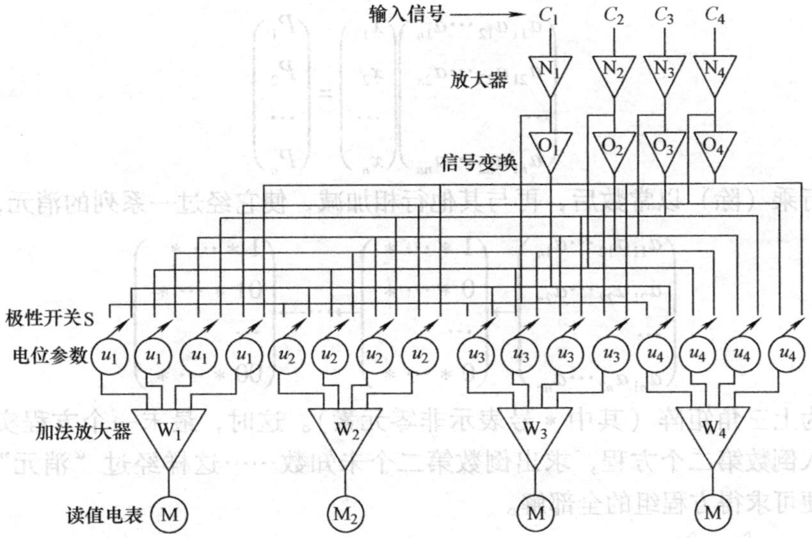

a)

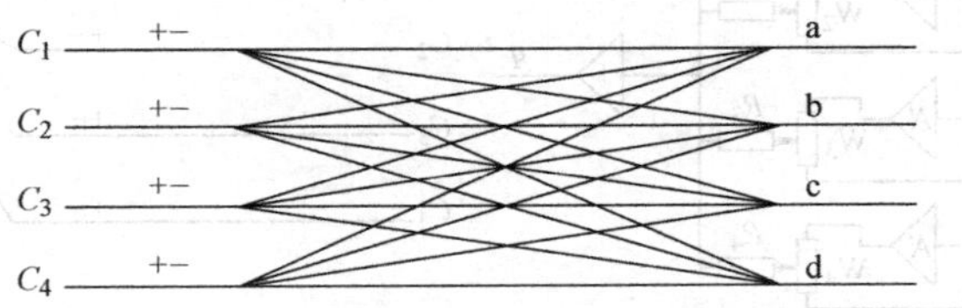

b)

图6-4　四参数分离电位器组合法示意图

a）转换逻辑功能　b）信号流图

图6-5a所示为一个通道的线路组成，它由倒相放大器A、系数电位器W、累加电阻R和累加放大器A′组成。当输入信号 C_1、C_2、C_3、C_4 到来时，由倒相放大器控制输入信号的极性，然后分别调节系数电位器，用来选择不同比例的系数信号，并通过累加电阻和放大器来累加各系数电位器的输出，以产生与参数 P_i 相对应的输出信号 Q_i，实现参数的分离。

（2）高斯消元法　电位器组合法的调整比例比较繁琐，而且难以收到预想的效果。根据上述工作原理，派生出一种改进的转换方法——高斯消元法。

高斯消元法是求解线性代数方程组的一种方法，它的基本思想反映在方程组系数矩阵的计算上。

线性代数方程组，一般形式为

$$\begin{cases} a_{11}x_1 + a_{12}x_2 + \cdots + a_{1n}x_n = P_1 \\ a_{21}x_1 + a_{21}x_2 + \cdots + a_{2n}x_n = P_2 \\ \cdots\cdots \\ a_{n1}x_1 + a_{n2}x_2 + \cdots + a_{nn}x_n = P_n \end{cases} \tag{6-10}$$

写成矩阵的形式为

$$\begin{pmatrix} a_{11}a_{12}\cdots a_{1n} \\ a_{21}a_{22}\cdots a_{2n} \\ \cdots \\ a_{n1}a_{n2}\cdots a_{nn} \end{pmatrix}\begin{pmatrix} x_1 \\ x_2 \\ \cdots \\ x_n \end{pmatrix} = \begin{pmatrix} P_1 \\ P_2 \\ \cdots \\ P_n \end{pmatrix} \tag{6-11}$$

若用每行乘（除）以常数后，再与其他行相加减，使它经过一系列的消元，即

$$\begin{pmatrix} a_{11}a_{12}\cdots a_{1n} \\ a_{21}a_{22}\cdots a_{2n} \\ \cdots \\ a_{n1}a_{n2}\cdots a_{nn} \end{pmatrix} \rightarrow \begin{pmatrix} 1 * \cdots * \\ 0 * \cdots * \\ \cdots \\ 0 * \cdots * \end{pmatrix} \rightarrow \cdots \rightarrow \begin{pmatrix} 1 * \cdots * \\ 01 * \cdots * \\ \cdots \\ 00 * \cdots * \end{pmatrix} \tag{6-12}$$

最后成为上三角矩阵（其中 * 号表示非零元素）。这时，最末一个方程实际上已经解出，将它代入倒数第二个方程，求出倒数第二个未知数……这样经过“消元”和“回代”两个过程，便可求得方程组的全部解。

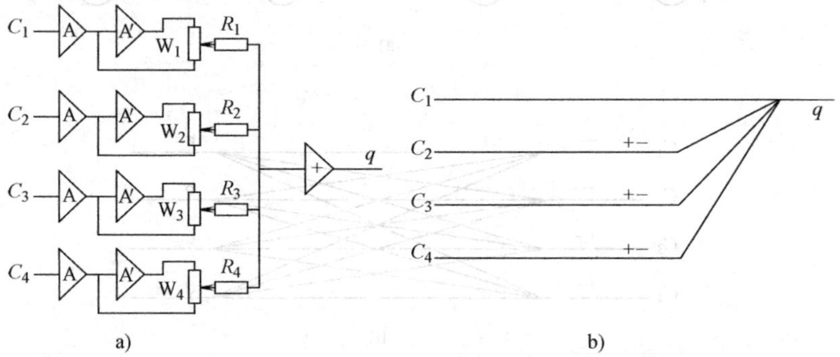

图 6-5　转换电路工作原理图

a）电路原理图　b）信号流

根据高斯消元法工作的转换电路可以逐次消除信号中的干扰参数，最后取出需要的信号，实现参数分离。

（3）坐标转换法　在单频涡流法中，应用相敏技术，可以使相敏检波器的检测方向（即输出信号方向）与某一干扰参数的信号方向垂直，这样便能抑制干扰参数的影响，使输出信号只含有待检参数的信息。实际上，多参数分离的坐标转换法就是单频率相敏技术的推广。它可以多次利用坐标旋转，消除需要抑制的参数信息，从而实现参数分离。

图 6-6 是坐标转换法中所用一个单元的旋转转换电路的原理图。当 x、y 信号输入时，由运算放大器 A_1、A_2、A_3、A_4 进行符号变换，使其值变为 x 和 $-x$、y 和 $-y$，并把它们分别加到两个正、余弦电位器上。正、余弦电位器有两个旋转臂输出，第一个电位器的输出为 $-x\cos\varphi$ 和 $-x\sin\varphi$，而同轴的第二个电位器的余弦臂和第一个电位器的余弦臂相差 180°安

装，它的输出为 $y\sin\varphi$ 和 $-y\cos\varphi$。把这两组信号进行组合，其组合方式是：第一个电位器的输出 $-x\cos\varphi$ 和第二个电位器的输出 $y\sin\varphi$ 到加法器 A_5 中相加，得到第一组输出 $E_1=x\cos\varphi-y\sin\varphi$；第一个电位器的输出 $-x\sin\varphi$ 和第二个电位的输出 $-y\cos\varphi$ 到加法器 A_6 里相加，得到第二组输出 $E_2=x\sin\varphi+y\cos\varphi$。这里，$\varphi$ 表示电位器公共轴从参考角起的旋转角度。当 $\varphi=\pi/2$ 时，输出 $E_1=-y\sin\varphi$，仅与输出参数 y 有关；而输出 $E_2=x\sin\varphi$ 仅与输入参数 x 有关。很显然，通过对正、余弦电位器的调节，可以改变被转换的输出信号与输入信号之间的关系，实现对输入信号的参数分离。

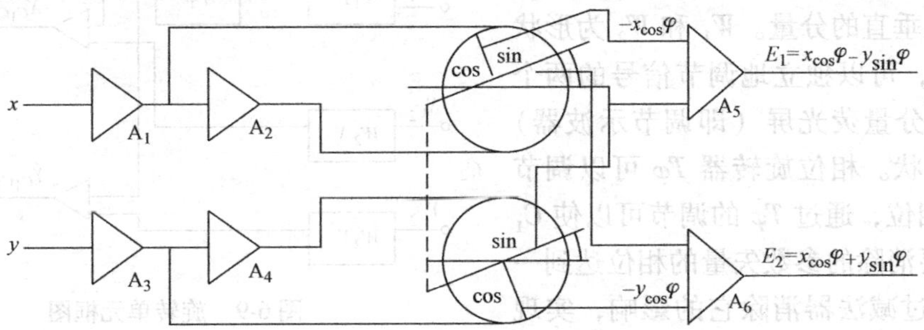

图 6-6　旋转转换器电路原理图

图 6-7 所示为这种旋转法的一种组合方式的简化原理图（以四参数分离为例）。当有信号输入时，经过频谱分析仪的展开，系数信号 C_1、C_2、C_3、C_4 被输入旋转转换器单元，这一单元由三个单元旋转转换器组成。当信号 C_1、C_2 送入第一个旋转器单元时，经旋转 φ_1 角度后，只取 C_1 轴上的投影值 C_x'（消去参数 C_2 的影响）；然后把这一值与 C_3 在第二个旋转器上组合，经旋转 φ_2 角度，在输出端也只取 C_1 轴上的投影值 C_x''；最后把 C_x''再与 C_4 进行组合，将第三个电位器旋转 φ_3 角度，给出所需要参数的分离值 C_x'''和 C_y'''，并分别加到 $x-y$ 示波器的水平和垂直输入端进行显示。经过上述转换，可以分离出一个参数。当需要同时分离四个参数时，只要用相同的四组转换装置就可以了。

除此以外，也可采用适当组合的旋转电路逐次旋转、逐次分离的方法实现参数分离，但这里所用的旋转电路是单频涡流仪中常用的移相器。图 6-8 所示为四参数分离过程的信号流图，其中，C_1、C_2、C_3、C_4 是输入信号，$T\varphi_1$、$T\varphi_2$、$T\varphi_3$、$T\varphi_4$ 即为移相器或相位旋转器。

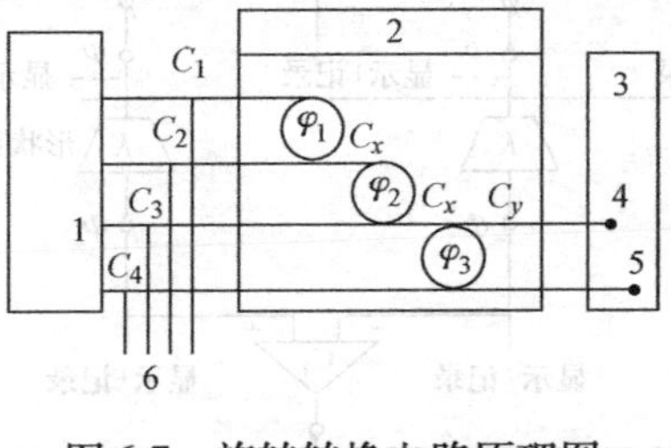

图 6-7　旋转转换电路原理图

1—频谱分析仪　2—旋转转换器单元　3—示波器
4—垂直输入　5—水平输入　6—相连旋转器单元

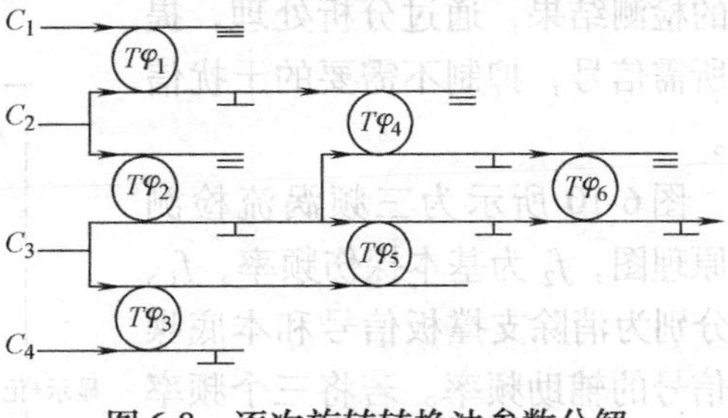

图 6-8　逐次旋转转换法参数分解

假设在试验参数 P_1、P_2、P_3、P_4 中，需要参数 P_1 并消除 P_2、P_3、P_4 参数的干扰，便可以分三步来实现。第一步，旋转 $T\varphi_1$、$T\varphi_2$、$T\varphi_3$，使参数 P_4 的信号在二维示波器荧光屏

上的投影处于水平位置，这样，第一级向第二级 $T\varphi_4$、$T\varphi_5$ 的输出中就不含 P_4 参数信号（只输出信号的垂直分量）。第二步，调整 $T\varphi_4$、$T\varphi_5$，使参数 P_3 的信号处于水平轴位置，即消除 P_3 的影响。最后，通过旋转 $T\varphi_6$ 使 P_2 的信号处于水平位置，把 P_1 分离出来（实际上是 P_1 的垂直分量），实现了参数的分离。

图 6-9 所示为实现逐次旋转转换的一种单元转换电路的原理图。图中输入信号 C_1 和 C_2 分别可以分解为 X_{C_1}、Y_{C_1} 和 X_{C_2}、Y_{C_2} 两个相互垂直的分量。W_1 和 W_2 为形状因子调节器，可以独立地调节信号的两个相互垂直的分量荧光屏（即调节示波器）上图像的形状。相位旋转器 $T\varphi$ 可以调节信号 C_1 的相位，通过 $T\varphi$ 的调节可以使 C_1 和 C_2 中需要消除的参数矢量的相位达到一致，然后通过减法器消除它的影响，实现参数分离。

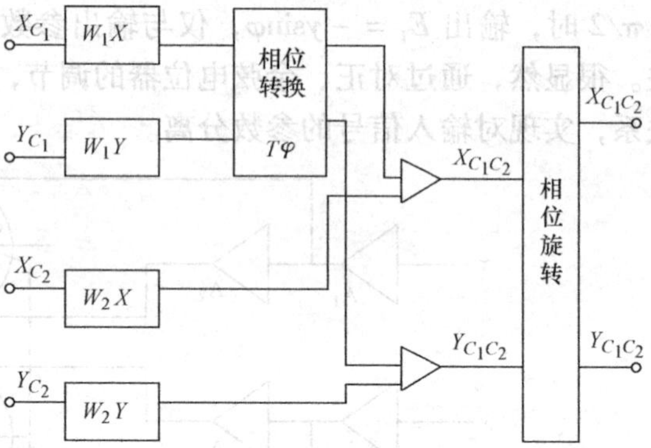

图 6-9 旋转单元框图

6.2.3 多频涡流仪器

涡流检测使用一个频率时，在复数阻抗图中就有虚数分量 X 和实数分量 R 两个信号。用 n 个频率在理论上就存在 $2n$ 个通道，则有 $2n-1$ 个干扰信号可以从缺陷信号中被分离掉。通过各通道信息的组合，利用变更技术可以抑制干扰信号并区分出缺陷类型。

缺陷信号和干扰信号对探头的反应是相互独立的，二者共同作用时的反应为单独作用时反应的矢量相加。利用这一特点，我们可以通过改变检测频率来改变涡流在被检测材料中的大小和分布，使同一缺陷或干扰在不同频率下对涡流产生不同的反应，通过矢量运算，消去干扰的影响，仅保留缺陷信号。

多频涡流检测技术就是用几个不同的频率同时激励探头线圈，根据不同频率对不同的参数变化所取得的检测结果，通过分析处理，提取所需信号，抑制不需要的干扰信号。

图 6-10 所示为三频涡流检测的原理图，f_2 为基本探伤频率，f_1、f_3 分别为消除支撑板信号和本底噪声信号的辅助频率。若将三个频率 f_1、f_2、f_3 中的正弦振荡器激励电流 I_1、I_2、I_3 同时注入差动线圈内，则在线圈周围产生与 I_1、I_2、I_3 对应的合成磁场，使处在线圈周围的管壁内也产生相应的涡流。所

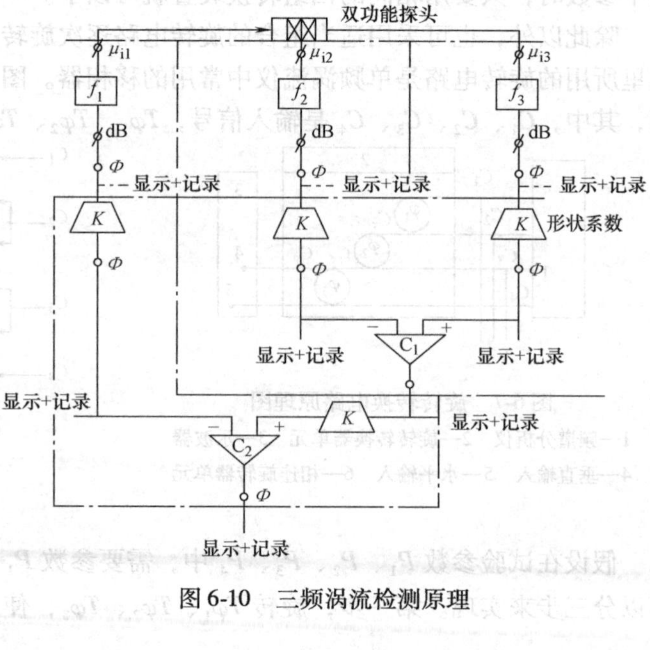

图 6-10 三频涡流检测原理

以，若管壁出现缺陷，可通过f_1、f_2、f_3各频率单元内的单通滤波器将f_1、f_2、f_3的阻抗变化信号分别检出、放大、移相等处理。

为了消除探伤频率f_2中不必要的支撑板信号，将频率单元f_3检出的支撑信号进行增益、相位、形状系数调节，使其与f_2频率单元检出的支撑板信号的大小、相位、形状均相等，然后同时送入混合单元C_1的矢量减法器中相减而消除。同样，为了消除探伤频率f_2中无用的本底信号，将频率单元f_1检出的本底噪声信号做增益、相位、形状系数调节，使其与f_2频率单元检出的本底噪声的大小、相位、形状均相等，然后同时送入混合单元C_2的矢量减法器中相减而消除，从而提高涡流检测的可靠性和灵敏性。

目前，多参数涡流检测技术已经在生产实际中得到应用。由于它包含了单频率涡流检测技术，又能胜任单频率涡流检测无法完成的工作，因而具有强大的生命力。可以预期，随着涡流检测理论的深入研究和科学技术（特别是电子技术和计算机技术）的迅速发展，多参数涡流检测技术必将成为涡流检测的一个重要组成部分。

6.3　远场涡流检测技术

远场涡流（Remote Field Eddy Current，RFEC）检测技术是一种能穿透金属管壁的低频涡流检测技术。探头通常为内通过式，由激励线圈和检测线圈构成，检测线圈与激励线圈间的距离约为管内径的两倍。激励线圈通以低频交流电，检测线圈能拾取发自激励线圈穿过管壁后又返回管内的涡流信号，从而有效地检测金属管子的内、外壁缺陷和管壁的厚薄情况。20 世纪 50 年代末，远场涡流检测技术首先用于检测油井的套管。但当时由于人们对远场涡流技术的认识很有限，且电子技术也不太发达，远场涡流检测法未能得到充分的发展。直到 20 世纪 80 年代中期，随着远场涡流理论的逐步完善和实验验证，远场技术用于管道（特别是铁磁性管道）检测的优越性才被人们广泛认识，一些先进的远场涡流检测系统也开始出现，并在核反应堆压力管、石油天然气输送管和城市煤气管道的检测中得到实际应用。目前，远场涡流检测是公认的管道在役检测最有前途的技术。

6.3.1　远场涡流检测系统

（1）远场涡流检测系统的概述　远场涡流检测采用内通过式探头（见图 6-11），检测线圈与激励线圈分开，且二者的距离是所测管道内径的 2 ~ 3 倍；采用低频涡流技术能穿过管壁；主要用于石油天然气管道和油井套管等；需要检测的不是线圈的阻抗变化，而是线圈的感应电压与激励电流之间的相位差；激励信号功率较大，但检测到的信号却十分微弱（一般为微伏）；能以相同的灵敏度检测管壁内、外表面的缺陷和管壁变薄情况，而不受趋肤效应的影响；检测信号与激励信号的相位差与管壁厚度近似成正比，提离效应很小。

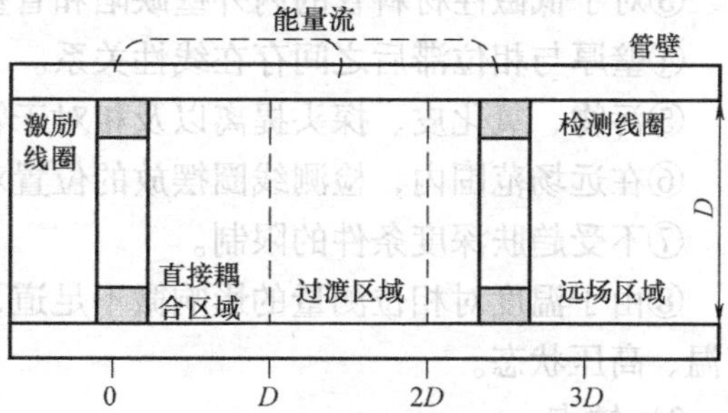

图 6-11　远场涡流检测探头

采用远场技术进行检测，其灵敏度几乎不随激励与检测线圈间距离的变化而变化。探头的偏摆、倾斜对结果影响很小。此外，这种检测方法由于采用很低的频率，检测速度慢，不宜用于短管检测，且只适用于内通过式探头。若采用外穿过式探头，灵敏度将下降。实验表明，采用外穿过式探头，灵敏度将下降50%左右。

（2）远场涡流检测系统的组成　远场涡流检测设备一般由下列五个部件组成：

1）振荡器，作为驱动线圈的激励源，同时提供相位测量的参考信号。

2）功率放大器，用来提高激励源的功率。

3）探头的驱动定位装置，包括探头和确定探头轴向位置的编码及数据计算系统。

4）相位及幅值检测器，通常选用锁相放火器来测量检测线圈的信号。

5）微型计算机，用于储存、处理和显示检测信号和数据。

图6-12所示为远场涡流检测系统原理框图，远场涡流检测线圈感应电压及其相位随两线圈间距变化特性曲线如图6-13所示。由图可以看出，随两线圈间距的增大，检测线圈感应电压的幅值开始急剧下降，然后变化趋于缓慢，而相位存在一个跃变，通常把这一区域称为远场区；靠近激励线圈信号幅值急剧下降的区域称为近场区；近场区与远场区之间的相位发生较大跃变的区域称为过渡区域。

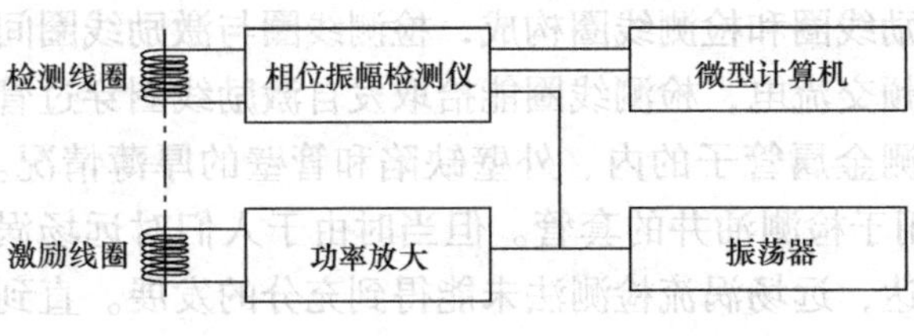

图6-12　远场涡流检测原理

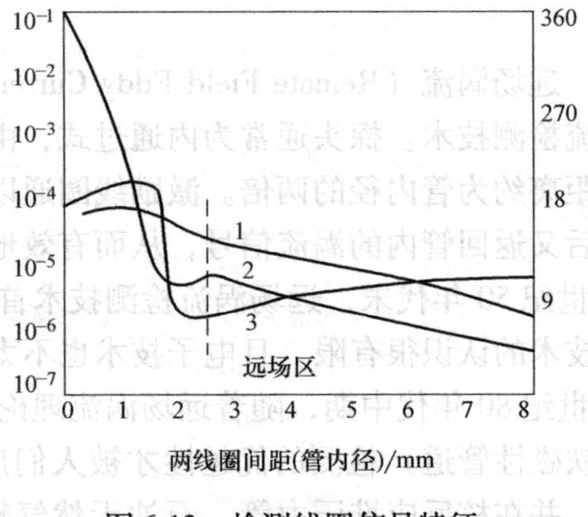

图6-13　检测线圈信号特征

1—管外壁信号幅值　2—管内壁信号幅值

3—管内壁信号相位曲线

（3）远场涡流技术的特点

1）优点

①检测系统的制造与操作十分简单。

②具有较高的检测灵敏度。

③对于低磁性材料管的内外壁缺陷和管壁变薄情况具有相同的检测灵敏度。

④壁厚与相位滞后之间存在线性关系。

⑤污物、氧化皮、探头提离以及相对于管子轴线位置的不同等对检测结果影响很小。

⑥在远场范围内，检测线圈摆放的位置对检测灵敏度影响不大。

⑦不受趋肤深度条件的限制。

⑧由于温度对相位测量的影响微不足道，因此应用相位测量技术的远场涡流特别适用于高温、高压状态。

2）缺点

①不适用于短小的和非管状的试件。

②检测的激励频率低（对于钢管，检测频率范围是20～200Hz），因而大大限制了检测速度。

③检测线圈的输出信号电压很弱，一般只有微伏级。

④不能够辨别缺陷存在于外表面还是内表面。

6.3.2　远场涡流方程

当低频交流电通过激励线圈时，它应在线圈周围空间产生一个缓慢变化的时变磁场$\boldsymbol{B}$。根据法拉第电磁感应定律，时变磁场$\boldsymbol{B}$又在其周围空间激发出时变涡旋电场$\boldsymbol{E}$。在该电场的作用下，在金属管壁内形成涡流场$\boldsymbol{J}_e$。同样，涡电流会在其周围空间产生时变的磁场。因此，在激励线圈附近金属管壁内、外空间的磁场是由线圈内的传导电流场$\boldsymbol{J}$和金属管壁内涡流场$\boldsymbol{J}_e$产生的磁场的矢量和。因为是低频，所以时变涡旋电场产生的位移电流完全可以忽略，故激励线圈周围空间的电磁场满足下面麦克斯韦方程组：

$$\left.\begin{aligned}&\nabla\times\boldsymbol{H}=\boldsymbol{J}+\boldsymbol{J}_e\\&\nabla\times\boldsymbol{E}=-\frac{\partial\boldsymbol{B}}{\partial t}\\&\nabla\cdot\boldsymbol{B}=0\\&\nabla\cdot\boldsymbol{D}=0\end{aligned}\right\}\tag{6-13}$$

引入矢量磁位$\boldsymbol{A}$，则有

$$\boldsymbol{B}=\nabla\times\boldsymbol{A}\tag{6-14}$$

将式（6-14）代入式（6-13）中的第二个方程，并不考虑恒定场，则得

$$\boldsymbol{E}=-\frac{\partial\boldsymbol{A}}{\partial t}\tag{6-15}$$

又因

$$\boldsymbol{J}_e=\sigma\boldsymbol{E}=-\sigma\frac{\partial\boldsymbol{A}}{\partial t}\tag{6-16}$$

将式（6-15）代入式（6-13）中的第一个方程可得

$$\nabla\times\left(\frac{1}{\mu}\nabla\times\boldsymbol{A}\right)=\boldsymbol{J}-\sigma\frac{\partial\boldsymbol{A}}{\partial t}\tag{6-17}$$

式（6-17）是正在激励线圈的附近金属管壁内外区域，描述远场涡流现象的扩散方程，式中μ、σ是金属管材的磁导率和电导率。

对于时谐电磁场，由矢量恒等式，并考虑到$\nabla\cdot\boldsymbol{A}=0$，则式（6-17）可简化为

$$\frac{1}{\mu}\nabla^2\boldsymbol{A}=-\boldsymbol{J}+\mathrm{j}\omega\sigma\tag{6-18}$$

式中，$\boldsymbol{J}$、$\boldsymbol{A}$分别是传导电流密度矢量和矢量磁位的复振幅矢量。

在圆柱坐标中，$\boldsymbol{J}$和$\boldsymbol{A}$均只有θ方向分量，且$\boldsymbol{A}$只是r、z的函数，因此，在轴对称的情况下，式（6-18）可简化为

$$\frac{1}{\mu}\left(\frac{\partial^2\boldsymbol{A}}{\partial r^2}+\frac{1}{r}\frac{\partial\boldsymbol{A}}{\partial r}+\frac{\partial^2\boldsymbol{A}}{\partial z^2}-\frac{\boldsymbol{A}}{r}\right)=-\boldsymbol{J}+\mathrm{j}\omega\sigma\boldsymbol{A}\tag{6-19}$$

采用“有限元”法求解方程式（6-19），借助电子计算机计算，即可求得远场涡流的空

间分布。

6.3.3 远场涡流图

图6-14所示为一个载流线圈在三种条件下有限元计算出的磁场空间分布图。其中图a是空气中载流线圈的磁场分布图，磁场只是由线圈中的传导电流产生；图b是在非导电磁性管材影响下，线圈中传导电流的磁场分布图；图c中的磁场则是线圈中的传导电流和磁性导体管壁中的涡电流产生的磁场矢量和。

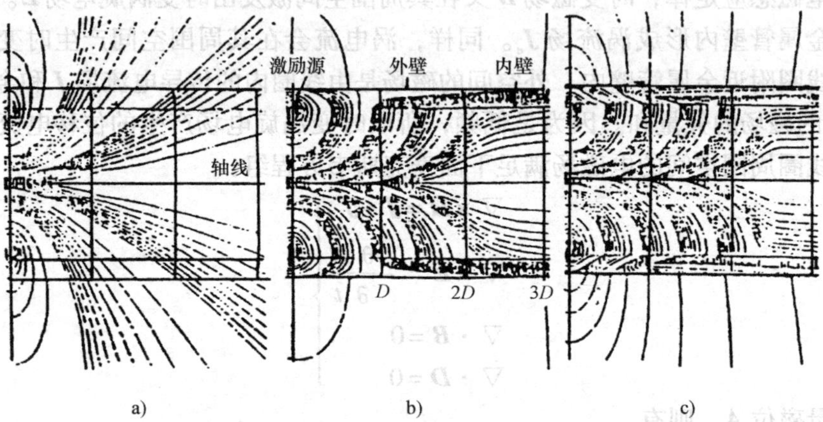

图6-14 处于不同情况下载流线圈的磁场分布

a）空气中 b）非导电磁管中 c）导电磁管中

为了更好地了解远场涡流分布特性，把图6-14c局部放大，如图6-15所示。有限元计算结果表明，90%的磁通被紧紧地束缚在激励线圈附近，9%的磁通在距离激励线圈一个管径以内的区域，只有1%甚至更少的磁通向管内的远处扩散，而对远场涡流检测线圈起作用的磁通大约只占总磁通的0.1%（具体数值随检测线圈的位置和管壁厚度的变化而变化）。可见，检测线圈的感应电压只有微伏级，因此，这一无损检测技术实际上是“涡流检测的弱场效应”。

如图6-16所示，在距激励线圈1~2倍管直径的过渡区域内，存在一个深而窄的“磁位同峡谷”（简称“位谷”），在这个位谷中，矢量磁位 $\boldsymbol{A}$ 的幅值达到极小；同时，围绕位谷，矢量磁位 $\boldsymbol{A}$ 的相位发生突然改变，因此，位谷处又称为相位结点。随着激励频率的升高，还会出现多个相位节点的现象，如激励频率为960Hz时，在过渡区域内就有三个相位结点。

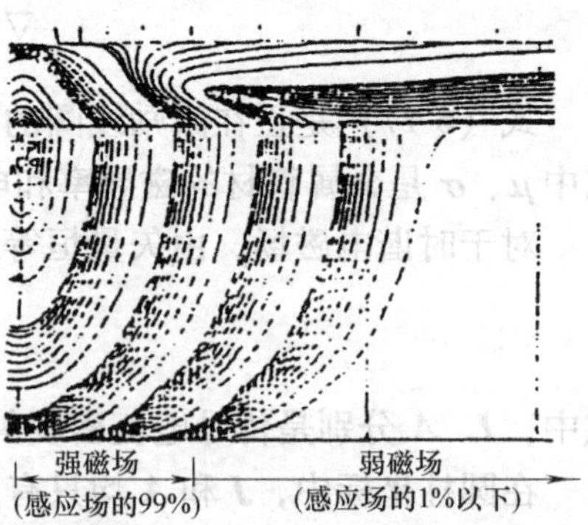

图6-15 远场效应强场区和弱场区

图6-16所示为在 $f=40\text{Hz}$ 的条件下，检测线圈感应电压幅值 $|U|$ 与相位 ψ 随两线圈间的距离 z 变化的特性曲线。从图中可以看出，在激励线圈附近，检测线圈的感应电压幅值急剧下降；而在2倍管径距离之外，感应电压幅值减小缓慢，感应电压的相位大约在2倍管径处发生跳跃式变化，这个相位突变处正是“相位结点”处。

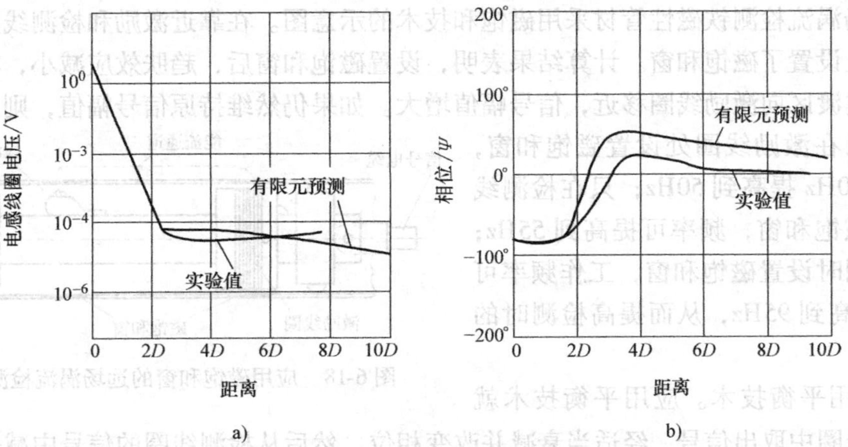

图6-16 检测线圈感应电压特性曲线

a）$|U|$—z 曲线 b）ψ—z 曲线

另外，检测线圈感应电压还有以下特点：

1）激励频率的增加（$f=10\sim160\text{Hz}$），近区感应电压幅值增加，远区则减小；其相位随频率的增加而增加，且过渡区移离激励线圈。

2）被检管子内径增加（保持壁厚不变），感应电压幅值衰减减小，而相位则不随管子直径的增加而增加。

3）管壁厚度增加，近区感应电压幅值衰减变化很小；在远区则衰减增大，且过渡区移离激励线圈，相位滞后随壁厚的增加而增大。

4）管子缺陷影响：远场涡流探头对内径管壁不均匀性和外径管壁不均匀性有同等的灵敏度。

5）探头在管内移动速度变化的影响：速度在以10m/s下，磁场畸变不太明显；当速度大于50m/s时，磁场有相当大的畸变，会影响探头的响应曲线。

6.3.4 远场涡流探头

目前，远场涡流探头存在的缺点包括：探头太长，难以在弯管中通过；检测线圈信号幅值太低，通常只有几微伏到几十微伏，信号提取和处理很困难；激励电流都采用低频，限制了它的扫描速度。为解决以上问题，采用了以下几种办法：

1）在检测线圈和激励线圈之间设置屏蔽盘。为了缩短探头的长度，必须尽量缩短直接耦合区和过渡区域，也就是缩短由管外向管内扩散的能量流压倒由管内向管外扩散能量流的途径，在靠近激励线圈处放置屏蔽盘（见图6-17所示），可以加剧直接耦合区磁场的衰减。计算结果表明，当放置一个铝—铁氧体—铝三层屏蔽盘时，有可能把涡流远场区移近到距激励线圈一倍管内径处，且对2倍于管内径以外的远场分布几乎没有影响。

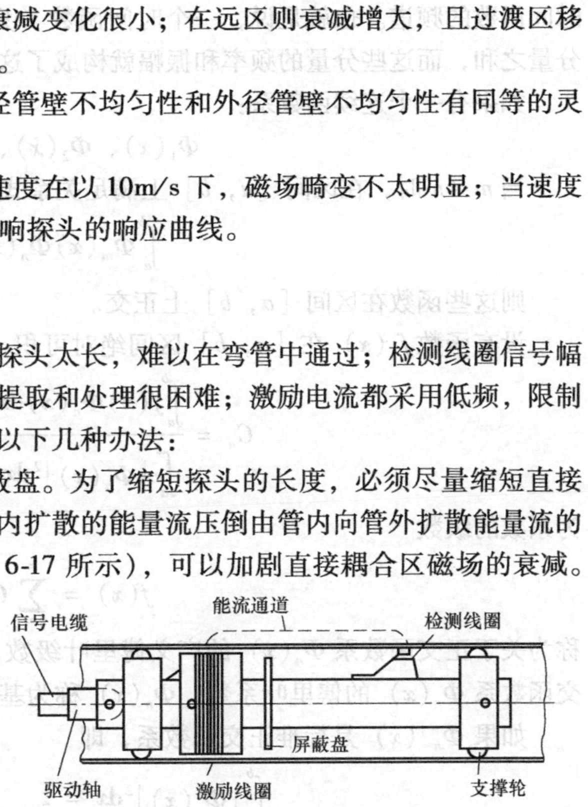

图6-17 带有屏蔽盘的远场涡流检测装置

2）应用磁饱和技术。用常规涡流检测铁磁性材料时，为了抑制磁导率变化产生的干扰信号，常采用磁饱和技术。图6-18

所示为远场涡流检测铁磁性管材采用磁饱和技术的示意图。在靠近激励和检测线圈的能量传播的路径上设置了磁饱和窗。计算结果表明，设置磁饱和窗后，趋肤效应减小，有利于能量的传递，过渡区向激励线圈移近，信号幅值增大。如果仍然维持原信号幅值，则工作频率可以提高：只在激励线圈处设置磁饱和窗，频率可由 30Hz 提高到 50Hz；只在检测线圈处设置磁饱和窗，频率可提高到 55Hz；若在两处同时设置磁饱和窗，工作频率可由 30Hz 提高到 95Hz，从而提高检测时的扫描速度。

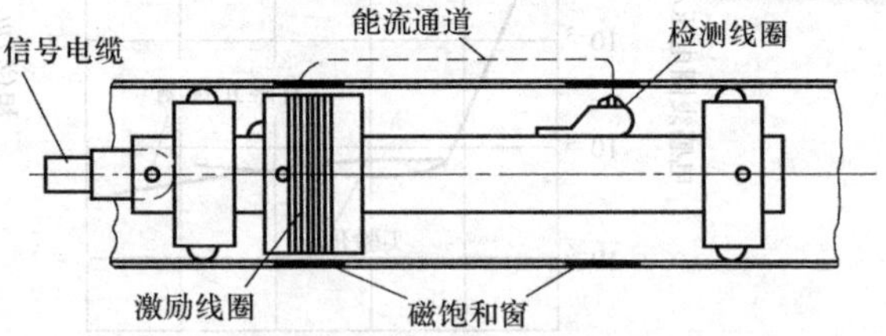

图 6-18 应用磁饱和窗的远场涡流检测装置

3）应用平衡技术。应用平衡技术就是从激励线圈中取出信号，经适当衰减并改变相位，然后从检测线圈的信号中减去它，进而在直接耦合区抑制耦合场分量，并可测试到远场分量，这就减小了检测线圈和激励线圈之间的距离。据报道，将检测线圈与激励线圈之间的距离减小一半，往往仍可获得良好的检测效果。

6.4 脉冲涡流检测技术

傅里叶变换和频谱概念有着非常密切的关系。对一个时间函数求傅里叶变换就是求这个时间函数的频谱。也就是说，一个时间函数（只要满足交换条件）可以表示为无限个谐波分量之和，而这些分量的频率和振幅就构成了这个函数的频谱。

如果有一个连续函数系：

$$\Phi_1(x)、\Phi_2(x)、\cdots、\Phi_n(x)$$

当 $m \neq n$ 时，在区间 $[a, b]$ 上满足关系式

$$\int_a^b \Phi_m(x)\Phi_n(x)\mathrm{d}x = 0 \tag{6-20}$$

则这些函数在区间 $[a, b]$ 上正交。

设有函数 $f(x)$ 在 $[a, b]$ 区间绝对可积，那么以

$$C_n = \frac{\int_a^b f(x)\Phi_n(x)\mathrm{d}x}{\int_a^b |\Phi_n(x)|^2\mathrm{d}x} \quad (n = 1,2,3,\cdots) \tag{6-21}$$

为系数的级数

$$f(x) = \sum_{n=1}^{\infty} C_n\Phi_n(x) \tag{6-22}$$

称为关于正交函数系 $\Phi_n(x)$ 的广义傅里叶级数，C_n（$n = 1, 2, 3, \cdots$）称为 $f(x)$ 关于正交函数系 $\Phi_n(x)$ 的傅里叶系数，$\Phi_n(x)$ 称为基函数。

如果 $\Phi_n(x)$ 是标准正交函数系，即

$$\int_a^b |\Phi_n(x)|^2\mathrm{d}x = 1 \quad (n = 1,2,3,\cdots) \tag{6-23}$$

那么

$$C_n = \int_a^b f(x)\Phi_n(x)\mathrm{d}x \qquad (n = 1,2,3,\cdots) \tag{6-24}$$

一个脉冲信号$f(t)$也能被展开成正交函数系$\Phi_k(t)$广义傅里叶级数,即

$$f(t) = \sum_{n=1}^{\infty} C_k\Phi_k(t) \tag{6-25}$$

式中，C_k为傅立叶级数系数。可用下式计算

$$C_k = \int_0^{\infty} f(t)\Phi(t)\mathrm{d}x \tag{6-26}$$

由此可见，一个脉冲信号可以展开成为无限多个谐波分量之和，因而具有很宽的频谱。当用脉冲电流作激励信号进行涡流试验时，同样也可以获得试件的多参数信息，所以，也能实现多参数检测。

在脉冲涡流法中，探头信号是用正交滤波器的原理进行展开的。正交滤波器有一个输入端和一系列的输出端（见图6-19）。当输入端有脉冲信号输入时，出现在a_1输出端的是基函数$\Phi_1(t)$，因此，可以由基函数的选择来设计所需的正交滤波器。

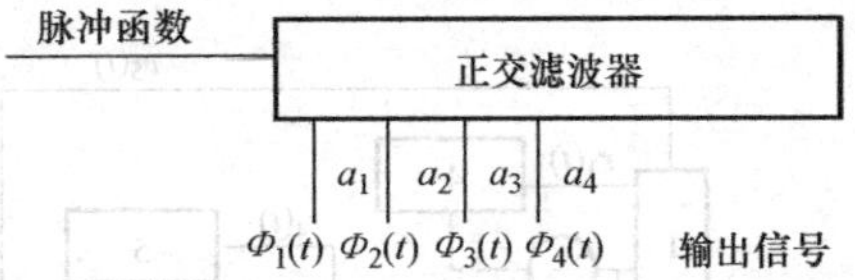

图6-19　具有脉冲信号输入的正交滤波器

正交滤波器为线性电路系统，符合褶积定理。对于函数$f(x)$和$g(x)$来说，它们的褶积为

$$f(x) * g(x) = \int_0^x f(u)g(t-u)\mathrm{d}u = \int_0^x f(t-u)g(u)\mathrm{d}u \tag{6-27}$$

当$f(x)$和$g(x)$的傅里叶变换分别为$F(\xi)$和$G(\xi)$时，那么，褶积的傅里叶变换就是$F(\xi)$和$G(\xi)$的乘积。这就是傅里叶变换的褶积定理。

根据褶积定理，当输入信号为$f(t)$时，设$g_k(t)$为电路对脉冲函数的响应函数，

那么，任一输出端的输出为

$$M_k(t) = \int_0^{\infty} f(t-\lambda)g_k(\lambda)\mathrm{d}\lambda \tag{6-28}$$

若用基函数$\Phi_k(\lambda)$来表示，即

$$M_k(t) = \int_0^{\infty} f(t-\lambda)\Phi_k(\lambda)\mathrm{d}\lambda \tag{6-29}$$

比较式（6-28）和式（6-29），便可以看出式（6-29）中的$M_k(t)$就是反向信号$f(t-\lambda)$展开式的系数。

通常，对反向信号的分析是采用具有下降指数脉冲响应的滤波器，但最佳的鉴别信号具有上升指数的波形。由于脉冲涡流检测是衰减指数型，因而对最佳分析不利。为了弥补这一不足，可以采用两种方法。第一种方法是采用对脉冲信号具有上升指数响应的标准滤波器，第二种方法是对涡流驱动函数加以改进，使探头的输出信号更适合现有的衰减指数型脉冲响应的滤波器的灵敏度要求。

脉冲涡流法的工作原理如图6-20所示，由脉冲发生器给探头提供一个激励信号$r_1(t)$，探头得到的响应信号$r_2(t)$和补偿装置给出的补偿信号$r_3(t)$相减后，将差信号送入滤波器和放大器，然后把信号展开并送入频谱分析器，与脉冲信号发生器提供的参考信号$r_5(t)$相结合，得到一系列函数信号C_i，并送入转换电路，把信号分离成q_i。

从电路的信号流图可以看出，脉冲涡流法与多频涡流法的工作原理基本相同。不同之处

在于：脉冲涡流法的激励信号是脉冲信号，并采用了脉冲分析技术；在得到了函数信号 C_i 的输出后，两个系数可以采用相同的转换方式。

图6-21 所示为脉冲涡流检测系统的电路原理图。脉冲信号发生器采用固体脉冲信号发生器，探头线圈采用穿过式的形式，信号检出电路是交流电桥。仿真线用于调整电桥的平衡状态，使时间 $t=0$ 时的信号为零。门电路、时间与门驱动电路、可调时间延时器、正交滤波器、时间取样器及信号分析器等用于对信号的瞬时分析。系统在工作时，受时间与门驱动电路同步驱动信号的控制，固体组件脉冲信号发生器给探头提供激励信号。然后由电桥取出探头信号并经放大器放大后输出给门路。正交滤波器将信号展开成一系列的信号输出 C_0、C_1、C_2、…、C_n。最后，时间取样器在时间驱动电路的控制下，在被选择的时间上同时对滤波器输出端的各通道进行取样，经频谱分析器得到傅里叶级数系数的信号输出。

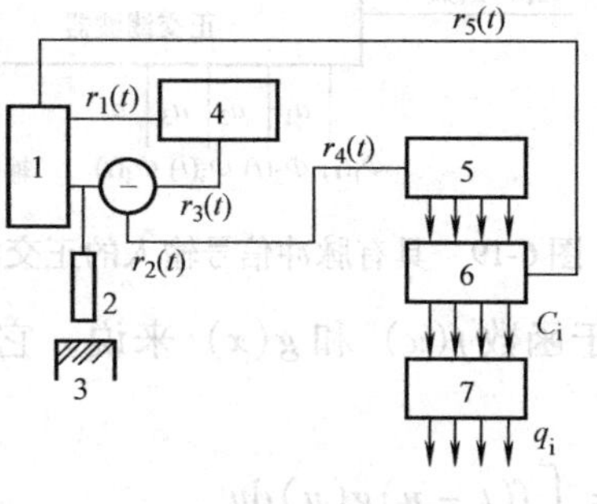

图6-20 脉冲涡流法信号流图
1—脉冲信号发生器 2—探头 3—试件
4—补偿装置 5—滤波器和放大器
6—频谱分析器 7—转换电器

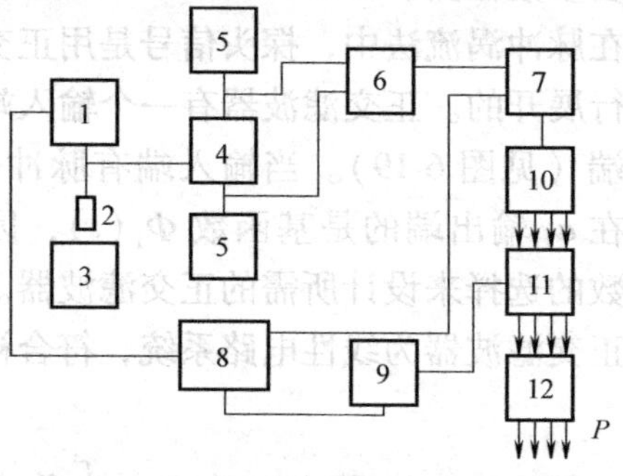

图6-21 脉冲涡流检测系统电路原理图
1—脉冲信号发生器 2—探头线圈 3—试件
4—电桥 5—仿真延迟线 6—放大器 7—控制门
8—时间与门驱动电路 9—可调延时器 10—正交滤波器 11—时间 12—信号分析器
P—信号参数输出

6.5 磁光涡流检测技术

美国 PRI 仪器公司于1990 年开发出一种新的涡流检测仪器——磁光涡流成像仪（Magneto-optical Eddy Current Imager，MOI）。

6.5.1 基本原理

法拉第（Faraday）磁光效应是指：具有一定偏振面的光沿磁场方向传播，通过放置在磁场中的物质时，偏振光的偏振面会发生旋转。如图 6-22 所示，图中旋转角 θ_f 与物质长度 L、磁感应强度 B 之间的关系为

$$\theta_f = VLB \tag{6-30}$$

式中，V 是与物质性质、光的频率有关的常数，称为费尔德常数。

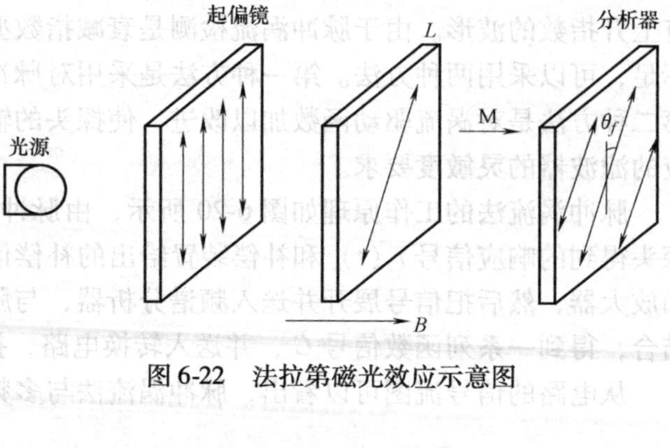

图6-22 法拉第磁光效应示意图

磁光涡流检测技术就是根据法拉第磁光效应和电磁感应定律提出的一

种新的电磁涡流检测技术。磁光涡流成像仪用涂覆铋的石榴石铁氧体材料薄片组成磁光效应传感器，利用放置在传感薄片上的线圈产生交变磁场，而被检测表面区涡流及其产生感生磁场的变化则以不同的偏转角反射的磁光信号来给出，此信号可由电荷耦合器件（CCD）检测器接收，经分析显示在检测器上。图6-23所示为涡流成像仪结构示意图。

磁光涡流技术需要用在平行于试件表面的近表面层中的涡流感生磁场，且要求电流不是圆环形而是层流状的，这与普通涡流检测技术不同。图6-24所示为在铆钉上磁光涡流的成像。

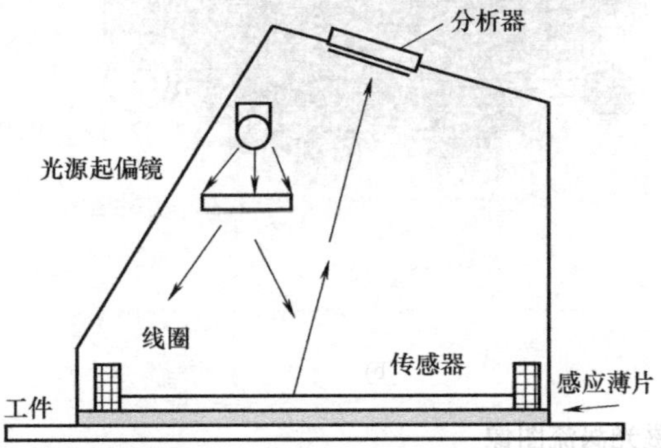

图6-23 涡流成像仪结构示意图

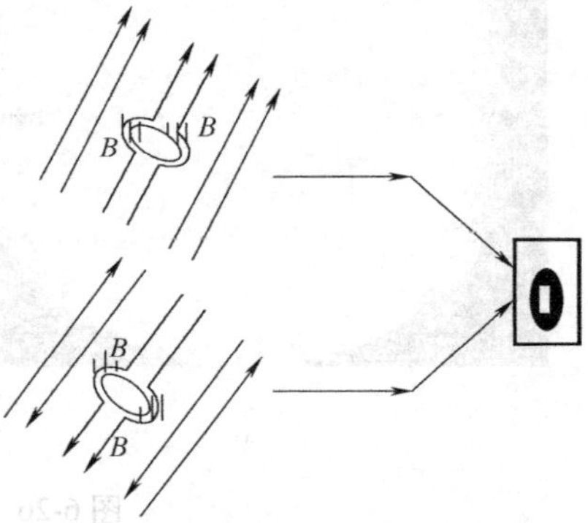

图6-24 铆钉磁光涡流成像

6.5.2 磁光涡流检测特点及应用

（1）磁光涡流检测的特点

1）可克服常规涡流检测法的检测面积小、速度慢等缺点，磁光涡流成像技术能快速覆盖被检区域，并且实时成像、直接输出。

2）由于提离效应，常规的涡流检测方法要求除去表面涂层，否则会引起图像失真，难以判断；而磁光涡流检测法则没有这个问题，并且对大小裂纹都很敏感。

3）可在较宽的频率范围（1.6～100kHz）内使用。使用高频时，能成像和检测诸如靠近飞机铝包层下铆钉附近的小的疲劳裂纹。使用低频时，能成像和检测深层裂纹和腐蚀，采用低照度彩色摄像系统图像质量很高。

4）磁光涡流成像仪使用方便、简单。

（2）磁光涡流检测的应用

1）图6-25所示为孔边电火花切槽（模拟裂纹）的磁光涡流成像。在1.5mm厚铝面板上有四个直径为ϕ6.35mm的孔，孔边的电火花切槽从左上角开始沿逆时针方向，长度分别为0.5mm、1.0mm、1.5mm和2.0mm。图中的切槽图像是围绕实际切槽的垂直磁场的图像，其中包含近乎等于一个涡流趋肤深度宽度的“晕”区。根据观察到的缺陷长度减去趋肤深度可估计实际缺陷长度。显然，当缺陷的实际长度等于或小于趋肤深度时，此方法将失效，但可采用一已知尺寸的孔的图像作为参考。

图6-25 孔边电火花切槽的磁光涡流成像

2）图6-26所示为一长裂纹的图像。长裂纹不可能产生连续的图像，因为传感器所生成的是围绕裂纹磁场的图像，而围绕裂纹流动的电流是不均匀的，这使所成图像也是不均的。对于长裂纹，典型的是图像的中间部分较之两端要弱些，因为靠近中间电流流动近乎均匀，这种类型裂纹的两端十分明显，易于检测。注意裂纹的曲折性及在图像中这种特性的再现。

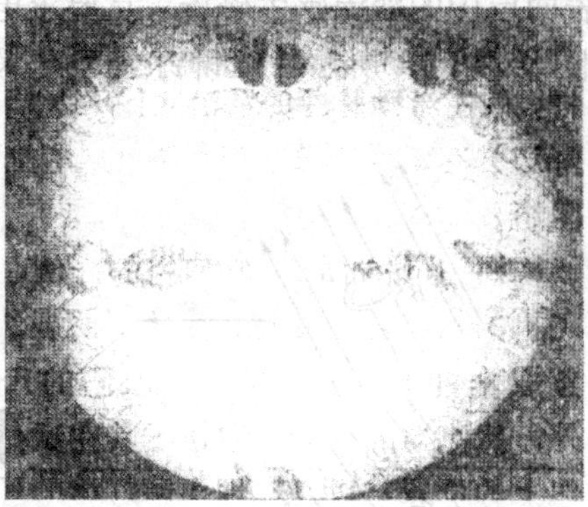

a)

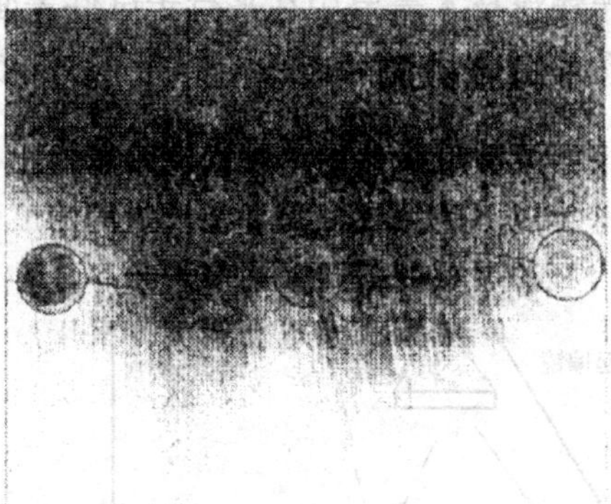

b)

图6-26 长裂纹的磁光涡流图像

a）长裂纹的图像 b）铆接的铝搭接试样在疲劳试验机上形成疲劳开裂

3）老旧飞机腐蚀状况的检测，可监测深度为0.4～3.0mm。图6-27所示为不同缺陷的磁光涡流的显示示例。

4）第二层的开裂和腐蚀。不靠近表面的（第二层）缺陷，只要涡流的趋肤深度大于或等于缺陷埋深，是可以检测的，这可通过选用较低的工件频率来实现。可以注意到，这些较深处缺陷的图像较之表面裂纹要弥散些，清晰度要差些。通过在整个工作频率范围改变激励频率，并知道在受检材料中相应的标准透入深度，便可以得到腐蚀或缺陷深度。例如，如果第二层的裂纹在12.8kHz时可观察到，而在25.6kHz时观察不到，则其埋深将是比25.6kHz时的趋肤深度要大些，并等于或稍小于12.8kHz时的趋肤深度。总之，腐蚀区的深度也是可以评估的，比较困难的是缺陷（如腐蚀）的量化问题。

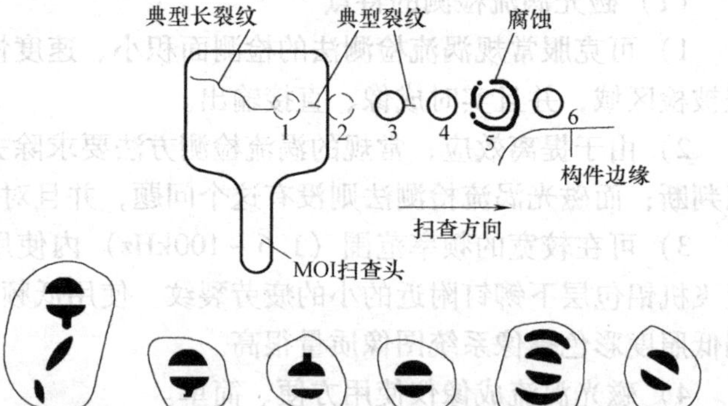

图6-27 不同缺陷的磁光涡流显示

6.6 涡流阵列检测技术

涡流阵列（Eddy Current Arrays）技术是近10年内出现的一项新的涡流检测技术，它是通过涡流检测线圈结构的特殊设计，并借助计算机化的涡流仪器强大的分析、计算及处理功能，实现对材料和零件的快速、有效地检测。其主要优点表现如下：

1）检测线圈尺寸大，扫查覆盖区域大，因此检测效率是常规涡流的10～100倍。

2）一个完整的检测线圈由多个独立的线圈排列而成，对于不同方向的线性缺陷具有一致的检测灵敏度。

3）根据被检测零件的尺寸和形面进行探头外形设计，可直接与被检测零件形成良好的电磁耦合，不需要设计、制作复杂的机械扫查装置。

6.6.1　涡流阵列检测技术的原理

涡流阵列检测技术与传统的涡流检测技术相比，主要不同点在于：前者的探头是由多个独立工作的线圈构成，这些线圈按照特殊的方式排布，且激励与检测线圈之间形成两种方向相互垂直的电磁场传递方式，如图6-28所示。线圈的这种排布方式有利于发现取向不同的线形缺陷。

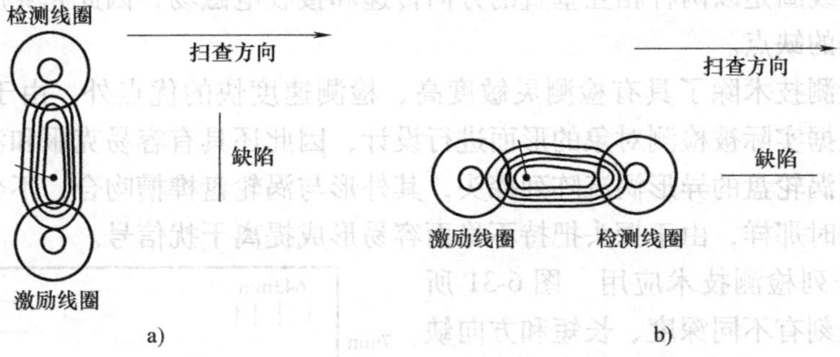

图6-28　涡流阵列探头中线圈的排布与电磁场的分布

为提高检测效率，涡流阵列探头中包含有几个或几十个线圈。不论是激励线圈，还是检测线圈，相互之间距离都非常近，保证各个激励线圈的激励磁场之间、检测线圈的感应磁场之间不相互干扰，这是涡流阵列技术的关键。由于该技术为专利技术，尚未见文献公开介绍有关的干扰屏蔽技术。

图6-29所示为一种称为X型的、采用内通过式进行管壁质量检测的涡流阵列探头。它由一个与管截面为同心圆的常规线圈和48个轴线方向为被检管材直径方向的阵列线圈组成。

如图6-29所示，阵列探头由环绕探头骨架轴线（即被检测管材的轴线）3组小的线圈构成，每组线圈的数量均为16个。将三组线圈分为A组（A_1、A_2、A_3、…、A_{16}）、B组（B_1、B_2、B_3、B_{16}）、C组（C_1、C_2、C_3、…、C_{16}），如图6-30所示。A组线圈为检测线圈（即接收线圈），相对于A组线圈而言，C组线圈为激励线圈，C_1线圈产生的磁场在管壁中激励产生涡流，该涡流的再生磁场被A_1和A_2线圈感应接收。以这种方式电磁耦合形成的涡流适于发现管材轴线方向的缺陷。同样，C_2线圈作用于A_2和A_3线圈，C_3线圈作用于A_3和A_4线圈，依次类推，形成32个沿管材轴线方向的检测通道。

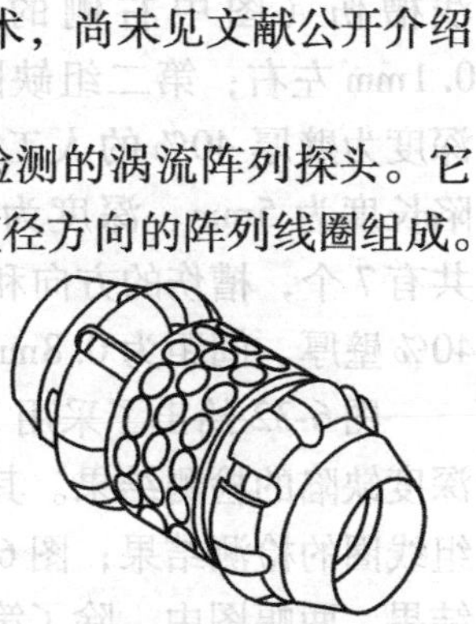

图6-29　X型阵列线圈的结构

B_1线圈作为激励线圈，在管壁中感应产生涡流，涡流的再生磁场被B_3线圈接收。同样，B_2线圈产生的涡流场被B_4线圈接收，C_1线圈产生的涡流场被C_3线圈接收，C_2线圈产

生的涡流场被 C_4 线圈接收，依次类推，又形成了32个沿管材周向的检测通道，以这种方式电磁耦合形成的涡流适于发现管材周向的缺陷。

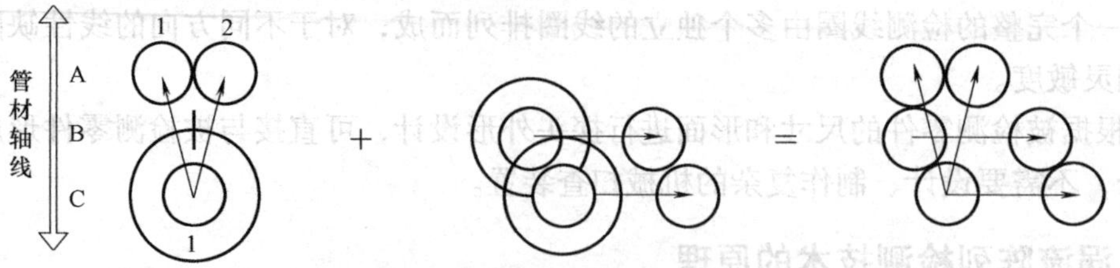

图 6-30 X 型阵列线圈的电磁耦合方式

6.6.2 涡流阵列检测技术特点及应用

（1）涡流阵列检测技术特点 涡流阵列探头是由几个或几十个分立的检测线圈构成的，由于激励与感应线圈是以两种相互垂直的方向传递和接收电磁场，因此它克服了普通线圈对缺陷方向性敏感的缺点。

涡流阵列检测技术除了具有检测灵敏度高、检测速度快的优点外，由于其探头尺寸较大，且外形可根据实际被检测对象的形面进行设计，因此还具有容易克服和消除提离效应影响的优势。检测涡轮盘的异形涡流阵列探头，其外形与涡轮盘榫槽吻合，不会像采用直探头或钩式探头检测时那样，由于探头把持不稳而容易形成提离干扰信号。

（2）涡流阵列检测技术应用 图 6-31 所示为一根外壁上刻有不同深度、长短和方向缺陷的钢管对比试样展开平面图。管材的壁厚为1.2mm。在管材外表面加工有27条缺陷，其中第一组缺陷是深度为壁厚10%、20%、…、100%，长10mm，间距5mm的10条槽伤，最浅槽伤（图中右侧的一组）的深度仅为0.1mm左右；第二组缺陷是两个长为10mm、深度为壁厚40%的人工槽伤；第三组人工缺陷长度为5mm、深度为壁厚40%人工槽伤，共有7个，槽伤的方向和间距有所不同；第四组人工缺陷包括6个长度分别为1mm、深度为40%壁厚、间距为0.8mm的短槽。所有槽伤的宽度均为0.1mm。

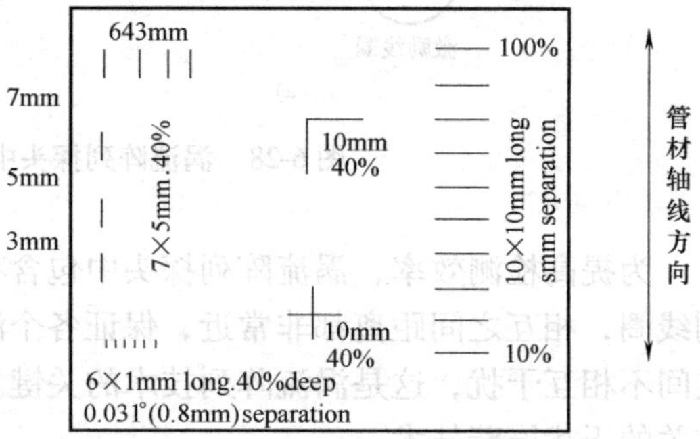

图 6-31 钢管试样平面展开图

图 6-32 给出了采用 X 型内通过式阵列探头一次穿过钢管样管检测到外壁上不同方向和深度缺陷的检测结果。其中，图 6-32a 所示为周向通道获得的扫查结果，即图 6-30 中 B、C 组线圈的检测结果；图 6-32b 所示为轴向通道上由 C 组线圈激励、A 组线圈接收获得的扫查结果。两幅图中，除了第四组6个间距非常小的短小槽伤不能单独分辨出来以外，其他21个缺陷均可清晰地显示出来。由此可以建立起对涡流阵列技术检测能力的认识。

值得注意的是，图 6-32a 和图 6-32b 不是像超声和常规涡流经过反复扫查获得的C扫面图像，而是检测线圈一次穿过管材时形成的扫查图。由此可见，涡流阵列技术具有极高的检测效率。图 6-30 所示的由48个线圈构成的涡流阵列探头，其检测效果相当于单个放置式线圈以38000r/min高速旋转的检测结果，是常规穿过式线圈检测速度的10～100倍。

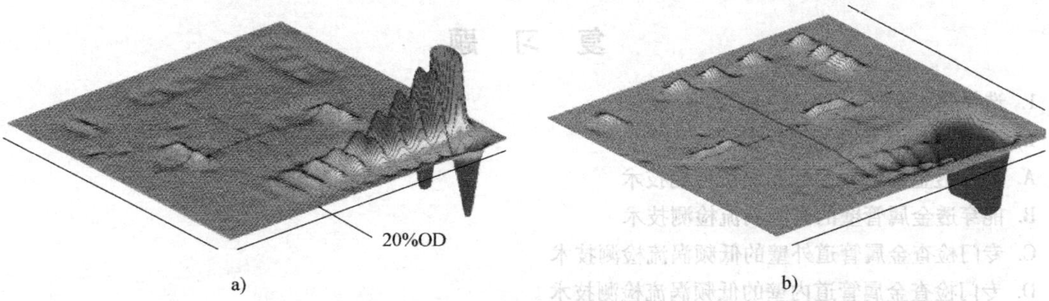

图6-32 X型内通过式阵列探头对管材外壁上不同方向和深度缺陷的检测结果
a）周向检测通道 b）轴向检测通道

涡流阵列检测技术除了具有检测灵敏度高、检测速度快的优点外，由于其探头尺寸较大，且外形可根据实际被检测对象的形面进行设计，因此还具有容易克服和消除提离效应影响的优势。图6-33所示的异形探头就是涡流阵列探头。

关于涡流阵列探头易于克服提离效应影响、具有极高检测效率的优点，还可以从下面两个应用实例得到进一步的认识。

图6-34所示为采用涡流阵列技术检测飞机轮毂的应用实例。探头与轮毂接触的检测面被磨制成与轮毂外形一致的形状，探头可以稳定地放在上面，其内部的全部检测线圈与轮箍表面形成良好的电磁耦合，可以很好地消除提离效应的影响，并具有极高的检测效率。

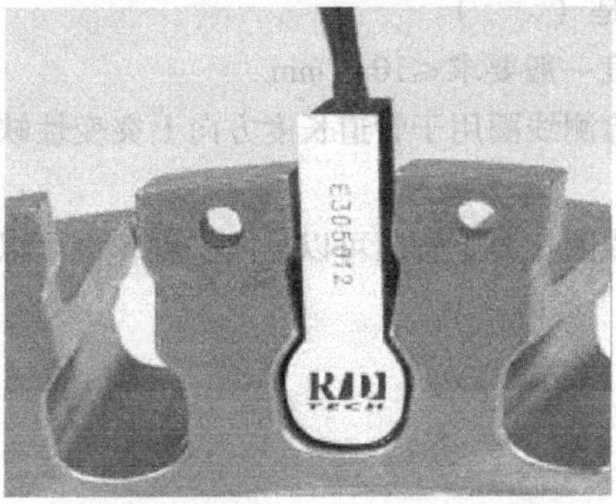

图6-33 异形探头

图6-34 采用涡流阵列探头检测飞机轮毂

对于涡流方法而言，焊缝检测的主要技术难点之一是难以减小或消除由于焊缝形面差异和粗糙不平造成的严重提离干扰。将涡流阵列探头的检测区域加工成与焊缝外形基本一致的形面，如图6-35所示，探头的左右两侧与焊板母材接触，这种设计不仅预防了粗糙焊缝表面对探头的磨损，保证了线圈的平稳扫查，而且由于探头检测区域不与焊缝表面接触，也就不会出现由于焊缝表面的不平整造成的严重干扰。

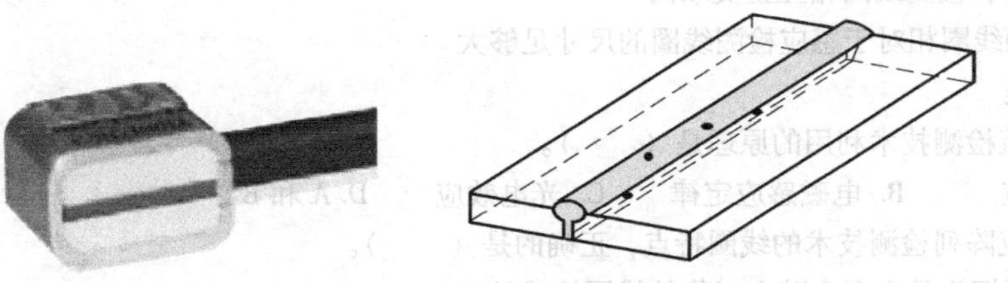

图6-35 采用涡流阵列探头检测焊缝

复 习 题

1. 选择题

1）远场涡流检测技术是一种（　　）。

A. 能穿透金属管壁的低频涡流检测技术

B. 能穿透金属管壁的高频涡流检测技术

C. 专门检查金属管道外壁的低频涡流检测技术

D. 专门检查金属管道内壁的低频涡流检测技术

2）关于远场涡流检测技术的叙述，不正确的是（　　）。

A. 远场区域的磁场主要由激励线圈附近的电磁能量穿出管壁，然后沿管外壁扩散，最后又进入管壁内，感应到检测线圈上

B. 远场涡流检测技术激发的磁场限于在管壁内传播

C. 远场涡流的能量耦合是在管子内部对激励线圈的直接耦合

D. 远场涡流的能量耦合是通过管壁与激励线圈间接耦合

3）与远场涡流检测技术不同，在常规涡流检测技术中的阻抗平面图表示（　　）。

A. 检测器的电压输出

B. 涡流检测线圈阻抗的电阻分量及感抗分量与检测频率、试件的电导率、磁导率及尺寸等的基本关系

C. 涡流检测线圈的阻抗

D. 以上都不是

4）对被检管道实施远场涡流检测中要注意的工艺操作因素是（　　）。

A. 探头应具有尽可能大的填充系数，探头在管内的穿行速度一般要求≤10m/min

B. 绝对式检测线圈主要用于大面积渐变缺陷的检测，差动检测线圈用于管道长度方向上突变性缺陷的检测

C. 多点式检测线圈用于检测管道周向壁厚的偏差，多点式线圈相对于管道可以径向安置，也可以轴向安置，采用多点式检测线圈应用相应通道数的检测仪器

D. 以上都是

5）关于远场涡流技术应用检测线圈的叙述，正确的是（　　）。

A. 绝对式检测线圈主要用于大范围渐变缺陷的检测

B. 差动式检测线圈对管道长度方向上的突变性缺陷具有最大响应信号

C. 多点式检测线圈用于检测管子周向壁厚的偏差

D. 以上都对

6）远场涡流激励线圈与检测线圈的间距一般为被检管子内径的（　　）。

A. 2～3 倍　　B. 10 倍　　C. 20 倍　　D. 无限制

7）电流扰动检测技术应用的线圈的特点是（　　）。

A. 激励线圈和检测线圈分立

B. 激励线圈和检测线圈相互正交取向

C. 一般激励线圈相对于感应检测线圈的尺寸足够大

D. 以上都是

8）磁光涡流检测技术利用的原理是（　　）。

A. 磁光效应　　B. 电磁感应定律　　C. 光电效应　　D. A 和 B

9）关于涡流阵列检测技术的线圈特点，正确的是（　　）。

A. 涡流阵列探头是由多个独立工作的线圈构成的

B. 涡流阵列探头的线圈按特殊的方式排布

C. 涡流阵列探头的激励线圈与检测线圈之间形成两种方向相互垂直的电磁场传递方式

D. 以上都是

10）涡流阵列技术的关键是（　　）。

A. 保证各个激励线圈的激励磁场之间、检测线圈的感应磁场之间不会互相干扰

B. 激励线圈与检测线圈相互之间距离越近越好

C. 涡流阵列探头的体积越小越好

D. 以上都是

2. 判断题

1）远场涡流检测探头一般是由激励线圈和检测线圈构成的外穿过式探头。（　　）

2）远场涡流检测技术能有效地判断出金属管道内、外壁缺陷和管壁的厚薄情况。（　　）

3）远场涡流检测技术中，金属管壁内、外的磁场是激励线圈内的电流和金属管壁内的涡流产生的磁场的矢量和。（　　）

4）远场涡流检测技术测量的是检测线圈的阻抗变化。（　　）

5）远场涡流检测技术测量的是检测线圈的感应电压与激励电流之间的相位差。（　　）

6）远场涡流检测的优点是检测前对被检验管子内表面不需要进行清洗。（　　）

7）远场涡流检测探头应具有尽可能大的填充系数。（　　）

8）电流扰动检测系统一般主要由激励信号源、探头以及计算机组成。（　　）

9）电流扰动系统的探头特点是激励线圈和检测线圈分立，并且相互正交取向，一般激励线圈相对于感应检测线圈的尺寸足够大。（　　）

10）磁光涡流检测技术即磁光涡流成像检测。（　　）

11）涡流阵列检测技术的关键是保证各个激励线圈的激励磁场之间、检测线圈的感应磁场之间不会互相干扰。（　　）

12）脉冲涡流检测技术具有可同时检测不同深度缺陷的优点。（　　）

3. 问答题

1）简述远场涡流检测技术的原理、特点及设备的组成。

2）简述电流扰动方法的原理。

3）简述磁光涡流检测方法的原理。

4）简述涡流阵列检测技术的原理及优点。

第 7 章　涡流检测标准

7.1　概述

为使读者对电磁涡流检测标准体系有一个更完整的概念，达到更准确地理解、掌握和运用电磁涡流检测各相关标准的目的，本节在叙述电磁涡流检测标准的概况之前，首先简要介绍一些有关标准和标准化的基本知识。

7.1.1　标准的基本知识

国家标准 GB/T 20000—2002《标准化工作指南第 1 部分：标准化和相关活动的通用词汇》给出的关于“标准”一词的定义为：为了在一定的范围内获得最佳秩序，经协商一致制定并由公认机构批准，共同使用的和重复使用的一种规范性文件。由“标准”的定义可以看到标准具有以下几方面的性质：

1）目的性——获得最佳秩序，并以最佳的秩序促进使用标准的各方达到最佳的共同效益。一方面，标准是对先进技术或工艺通过文件形式加以固化，以利重复和规范执行的文件，先进制造技术和生产工艺的采用必然带来技术进步和经济效益；另一方面，标准作为通过文字固化形成的规范性文件，保证了使用各方的操作或执行具有可比性和可重复性，易于达到相互之间的认可和接受，从而减少和避免产生经济或贸易纠纷。

2）层次性——根据标准制定（即标准化）所涉及的地理、政治或经济区域的范围不同表现出的标准层次的差异。例如，按照地理区域范围大小不同，标准可分为全球性的国际标准化组织标准（International Standardization Organization，ISO）、区域性标准（如欧洲共同体标准）、国家标准、部门标准、企业标准等。

3）权威性——标准不同于一般的技术文献，其权威性体现为标准是由不同国家、组织或部门在该技术领域的专家编写起草，经多方充分协商讨论确定，最后经专门机构批准。

4）时效性——不论是新制定标准，还是修订标准，都在标准的封面上给出标准的发布与实施日期。实施日期一般要比发布日期晚 3 ~ 6 个月。从发布日期到实施日期之间的这一段时间是为标准的贯彻实施预留出的条件准备时期，其时间的长短取决于标准涉及的范围、条件准备与建设工作的难度及所需的时间。

标准不是一成不变的，而是经过一段时间就会被修订、合并或作废。从标准的发布日期至第一次被修订后的发布日期或相邻两次修订标准的发布日期的间隔时间称为标准的龄期。标准的龄期不是一个固定的间隔期限，不仅不同国家和组织的标准龄期不同（如美国材料试验学会（ASTM）标准的平均龄期为 3 ~ 5 年，而我国国家标准的平均龄期为 5 ~ 10 年），而且同一国家和组织的标准龄期也存在较大的差异，如 ASTM 标准中，有的标准经过 2 年或 3 年就被新的版本所代替，而有的标准经历 10 余年仍未进行修订。标准龄期的长短，除了与各国家或相关组织关于标准制定与管理的政策直接相关外，还与各标准所涉及技术的发展状况密切相关，往往涉及新的学科领域和先进技术方法的标准更新的速度会比较快，而技术原理和方法相对成熟的标准更新的速度则比较慢。

任何标准都没有一个固定龄期，而且可能会被合并或作废，因而标准的使用者应特别注意所采用标准的有效性。一是要关注所用标准是否为当前最新的有效版本，二是是否被其他标准替代或被作废。

5）强制性与推荐性。强制性标准具有法律属性，是在一定范围内通过法律、行政法规等强制手段加以实施的标准。强制性标准一般包括以下几个方面：

①全国必须统一的基础标准，如 GB 15093—2008《国徽》、GB 12982—2004《国旗》及 GB 11643—1999《公民身份号码》等。

②对国计民生有重大影响的产品标准，如 GB 16999—1997E《人民币伪钞鉴别仪》。

③通用的试验方法和检测方法标准，如国家有关的计量检定规程等。

④有关人身健康和生命安全方面的标准，如 GB 18671—2009《一次性使用静脉输液针》、GB 14934—1994《食（饮）具消毒卫生标准》及 GB 6722—2003《爆破安全规程》等。

⑤环境保护方面的标准，如 GB 9660—1988《机场周围飞机噪声环境标准》及 GB 18285—2005《点燃式发动机汽车排气污染物排放限值及测量方法（双怠速法及简易工况法）》等。

强制性标准一经颁布，必须贯彻执行。否则，对造成恶劣后果和重大损失的单位或个人，要受到经济制裁或承担法律上的责任。

推荐性标准又称自愿性标准，或非强制性标准，是指生产、交换、使用等方面，通过经济手段或市场调节而自愿采用的标准。对于这类标准，任何单位有权决定是否采用，违反这方面的标准，不构成经济或法律方面的责任。但一经接受并采用，或各方商定统一纳入商品、经济合同之中，就成为共同遵守的技术依据，具有法律上的约束性，彼此必须严格贯彻执行。与强制标准相比，推荐性标准涉及的标准的可能应用方不具有强制性的法律效力，也就是说，标准的可能应用者具有不选择和执行推荐性标准的权力。如果标准的应用方未选用推荐性的国家标准，在从事与该标准涉及内容一致的产品制造或性能试验时，不受推荐标准相关条文规定的约束；但当标准的应用方确定选择了某项推荐性的国家标准，则推荐性标准相关条款的要求就成为标准应用方必须遵守的规定。

从鼓励科技进步与技术创新以及有利于消除贸易壁垒与促进技术上的双边或多边合作两个方面出发，近年来国际和我国标准的主管部门一直在倡导和推行“严格控制强制性标准，积极采用推荐性标准”的政策。

7.1.2 国内外标准的代号

随着我国改革开放的不断扩大与深入，国内企、事业单位对外合作、交流增多，因此对国内外相关部门、世界主要国家及其组织等的标准代号有一个基本的了解是非常必要的。表7-1 列出了部分国际组织与国外标准代号的相关信息。

在我国，国家标准、国家军用标准和行业标准的代号都是以标准所属层次的关键词第一个字的声母来表示的，例如，国家标准用“GB”代号表示，国家军用标准用“GJB”表示，“JB”表示机械工业标准，“HB”表示航空工业标准，“QJ”表示原七机部标准（即航天工业标准)，企业标准用“Q/××”代号表示。部分国内标准代码的意义及发布机构见表7-2。

表7-1 部分国际组织与国外标准代号制定机构及其英文名称

序号	代号	制定机构	制定机构的英文名称
1	ISO	国际标准化组织	International Standardization Organization
2	IEC	国际电工委员会	International Electrotechnical Commission
3	IAEA	国际原子能机构	International Atomic Energy Agency
4	ICS	国际造船联合会	International Committee of Shipping
5	ANSI	美国国家标准学会	American National Standards Institute
6	ASTM	美国材料与试验协会	American Society for Testing and Materials
7	ASME	美国机械工程学会	American Society of Mechanical Engineers
8	MIL	美国军用标准	American Military Standards
9	BS	英国标准学会	British Standards Institute
10	LR	英国劳氏船级社	Lloyd’s Register of Shipping
11	CEN	欧洲标准化委员会	European Committee for Standardization
12	DIN	联邦德国标准化学会	Dutsches Institute für Normung
13	JIS	日本工业标准调查会	Japanese Industrial Standards Committee
14	NF	法国标准化协会	Association Fran，caise de Normalisation
15	ГОСТ	俄罗斯国家标准	The State Standard Committee of Russian

表7-2 部分国内标准代码的意义及发布机构

序号	代号	意义	发布机构
1	GB	国家标准	国家质量监督检验检疫总局
2	GJB	国家军用标准	国防科技工业技术委员会 中国人民解放军总装备部
3	HB	航空工业标准	国防科技工业技术委员会
4	QJ	航天工业标准	国防科技工业技术委员会
5	CB	船舶工业标准	国防科技工业技术委员会
6	WJ	兵器工业标准	国防科技工业技术委员会
7	EJ	核工业标准	国防科技工业技术委员会
8	SJ	电子工业标准	中华人民共和国信息产业部
9	JB	机械工业标准	国家机械工业局
10	YB	冶金工业标准	全国钢标准化技术委员会

7.1.3 涡流检测标准概况

涡流检测以其独有的技术特点和适应能力在世界各国得到了越来越广泛的应用，同其他技术方法一样，涡流检测技术在各工业领域的应用也是通过检测方法标准的制定与执行得到贯彻实施的。以下对国际标准化组织、美国材料与试验协会及美国国防部等制定的涡流检测标准概况及我国国家标准、国家军用标准中的涡流检测标准的情况进行简要介绍。

国际标准化组织（ISO）制定的标准中共有5个电磁涡流检测标准，其中3个是关于覆盖层厚度测量方面的标准，代号及名称分别为：ISO 2178—1982《铁磁性金属基体上非磁性覆盖层—厚度测量—磁性方法》（Non-magnetic coatings on magnetic substrates—Measurement of coating thickness—Magnetic method）；ISO 2360—2003《非磁性金属基体上非导体覆盖层—厚度测量—涡流法》（Non-conductive coating on non-magnetic eletrical conduction basis metal—Measurement of coating thickness—Amplitude-sensitive Eddy current method）；ISO 2361—1995《铁磁性和非铁磁性金属基体上电沉积镍镀层—厚度测量—磁性法》（Electrodeposited nickel coatings on magnetic and non - magnetic substrates—Measurement of coating thickness—Magnetic method）。另外2个是关于钢管的电磁涡流探伤方面的标准，代号及名称分别为：ISO 9302—1994《无缝钢管和焊接（埋弧焊除外）承压钢管—验证液压密封性的电磁检测》（Seamless and welded（except submerged arc-welded）steel tubes for pressure purposes—Electromagnetic testing for verification of hydraulic leak-tightness）；ISO 9304—1989《无缝钢管和焊接（埋弧焊除外）承压钢管—探测缺陷的涡流检验》（Seamless and welded（except submerged arc-welded）steel tubes for pressure purposes—Eddy current testing for the detection of imperfections）。

美国材料与试验协会（ASTM）组织下面设有一个编号为E-7的专门从事无损检测技术标准化工作的委员会，其下属的E07.07分委员会专门负责电磁与涡流检测方法标准的制定。该分技术委员会编制的电磁涡流检测方面的标准近20个，涉及电磁分选、涡流探伤、电导率测试与覆盖层厚度测量以及涡流仪器与检测线圈性能评价等方面技术的实施方法，内容最为广泛和系统。其中，关于检测方法的标准12个，关于电磁分选的标准两个，关于电导率测试的标准1个，关于覆盖层厚度测量的标准1个，关于设备的标准两个。

美国军用标准（MIL）体系包括以下五种类型的军用标准文件：军用规范（Military Specification）、军用标准（Military Standard）、军用标准图样（Military Standard Drawing）、军用手册（Military Handbook）及合格产品目录（Qualified Product Lists，即QPL）。

上述五种军用标准如果限于单一军事部门使用，或由于紧急需要而又来不及在全军作调整，则在标准号后加注制定机构代号，如MIL-STD-2032（SH）就是仅限于海军使用的标准。现行的军用手册中，有一个是关于涡流检验技术的手册，其代号及名称为MIL-HDBK-728/2（1992）《涡流检测》（Eddy Current Testing）。由美国空军20世纪70年代初提出并制定的MIL-HDBK-333（VSAF）手册分上、下两卷，下卷中含涡流检测方面的内容，该手册在MIL-HDBK-728手册出版后被宣布停用。在军用标准中，有2个关于涡流检测技术的标准，一个是MIL-STD-1537B（1988）《用涡流电导率测试法检测铝合金热处理状态》（Electrical Conductivity Test for Verification of Heat Treatment of Aluminum Alloys Eddy Current Method），另一个是MIL-STD-2032（SH）（1990）《美国海军舰船用热交换器管的涡流检测》（Eddy Current Inspection Heat Exchanger Tubing on Ships of the United States Navy）。

7.2 涡流检测标准

7.2.1 国内主要涡流标准

在国内，就涡流检测技术应用单独制定的国家标准共有13个，内容涉及管、棒材探伤、覆盖层厚度测量、电导率测量以及涡流检测系统性能测试等，已构成较为系统的涡流检测标准体系。国家军用标准中，仅有一份涡流检测方法标准，即 GJB 2908—1997《涡流检验方法》。该标准是关于铝合金电导率和硬度性能要求的材料验收标准，不属于涡流检测的方法标准。

涡流检测技术在国内各工业部门得到较广泛的推广应用还是比较晚的，这一点可以从最早的几个涡流检测国家标准的制定时间得到证实。第一批涡流检测方面的国家标准是在 1985 年颁布实施的，它们是 GB/T 4956—1985《磁性金属基体金属上非磁性覆盖层厚度测量 磁性方法》、GB/T 4957—1985《非磁性金属基体上非导电覆盖层厚度测量涡流方法》、GB/T 5126—1985《铝及铝合金冷拉薄壁管材涡流探伤方法》、GB 5248—1985《铜及铜合金无缝管涡流探伤方法》。1987～1991 年，先后有 7 个涡流检测的国家标准颁布实施，它们分别是 GB/T 7735—1997《钢管涡流探伤方法》、GB 11260—1989《冷拉圆钢穿过式涡流检验方法》、GB/T 11374—1989《热喷涂涂层厚度的无损测量方法》、GB/T 12307. 1—1990《金属覆盖层 银和银合金电镀层试验方法 第一部分 镀层厚度的测定》、GB/T 12604. 6—1990《无损检测术语 涡流检测》、GB/T 12966—1991《铝合金电导率涡流测试方法》、GB/T 12968—1990《纯金属电阻率与剩余电阻比涡流衰减测量方法》和 GB/T 12969. 2—1991《钛和钛合金管材涡流检验方法》。从 1991 年至今，新制定了两个有关涡流检测方面的标准，即 GB/T 14480—1993《涡流探伤系统性能测试方法》和 GB/T 17990—1999《圆钢点式（线圈）涡流探伤检验方法》。除此之外，还对过去制定的 5 个标准进行了修订，具体的情况是：GB/T 4956—1985 标准被 GB/T 4956—2003 版所代替，GB/T 4957—1985 标准被 GB/T 4957—2003 版所代替，GB/T 5126—1985 标准被 GB/T 5126—2001 版所代替，GB/T 5248—1985 标准被 GB/T 5248—1998 版所代替，GB/T 7735 标准分别于 1995 年和 2002 年进行了两次修订，现行有效版本为 GB/T 7735—2004。

（1）GJB 2908—1997《涡流检验方法》 该标准是唯一的一个关于涡流检测方法的国家军用标准，规定了金属材料及零部件表面和近表面缺陷涡流检测的一般要求、仪器设备、试验参数选择及检验步骤等方面的详细要求，适用于金属零部件及一定尺寸范围的管、棒、丝材表面和近表面缺陷的检验。标准的主题内容与适用范围确定了该标准是一个关于金属材料及零件涡流探伤的方法标准，不涉及电导率检验和覆盖层厚度测量等涡流检测技术。

在“一般要求”中，针对可能影响涡流检验结果的人员资格、环境条件以及电源稳定性等因素提出了基本要求。关于涡流检测人员资格的规定包含两个方面的含义，简要概括起来就是：一要取证，二不要越位。

环境条件中关于“检验场地附近不应有影响仪器正常工作的磁场、震动、腐蚀性气体及其他干扰”的要求较为重要。这主要因为涡流检测是一项基于电磁感应原理的技术方法，检测场地周围环境若存在强电磁场，会对检测线圈和仪器带来直接影响，从而干扰检测的正常进行，并且这类干扰在实际生产中也比较容易发生，如焊接设备的使用和龙门吊车的开起等。明显的震动可能导致管、棒、线材涡流自动探伤系统的传送装置发生抖动，从而影响线圈与试件的稳定耦合。

GJB 2908—1997《涡流检验方法》标准与其他有关涡流检测的国家标准和国外标准相比，最大的不同之处在于该标准不像其他标准那样仅针对某一类材料和某一种形式产品而制定，如 GB/T 7735—2004 和 ASTM E1606—2009 标准分别针对钢管和铜棒。GJB 2908—1997

标准适用范围很广，从材料方面讲，覆盖了钢、铜合金、铝合金和钛合金等多种材料；从产品形式上讲，不仅包括规则外形的管、棒、线材，还包括形状各异的零部件。基于该标准的这一特征在其第5章中对于仪器设备和检测线圈的要求与选择、对比试样的制作与选择、试验条件的调整等方面的规定就显得更原则性，关于检测原理方面的叙述更多一些，而针对具体产品或零件实施涡流探伤工作的指导性相对差一些。

1）仪器设备和检测线圈的要求与选择。标准5.2条关于“仪器设备”提出以下要求：“涡流检测仪器设备一般包括探伤仪、检测线圈、机械传动装置、记录装置和磁化装置”。该项规定应该说是针对铁磁性管、棒、线材的自动探伤提出的，对于铝合金、铜合金以及钛合金等非铁磁性的管、棒、线材，则不需要磁化装置。对于零部件的手动涡流探伤，磁化装置、机械传动和记录装置都不是必备的，因此标准中关于涡流仪器设备组成的表述中使用了“一般”二字，即隐含了可针对具体检测对象灵活地配备涡流检测设备的意思。

标准5.5条关于“仪器设备的选择”中针对不同类型产品，规定了仪器与线圈的选择要求和探伤方式的选择。这部分内容是该标准最为重要的核心内容，也是学习涡流检测技术、掌握涡流探伤技能和熟悉本标准要求的重点内容之一。

2）对比试样的制作与选择。标准5.3条关于“试样”中对标准试样和对比试样分别进行了定义和严格地区分，并提出了对标准试样应定期鉴定的要求。这两方面的内容在国内其他涡流探伤标准中是没有的，由此可以体现出该标准的先进性、合理性，也体现了军工部门对与产品检验质量相关的重要影响因素控制得更加严格。

标准附录A、B中给出了多种带有槽型伤和孔型伤对比试样的示意图，供采用不同形式（包括放置式、外穿过式、内通过式）检测线圈探伤时选择。

3）试验条件的调整。有关试验条件调试的要求在标准的5.6条“检测频率的选择”和5.9条“仪器设备综合性能的调试程序”中做出了规定。检测频率、相位和增益是涡流探伤中调整仪器最重要的三项参数。由于本标准主要是针对采用外穿过式线圈检测管、棒、线材的涡流自动探伤系统提出仪器设备综合性能调试的步骤与要求，因此对于相位参数的调整要求未加以规定，这一点对于采用放置式和内通过式线圈实施涡流检测，并根据检测信号相位角评价缺陷的情况是不能满足的。

附录C给出了导电性不同的多种材料的板、管、棒（线）材涡流探伤时确定检测频率的预选表。所谓预选表，即意味着不能作为工作频率的选定表。一方面，表中对应某种材料或规格管、棒、线材给出的频率不是唯一确定的值，而是一个频带，甚至这一频率范围还很大，因此必须在推荐的范围内做进一步的选择；另一方面，检测要求的不同，如关注缺陷大小的程度差异和关注缺陷位置的不同，都会对频率的选择有较大的影响。在频率选择的实际操作中，应根据检测要求和被检测对象的具体情况，选择或制作合适的对比试样，通过比较试验然后在附表中给出的预选频率范围内确定最佳的检测频率。在选定的检测频率条件下，利用对试样上的人工伤，按5.9.1条规定进行检测灵敏度（即增益参数）的调整。

4）检测的实施。在检测设备综合性能调试完成后，进入到产品或零件的检测过程。在实施连续探伤工作时，应注意每隔一定时间（5.10.3条规定为2h）和检验结束时利用对比试样对检测仪器设备的稳定性进行期间核查，以防止因仪器设备出现故障（主要指通过正常观察不能发现的问题）而导致错误的检验结果。如果通过期间检查发现或怀疑检测仪器存在问题，应重新调试仪器设备，对不能确认是在正常工作状态下检测的产品应重新进行检验。

（2）GB/T 4956—2003《磁性基体上非磁性覆盖层 覆盖层厚度测量 磁性法》 GB/T 4956—2003《磁性基体上非磁性覆盖层 覆盖层厚度测量 磁性法》标准是将 ISO 2178—1982 标准翻译转换，并按照目前国家标准编写格式编写而成。它是基于永久磁铁与铁磁性金属基体之间由于存在不同厚度覆盖层而引起磁引力变化的物理原理，或以测量线圈因与铁磁性金属基体之间距离不同而接收感应磁场强度不同的物理现象为基础，对非磁性覆盖层厚度进行测量的电磁测厚方法。需要说明的是，目前应用磁性方法测量覆盖层厚度的仪器绝大多数是利用后一种原理，而基于永久磁铁与铁磁性金属基体之间磁吸引力大小进行覆盖层厚度测量的仪器仅占磁性测厚仪总数的不到10%。

该标准第 4 章中列举了影响利用磁性方法测量非层性覆盖厚度精度的13 项因素。在这 13 项影响测量精度的因素中，应特别关注的是 4.1 条“覆盖层厚度”、4.2 条“基体金属的磁性”、4.3 条“基体金属的厚度”、4.5 条“曲率”、4.6 条“表面粗糙度”、4.11 条“覆盖层的电导率”和 4.12 条“测头压力”。

1）覆盖层厚度的影响。磁性测厚方法是建立在覆盖层厚度改变会引起磁吸引力或磁感应场强度变化这一物理原理基础上的。将覆盖层厚度作为测量影响精度的因素，是指测量精度随覆盖层厚度的变化而变化，并且这种变化（即影响程度）与测厚仪（仪器检测线圈与测量电路结构）相关。所谓“对于薄的覆盖层，测量精度是一个常数”是指覆盖层厚度小于 10μm 的情况，受仪器精度和被测量覆盖层表面粗糙度的影响，仪器很难准确测量出 10μm 的情况，尤其是 5μm 以下覆盖层的厚度，这种偏差是由测量仪器自身的系统误差带来的。对于厚的覆盖层，一般可理解为厚度在 10μm 以上的覆盖层。标准中的“其测量准确度等于某一近似恒定的分数与厚度的乘积”表述了这样一个物理现象：即测量的相对误差近似为一常数，而绝对误差明显地随被测量覆盖层厚度的增加而增大。例如，如果测量相对误差为 5%，则对于 20μm 和 200μm 镀层测量的绝对误差分别为 1μm 和 10μm。

2）基体金属磁性与厚度的影响。不同铁磁性材料的磁特性（如磁导率）往往存在很大差异，并且同一铁磁性材料在不同热处理状态或经过不同冷加工工艺后，其磁特性也会出现显著的差异，而材料铁磁特性的差异会直接影响对永久磁铁或检测线圈的磁作用，因此要减小或消除磁特性不同带来的显著影响，必须采用与被测覆盖层下基体材料具有相同或相近磁特性的材料作为基体进行仪器的校准。由于线圈式测厚仪所采用的检测频率很低（通常在几百赫兹或更低），磁场在被测量覆盖层下铁磁性基体材料中的分布状态在一定范围内与基体的厚度密切相关，当基体金属厚度达到某一值时，这种由厚度不同带来的影响才能减小到可以忽略的程度，这一概念实质上与涡流有效透入深度是一致的。基体厚度的这一临界值可以从仪器的使用手册中查到，一般采用厚度大于 5mm 的铁磁性材料作为校准仪器的基体金属试块。

3）曲率的影响。无论是涡流法还是磁性法，曲率不同对测量结果的影响都是十分显著的，因此测量曲面上覆盖层厚度时应特别注意，尤其是测量具有不同曲率试件上的覆盖层厚度。曲率的影响有以下几方面特点：①影响显著，较小的曲率差异对测量结果的影响程度明显不同；②影响范围大，在相当大的曲率半径范围内，曲率不同的影响一直是存在的；③不同方向上曲率的不一致依然会给沿不同方向进行的测量带来不同程度的影响。例如，采用双极测头的仪器测量具有相同直径球体表面和柱体表面覆盖层时，即使材料为各向同性，测量结果仍然是不同的，并且在圆柱表面沿平行于轴线方向和垂直于轴线方向上进行测量所得结果也会有差异。要减小或消除由曲率不同带来的影响，必须在与被测对象（准确地说是被测量点）完全一致的曲率条件下进行仪器校准。

4）表面粗糙的影响。标准4.6条针对“在粗糙表面上的同一参考面积内所测量的系列数值明显地超过仪器固有的重现性”这种情况，规定了具体的测量实施方法：“所需的测量次数至少应增加到5次。”增加测量次数是减小或消除随机误差的手段，而对于“明显地超出仪器固有的重现性”这一情况更主要是由于系统误差带来的问题，增加测量次数并不是根本的解决途径，严格地说，这种影响是客观存在且无法消除的。对以下两个极端的例子进行分析，可能有助于对该问题的理解。

把问题夸大进行分析，就比较容易理解在粗糙表面上无法进行准确测量的问题，但在实际工作中，这类问题是经常出现的，如图7-1所示。不仅是覆盖层厚度的测量存在这类问题，而且在对不带覆盖层零件的尺寸进行机械测量时也存在该类问题。委托方常常对送来的表面极其粗糙的样品提出很高精度的测试要求，这就属于该类问题或错误。

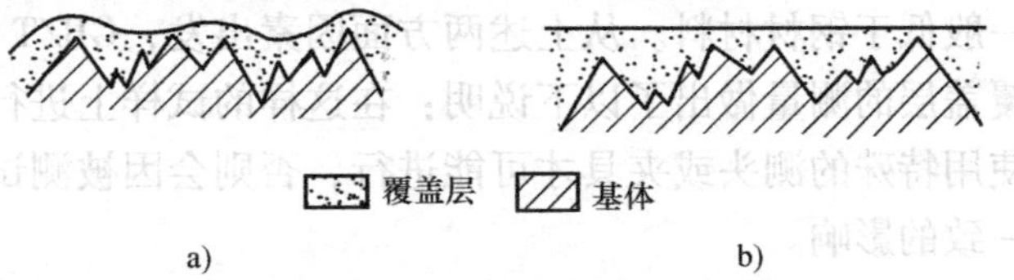

图7-1　典型的覆盖层（包括基体）表面粗糙状况

5）覆盖层电导率的影响。磁性测厚是利用永久性磁体或测量线圈与覆盖层下金属基体材料之间的磁作用实现的。虽然低频交流线圈在铁磁性金属基体中也会产生涡流，但由于工作频率很低，感生涡流的密度也就很小，和线圈与基体材料之间的磁作用相比，涡流再生磁场的反作用足够小以至可以忽略。当检测频率较高（如4.11条所述200～2000Hz）时，特别是对于导电性能较好的金属镀层（如铜、银），在镀层中会产生密度较大的涡流，并由此形成影响基体对测量线圈磁作用的感应磁场。

6）测头压力的影响。关于球测头压力影响的原因及消除方式已在本书第5章中做了较详细的介绍，这里不再重复。

标准的第5章关于“仪器的校准”中，主要规定了校准膜片（或标准试片）的分类、选择和使用；第6章“测量程序”主要针对实际测量提出了消除各种因素影响的要求与方法。

有一点对于减小系统误差、提高测量精度非常重要，且特别有效，这就是关于仪器校准范围的问题。这也是一个在实际测厚工作中经常出现问题的情况，因此应特别予以注意。要提高测量精度，应根据被测量覆盖层的厚度和整体均匀状况，选择合适厚度的膜片校准测厚仪。校准仪器膜片的选择应遵循的基本原则在本书5.4节中已作了较明确的阐述。

（3）GB/T 4957—2003《非磁性基体上非导电覆盖层　覆盖层厚度测量涡流法》　该标准是将ISO 2360—1982标准翻译转换，基于涡流检测中的提离效应，按照目前国家标准编写格式编写而成。该标准在第4章对影响测量精度的11项因素及其影响规律进行了描述，因为涡流测厚方法的原理与磁性法相近，所以11项影响因素中的7项因素均在GB/T 4956—2003标准中有所涉及，其余未涉及到的4项因素依次为4.2条“基体金属的电性能”、4.9条“测头的放置”、4.10条“试样的变形”和4.11条“测头的温度”，下面分别加以介绍。

1）基体金属的电性能的影响。受方法原理的限制，涡流测厚技术仅可用于非铁磁金属基体上非导电覆盖层的测量。非铁磁性材料的相对磁导率 $\mu_r=1$，金属基体的磁特性对涡流检测线圈的作用是相同的，对非导电覆盖层厚度的影响是一致的，因此涡流测厚技术不考虑基体材料磁特性的影响，而仅关注非铁磁性材料电性质的差异。基体导电性质的差异会带来两个方面的影响：一方面是由于电导率不同产生的直接作用，测量线圈感应电磁场的强度不同；另一方面是影响涡流的透入深度，造成金属基体的临界厚度不同。

2）探头放置的影响。鉴于探头的放置方式对测量有影响，标准 4.9 条规定："探头在测量点处应该与测试表面始终保持垂直"。若涡流探头与试样表面不垂直，则二者之间的电磁耦合状况必然与垂直条件下的情况不同，从而得到不一致的测量结果，这一点是容易理解的。探头放置方式的改变同样会影响磁性方法的测量结果，这一点在使用时也应注意。

3）试样变形的影响。GB/T 4957—2003 标准将"试样的变形"作为独立的影响因素提出，有其必然性和必要性，主要由以下两方面原因所致：首先，涡流法采用非常高的检测频率，因而对金属基体的临界厚度要求低，通常达到几十微米的厚度即可满足要求，而磁性法采用非常低的工作频率，基体金属一般要达到几个毫米的厚度；其次，非铁磁性材料的刚度一般低于钢材材料。从上述两方面因素出发，GB/T 4957—2003 针对薄的、容易变形试样上覆盖层的测量做出了以下说明：在这样的试样上进行可靠地测量可能是做不到的，或者只有使用特殊的测头或夹具才可能进行，否则会因被测试样发生不同程度变形而引发电磁耦合不一致的影响。

4）温度的影响。在常温状态下，温度变化对金属导电性能的影响比较明显，而对材料磁特性的影响较小（居里点温度除外），因此采用基于基体导电性的涡流方法标准对环境温度提出了要求，而以材料磁特性为基础的磁性测厚方法则不十分关注环境温度的影响。

GB/T 4957—2003 标准中关于仪器的校准（包括标准片的分类、选用等）、检验及操作程序等方面的要求和规定与 GB/T 4956—2003 标准的相关内容很相近，此处不再赘述。

（4）GB/T 12966—2008《铝合金电导率涡流测试方法》

1）主题内容与适用范围。传统的金属导电性能的测量方法是将被测量的金属加工成细长的金属棒或板条，并在金属棒或板条的两端预制特殊形状的电流导入端和电压、电流测量端，通过直流电流和电压的测量，利用欧姆定律计算出被测量对象的电阻值和电阻率值。电阻及电阻率的精确测量要求金属棒或板条的加工精度非常高，且试验用的电桥装置也比较复杂和昂贵。与传统方法相比，采用涡流法测量某些金属材料电导率的技术方法则十分简便、经济，它不需要对试样进行专门的加工，可以在试件表面直接进行测量。涡流测电导率方法的缺点是不如采用直流电桥测量电阻的方法精确，但由于涡流法所测得电导率值的精度已满足了工程需要，因此在工程技术上得到广泛的应用。

GB/T 12966—2008 标准规定了测试铝合金电导率所用涡流设备、方法以及操作要求等内容，适用于铝合金原材料和制件电导率的测试。尽管应用涡流法可以测量其他金属及其合金材料与制件的电导率，但该标准仅针对铝合金材料及制件电导率的测量技术与要求进行了规定，因此不可以直接套用该标准的要求与规定进行其他金属材料及制件（如铜及铜合金、钛及钛合金等）电导率的测试。

铝合金的硬度、热处理状态及相关性能之间存在密切的联系，并且在一定的范围内会引起材料导电性能的变化，因此通过涡流仪器测出的电导率值可反映出铝合金硬度、热处理状态及其相关性能的变化。尽管铝合金的电导率与其诸多性能之间存在密切的关系，但由于这些关系之间并不是简单的一一对应的单值函数关系，不能仅以铝合金的电导率值作为唯一判定材料的硬度、热处理状态及其他性能，因此该标准在适用范围中明确指出：与其他试验方法结合，可间接鉴别产品的热处理状态和性能（如组织均匀性、机械性能、时效状态、过烧程度和抗应力腐化性能等）。所谓其他试验方法，包括硬度试验和金相观察试验等。

2）相关术语。针对铝合金涡流电导率测试技术，标准给出了12个相关术语的定义。

①标准透入深度。在涡流检测中，涡流密度降至试件表面上密度1/e（约37%）时的深度。按下式计算：

$$\delta=\frac{1}{\sqrt{\mu_0\mu_r\pi f\sigma}}$$

式中 δ——标准透入深度，单位为m；

σ——试件的电导率，单位为S/m；

μ_0——真空磁导率，$\mu_0=4\pi\times10^{-7}$H/m；

μ_r——相对磁导率，对于铝合金μ_r值近似为1；

f——测试频率，单位为Hz。

②仪器灵敏度。标准3.7条给出了仪器灵敏度（Sensitivity of Instrument）的定义。仪器灵敏度是指给定方法和仪器所能检测出材料或产品电导率的最小差值或变化。灵敏度是针对涡流电导仪和测试方法而言的，它不仅与仪器性能有关，而且与标准试块、测试条件和试验方法有关。

③修正系数。GB/T 121966—2008中的修正系数是指“将修正测量获得的电导率值转化为被检测对象的真实电导率值所引入的补偿值或换算系数”。该系数由曲面上测得的电导率值除以相应平面上的电导率值而得出，因此由曲面上测得的电导率值除以曲面修正系数，即得到相应平面上电导率的真实值。需要说明的是，该修正系数只考虑了圆柱面曲率的影响，忽略了电导率差异的影响，因此在应用该修正系数时，应注意以下问题：一是不适用于除Sigmatest 2.067型以外的其他型号电导仪，二是不适用于相同直径球形表面上电导率测量值的修正，三是修正值中包括由试件电导率差异带来的误差。

3）关于电导仪和标准试块。在标准5.1与5.2中都做了相关规定，如“电导仪的测试范围不小于9MS/m”，“标块通常配备三块（必要时可根据需要增加）。低值标块、中值标块、高值标块，其标块标称值应覆盖被测试件电导率测试值，两相邻标块标称值之差应在5MS/m～15 MS/m（9%IACS～26%IACS）之间”等。

4）关于测试要求。测试要求的相关规定是该标准的核心内容，关于仪器校验、测试灵敏度、仪器自检、环境控制、对试件的要求等方面的一些重要规定应当准确掌握。为便于学习和记忆，择要列于表7-3中。

表7-3 测试项目与要求

序号	项目名称	要求
1	开机预热时间	≥15min
2	核查期间（即连续工作中重新校准周期）	15min
3	工作稳定性	20MS/m标块上，30min内，指针偏摆量不超过表头满刻度的1/20

（续）

序号	项 目 名 称	要 求
4	提离补偿性能	20MS/m 标块上，提离量分别为 25μm、50μm、75μm 条件下，偏差≤±0.2MS/m
5	测量准确度	±0.6MS/m
6	自检周期	由Ⅱ级以上人员每 4 个月进行一次
7	仪器与标块的检定周期	12 个月
8	环境条件	20±3℃
9	标块、仪器、试件及探头之间温差	≤3℃
10	试件表面粗糙度	Ra≤6.3μm
11	试件临界厚度/宽度	1.5mm（2.6δ）/18mm（1.5 倍线圈直径）
12	试件最小曲率条件	凹面曲率半径≥R250mm，凸面曲率半径≥R75mm
13	最大允许非导电层厚度	75μm

5）关于操作方法。标准第 7 章“操作方法”共有 21 条内容。7.1～7.3 条针对材料和零件的具体规格提出普遍适用的要求，包括在连续工作情况下每隔 30min 重新校准仪器；对于小尺寸试件，应将探头置于平整区域中心进行测量，以避免边缘效应的影响。7.2.2.3 条和 7.2.2.4 条分别针对厚度不一致的试件和板材，规定了测试部位的选择要求。这两条所指的试件和板材，是指满足 6.6 条“直接测量的试件”的条件，在选定部位可直接测得材料或试件的电导率。7.2.2.5～7.2.2.10 条则是针对 6.2 条“比较测量的试件”中 6.2 条所指材料或零件，规定了比较测量的方法和要求。

（5）GB/T 7735—2004 钢管涡流探伤检验方法

1）范围与探伤原理。GB/T 7735—2004 标准规定了无缝钢管和焊接钢管（埋弧焊管除外）涡流探伤原理、探伤要求、探伤方法、对比试样、探伤设备及其运行与调整以及探伤结果评定等内容，适用于外径不小于 ϕ4mm 钢管的涡流探伤。与其他大多数涡流探伤方法有所不同，该标准规定了 A 级和 B 级两种验收等级。关于验收等级方面的内容与要求将在 6.5.1 条作详细说明，此处不加以介绍。

该标准的第 3 章“探伤原理”3.2 节关于探伤结果的判定有以下阐述：系借助于对比试样上人工缺陷与自然缺陷显示信号的幅值对比，即为当量比较法。对比试样被用来对钢管涡流探伤设备进行设定和校准。认真分析和研究这一表述，可以对涡流检测技术得到更深入和准确的理解。首先，要明确自然缺陷的大小是根据自然缺陷显示信号幅值与人工缺陷信号幅值的对比加以评价的，是一间接的当量比较法，而不具有绝对的直接可比性，即不能直接由自然缺陷显示信号的幅值高低判定自然缺陷的实际大小，这是因为自然缺陷的形状与大小并不像孔型或槽型人工缺陷那样具有规则的形状和尺寸，而是在取向、形状、位置、尺寸及电磁特性等方面有千差万别，这些因素均可能影响缺陷显示信号的大小和形状。其次，现有的涡流探伤技术（包括其他常规无损检测方法）不可能全面准确地对自然缺陷的取向、形状、位置、尺寸及电磁特性等参数予以量化，因此只有借助于与试样上形状和大小可量化描述的人工缺陷的响应信号幅值的对比来表征。再次，尽管基于当量比较法判定自然缺陷的实际大小是不合理的，甚至可能是错误的，但由于“对比试样被用来对钢管涡流探伤设备进行设定和校准”，实际上仍是以当量比较的结果来判定被检测管材的质量等级，即以自然缺陷显示信号的幅值大小作为自然缺陷真实尺寸的大小进行质量评价。

以上分析也透露出这样一个值得注意的信息：缺陷信号的评价与判定仅仅基于信号的幅值，而丝毫未涉及缺陷信号的另一个至少是同等重要的参量——相位。如果最新版的 GB/T 7735—2004 标准是等效采用 ISO 9304—1989 标准的相关内容，可以说明 20 世纪 80 年代末涡流探伤技术的一般国际水平并未达到广泛采用阻抗分析技术的程度，同时也说明进入 21 世纪后，我国的钢管涡流探伤水平仍未逾越仅针对涡流信号幅度作单参数分析的阶段。

2）探伤方法与对比试样人工缺陷形式。标准第 5 章“探伤方法”针对焊接管和不同直径范围的无缝钢管规定了三种探伤方法：外穿过式线圈检测法、旋转钢管偏平式线圈检测法和扇形线圈式检测法。其中外穿过式线圈不适合用于直径超过 ϕ180mm 的无缝钢管，扇形线圈式检测技术仅适用于焊接钢管焊缝区域的探伤。对应上述三种探伤方法，分别制作不同形式人工缺陷的对比试样：①采用外穿过式线圈时，试样人工缺陷形状为通孔；②采用钢管旋转偏平式线圈时，试样人工缺陷为通孔或槽口；③采用扇形式线圈涡流探伤检测焊缝的，试样人工缺陷形状为通孔。

3）探伤设备及其运行与调整。标准第 7 章“探伤设备”7.1 条规定了涡流探伤系统的组成，7.2 条提出了按 YB/T 4083—2011 规定的方法对使用穿过式线圈的涡流探伤系统进行综合性能测试。GB/T 7735—2004 标准是几个关于管材涡流探伤方法的国家标准中唯一一个对探伤系统提出综合性能测试要求的标准，该项要求在 1995 年版标准中没有提出，由此可以说明随着无损检测技术的发展和对产品质量要求的提高，人们更加关注无损检测器材本身性能的优劣和检测结果的可靠性。

标准第 8 章“探伤设备运行和调整”中的以下有关规定与要求应予以特别的注意：①不论是用带有三个沿周向方向以 120°等角度间隔的对比试样一次性通过检测线圈，还是用带有一个孔伤缺陷的对比试样分别以 0°、90°、180°和 270°依次通过检测线圈的方式，均以得到的最小信号的幅值为准设置检测系统的报警电平。②探伤过程中试验条件一定要与采用对比试样调整探伤系统时的试验条件完全一致，包括检测频率、增益、相位角、滤波参数、磁饱和强度以及检测速度。③检测设备连续工作时，每隔 4h 用对比试样进行期间核查，若发生不确定的情况或出现问题时，要按相关规定对可疑产品重新进行探伤。

4）探伤结果的评定。特别值得注意的是，标准第 9 章“探伤结果的评定”将经涡流探伤的钢管首先分为两类，一类是合格钢管，另一类是可疑钢管，而不存在不合格钢管。在 9.3 节“可疑钢管的处置”中，提出可以采用一种或多种措施，包括修磨、切除后重新进行涡流探伤和采用其他无损检测方法复验，然后根据重新探伤的结果将可疑类的钢管评定为合格钢管和不合格钢管。上述谨慎的做法反映了涡流探伤的特点，即涡流检测方法是一种检测灵敏度较高的技术方法，多方面的因素都可能会引起涡流的响应，如成分不均匀，外形尺寸变化、传动系统振动以及外界电磁场干扰等，因此在重新进行涡流探伤时，应注意设法消除或减小上述因素的影响。

（6）GB/T 14480.3—2008《涡流探伤系统性能测试方法》　该标准规定了涡流探伤系统（包括涡流探伤仪、检测线圈、记录装置、传动装置及磁饱和装置）性能的测试条件、测试项目、测试方法和测试记录等方面的要求，对规范、统一涡流探伤系统性能的测试方法、保证产品检验的可靠性具有积极的作用。标准明确说明了仅适用于使用外穿过式线圈的涡流检测系统性能的测试，虽然对于使用其他类型检测线圈的涡流探伤系统也可参考使用，但由于采用不同类型检测线圈的涡流探伤系统在检测对象、检测目标以及性能指标要求等方面与之存在较大差异，因此严格来说，该标准对于采用放置式和内通过式检测线圈的涡流探伤系统的性能测试与评价的参考作用是十分有限的。除此之外，还应当明确，该标准仅针对涡流测试系统性能测试的方法提出了相应的规定，不涉及探伤系统性能优劣或合格与否的评价与判定。

该标准规定的测试项目包括检测能力、周向灵敏度差、端部盲区、分辨力、连续工作稳定性和线性。针对各测试项目，规定了统一采用的 4 种标准试样（在标准中被称作对比试样，编者注）的用途和相应的测试、记录方法，简要介绍如下：

1）ED-φ 试件。如图 7-2 所示，系统检测能力是通过可发现的最小人工缺陷的直径大小来表示的。

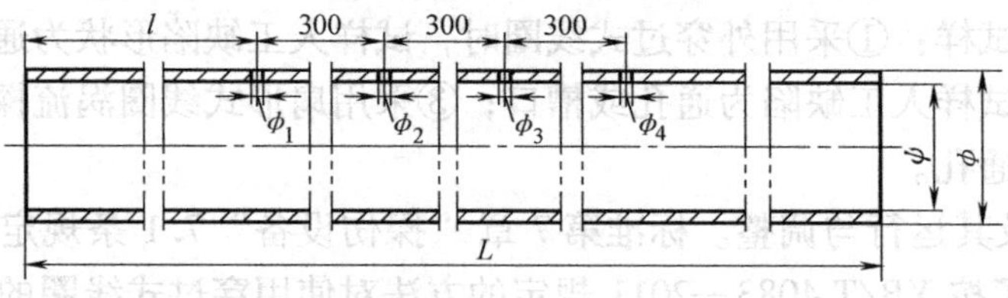

图 7-2 ED-φ 试件

2）ES-h 试件。如图 7-3 所示，系统检测能力还可以通过可发现缺陷的最小深度来表示。

3）EZ-d 试件。如图 7-4 所示，该标准试样分别用于系统周向灵敏度和端部盲区的测试。

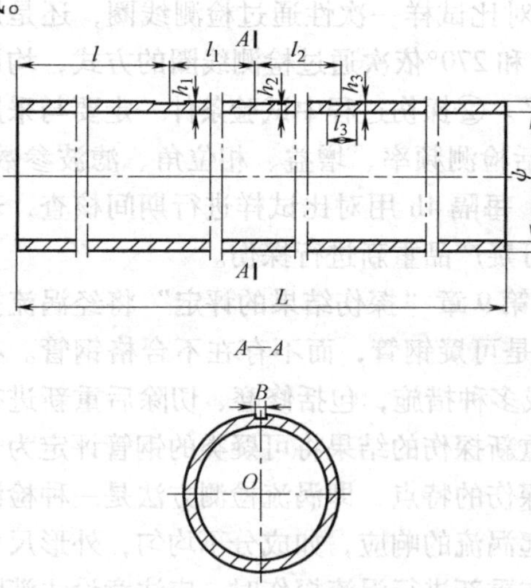

图 7-3 ES-h 试件

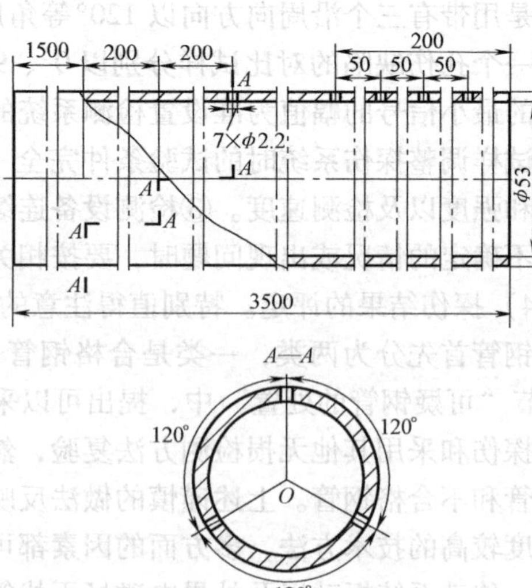

图 7-4 EZ-d 试件

4）EF-B 试件。如图 7-5 所示，该标准试样用于系统分辨力、连续工作稳定性和线性等指标的测试。

借助于标准试样测试仪器的性能指标，要保证测试结果的客观性、准确性及可靠性，必须保证试样的材料性能非常稳定，并且所加工制作的人工缺陷尺寸应准确可靠。标准试样应由专门的或权威的技术机构认定，并按周期严格实施定期鉴定。该标准未对这方面提出相应的规定和要求，是不利于保证测试结果的一致可比性和广泛认可性的。

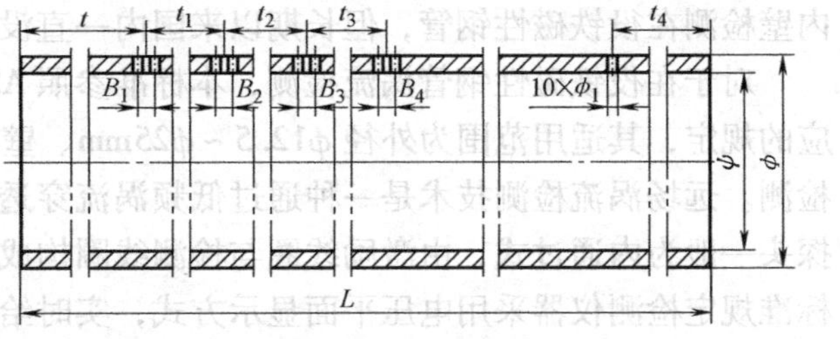

图 7-5　EF-B 试件

（7）JB/T 4730. 6—2005《承压设备无损检测 第六部分 涡流检测》该标准是对 JB 4730—1994《压力容器无损检测》标准作了较多内容的修订和补充后发布实施的，其适用范围由 1994 版标准的压力容器扩大至包括锅炉、应力容器和压力管道等检测对象的承压设备，其第六部分涡流检测也随标准适用范围的扩大和涡流技术应用的发展而增加了许多技术内容。下面就该标准涡流检测部分较 1994 版的主要变化情况和增加的技术内容简要加以说明。

1）与 JB 4730—1994《压力容器无损检测》标准相比较的主要变化如下：

①1994 版标准主要包括承压设备制造、安装中圆形无缝钢管及焊接钢管、铝及铝合金冷拉薄壁管、铜及铜合金和钛及钛合金管的穿过式涡流检测，主要是指管材的质量控制和制造检验。本标准则既包括管子质量控制和制造检验，也包括管子的在役检测。

②对铁磁性金属管材产品的涡流检测标准试样作了部分改动和改进。

a. 1994 版标准采用两组通孔，一组为 d_a 标准孔，一组为 d_b 标准孔，用每组中的 3 个通孔来调节检测灵敏度；本标准采用两个验收等级：等级 A 和等级 B，其相应的孔径尺寸与 1994 版标准规定不同。

b. 本标准考虑到涡流检测的端部效应，除了和 1994 版标准相近的 3 个孔以外，增加了在样管的两端钻制两个通孔的规定。

c. 本标准采用的检测线圈形式要比 1994 版标准多。此外，本标准还增加采用矩形槽作为人工反射体。

由此可见，JB/T 4730. 6—2005 标准对铁磁性金属管材的检测灵敏度与 1994 版标准实际上并不一致。

③对非铁磁性金属管材产品的涡流检测标准试样作了部分改动和改进。

a. 1994 版标准采用两组通孔，一组为 d_a 标准孔，一组为 d_b 标准孔，用每组中的 3 个通孔来调节检测灵敏度；本标准中铜及铜合金和铝及铝合金采用一组通孔，而钛及钛合金只采用同一个孔径的通孔来调节检测灵敏度。

b. 本标准考虑到涡流检测的端部效应，除了和 1994 版标准相近的 3 个孔以外，增加了在样管的两端钻制两个通孔的规定。

④1994 版标准是将无缝钢管及焊接钢管、铝及铝合金冷拉薄壁管、铜及铜合金和钛及钛合金管用一种方法（两组通孔）来调节灵敏度，而本标准则是将各种不同材料的管材用不同尺度的人工伤来调节灵敏度。

2）新增加的相关内容

①增加了采用远场涡流检测方法检测在役铁磁性钢管。石油、化工及电力行业大量的高

温高压空冷器的碳钢和低合金钢管束，其外上壁缠绕着翅片。定期检验时，采用其他检测方法几乎都无法进行检测。对于这样的碳钢和低合金钢管，通常只能采用远场涡流检测方法由内壁检测在役铁磁性钢管，但长期以来国内一直没有相应的标准规范。

对于在役铁磁性钢管涡流检测，本标准参照 ASME 第 V 卷和 ASTE E 2096 标准做出了相应的规定，其适用范围为外径 ϕ12.5 ~ ϕ25mm、壁厚为 0.7 ~3mm 的铁磁性钢管的远场涡流检测。远场涡流检测技术是一种通过低频涡流穿透金属管壁实现对铁磁性钢管检测的技术。探头一般为内通过式，由激励线圈与检测线圈构成，以实现对钢管内、外壁缺陷的检测。本标准规定检测仪器采用电压平面显示方式，实时给出缺陷的相位、幅值等特征信息，可将干扰信号与缺陷信号调整在易于观察及设置报警区域的相位上。采用的检测探头为绝对检测线圈、差动检测线圈以及多点式检测线圈，检测线圈的探头必须具有合适的直径，应能顺利通过所要检测的管子，并具有尽可能大的填充系数。对比试样管人工缺陷主要为圆底孔、通孔、周向窄凹槽、单边缺陷（Ⅰ型对比试样管的单边缺陷和Ⅱ型对比试样管的单边缺陷）。缺陷特征对比试样管包括通孔、圆底孔和平底孔——用于表征凹陷型缺陷；周向凹槽——用于表征大面积均匀减薄；单边缺陷——用于表征局部减薄。

本标准试图通过对在役碳钢和低合金钢管各类缺陷的模拟，来调节检测灵敏度，以检出类似缺陷，满足承压设备安全长周期运行的要求，这些内容都远远地超出 1994 版标准的范畴。

②增加了在役非铁磁性管的涡流检测方法。目前，国内各工业部门（如石油、化工、核能、电力、船舶等）存在大量外壁无法接近或无法检测的在役非铁磁性管，这类管子的安全使用要求给涡流检测技术带来很大的挑战。本标准参照 ASME 第 V 卷和 ASTM E 690 标准对此作出了相应的规定。

本标准规定采用内通过式线圈与涡流探伤仪组合检测在役非铁磁性管，仪器设备应具备检出裂纹、腐蚀坑和重皮等缺陷的能力，同时还应具备测量、分辨管子壁厚均匀减薄的能力。本标准采用的Ⅰ型对比试样包括 1 个贯穿孔管壁的通孔、4 个深度为壁厚 20% 的平底孔以及 1 个 360°的周向切槽（深度为壁厚的 20%）以及 1 个 360°的周向切槽（深度为壁厚的 10%）。Ⅱ型试样包括 1 个穿透壁厚的孔、1 个外壁平底孔（孔径为 ϕ2.0mm，深度为壁厚的 80%）、1 个外壁面平底孔（孔径为 ϕ2.8mm，深度为壁厚的 60%）以及 4 个外壁平底孔（孔径为 ϕ4.8mm，深度为壁厚的 20%）。Ⅲ型对比试样用于测试系统检出壁厚均匀减薄、长条形缺陷的能力，该试样包括 1 个 360°的周向切槽、一个纵向切槽（槽宽为 0.2mm，长度为 3 ~5mm，深度为壁厚的 20%）和 1 个纵向切槽（槽宽为 0.2mm，长度为 200mm，深度为壁厚的 20% ~30%）。

7.2.2 国外主要涡流标准

（1）美国材料与试验学会（ASTM）主要相关标准 美国材料试验学会制定的电磁涡流检测标准的数量最多，包括了覆盖层厚度的电磁涡流测厚，非铁磁性金属电导率测量，钢、铝、铜管材和棒材（不含铝合金棒材）的涡流检测，以及钢丝绳的电磁涡流检测等方面的标准。

仅由 ASTM 专门负责无损检测标准的 E-7 分技术委员会编制的电磁涡流检测标准就有近 20 个，其他非 E-7 技术委员会编制的相关文件或标准的数量也不少，散布于 ASTM 标准

03.03卷（无损检测）之外，难以统计，例如与ASTM E 376-96《用磁场或涡流（电磁）检验法测量覆盖层厚度的实施方法》相关的标准，就包括了ASTM的B224、B499、B530，以及D1186、D1400和G12共6项电磁涡流测厚方法的标准。

下面仅列出美国材料与试验协会E-7分技术委员会制定的截止到2003年底的主要的电磁涡流检测标准，以方便涡流检测人员和相关技术人员检索和查找。

ASTM E215-98 Standard Practice for Standardizing Equipment for Electromagnetic Examination of Seamless Aluminum-Alloy Tube（铝合金无缝管电磁检测设备标准化的实施方法）

ASTM E243-97 Standard Practice for Electromagnetic（Eddy-Current）Examination of Copper and Copper-Alloy Tubes（铜和铜合金管电磁（涡流）检验实施方法）

ASTM E309-95（2001）Standard Practice for Eddy-Current Examination of Steel Tubular Products Using Magnetic Saturation（钢管制品磁饱和涡流检验实施方法）

ASTM E376-03 Standard Practice for Measuring Coating Thickness by Magnetic-Field or Eddy-Current（Electromagnetic）Examination Methods（用磁场或涡流（电磁）检验法测量覆盖层厚度的实施方法）

ASTM E426-98 Standard Practice for Electromagnetic（Eddy-Current）Examination of Seamless and Welded Tubular Products, Austenitic Stainless Steel and Similar Alloys（奥氏体不锈钢和类似合金无缝和焊接管制品电磁（涡流）检验实施方法）

ASTM E566-99 Standard Practice for Electromagnetic（Eddy-Current）Sorting of Ferrous Metals（黑色金属电磁（涡流）分选实施方法）

ASTM E570-97 Standard Practice for Flux Leakage Examination of Ferromagnetic Steel Tubular Products（铁磁性钢管制品漏磁检验实施方法）

ASTM E571-98 Standard Practice for Electromagnetic（Eddy-Current）Examination of Nickel and Nickel Alloy Tubular Products（镍和镍合金管制品电磁（涡流）检验实施方法）

ASTM E690-98 Standard Practice for In Situ Electromagnetic（Eddy-Current）Examination of Nonmagnetic Heat Exchanger Tubes（非磁性热交换器管在役电磁（涡流）检验实施方法）

ASTM E703-98 Standard Practice for Electromagnetic（Eddy-Current）Sorting of Nonferrous Metals（有色金属电磁（涡流）分选实施方法）

ASTM E1004-02 Standard Practice for Determining Electrical Conductivity Using the Electromagnetic（Eddy-Current）Method（电导率的电磁（涡流）测量方法）

ASTM E1033-98 Standard Practice for Electromagnetic（Eddy-Current）Examination of Type F-Continuously Welded（CW）Ferromagnetic Pipe and Tubing Above the Curie Temperature（超过居里温度F型连续焊（铜焊）铁磁性管道管和管材电磁（涡流）检验实施方法）

ASTM E1312-99 Standard Practice for Electromagnetic（Eddy-Current）Examination of Ferromagnetic Cylindrical Bar Product Above the Curie Temperature（超过居里温度铁磁性圆棒产品电磁（涡流）检验实施方法）

ASTM E1571-01 Standard Practice for Electromagnetic Examination of Ferromagnetic Steel Wire Rope（铁磁性钢丝绳电磁检验实施方法）

ASTM E1606-99 Standard Practice for Electromagnetic（Eddy-Current）Examination of Copper Redraw Rod for Electrical Purposes（电工用的铜再拉棒电磁（涡流）检验实施方法）

ASTM E1629-94（2001）Standard Practice for Determining the Impedance of Absolute Eddy-Current Probes（测定绝对式涡流探头检测线圈阻抗的实施方法）

ASTM E2096-00 Standard Practice for In Situ Examination of Ferromagnetic Heat-Exchanger Tubes Using Remote Field Testing（在役非铁磁性热交换器管的远场涡流检验实施方法）

ASTM E2261-03 Standard Practice for Examination of Welds Using the Alternating Current Field Measurement Technique（利用交变电场测量技术检验焊接件的实施方法）

（2）美国军用标准（American Military Standards）

1）MIL-STD-1537B（1988）（用涡流电导率测试法检验铝合金热处理状态）。MIL-STD-1557B 标准按照美国军用标准统一的编写格式共分六章，依次为范围、参考文件、定义、一般要求、详细要求和注释。

本书在第1章关于标准的适用范围中，明确了利用涡流测电导率方法鉴别铝合金热处理状态的程序要求，指出采用电导率测量与硬度试验相结合，可以实现对铝合金热处理状态的鉴别。

第3章给出了与涡流电导率测量技术相关的9个基本术语的定义，它们是体积电导率、电导率、国际退火铜百分比、涡流仪、探头、非铁磁性电导率标准试块、标准透入深度、提离效应、直读式涡流仪及非直读式涡流仪，下面对其中3个概念进一步加以介绍。

①非铁磁性电导率标准试块。该术语将非铁磁性电导率标准试块定义为三个等级的试块，并分别规定了各级标块的不确定度。初级标块（或称为参考标准试块）是由材质均匀的金属材料加工制作成统一尺寸的圆棒或截面为矩形的板条，它用于电阻的测量，在20℃条件下，电导率的不确定度应不超过±0.2%IACS或标定值的±0.5%，二者中取数值小者。Ⅱ级标准试块（或称为实验室标准试块）是由不同材料制成的具有足够厚度（可明显消除涡流趋势肤效应的影响）的电导率块，20℃条件下的不确定度为±0.35%IACS或标定值的±1%，二者中取数值小者。Ⅲ级标块，又称仪器配备标块，其形状、尺寸与Ⅱ级标准试块相同，其不确定度在20℃条件下不超过±0.85%IACS。

②直读式涡流仪，指可以直接指示或显示出被测量对象电导率值的涡流仪（包括探头），既可以是模拟式仪器，也可以是数字式仪器。

③非直读式涡流仪，指频率和增益参数可以进行调整的仪器。使用该类仪器测量电导率时，首先要通过试验绘制相应参数条件下的参考曲线。

标准第4章“一般要求”中对仪器性能、标块配备、仪器校准与标定、被测试件、人员资格等方面规定了较为详细的要求。相比之下，标准第5章“详细要求”中关于测试程序、电导率验收极限两方面的规定则十分简短。

①仪器性能要求：直读式和非直读式涡流仪的测试灵敏度应达到能够清晰地分辨0.5%IACS电导率的变化。在带有不大于76μm厚非导电膜层条件下，仪器精度应达到±1%IACS。

②标准试块要求：负责量值溯源和传递的部门至少应保持3块检定合格的试验室级的铝合金电导率标准试块。3块试块的电导率值应分别为25～32%IACS、32～38%IACS、38～72%IACS，标块不确定度应不超过±0.35%IACS或标准值的±1%，检查周期应不超过12个月。涡流电导仪至少应配备两块电导率标准试块，其赋值的不确定度不超过±0.85%IACS。两块标块的电导率的差值应大于10%IACS，其中一块的电导率在25～32%IACS范围

内，另一块的电导率值在38～60%IACS范围内，标块应随仪器一起每4个月送实验室检查一次。

③校准与标定。仪器标定前应预热约20min，用于标定仪器的标准试块的电导率值应尽可能与被测量材料或试件的电导率值一致；连续操作过程中，应每隔15min对仪器标定一次。电导仪的提离补偿性能评价是进行仪器标定的重要内容，具体的操作方法是将探头分别放在一个光面的电导率标块上和表面有76μm厚非导电薄膜的标准试块上进行电导率测量，两种情况下测量值的差值应不超过0.5%IACS。对于直读式和非直读式仪器，提离抑制性能的标定周期分别为60天和1天。

④被测试件。标准4.4节对被测材料或零件的表面状态、宽度、曲率、厚度及包铝层等条件给出了详细的规定，这部分内容构成了该标准的主体，应特别给予关注。

⑤人员资格。与GB/T 12966—2008和GJB 9712—2002标准相关要求不同，MIL-STD-1537B（1988）标准对使用直读式仪器进行电导率测量的人员，只要求掌握足够的标定仪器和实施操作的知识和技能，而不必按相关标准进行人员资格认证；而对于使用非直读式仪器的电导率测试人员，则必须按MIL-STD-410（编者注：已被NAS410标准替代）标准达到涡流专业Ⅱ级资格认证要求。

标准第5章“详细要求”中就硬度和电导率的测试程序作了简要的规定。测试操作过程中，应使仪器探头、标块和被检试件之间的温度差异小于3℃。当测试结果超出验收极限值或有疑问时，应重新标定仪器进行测量。在实施硬度检测之前，不能以零件电导率值不合格而报废。该部分还规定了铝合金棒材和带漆层零件的电导率测量与修正方法。其修正方法都是通过试验测出平面上或光面上的电导率值a和棒材曲面上或带漆层零件的电导值b，以$\Delta=a-b$作为修正因子。在对相同规格棒材或带相同厚度漆层零件进行测量时，将测量值加上$\Delta=a-b$这一修正因子作为棒材或零件的真实电导率值。

2）MIL-STD-2032（SH）《美国海军舰船用热交换器管的涡流检测》。MIL-STD-2032（90）标准是一个舰船用热交换器管涡流检测方法的美国军用标准，对我国核反应堆热交换系统管道和军船（包括核潜艇）锅炉热交换器管的检测具有重要的参考价值和指导意义。

该标准针对海军舰船用热交换器非铁磁性管的涡流检测规定了最低的要求，其中包括对检测人员、仪器设备、检测程序、结果评价以及结果报告等方面的最低要求。标准内容较为全面、详细。本书受篇幅限制，仅选择其中主要内容加以介绍。

标准的第3章“定义”共给出了23条术语的定义，按照每个术语第一个英文字母的先后顺序依次排列。

①校准（Calibration）。校准是利用已知标准对仪器响应状况进行的检验。

②缺陷（Defect）。缺陷是指因其大小、形状、取向、位置或性质将导致零件使用失效或导致其超出设计所确定的验收/拒收水平的不连续性。

③检测活动（Inspection activity）。检测活动是特定组织实施的检测行为，除非合同或订单中特别说明，检测活动应对检测结果的质量和从事检测人员的认证资格负全部责任。

④相位分析（Phase analysis）。相位分析是一种仪器化的分析技术，它利用被检测对象响应信号相位角的不同和变化进行缺陷评价。对于差动模式检测而言，相位分析技术可用于估计缺陷贯穿管壁的程度、区分缺陷信号和由支撑结构或导电性沉积物引起的干扰信号。

⑤相位角（Phase angle）。相位角指相同频率的两个正弦波信号上不同时刻对应的两个

点对应的角度量的差值。在涡流检测中，相位角是指涡流响应信号在仪器波屏上与水平线的反方向构成的夹角。

⑥信号混合（Signal mix）。信号混合是一种消除或抑制干扰信号的技术手段。这些干扰信号通常指热交换器管的支撑板、导电沉积物和管子内径变化。信号混合技术通过对涡流检测信号的混合和再处理可提高缺陷信号的信噪比。

⑦检测与检验（Test and inspection）。检测与检验通常互换使用，均指具体程序的实施并按照可接受准则进行符合性判定的过程。

⑧矢量分析器（Vector analyzer）。矢量分析器是一种用于测量信号相位角的设备。

标准第4章“通用要求”对仪器设备组成及其性能要求、校准用标准试样的类型及用途、人员资格要求等作了详细的规定。

①用于热交换器管检测的涡流设备包括：多频涡流仪、纸带式记录器、磁带记录器、探头输送器及检测线圈等。

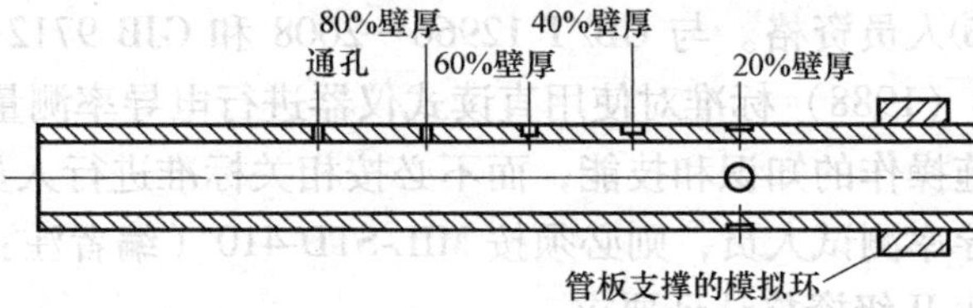

图7-6　ASME标准试样

②MIL-STD-2032标准规定采用4种形式的标准试样，分别用于不同类型结构和缺陷涡流检测的仪器校准。

图7-6所示为ASME标准试样，用于差动式线圈检测中分析和评价凹抗缺陷。

图7-7所示为减薄标准试样，用于评价热交换器管由于蒸气腐蚀引起的管壁整个周向上的减薄情况。

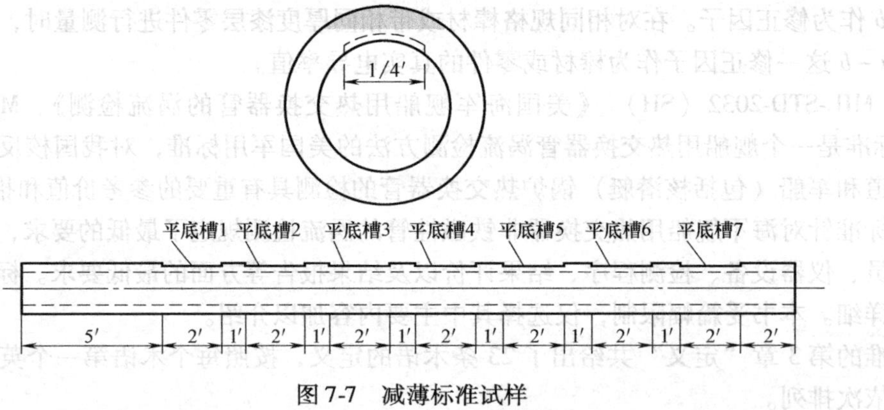

图7-7　减薄标准试样

图7-8所示为过渡区域灵敏度标准试样，用于验证涡流在管径或壁厚发生变化的区域的灵敏度，这类区域通常连接热交器的散热片。

图7-9所示为槽伤标准试样，用于验证涡流仪器发现轴向和周向裂纹的能力。

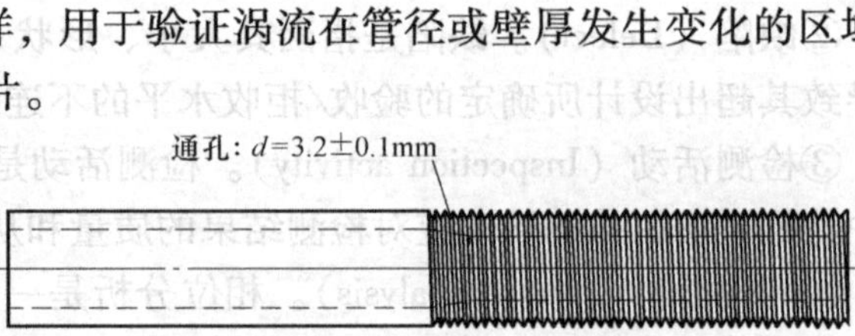

图7-8　过渡区域灵敏度标准试样

③关于检测人员的要求，特别值得注意。该标准对于检测人员的资格要求没有提及美军标的无损检测人员资格认证标准（即MIL-STD-410），而是提出按另一个美

军标 MIL-STD-271（无损检测方法技术要求）进行检测人员的资格认证。除了 MIL-STD-271 标准中对涡流检测人员提出的要求外，对于从事涡流检测结果数据分析和评价的人员应经过检测员（Ⅱ级）和检验师（Ⅲ级）的资格认证。这一特殊的认证要求被认证者在数据分析方面具有附加经历，并经过专门的培训和考试。针对数据分析工作所需要的附加培训、经历和实际检测的最短时间应相当于涡流检测时资格鉴定所要求的时间。美国无损检测学会的无损检测人员资格认证文件 ASNT SNT-TCIA 中的“四分之一”原则允许被用于对检测人员从事涡流检测工作经历的确认。

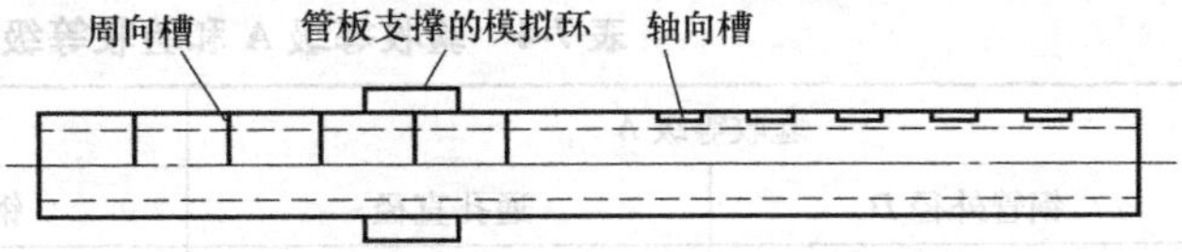

图 7-9 槽伤标准试样

标准第5章“详细要求”一章针对不同结构、不同类型缺陷检测的准备、实施、结果评价以及检测报告作了具体而详细的规定，从事相同领域工作或对该项技术感兴趣的技术人员可以参阅 MIL-STD-2032（SH）标准全文。

7.2.3 验收标准

方法标准是规定实施无损检测技术的要求、步骤及为保证获得正确检测结果而对相关影响因素提出控制要求的标准，其目的是保证检测结果的正确性及可比性，一般不涉及检测结果与质量要求符合性的关系。验收标准是规定合格产品质量条件的标准，如不允许缺陷的大小、数量，铝合金电导率的合格限等。狭义地讲，验收标准是规定产品质量合格条件的规范性文件，标准的全部内容或主要内容是有关产品质量要求的规定。除了这类专项的验收标准外，很多关于材料或产品合格与否的规定或验收/拒收条件在产品的制造工艺文件中给出，通常这些规定被称做技术条件。另外，有些关于被检测产品质量等级和技术条件的规定在方法标准中给出，这类验收标准通常通过对比试样上人工缺陷的大小表述，即被检测产品的质量状况用不同等级人工缺陷响应信号的当量值予以评价。

应该指出，无损检测方法及标准的制定是无损检测技术部门和人员的职责，而材料或产品的验收/拒收标准、质量要求或技术条件的确定不是无损检测人员的责任，至少说主要不是无损检测部门或人员的职责。材料或产品合格与否的条件是根据其用途和使用条件下的受力条件确定的，因此在材料生产或产品制造之前就应根据其使用条件明确给出质量要求。由此可见，验收标准或技术条件的制定主要是设计部门或人员的职责。在我国，诸多大型武器装备的研制、生产是模仿前苏联或欧美发达国家的产品，设计部门更多地参考或参照国外相关标准提出产品的质量要求，而对于各种类型缺陷和不同尺寸缺陷对材料或产品力学性能、使用性能影响的研究比较薄弱，因此在没有可参考的验收标准时，往往很难提出材料或产品的技术条件要求。生产部门也比较普遍存在一种认识：无损检测部门或人员在完成了对材料或产品的检测后，就应该或必然得到产品是否合格的结论，这种认识是不正确的。

（1）GB/T 7735—2004《钢管涡流探伤检验方法》 该标准关于探伤方法方面的技术要求与规定已在前文中作了说明，这里仅对钢管涡流探伤验收等级的分类及相关要求（如对试样人工缺陷形式与尺寸的规定等）加以介绍。

钢管涡流探伤的验收等级分 A、B 两个级别，A、B 等级是根据调整涡流探伤参数（主要是探伤灵敏度和报警闸门水平）时使用的对比试样上孔型或槽型人工缺陷的尺寸确定的，见表7-4、表7-5。

按验收等级A进行涡流探伤，可作为水压密实性检验的替代方法；按验收等级B进行涡流探伤，应由供需双方协商并在合同中注明。

表7-4　验收等级A和验收等级B的通孔直径　（单位：mm）

验收等级A		验收等级B	
钢管外径 D	通孔直径	钢管外径 D	通孔直径
$D \leqslant \phi27$	$\phi1.20$	$D \leqslant \phi6$	$\phi0.50$
$\phi27 < D \leqslant \phi48$	$\phi1.70$	$\phi6 < D \leqslant \phi19$	$\phi0.65$
$\phi48 < D \leqslant \phi64$	$\phi2.20$	$\phi19 < D \leqslant \phi25$	$\phi0.80$
$\phi64 < D \leqslant \phi114$	$\phi2.70$	$\phi25 < D \leqslant \phi32$	$\phi0.90$
$\phi114 < D \leqslant \phi140$	$\phi3.20$	$\phi32 < D \leqslant \phi42$	$\phi1.10$
$\phi140 < D \leqslant \phi180$	$\phi3.70$	$\phi42 < D \leqslant \phi60$	$\phi1.40$
$D > 180$	双方协议	$\phi60 < D \leqslant \phi76$	$\phi1.80$
		$\phi76 < D \leqslant \phi114$	$\phi2.20$
		$\phi114 < D \leqslant \phi152$	$\phi2.70$
		$\phi152 < D \leqslant \phi180$	$\phi3.20$
		$D > \phi180$	双方协议

表7-5　验收等级A和验收等级B的纵向槽尺寸

验收等级A			验收等级B		
槽的深度 h（公称壁厚的百分数）	槽的长度	槽的宽度 b	槽的深度 h（公称壁厚的百分数）	槽的长度	槽的宽度 b
12.5%，最小深度为0.50mm，最大深度为1.50mm	不小于50mm或不小于检测线圈二倍的宽度	不大于槽的深度	5%，最小深度为0.30mm，最大深度为1.30mm	不小于50mm或不小于检测线圈二倍的宽度	不大于槽的深度

由表7-4、表7-5中验收等级A和验收等级B规定的各种规格钢管（对比试样）对应的通孔直径和纵向槽尺寸可以看出，验收等级B的质量要求要高于验收等级A。表7-4给出了进行涡流探伤时，A、B两个质量等级下的对比试样上加工通孔缺陷的尺寸。相比之下，采用带有纵向槽伤对比试样进行涡流探伤时，应注意槽伤的加工深度。验收等级A在规定槽的深度是钢管公称壁厚的12.5%的同时，限定了槽的最小深度和最大深度分别为0.50mm和1.5mm，也就是说对壁厚在4mm以下的钢管进行探伤时，对比试样上槽伤的加工深度与壁厚无关，均为0.5mm；对壁厚在12mm以上钢管探伤时，对比试样的槽深均为1.5mm，与壁厚无关。

同样，按验收等级B进行涡流探伤时，壁厚在6mm以下的管材，对比试样上人工槽伤深均取0.30mm；壁厚在6~26mm范围的管材，对比试样上人工槽伤的深度与管材壁厚相关，是壁厚的5%；壁厚超过26mm时，对比试样上人工槽伤深度不再随管材壁厚变化，一致取1.30mm。

与无缝钢管及其他材质的焊管相比，标准中对不锈钢管探伤时使用的对比试样上人工通孔加工要求的规定是有所不同的，前者的通孔尺寸与管材外径大小相关，而与管材壁厚无关；后者的通孔尺寸不仅与管材外径相关，而且与不锈钢焊管的壁厚有关。具体规定如下："对不锈钢焊管检测缺陷或作为水压密实性检验的替代方法，其通孔直径需根据钢管内、外径尺寸来确定。当钢管壁厚≤3mm 时，通孔直径为 ϕ1.20mm（但当外径≥ϕ51mm 时，通孔直径为 ϕ1.60mm）；当钢管壁厚 >3mm 时，通孔直径为 ϕ1.60mm（但当外径≥ϕ51mm 时，通孔直径为 ϕ2.0mm）；或由供需双方协商孔径的大小。"

在加工制作对比试样时，应特别注意 6.5 条关于"对比试样人工缺陷尺寸的允许偏差"的规定，人工缺陷尺寸的允许偏差与验收级别无关。对于通孔缺陷，当钻孔直径小于 ϕ1.10mm 时，钻孔直径偏差不大于 0.1mm；当孔径大于等于 ϕ1.10mm 时，钻孔直径偏差不大于 0.2mm。对照表 7-4，可以看到，按验收等级 A 探伤时，所有规格的管材探伤用对比试样的通孔直径都大于 ϕ1.10mm，即允许偏差均为 0.20mm。对于直径≤ϕ27mm 的钢管，当取下极限偏差时，通孔直径为 ϕ1.0mm 也是允许的。按验收等级 B 探伤时，直径≤ϕ42mm 的管材探伤用对比试样上通孔的加工允许偏差为 0.10mm。对直径 >ϕ42mm 的管材探伤时，对比试样上的通孔允许偏差为 0.20mm。

对于纵向槽伤，槽深允许偏差为槽深的 15%，或者是 ±0.05mm，取两者中较大者。按验收等级 A 探伤时，槽伤的最小深度为 0.50mm，其允许偏差为 ±0.075mm；槽伤的最大深度为 1.5mm，其允许偏差为 ±0.225mm，即所有槽伤的允许偏差均超过 ±0.05mm。按验收等级 B 探伤时，槽伤最小深度为 0.30mm，其 15% 的偏差为 0.045mm，由于该值小于 0.05mm，因此取 0.05mm；对于深度为 0.35mm 的槽伤，其 15% 的偏差为 0.0525mm，由于其值超过 0.05mm，因此槽伤的允许偏差按槽深的 15% 计算。也就是说，对于壁厚不小于 7mm 的管材，其探伤用对比试样上人工槽伤深度的允许偏差均以伤深的 15% 计算，对于壁厚不大于 6mm 管材的探伤，对比试样上人工槽伤深度的允许偏差均取 ±0.05mm。

（2）GJB 2897—1997《铝合金电导率和硬度要求》　GJB 2897—1997 标准是一个规定铝合金电导率值和硬度值合格范围的验收标准，为保证电导率测试值和硬度检测值的准确、可靠，该验收标准对涡流仪、硬度计的性能要求、校验方法及操作程序等提出了按相关方法标准和检定规程进行控制的要求。不论是国内牌号铝合金，还是国外牌号铝合金（指按照国外的标准和要求在国内生产的材料，而不是指进口的国外材料），本标准中所规定的作为电导率和硬度合格验收条件的最小值和最大值均是对通过长期试验积累的大量数据加以统计分析确定的。虽然标准 1.3 条"分类"中将进行电导率和硬度检测的铝合金分为管、棒、型材、板（包铝及不包铝）材及锻件等品种，但应当明确，由管、棒、型材、板材各种材料加工、制作的各种零件的电导率和硬度检测同样适用。

标准 5.1 条"验收要求"中的表 2 规定了 LY12、LD5、LD10、LD7、LC4 和 LC9 共 6 种牌号的国产铝合金材料在供货状态（M）、自然时效（CZ）、人工时效（CS）和（或）过时效（CGS）等状态下的电导率值和硬度值（见表 7-6）。鉴于供货状态铝合金在产品的最终使用中极少应用，其硬度值对于工程应用通常没有实际意义，因此表中未给出各种铝合金供货状态下的硬度验收极限。

标准 5.2 节对电导率、硬度的检测及结果处理做了如下详细的规定：

1）自然时效零件或材料的电导率和硬度的检测应在自然时效 48h 后进行。若不合格，可继续时效到总计96h后进行检测。

2）材料应100%进行电导率检测。但对厚度3mm以下的包铝板材，可按热处理炉批分别进行抽检，抽检数量应不少于总数量的5%，最少不少于三张。当电导率不合格时，应在不合格处取力学性能试样，按力学性能要求处理。

表7-6 GJB 2894—1997确定的铝合金电导率和硬度值

合金牌号	状态	电导率/（MS/m）		电导率/（%IACS）		硬度			
						洛氏硬度/HRC		布氏硬度/HBW	
								模锻件	自由锻件
		最小值	最大值	最小值	最大值	最小值	最大值	最小值	
LY12	M	27.0	29.9	46.5	51.5	—	—	—	—
	CZ	16.5	19.4	28.5	33.5	63	82	100	—
	CS	20.9	23.2	36.0	40.0	76	86	120	—
LD5	M	27.3	29.9	47.0	51.5	—	—	—	—
	CZ	20.6	22.3	35.5	38.5	59	68	95	—
	CS	22.0	24.6	38.0	42.5	62	82	100	95
LD10	M	26.1	29.3	45.0	50.5	—	—	—	—
	CZ	18.3	20.3	31.5	35.0	69	80	100	—
	CS	19.7	22.6	34.0	39.0	71	85	120	120
LD7	M	23.2	26.1	40.0	45.0	—	—	—	—
	CS	19.4	22.6	33.5	39.0	65	77	110	110
LC4	M	23.5	26.7	40.5	46.0	—	—	—	—
	CS	17.7	20.6	30.5	35.5	82	93	140	125
LC9	M	24.9	27.6	43.0	47.5	—	—	—	—
	CS	17.7	20.6	30.5	35.5	83	94	140	125
	CGS1	22.0	24.7	38.0	42.5	78	89	130	—
	CGS2	19.7	—	34.0	—	4		130	125

3）零件应100%进行电导率检测，并选出该批零件中电导率最高和最低值处作硬度检测，关键件应100%进行硬度检测。厚度不大于4mm的包铝板材加工的零件允许不作硬度检测。当电导率不合格时，应校验仪器，以验证测试的准确性，并在不合格点附近增加测试点数，如果有3个测试读数超出验收极限，则认为该零件的电导率不合格。这时应在该处作硬度检测，按表7-5验收。

4）形状或尺寸无法进行电导率测试的零件可直接进行硬度检测，按表7-5验收。

5）当材料和零件的电导率和硬度不合格时，应以化学成分、力学性能、金相分析作最终裁决。

6）LC9CGS1状态的电导率不小于23.2MS/m时为合格，当电导率在22.0～23.2MS/m，而$\sigma_{r0.2}$>465MPa时为可疑状态，这时应按GJB 2351—1995的有关规定进行处理。

7）对不包铝合金零件，对于同一零件的不同位置测出的电导率读数的最大差值，国内牌号材料应不大于1.8MS/m（3%IACS），国外牌号材料应不大于1.2MS/m（2%IACS）。

8）厚度为0.6~4.0mm的国内牌号包铝板材或零件的电导率读数超出表7-5的规定时，允许在原测试位置上去除包铝层后进行电导率测试，并按表7-5验收。

9）国内牌号厚度大于4mm的包铝板材，应在测试区去除包铝层（应征得有关部门同意）进行电导率测试，并按表7-5验收。

涡流检测人员应该明确：虽然通过测试结果可断定铝合金材料或零件的电导率值不合格，但这一结论不能作为判定材料或零件合格与否的最终判据，应按照标准的规定，对电导率不合格的材料在不合格位置上取力学性能试样，进行力学性能试验（如拉伸强度试验），并按力学性能要求进行处理；对于电导率不合格的零件，应做硬度检测试验，根据试验结果按硬度验收极限进行验收。当硬度也不合格时，应依据化学成分、力学性能、金相分析等试验结果作最终裁决。

标准第5章还给出了0.6~4.0mm厚度范围2A12包铝板（供货状态与自然时效状态）和7A04包铝板（供货状态和人工时效状态）的电导率极限值。对于包铝板材，不论包铝层是纯铝，还是某种牌号铝合金，在其表面进行硬度试验获得的硬度值与基体材料的实际硬度值相差甚远，因此GJB 2894—1997标准中表7-6只规定了电导率的验收值，而没有规定硬度极限值。对于薄规格包铝板（厚度$\delta \leqslant 4$mm），虽然板材表面包铝层对电导率的测量有一定影响，但根据板材表面包铝层厚度与基体材料厚度存在固定的对应关系，表7-5列出了根据大量统计数据确定的电导率极限值；对于厚度$\delta > 4$mm的包铝板，由于包铝层过厚而影响过大，必须在测试区去除包铝层进行电导率测试，然后按硬度验收极限验收。需要补充说明的是，标准在表7-5后均以注的方式说明了包铝板的电导率验收极限值仅适用于60kHz电导仪。虽然表7-5中的数据是利用工作频率为60kHz的Sigmatest2.607型涡流电导仪测试结果确定的，但并不适用测试频率为60kHz的其他型号的电导仪，如Sigmascope SMP1型和Sigmatest 2.608型涡流电导仪。

几乎在GJB 2894—1997标准编制的同时，国家制定发布了关于铝合金牌号命名和状态表示方法的GB/T 16474—1996《变形铝及铝合金牌号表示方法》和GB/T 16475—1996《变形铝及铝合金状态代号》两个标准，由于时间上的交叉、重叠，GJB 2894—1997未能及时采用新的牌号命名方法和状态表示规则。为方便铝合金电导率检验工作和对GJB 2894—1997中所涉及铝合金牌号、状态的正确识别，将变形铝合金新、旧牌号对照和变形铝合金新、旧状态代号对照分别列于表7-7、表7-8中。

表7-7 变形铝合金新旧牌号对照表

新牌号	旧牌号	新牌号	旧牌号	新牌号	旧牌号
1035	L4	2A16	LY16	5A05	LF5
1200	L5	2A50	LD5	5A06	LF6
1050A	L3	2A70	LD7	5B06	LF10
2A01	LY1	2B16	LY16-1	6A02	LD2
2A02	LY2	2B50	LD6	7A04	LC4
2A10	LY10	3A21	LF21	7A09	LC9
2A11	LY11	5A02	LF2	7A33	LB733
2A12	LY12	5A03	LF3	8A06	L6
2A14	LD10				

表 7-8 变形铝及铝合金新旧状态代号对照表

旧代号	新代号	旧代号	新代号	旧代号	新代号
M	O	T	HX9	MCS	T62
R	H112 或 F	CZ	T4	MCZ	T42
Y	HX8	CS	T6	CGS1	T73
Y1	HX6	CYS	T_51、T_52 等	CGS2	T76
Y2	HX4	CZY	T2	CGS3	T74
Y4	HX2	CSY	T9	RCS	T5

注：原以 R 状态交货的，提供 CZ、CS 试样性能的产品，其状态可分别对应新代号 T62、T42。

（3）BAC5946U《铝合金状态检验》 该标准是美国波音公司关于铝合金材料及零件电导率与硬度检验的质量验收标准，属企业标准范畴。与 GJB 2894—1997《铝合金电导率和硬度要求》相比，BAC5946U《铝合金状态检验》标准的内容与相关要求更具体、更细化。除了一些与铝合金状态检验技术相关的基本术语的定义（如合金、成品零件、原材料、铸件、板材等），以及为保证测试结果具有代表性且准确可靠而针对测试方法提出的要求外，该标准主要内容体现在表Ⅰ~表Ⅴ之中。表Ⅰ为电导率和硬度验收极限，表Ⅱ为机加工变形铝合金中心线位置上硬度验收极限，表Ⅲ为包铝材料硬度验收极限，表Ⅳ为铝合金铆钉硬度验收极限，表Ⅴ为铝合金铸件硬度验收极限。

该标准规定，可以用硬度和电导率检测结果与其他各种物理、化学分析试验相结合（如 X 射线衍射、质谱显示、电子探针分析以及湿化学方法），进行合金牌号的鉴别。该标准明确说明了其表Ⅰ~表Ⅴ中的极限值是以电导率和硬度与铝合金机械性能或应力腐蚀敏感性为依据的，因此当电导率和硬度值不符合要求时，应同批次抽样进行试验，以确认该合金在不同状态下的机械性能、化学或应力敏感性是否合格。标准具体给出了对单个零件进行电导率和（或）硬度检验时的允许偏差要求：当不进行硬度检测时，零件上所有可测部件的电导率偏差应在 2% IACS 以内；当同时要求进行硬度和电导率检测时，电导率的最大偏差是 3% IACS，此项规定与 GJB 2894—1997 标准相关的 5.2.7 条规定有所差别。

BAC5946U 标准中表Ⅰ涉及的铝及铝合金不同牌号材料共有 30 种之多，对应不同状态下的电导率与洛氏硬度验收极限值非常详实。其中 2014、2024、7050、7075 合金为航空、航天器制造应用最为广泛的材料，也是我国进口最多的铝合金原材料，从事涡流检测的人员应对其电导率和硬度验收值有所了解。

（4）BSS 7351《涡流电导率检验——直接读数法》 BSS7351《涡流电导率检验——直接读数法》是波音公司关于采用直接读数式涡流电导仪（包括指针读数式电导仪，如 Sigmatest 2.067）检验铝合金电导率的标准，为直读式电导仪建立了一个统一、普遍适用的检验程序。它针对不同型号涡流电导仪检验薄规格裸铝板、包铝板材、不同直径铝合金棒材电导率值的测试提供了全面、详细的修正系数，该标准各表中给出的未修正的和已经修正的数据均不涉及被检测材料或零件电导率合格与否的验收，必须对照 BAC5946U 表Ⅰ中给出的不同牌号铝合金各种状态下的电导率极限值，方可确定被检验对象的电导率是否合格。

BSS7351 标准中给出了分别适用于 4 种直读式涡流电导仪测试因厚度、包铝、曲率等因素影响而不能直接测得正确电导率值时的 17 个修正值表，其适用情况见表 7-9。

表7-9　BSS7351标准电导率值修正表的情况说明

序号	适用仪器型号	适用对象
Ⅰ	Sigmatest 2.067	薄规格裸铝板：厚度为0.016～0.063in，电导率修正值为15.0～71.0%IACS
Ⅱ	Sigmatest 2.067	2024、7075、7079、7178包铝板：厚度为0.016～0.16in，电导率修正值为15.5～36.5%IACS
Ⅲ	Sigmatest 2.067	2014，2219包铝板：厚度为0.016～0.16in，电导率修正值为13.0～38%IACS
Ⅳ	Sigmatest 2.067	铝合金棒材：直径为ϕ0.25～ϕ6.0in，电导率修正值为8.5～59.5%IACS
Ⅴ	VERIMET M4900C	薄规格裸铝板：厚度为0.016～0.063in，电导率修正值为19.5～73.5%IACS
Ⅵ	VERIMET M4900C	2024，7075，7079，7178包铝板：厚度为0.016～0.16in，电导率修正值为21.5～56%IACS
Ⅶ	VERIMET M4900C	2014，2219包铝板：厚度为0.016～0.16in，电导率修正值为13.0～38%IACS
Ⅷ	VERIMET M4900C	3003，6061包铝板：厚度为0.016～0.125in，电导率修正值为27.5～62.0%IACS
Ⅸ	VERIMET M4900C	铝合金棒材：直径为ϕ0.25～ϕ6.0in，电导率修正值为10.0～39.5%IACS
Ⅹ	VERIMET M4900C	窄规格零件：宽度为0.7～1.0in，27.0～44.0%IACS
Ⅺ	AUTOSIGMA 2000	薄规格裸铝板：厚度为0.016～0.063in以上，电导率修正值为15.5～71.5%IACS
Ⅻ	AUTOSIGMA 2000	铝合金棒材：直径为ϕ0.25～ϕ6.0in，电导率修正值为17.5～59.5%IACS
ⅩⅢ	AUTOSIGMA 2000	薄规格裸铝板：厚度为0.016～0.063in，电导率修正值为16.5～74%IACS
ⅩⅣ	SIGMASCOPE SMP1	2024，7075，7079，7178包铝板：厚度为0.016～0.16in，电导率修正值为18.0～59.5%IACS
ⅩⅤ	SIGMASCOPE SMP1	2014，2219包铝板：厚度为0.016～0.16in，电导率修正值为17.0～61%IACS
ⅩⅥ	SIGMASCOPE SMP1	3003，6061包铝板：厚度为0.016～0.125in，电导率修正值为26.5～68.5%IACS
ⅩⅦ	SIGMASCOPE SMP1	铝合金棒材：直径为ϕ0.25～ϕ6.0in，电导率修正值为10.0～59.5%IACS

特别要引起注意的是，BSS7351标准规定的电导率修正方法与GB/T 12966—2008规定的修正方法恰好相反。例如，采用Sigmatest 2.067涡流电导仪检测直径为3.0in（约ϕ75mm）、热处理状态为T6X的2024铝合金棒材的电导率。假设在曲面上电导率值为35.5%IACS，按照GB/T 12960—2008的有关规定，该值为视在电导率值，而不是铝合金棒材的真实电导率值，不能以BAC5946U标准规定的2024合金T6X状态电导率的验收值范围36.0～42.0%IACS直接判定该铝合金棒材的电导率不合格，而需要将视在电导率值除以一个修正系数进行修正，以获得其真实电导率值。查GB/T 12966—2008附表2可知，η（ϕ=75mm）=0.975，2024T6X棒材的真实电导率值$\sigma_{真实}=\sigma_{视在}/\eta=35.5/0.975\%IACS=36.4\%IACS$，符合BAC5946表Ⅰ的电导率验收极限。

在GB/T 12966—2008中，先将直接测得的电导率值作为未修正的电导率值，再将该值除以修正系数获得的数值作为铝合金棒材的真实电导率值（换算成平面上测得值）；而波音公司标准BSS7351规定的修正方法恰恰相反，它是将平面上测得的值定义为未经修正的电导率值，而将在棒材曲面上直接测得的值定义为经过修正的电导率值。具体的做法是：将BAC5946U标准表Ⅰ规定的2024合金T6X状态的电导率极限值36%IACS和40.0%IACS作为未经修正的电导率值，对应到BSS7351标准中表Ⅳ的“未经修正的电导率值”一栏中，再从 36.0%IACS 和 40.0%IACS 两个电导率值所在行对应到直径为 3.0in（ϕ75mm）栏中的数据 34.0%IACS 和 38.0%IACS，将其作为经过修正了的电导率的验收限。再通过判断曲面上的测量值 35.5%IACS 是否处于该修正了的验收极限范围内判定铝合金棒材的电导率是否合格。显然，35.5%IACS 在 34.0～38.0%IACS 范围内，所以可以判定该铝合金棒材的电导率合格。

如果将在棒材曲面上直接测得的电导率值 35.5%IACS 作为未经修正的电导率值，并对应到 BSS7351 表Ⅳ中的“未经修正的电导率值/（%IACS）”栏中，对应到直径为 ϕ3.5in 栏中经修正的电导率值中，就会得到修正后的电导率值为 33.0～34.0%IACS。如果将这一范围的电导率值再对应到 BAC5946U 标准表Ⅰ中 2024 合金 T6X 状态的电导率验收极限 36.0～40.0%IACS，就会得出完全相反的结论，即该铝合金棒材的电导率不合格。

BSS 7351 标准中所有其他修正表格的使用方法均与上面举例介绍的表Ⅳ的修正方式相同，即将直接测得的值作为已修正的电导率值，而将实际的电导率值作为未修正的电导率值，其修正方法的基本思路是将 BAC5946U 表Ⅰ中的真实电导率值转换为不满足直接测量条件下的视在电导率值。在应用波音公司标准进行电导率测试时，一定要明确：BSS7351 标准定义的未修正的电导率值和已修正的电导率值分别对应的是真实电导率值和视在电导率值，切不可弄颠倒了。

复习题

1. 选择题

1）GB/T 7735—2004 标准规定：对比试件钢管的长度应满足自动涡流探伤设备的要求，当进行综合性能测试时，应满足哪一规定（　　）。

A. YB/T 4083　　B. YB/T 4081　　C. YB/T 1083　　D. JB/T 4083

2）GB/T 7735—2004 标准规定：对比试样人工缺陷制作中，对于钻孔直径小于 ϕ1.1mm 时，钻孔直径的允许偏差为（　　）。

A. ≤0.20mm　　B. 0.10～0.20mm　　C. ≤0.10mm　　D. ≤0.4mm

3）GB/T 7735—2004 标准规定：对比试样纵向槽制作按验收等级 A 进行涡流探伤时，槽伤的深度范围是（　　）。

A. 0.50～1.50mm　　B. 0.50～2.00mm　　C. 1.50～2.00mm　　D. 0.10～0.15mm

4）GB/T 7735—2004 标准规定：按验收等级 A 进行涡流探伤可作为钢管（　　）检验的替代方法。

A．超声波检测　　B. 目视检验　　C. 泄漏检测　　D. 水压密实性检测

5）GB/T 7735—2004 标准规定：探伤报告不包括（　　）。

A. 被检测钢管的牌号、炉批号、规格、重量（或支数）及产品标准号

B. 钢管涡流探伤的参数设定

C. 本标准号、对比试样人工缺陷形状及验收等级

D. 操作者、签定者及其技术资格的等级

6）GB/T 5248—1998 是关于（　　）的标准。

A. 铜合金无缝管涡流探伤方法　　B. 铝合金无缝管涡流探伤方法

C. 涡流探伤方法　　D. 铜及铜合金无缝管涡流探伤方法

7）GB/T 5248—1998 标准规定：涡流探伤系统的人工缺陷大小分辨指标应达到（　　）。

A. ≤0.15mm　　B. ≤0.1mm　　C. ≤0.25mm　　D. ≤0.2mm

8）GB/T 5248—1998 标准规定：外径为 ϕ15mm，壁厚为 0.5mm 的铜管，对比试样上人工通孔的尺寸

应为（　　）。

A. 0.6mm　　B. 0.7mm　　C. 0.8mm　　D. 0.9mm

9）GB/T 5248—1998 标准规定：外径为 ϕ28mm 的铜管，对比试样上人工通孔的尺寸应为（　　）。

A. 0.8mm　　B. 0.9mm　　C. 1.0mm　　D. 1.1mm

10）GB/T 5248—1998 标准规定：涡流探伤仪器和设备在确定的探伤速度下正常运行，调试涡流探伤仪器使得人工标准缺陷信号（　　）。

A. 大于报警，信噪比不小于 10dB　　B. 刚好报警，信噪比不小于 10dB

C. 刚好报警，信号比不小于 18dB　　D. 小于报警，信噪比不小于 10dB

2. 问答题

1）标准有哪些性质？强制性标准与推荐性标准的主要区别是什么？

2）ISO、ANSI、ASTM、ASME、MIL、LR、GB（GB/T）、GJB、HB、QJ、CB、WJ、SJ 等分别是什么标准的代号？

3）GJB 2908—1997《涡流检验方法》的主题内容与适用范围分别是什么？此标准对对比试样的种类、人工伤形式、适用对象以及检验结果的评定与处理是如何规定的？

4）最新版的 GB/T 7735—2004《钢管涡流探伤检验方法》标准是哪年发布的？对于人工伤形式的种类、使用对象及加工要求是怎样规定的？

5）GB/T 12966—2008《铝合金电导率涡流测试方法》的主题内容与适用范围是什么？标准对涡流电导仪和电导率标准试块的性能要求做了哪些规定？

6）按照 GB/T 12966—2008《铝合金电导率涡流测试方法》的规定，如何正确校准涡流电导仪？如何正确测量铝合金棒材、薄规格非包铝板材和包铝板材的电导率？

7）GB/T 4956—2003、GB/T 4957—2003 分别是什么标准？覆盖层厚度与测量精度关系如何？

8）GB/T 14480—2008《涡流探伤系统性能测试方法》规定对涡流仪器的哪些性能进行测试？如何进行测试？

9）MIL-STD-1537B（1988）（用涡流电导率测试法检验铝合金热处理状态）、MIL-STD-2032（SH）（美国海军舰船用热交换器管的涡流检测）两个标准的主题内容与适用范围分别是什么？

10）美国材料与试验学会关于涡流检测的标准概况及特点如何？

11）GB/T 7735—2004《钢管涡流探伤检验方法》标准对不同规格钢管上不同类型人工伤加工尺寸及允许偏差的要求是什么？

12）方法标准与验收标准有什么不同？

13）GJB 2897—1997《铝合金电导率和硬度要求》对电导率、硬度的检测及结果处理作了怎样的详细规定？

14）如何正确应用 BAC 5946U《铝合金电导率检验》和 BSS7351《涡流电导率检验——直接读数法》对各种类型、规格铝合金材料及制件进行电导率测试及验收？

第8章 涡流检测规程与工艺卡

8.1 概述

无损检测规程和检测工艺卡都是指导无损检测工作实施的技术文件。由于专业方法的不同，不同无损检测专业的检测规程和工艺卡在编写形式和内容上存在着较大的差异。不论是国外还是国内，各企业关于生产与质量控制方面的工艺文件管理模式和体系千差万别，并没有统一的模式，因此在检测规程和检测工艺卡的编制、使用和管理上也就各不相同。本节以美国无损检测学会Ⅱ级人员培训教材中有关的定义、分类及使用为例加以介绍，供从事涡流检测工作的技术人员，特别是参与检测工艺规程和检测工艺卡编制的人员参考。

8.1.1 相关术语的定义与层次划分

美国无损检测学会将无损检测技术文件分为规范（Specification）、程序（Procedure）和工艺指导书（Instruction）三个层次。其中检测规范为最高层次的检测技术文件，检测程序为次一级的技术文件，工艺指导书为最低层次的技术文件。

（1）规范　规范是指针对被检测对象和无损检测方法提出相关要求和质量控制条件的技术文件，它不具体规定无损检测方法和相关无损检测技术如何实施。规范包括以下总体要求：

1）检测对象，如夹杂、裂纹和腐蚀（包括具体的尺寸、数量要求）。

2）检测依据，如按照哪一份指令或标准进行检测。

3）验收准则（如果未包含在相关的指令或标准文件中）。

4）报告内容与方式。

5）检测人员资格要求。

（2）程序　程序是指针对任何检测对象实施某种无损检测方法确定的最低要求的描述。这些最低要求的描述是根据给定的标准、指令或规范编制的，并且是书面形式的。检测程序文件由具有相关无损检测方法Ⅲ级资格证书的人员编写，其首要用途是指导无损检测Ⅱ级人员制定检测工艺指导书。

检测程序可用于指导某项具体的无损检测的实施，并且与一些条件、要求以及无损检测方法的局限性之间存在必然的、密切的联系，因此要求检测程序编制人员在检测仪器、影响检测结果与可靠性的因素、被检测对象的材料与制造工艺及其使用条件与要求、判定准则等方面具有丰富的专业知识和实际经验。检测程序一般按以下结构和要求编写：

1）范围。

2）引用文件。

3）检测人员资格要求。

4）无损检测设备和材料的要求。

5）仪器和标准试块的校准与标示要求。

6）零件检测前的准备要求。

7）检测步骤要求。

8）影响因素与检测结果评价要求。

9）检测报告要求。

10）工艺指导书的编制要求。

11）后续检测要求。

（3）工艺指导书　工艺指导书是针对一个具体的零件或一系列同类零件，依据相关的检测程序制定的描述如何有序地实施无损检测工作的技术文件。工艺指导书由具有Ⅱ级和Ⅱ级以上资格相关专业的检测人员编制，其首要的用途是向具体执行该项无损检测工作的Ⅰ级和Ⅱ级人员提供充分的指导，并保证获得可重复的检测结果。

一般来说，检测程序是关于无损检测方法的技术文件，而工艺指导书是关于给定无损检测方法涉及的相关无损检测技术（如超声检测方法中的水浸C扫描检测技术）具体实施细节的技术文件。工艺指导书的作用与价值还在于，它可以减少或消除不同检测人员执行相同检测规程时对该规程理解和执行上可能产生的不一致。

工艺指导书一般包括适用对象、检测人员与仪器设备的信息，所用材料与校准的情况，以及检测步骤等内容。

8.1.2　检测规程与工艺卡的一般要求与区别

不同国家之间以及同一国家不同企业之间，对于检测规程和检测工艺卡的概念及文件层次的划分不尽相同，如果没有一个统一的认识和界定标准，那么就无法阐述二者的特征与区别。本节参考美国无损检测学会对检测程序和工艺指导书的定义与层次划分方式，介绍检测规程和检测工艺卡的一般要求与区别。

检测规程是根据检测标准编制的规定，采用一种无损检测方法或技术对一类产品或零件进行检测的最低要求的技术文件，基本对应于美国无损检测学会Ⅱ级教材中所定义的“程序”。二者重要的不同之处是：第一，检测规程不完全局限于无损检测方法这一技术层面上，而是涉及无损检测方法所包含的某一种无损检测技术这一层面。以涡流检测方法为例，该方法包括了涡流测电导率、涡流测覆盖膜层厚度和涡流探伤这三种广泛应用的涡流检测技术，涡流检测规程不必全部覆盖这三项检测技术，因为纵观各国家和团体机构的涡流检测标准，没有一个将电导率测量、膜层厚度测量和缺陷探测三项技术融为一体的标准。从标准是程序的依据和更高一个层次文件的角度来讲，检测规程也必然不能是仅局限于涡流检测方法而不涉及涡流检测技术的程序文件。第二，检测规程是对一类产品或零件进行无损检测的最低要求的书面文件，不同于美国无损检测学会所说的适用于所有被检测对象，这一点同样可以从标准的适用范围情况得到证实。

检测工艺卡是针对具体的材料或零件，依据相关的检测规程或标准编制的、指导无损检测人员逐步实施检测工作的作业指导书，即对应美国无损检测学会所定义的“工艺指导书”。有一点需要说明，检测工艺卡一般应根据检测规程制定，但特殊情况下也可根据标准编制。例如，某企业的产品非常单一，不存在同类的其他规格或品种的材料或零件，因此没有必要制定相关的检测规程，而可以直接参照相关的检测标准编制相应的检测工艺卡。

比较上述关于检测规程和检测工艺卡的描述，并对照美国无损检测学会关于检测程序和检测指导书的定义，可以看到检测规程与检测工艺卡有以下几方面的明显区别：

1）地位不同。检测规程是编写检测工艺卡的依据，是上一个层次的文件。

2）本质不同。检测规程是为保证检测方法和检测技术正确执行，对人员、器材、环境条件、被检测对象及工艺文件编写提出最低质量控制要求的管理性文件，它不是可直接执行的操作性文件；检测工艺卡是对检测规程要求细化和具体化的可执行文件。

3）编制要求不同。首先，检测规程需要由具有无损检测Ⅲ级资格证书的人员制定，而检测工艺卡可以由具有无损检测Ⅱ级资格的人员编写。其次，由于检测规程是检测工艺卡编制的依据，且适用的范围更大，因此编制者应具备与无损检测方法有关的其他方面或领域的知识和经验，主要包括材料、制造工艺、缺陷及其对安全使用的危害和其他无损检测方法等方面。检测工艺卡是检测规程向工程应用的延伸，其实施条件与参数指标基本上是在检测规程确定范围内的具体化，对于编制者而言，并不一定需要广泛的知识和丰富的经验。这也是规定检验规程由Ⅲ级人员制定，而检测工艺卡可以由Ⅱ级人员编制的原因所在。

4）覆盖范围不同。检测规程覆盖范围是所应用方法或技术适用的所有被检测对象，而检测工艺规程的覆盖范围仅是某项指定检测技术所适用的一种或一类被检测对象。显然，检测规程所覆盖的被检测对象范围要大得多，二者之间的关系类似于面与点或面与线之间的关系。

5）编写形式不同。一般来说，检测规程的编写采用文字叙述的方式，而检测工艺卡的编写更多地采用图表形式。

8.1.3 涡流检测基本操作规程

进行涡流检测，除了要了解它的特点、原理及仪器设备的性能外，还必须能正确地制定和执行操作规程，有效地调节和使用仪器设备，才能取得正确、可靠的检测结果。涡流检测包括如下基本操作规程：

（1）制定规范 为了有效地进行检测并得出可靠的检测结果，之前必须对每一具体的检测根据其种类、目的和要求，就检测方法、仪器设备、检测条件及验收标准等一系列与检测有关的细则作出明确的规定，这种细则的拟定称为制定规范。

规范的项目和内容可能会随应用的不同有所差异，较为通用的内容有以下几种：

1）试验目的，如探伤、材质鉴别及测厚。

2）试件，包括名称、材料及其规格与数量等。

3）验收标准。

4）检测装置，如仪器、线圈、附加装置等。

5）检测条件，如探伤时要求的检测频率、灵敏度、检测速度及试件的表面粗糙度等。

6）标准试件或对比试件，如探伤时对比试件的材料、形状、尺寸以及人工缺陷的种类、尺寸和加工方法等。

7）检测所要求的记录内容，检测人员的资格等。

（2）检测准备 为了保证检测的顺利进行，提高检测结果的可靠性，检测前应做必要的准备工作，其内容包括：

1）检测方法和设备的选择。检测方法和设备应在全面分析下列因素之后加以确定：

①检测目的。

②试件材质。

③试件的形状、大小及数量。

④检测参数的大小。

2）线圈选择。线圈是涡流检测的信号传感器，它的性能直接影响测量精度和试验结果的可靠性。选择线圈的主要考虑因素如下：

①试件的形状和大小。

②线圈的参数及拾取信号的方式必须与仪器适配。

③探伤时要适合被检缺陷。

3）检测条件。检测前，必须对粘附在试件上的金属粉、氧化皮、油脂等进行清除，否则，这些粘附物会干扰仪器的检测信号，影响检测结果，尤其是非铁磁性材料试件上的磁性粘附物对试验的影响是很严重的。

4）对比试件的准备。对比试件（或标准试件）作为调节检测仪器和判废标准的工具，对检测结果影响极大，所以，制作时应予以足够的重视，若检测规范已作了明确规定，则必须严格按照规范进行制作。

5）仪器预调。在正式试验前，应对仪器进行预调，以便使仪器的性能趋于稳定，保证试验结果的可靠性和良好的重复性。仪器预调时间一般为20~30min（如果仪器使用说明书有专项说明，则按仪器说明书进行）。通常，检测条件（参数）的选择应在仪器经过预调且性能稳定后进行。

6）附加装置的调整。配备有进给装置的自动检测仪，为了减少管、棒材试件通过线圈时的偏心和振动，需要调节进给装置的滚轮高度和动作机构。

（3）检测条件的选择　在检测的准备工作完成之后，需要调节仪器，确定和选择检测条件（参数、状态）。例如，采用外穿过式线圈的管、棒材自动检测，其检测条件主要有以下几项：

1）检测频率的选择。涡流检测的灵敏度在很大程度上依赖于检测频率。通常，检测频率依据下列因素进行选择：

①趋肤效应和检测灵敏度。由于趋肤效应，在导体中流动的高频电流将趋于导体表面。要对试件表面下某一深度进行检测时，所选的频率要低于某一值。但是降低试验频率会使线圈与试件之间的能量耦合效率降低，从而降低检测灵敏度。所以，在依据渗透深度选择频率时，应兼顾到检测灵敏度。

②检测因素的阻抗特性。利用检测因素对线圈阻抗的影响选择频率的方法可分为两种：其一，选择检测因素产生最大阻抗变化时的频率。其二，选取检测因素与其他干扰因素所引起的阻抗变化之间有最大相位差时的频率，这种频率选择方法适合具有相位分析功能的检测设备。这种设备可以利用被检信号与干扰信号之间在相位上的差异，通过相敏技术抑制干扰信号，取得较好的检测效果。例如，在探伤时需要抑制由于直径少量变化所引起的干扰，可以采用提取垂直于直径效应方面的分量来进行检测。

此外，在进行自动检测，进给速度达到每分钟米以上时，选择频率时还应考虑到检测速度的影响。如果缺陷很短，而进给速度又很大，此时必须提高试验频率以提高检测灵敏度。

2）平衡回路的调节。平衡回路的调节是指在采用对比试样的无缺陷部位（或标准试件）进行检测时，对平衡回路进行的调节。其目的是使在检测空载或对无缺陷试件检测时，检测线圈的输出信号为零。

3）灵敏度的选择。对于测量仪器，如果被测量变化很小的 ΔX 值，仪表读数变化 Δa，则 Δa 与 ΔX 的比值称为该仪表的灵敏度，以符号 S 表示，即 $S=\Delta a/\Delta X$，当被测量变化 $\Delta X\to 0$ 时，则 $S=\lim\limits_{\Delta X\to 0}\dfrac{\Delta a}{\Delta X}=\dfrac{\mathrm{d}a}{\mathrm{d}X}$。

灵敏度的确定与检测要求及使用的仪器有关。一般是根据要求检测缺陷的大小，把与之相适应的人工缺陷指示的大小调节到指示仪表满刻度的50%～60%的位置上（记录仪灵敏度也按这种方法调节）。这样，既可以在量程上留有余量，又能保证读数的精确。

4）相位的设定。相位是指采用同步检波进行相位分析的检测仪中移相器的相位角。一般应该选取能够最有效地检出对比试件中人工缺陷的相位角。相位角的选择方法有如下两种：

①把缺陷信号置于信噪比最大时的相位。这种方法可以降低输出信号中因试件摇摆、振荡产生的噪声。

②选取能够区分并检测缺陷的种类和位置的相位角。这种选择方法必须兼顾到缺陷的检测效果和不同种类、不同位置缺陷的良好区分效果，如在管件探伤时，内、外表面裂纹位置的区分。

5）滤波器的设定。在用对比试件进行探伤时，人工缺陷以最大信噪比被检出时滤波器的中心频率和频带宽度设定。

6）抑制器的设定。抑制器的设定是指从显示或记录仪器中消除低电平噪声的调节。由于在相位设定和滤波器调节时抑制器必须置零，因此，抑制的调节应在上述操作之后进行。由于抑制作用，缺陷和缺陷信号的对应关系一般会发生变化（即破坏了两者之间的线性关系），这一点在试验时应予以注意。

7）其他附加装置的调节。在使用带有记录仪和缺陷标志器等附加装置的检测设备时，需要调节它们的灵敏度和动作电平。记录仪的灵敏度调节在人工缺陷信号占满刻度的50%～60%，用于报警的喇叭、红灯和缺陷标志器的动作电平通常是根据检测要求所能够允许的最大缺陷信号确定的，设定之前，应经过动作试验。

在对铁磁性材料进行探伤需要采用磁饱和装置时，应恰当地选择使试件达到磁饱和所需要的磁化电流值。这个电流值一般是根据磁通密度达到80%以上时试件的磁特性对探伤的影响以及试件的尺寸来选取，并用对比试件进行校验。

（4）检测结果及其处理

1）检测结果的再检测。当检测的准备工作就绪，检测条件选择合适之后，便可以对试件作正式检测，然后对检测结果进行分析、处理。探伤时，根据仪器的指示以及记录器、报警器和缺陷标记器指示出来的缺陷，分选出带有缺陷的试件。通常在下列两种情况下要求进行再检测：

①怀疑缺陷信号是否确由缺陷产生。

②检测条件发生了变化，使检测灵敏度受到了影响。因此，对上次检测条件复核后，全部试件都必须进行再检测。

2）退磁。试件在检测中如果经过磁饱和处理，是否退磁需根据情况决定。对下列几种情况，必须予以退磁：

①剩磁在试件的后续加工中，有带来不良影响的可能。

②试件在产品中位于摩擦部位或接近摩擦部位时。

③剩磁将影响后续的检测和计量仪器工作时。

3）标记与记录

①标记。根据检测结果，各类试件必须分别涂上代表不同意义的各种字符标记。例如，经检测合格、不合格或待复查的试件，正品、次品及废品的试件，已经退磁的试件等。

②记录。检测结束后，需要根据检测要求记录的内容，主要有如下几项：

a. 检测日期。

b. 检测名称。

c. 试件的型号、规格、尺寸及数量等。

d. 仪器的型号、线圈的形式。

e. 检测条件，包括探伤仪的检测频率、灵敏度、相位、滤波器、抑制器、报警灵敏度、试件进给速度、磁饱和电流等。

f. 验收标准（如探伤判废标准）和对比试件编号、标准伤的形式和尺寸。

g. 检测结果，包括各种数据、图表以及验收结论等。

h. 有关人员签名，如操作者、报告签发者及审核者等。

此外，对检测中出现的事故、异常现象也要进行记录。

8.2　典型涡流检测规程与检测工艺的编制及分析

检测规程的编制是根据保证材料或产品质量的需要提出的，材料或产品的质量要求是制定检测规程的依据。材料或产品质量要求的表现形式包括：相关的质量标准、材料或产品的技术条件及合同条款或技术协议内容。检测规程并不是对材料或产品实施检测的具体操作文件，而是针对一类材料或产品实施有效、可靠的检测提出的最低的质量控制要求和技术条件要求，因此检测规程的编制应考虑其适用对象的覆盖范围，既要保证已有规格材料或种类产品被覆盖，也应适当考虑对未来同类材料或产品的适用性。检测规程的编制应做好以下几个方面的准备：

1）明确产品质量要求。

2）了解被检测对象的材料特性与制造工艺。

3）了解缺陷产生的特点和规律。

4）确定技术方法标准。

5）掌握检测仪器的性能。

6）必要的验证检测。

检测工艺卡的编制同样以被检测对象的质量要求为依据，更多情况下质量要求是从材料或产品的检测委托单中提出的。检测人员在接收了检测任务委托单后，应参照相关检测规程的要求确定合适的检测方法或技术、仪器设备、对比试样、实施步骤与方法。在这一过程中，加工制作对比试样或利用有效的对比试样进行探索检测是非常必要的。

按照以上关于检测规程和检测工艺卡的编制要求与规则，下面通过管、棒材探伤、零件探伤、电导率测试、覆盖层厚度测量等涡流检测方法的典型应用实例，介绍涡流检测规程和检测工艺卡的编制，最后以飞机轮毂检测为例，说明综合应用涡流检测技术的检测规程与检测工艺卡的编制。

8.2.1 管、棒材探伤

不同材质的管、棒材（包括铝合金、不锈钢、铜合金等）在机械、冶金、有色金属、电力、航空、航天、船舶、兵器等工业部门及核电站建设方面有着广泛的应用，如电站锅炉、飞机与火箭的液压油路系统和核反应堆的各种热交换器等都大量使用金属管材；包括舰船和装甲战车、火炮在内，几乎所有的大型武器装备都缺少不了紧固件的使用。本节以核反应堆中热交换器和用于制造紧固件的小直径棒涡流探伤为例，介绍相关的检测规范和检测工艺卡的编制。

（1）热交换器的涡流探伤

1）检测规程的制定。适用范围的确定。核反应堆的高可靠性给无损检测技术的实施提供了广阔的应用，涡流检测方法与技术的特点对核反应堆部件的结构特征和检测要求具有良好的适应性，因此涡流检测技术在核反应堆停堆在役检测工作中占有重要的一席之地。其中，蒸汽发生器管道、承压容器及主泵的承压螺栓件、核燃料元件包壳管等部件均需要应用涡流技术进行检测。在确定交换器的涡流检测规程的适用范围时，应考虑对上述对象的全面覆盖。

2）引用标准。虽然我国国家标准和军用标准中有关于多种金属管材的涡流检测方法的标准，但均不适用于在设备管道的检测。国外标准中，有以下标准可供参考和引用：

①ASTM E690-98 Standard Practice for In Situ Electromagnetic（Eddy-Current）Examination of Nonmagnetic Heat Exchanger Tubes，非磁性热交换器管在役电磁（涡流）检验实施方法。

②ASTM E2096-00 Standard Practice for In Situ Examination of Ferromagnetic Heat-Exchanger Tubes Using Remote Field Testing，在役铁磁性热交换器管的远场涡流检验实施方法。

③ MIL-STD-2032 Eddy Current Inspection Heat Exchanger Tubing on Ships of the United States Navy，美国海军舰船用热交换器管的涡流检测。

3）人员资格与相关知识。从事核设施涡流检测的人员除了应取得本专业的Ⅱ级以上资格证书外，还应按相关标准、规范要求，具有关于组件结构与安全运行方面的培训经历，以及信号分析和处理技术方面足够的知识和经验。

4）仪器和辅助设备。核反应堆停堆例行检查包括很多涡流检测项目，不仅包括管道，还涉及螺栓、螺母等各种类型机械零件。从这个角度考虑，应提出可满足不同类型产品和零件检测要求的涡流仪器、探头及自动化辅助设备。除此之外，核设施的检测应特别注意记录的保存，因此还应配备记忆示波器、光线示波器、磁带记录仪及纸带记录仪等波形记录装置。

5）仪器校准与对比试样检定。核设施的高安全运行的特性要求涡流仪器设备和对比试样应具有足够的检测精度和检测可靠性，将检测仪器和对比试样人工伤送权威部门或专门机构进行定期校验和检定是非常重要和必要的。

6）热交换器涡流检测工艺卡示例。蒸汽发生器是压水堆核电站的关键设备，由工作环境及运行状况导致传热管容易产生腐蚀、凹痕、疲劳裂纹等多种缺陷，并且这些缺陷分布于管体、管板支撑处，弯管部件以及胀管区。下面是针对某反应堆蒸汽发生器用 ϕ20mm × 1.5mm 奥氏体不锈钢管的在役检测要求编制的多频涡流检测工艺卡（见表 8-1），采用多频涡流检测技术是根据相关检测规范要求和管板支撑结构特点确定的。

表 8-1　ϕ20 × 1.5mm 奥氏体不锈钢蒸汽发生器管多频涡流检测工艺卡

零件名称	QSV 蒸汽发生器管道	材料	1Cr18Ni9Ti，规格 ϕ20mm × 1.5mm
依据标准和（或）检测规程	JCGC/QSV-ET02C-2003	验收标准	JCYB/QSV1334（Part II）
仪器	MIZ-18 型多频涡流仪	探头及编号	XXXXXX

检测参数：

频率：f_1 = 400kHz，f_2 = 100kHz，f_3 = 75kHz

相位：P_1　P_2　P_3

增益：G_1　G_2　G_3

线圈连接方式：均为差动式

推进或拉出速度：≤12m/min

对比试样：

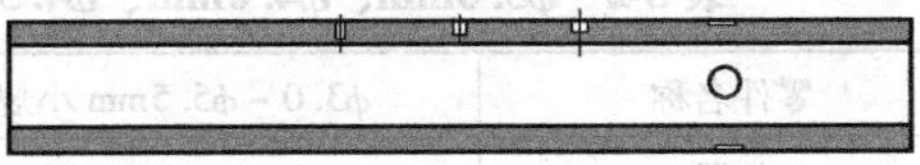

检测步骤：

1）按检测系统操作说明书连接仪器、探头、推进器、定位器及各种监控、记录装置

2）接通系统电源及各部分电源开关

3）系统调试。设定检测参数，利用对比试样管分别调试仪器各通道工作状态

4）调试、验证混频处理，消除隔板干扰信号

5）按相关文件要求依序对 QSV 蒸汽发生器全部管道进行检测。在对每根管子进行检测时，应采取将探头推进到最远端，再在拉回探头时进行信号记录与存储

6）每隔 2h 用对比样管进行期间检查，怀疑仪器工作异常时，应及时用对比样管进行校验，必要时，重新进行检测

7）离线进行信号分析和处理

零件（结构）示意图及扫查方式：

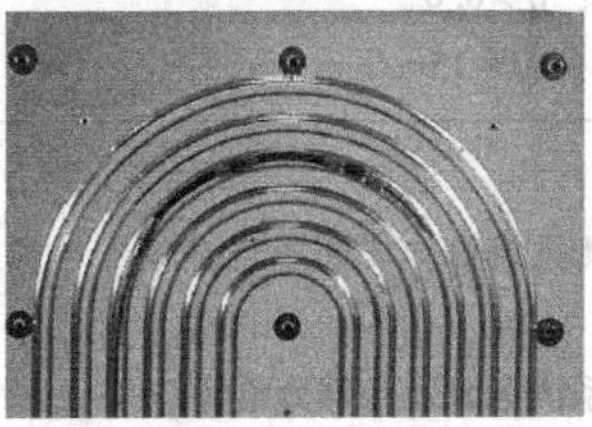

备注

辅助设备：4D 推进器，SM-10 机械手定位器，HCD-75Z 磁带记录仪，HP 9836 主机，HP6L 打印机

编制/日期/级别	审核/日期/级别	批准/日期
× × ×/200 × - × × - × ×/Ⅱ级	× × ×/200 × - × × - × ×/Ⅲ级	× × ×/200 × - × × - × ×

（2）棒材的涡流探伤　金属棒材在各种武器装备制造中广泛采用，对于直径较大的棒材，一般采用超声方法进行检测。对于直径小于 ϕ6mm 的棒材，超声检测方法的实施受到很大的限制。本节以某重点型号产品研制所用的 ϕ3.0 ~ ϕ5.5mm 小规格钛合金棒为例，简要介绍涡流探伤规范的编制，最后给出探伤工艺卡。

ϕ3.0 ~ ϕ5.5mm 小规格钛合金棒用于制造紧固件，如螺栓、螺母，属受力件。由于过去从未对该类小直径棒进行探伤，因而没有相关的检测方法标准和质量验收标准。设计部门提出以涡流检测方法的最大检测能力作为质量验收标准，即不允许存在涡流检测方法能够发现的任何缺陷，因此在编制规范时，应通过充分的试验确定涡流方法检测钛合金小棒材缺陷的能力。

关于检测技术的选择，最重要的是线圈结构和对比试样人工伤的形式。对检测线圈和对比试样的基本要求，应根据被检测对象的生产工艺容易产生缺陷的类型与特点以及加工成零件的受力状况等因素确定。例如，从小直径钛棒的冷拉工艺分析，形成沿棒材轴向方向的周向缺陷的几率较大，应加工制作周向人工槽伤来模拟纵向的自然缺陷，如折叠、划伤、裂纹等。但从小直径棒制品的受力状况方面讲，棒材上周向缺陷对紧固件的安全使用危害最严重，从这个角度考虑，应制作周向人工槽伤模拟可能出现的周向自然缺陷。外穿过式线圈具有检测速度快的优点，但在线圈轴线上的磁场为零，因此采用外穿过式线圈无法检测棒材轴线区域的质量，必要时应考虑辅以放置式线圈进行补充检测。

可根据上述条件和要求编制小直径棒材的涡流检测规范，如果被检测产品的种类及规格十分有限，亦可根据上述条件和要求直接编制涡流检测工艺卡，见表 8-2。

表 8-2　ϕ3.0mm、ϕ4.0mm、ϕ4.5mm、ϕ5.5mm 规格 TC16 棒材涡流检测工艺卡

零件名称	ϕ3.0 ~ ϕ5.5mm 小规直径钛棒	材料	TC16
仪器	ET-204	探头及编号	
检测参数： 频率：$f = 50 \sim 80\text{kHz}$ 相位：$P = 70°$ 增益：58 ~ 64dB 填充系数：$\eta > 0.6$ 检测速度：10 ~ 15m/min		对比试样（略）	
检测步骤： 1）按检测系统操作说明书连接仪器、探头、传动装置及打标记录器 2）接通系统电源及各部分电源开关 3）按要求设定检测参数，利用对比试样调试仪器工作状态，灵敏度和报警闸门设置应保证 3 个深 0.2mm 槽伤均报警，1 个深 0.1mm 槽伤有明显响应，但不触发报警 4）在相同的检测条件下检测对应规格的小直径棒材，当改变检测棒材规格时，应更换检测线圈，并利用相同直径规格的对比试样重新调整灵敏度和报警门槛 5）每隔 1h 用对比试样进行期间核查，当怀疑系统工作异常时，应及时用对比试棒进行校验，必要时重新进行可疑的检测		零件（结构）示意图及扫查方式（略）	
备注 自动探伤配套使用装置：BJF 型上、下料及分选装置，LM2-2 型记录器			

编制/日期/级别	审核/日期/级别	批准/日期
×××/200×-××-××/Ⅱ级	×××/200×-××-××/Ⅲ级	×××/200×-××-××

8.2.2　零件或结构的探伤

（1）叶片探伤　叶片是发动机中的重要承力件，其制造工艺主要有精密铸造和锻造。由于该产品的质量要求很高，一般在叶片制造阶段必须进行无损检测。对于铸造叶片，通常采用 X 射线照相方法检测叶片的内部质量，采用荧光渗透方法检测其表面开口型缺陷。对于锻造叶片，一般是采用超声方法对用于锻造叶片的小直径棒材进行检测，以保证锻造叶片原材料的内部质量。锻造成形后的叶片表面检测大多采用荧光渗透方法。与上述无损检测方法相比，从检测方法的能力、检测效率考虑，在叶片制造阶段，涡流检测方法不是优先选择的技术手段。

叶片在使用阶段最可能出现的缺陷为疲劳裂纹。在叶片不允许拆卸条件下进行原位探伤时，X射线照相、超声波和渗透检测方法的应用都受到很大限制，因此涡流探伤成为首选的无损检测方法。

1）关于叶片涡流探伤规程的制定

①明确检测要求。检测要求主要包括两个方面的内容，一是检测区域，二是要求检测裂纹的深度和长度。这两方面的检测要求可能由专门的技术文件（如维修手册）给出，也可能没有相关的技术文件。对于后一种情况，一般根据叶片被检测部位的形状和表面状态结合涡流探伤方法的最大能力来确定检测裂纹的最小尺寸。这里，应当注意，检测规程的适用性，如果有其他同类的叶片（如不同级涡轮盘上的叶片），且有不同的缺陷检测要求，或因部位、形状、表面状态不同造成涡流探伤能力有所差别，在编制检测规程时应总体给予考虑。

②依据标准的选择。如果叶片的在位探伤尚没有适用的标准可参照，可以在检测规程引用文件一栏中空缺。如果认为某项涉及到零件探伤技术的标准可供参考（如GJB 2908—1997《涡流检测方法》），也可以选用该标准作为引用文件。

③明确对比试块的制作要求。对比试块人工缺陷的制作要求包括缺陷形式、加工部件及大小。这些要求是根据检测要求和涡流检测能力确定的，对比试样应选择与实际被检测叶片材料和形状相同或相近的叶片制作。

④确定选用仪器要求。仪器性能要求主要应考虑以下几个方面：一是便携性；二是供电方式，由于外场作业，如果不能方便地获得电网的供电，应要求仪器能以干电池供电的方式使用；三是检测线圈连接插口要求；四是工作频率范围，根据叶片表面一般较光洁和检测裂纹尺度很小的特点，应要求涡流仪具有较高的频率；五是提离抑制性能；六是信号响应方式，必要时应提出阻抗平面显示要求；七是报警方式，如果实操检测过程中不便于持续观察显示信号，提出仪器应具有声或光报警的要求，这一点尤为必要。

⑤确定检测线圈的要求。由于叶片形面复杂，检测线圈的选择对于保证探伤结果的准确、可靠尤为重要。放置式线圈是叶片涡流探伤的必然选择，从检测目标——疲劳裂纹的涡流响应特点和减小由叶片形面引起的耦合不一致的干扰影响两方面考虑，选择小直径的差动式线圈更为适宜。为更好地适应叶片复杂的外形，减小或消除提离因素的干扰，条件允许时应提出探头扫查专用靠具或使用特殊形状探头的要求。

⑥提出检测人员资格要求。实施叶片涡流探伤的人员应具有涡流检测Ⅰ级或以上资格，如需要对检测结果出具检测报告，则不能由Ⅰ级人员独立实施检测工作。

2）叶片涡流探伤工艺卡示例。探伤工艺卡是针对确定的叶片编写的，如果缺少具体的条件，是无法编制适用的检测工艺卡。下面给出一些必要的虚拟条件，并根据这些条件和要求，以表格形式给出叶片涡流探伤工艺卡示例。该检测工艺卡是针对虚拟的对象和一些假设条件编制的，只作为学习涡流工艺卡编制的素材不可直接套用到与之情况不同的叶片探伤中。

叶片名称：WJ5-丙1飞机发动机叶片。

探伤部位：叶片加强筋为重要受力部位。由于设计尺寸偏小，加上该部位上方为叶片浇口，连续多次的叶片断裂的疲劳裂纹源均出现在加强筋上。

探伤要求：不允许加强筋表面及近表面有深度大于 0.2mm 的裂纹。

根据上述条件和要求，按照相关的叶片涡流探伤规程编制的检测工艺卡见表 8-3。

表 8-3　WJ-5 丙 1 发动机空心叶片加强筋涡流检测工艺卡

<table>
<tr><td>零件名称</td><td>WJ5-丙 1 空心叶片</td><td>材料</td><td>K5</td><td>状态</td><td>----------</td></tr>
<tr><td>仪器</td><td>M12-20A</td><td>线圈类型</td><td>差动式放置</td><td>线圈编号</td><td>S/N 30023</td></tr>
<tr><td colspan="3">仪器检测参数：
频率：$f = 80\text{kHz}$，相位：$P = 135°$
增益：$G = 42\text{dB}$
垂直/水平分量比：$V/H = 2.0$
报警闸门：（略）</td><td colspan="3">对比试样（使用部位）</td></tr>
<tr><td colspan="3">检测步骤：
1）开机，仪器自检
2）检测参数设置与调整
3）用直角探头扫查对比试样上的两个人工缺陷，埋深 0.2mm 和 0.5mm 显示信号幅度应分别大于 2 格和 5 格
4）保持探头线圈垂直于加强筋，完整平稳地扫查加强筋
5）重复探测出现异常信号部位，并做记录
6）每隔 1h 重新校验一次仪器工作状态</td><td colspan="3">零件示意图
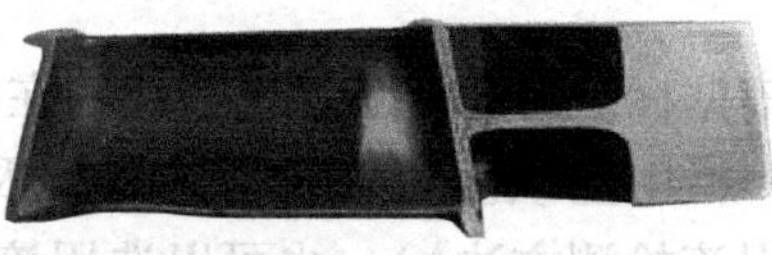
叶片
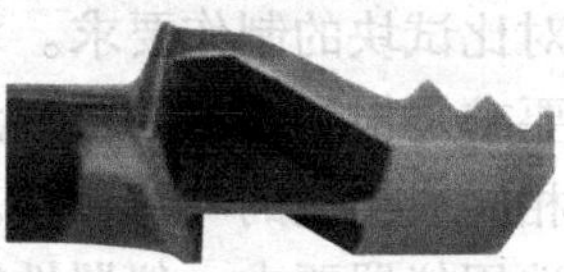
加强筋位置</td></tr>
<tr><td colspan="6">备注（必要时）：</td></tr>
<tr><td colspan="2">编制/日期/级别</td><td colspan="2">审核/日期/级别</td><td colspan="2">批准/日期</td></tr>
<tr><td colspan="2">×××/200×-××-××/Ⅱ</td><td colspan="2">×××/200×-××-××/Ⅲ</td><td colspan="2">×××/200×-××-××</td></tr>
</table>

（2）飞机机翼下壁板腐蚀检测

1）关于机翼下壁板腐蚀检测规程的制定。同叶片涡流检测规程编制一样，机翼下壁板腐蚀检测规程的编制也是需要从明确检测条件与目的、选择依据标准、制作对比试块、选用仪器与探头，以及规定检测人员资格等方面考虑，并提出适当的要求。检测规程作为质量控制和技术管理层次的文件，其适用范围可以很广，对于一个维修基地的检测中心，它可以用一份涡流检测规程将所有零件和结构涡流探伤的要求全部覆盖。编写这样覆盖范围很大的规程，在对相关技术问题提出要求时，要把握两条原则：一是求全，二是粗放，并且两项原则兼而有之。所谓求全，就是不要把该覆盖的对象类遗漏了，如关于检测线圈的要求，不能只包括笔式的放置式探头，而应包括其他必须要用到的探头（如果有螺栓孔需要探伤时，就应提出使用孔探头的要求），试块的制备、选择要求也是如此。所谓粗放，就是规定要求不宜过细和具体化，同样以检测线圈要求为例，不宜对线圈的大小、工作频率等具体参数和指标加以规定。这两条原则的把握与运用可参见 MIL-STD-2032 标准中关于对比试块和检测线圈的相关规定。

如果检测部门承担的探伤任务比较有限，需要进行涡流检测的对象种类也很少，自然检测规范的覆盖面就小，其针对性会比覆盖范围大的规程相对要强一些。如果针对不同的对象所实施的检测方法或技术在基本原理和实施条件上没有相互矛盾或冲突的问题，应以尽可能少的规范来覆盖所有的检测对象。

编制机翼下壁板腐蚀检测规程，应侧重考虑以下情况：①腐蚀缺陷的特征与涡流响应的特点，通常腐蚀形成的区域较大，腐蚀的深度由中心区域到边缘区域呈缓慢减小的特征，对于这种变化，差动式线圈的响应不如绝对式线圈显著；②机翼壁板外表面（即探测面）具有平整、面积大的特点，适于采用线圈尺寸较大的平探头；③壁板具有一定的厚度，仪器和线圈的工作频率范围应与之相适应；④腐蚀的深度是检测关注的目标；⑤人工伤的制作形式对于腐蚀缺陷的代表性。

2）机翼下壁板涡流检测工艺卡示例。某型号客机在大修中多次发现中央机翼下壁板腐蚀，有的情况相当严重，直接影响飞机的安全飞行。该型飞机中央机翼壁板材料为硬铝合金，厚度约为4mm，其结构图见表8-4。

检测要求：确定腐蚀深度、确定腐蚀的位置及面积大小。

根据上述条件和检测要求，编制检测工艺卡（见表8-4）。

表8-4 某客机中央机翼下壁板涡流检测工艺卡

<table>
<tr><td>零件名称</td><td>中央机翼下壁板</td><td>材料</td><td>2A12</td></tr>
<tr><td>仪器</td><td>M12-20A</td><td>探头及编号</td><td></td></tr>
<tr><td colspan="2">仪器检测参数：
频率：$f=800\text{Hz}$
相位：$P=273°$
增益：$G=72\text{dB}$
垂直/水平比：$V/H=2.0$
线圈形式：Absolute（绝对式）</td><td colspan="2">对比试块：C201A320-14
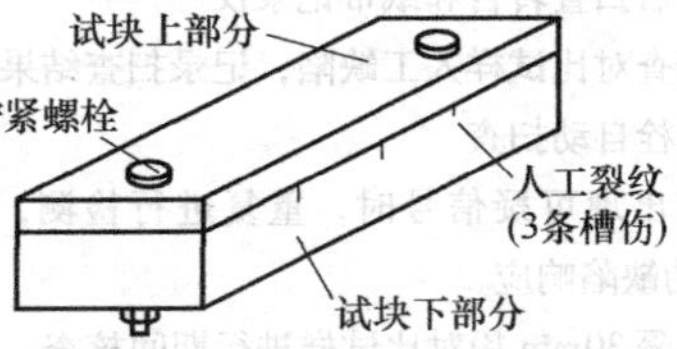
</td></tr>
<tr><td colspan="2">检测步骤：
1）开机、仪器自检
2）检测参数设置与调整
3）用平探头扫查对比试样，获得深度为1mm、2mm、3mm平底孔伤的响应信号
4）下壁板机翼翼展方向扫查下壁板，扫查间距30mm，扫查速度不大于3m/min
5）重复扫查出现异常信号部位，并记录缺陷的部位，大小及深度
6）连续工作时，每隔1h核验仪器工作状态是否正常</td><td colspan="2">零件示意图及扫查方式：
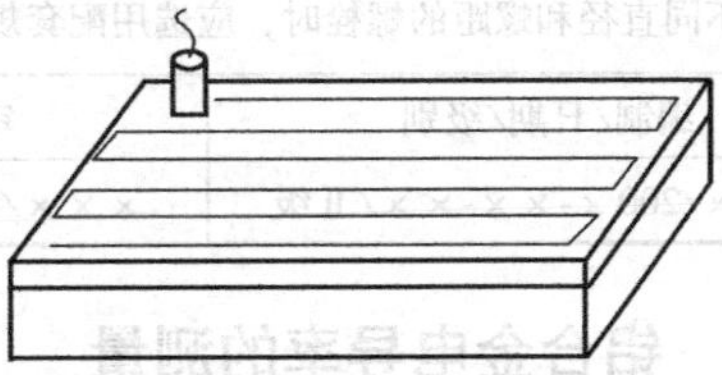</td></tr>
<tr><td colspan="4">备注（必要时）：
当根据扫查方式获得的响应信号不容易判定腐蚀深度时，可参考利用检测线圈在该位置上的提离信号的相位角进行判定</td></tr>
</table>

编制/日期/级别	审核/日期/级别	批准/日期
×××/200×-××-××/Ⅱ级	×××/200×-××-××/Ⅲ级	×××/200×-××-××

（3）核设备螺栓的涡流检测工艺卡的编制　核反应堆相关的检测规范要求对压力容器、主泵组件上直径大于等于 ϕ48mm 的承压螺栓螺母进行涡流检测，其目的是发现螺栓和螺母螺纹根部可能出现的裂纹。表 8-5 是直径为 ϕ48 ~ ϕ76mm 的主泵螺栓的涡流检测工艺卡。主螺母螺纹根部裂纹的涡流检测方法与之相似，只不过是将涡流检测探头镶嵌在外径大小配套的螺栓内。

表 8-5　ϕ48 ~ ϕ76mm 主泵螺栓涡流检测工艺卡

<table>
<tr><td>零件名称</td><td>主泵螺栓</td><td>材料</td><td>30cMmSiA</td></tr>
<tr><td>仪器</td><td>ET-39</td><td>探头及编号</td><td></td></tr>
<tr><td colspan="2">频率：f = 100kHz
相位：P = 290°
增益：G = 54dB
线圈连接方式：Differential
转速：50 ~ 70r/min</td><td colspan="2">对比试块：
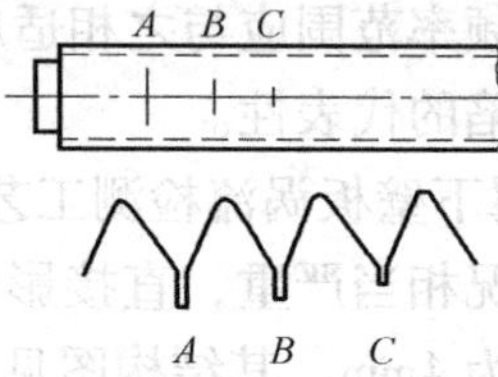

人工伤　宽　深
A　0. 2mm　2mm
B　0. 2mm　1mm
C　0. 2mm　0. 5mm</td></tr>
<tr><td colspan="2">检测步骤：
1）开机、预热 10min
2）设置和调整仪器检测参数
3）开启扫查转台和纸带记录仪
4）扫查对比试样人工缺陷，记录扫查结果
5）螺栓自动扫查
6）当出现可疑信号时，重复进行检测，并记录深度大于 0. 5mn 的缺陷响应
7）每隔 30min 用对比试样进行期间核查</td><td colspan="2">零件（结构）示意图及扫查方式：
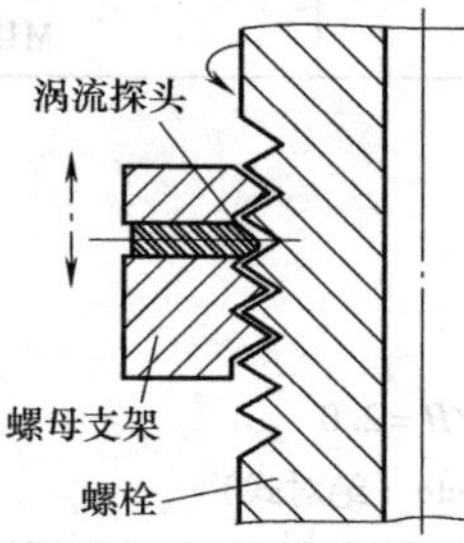
</td></tr>
<tr><td colspan="4">备注（必要时）：
螺栓检测应使用配套的 SM97 型传动转台和 HP8048 纸带记录仪
检测不同直径和螺距的螺栓时，应选用配套规格的螺母支承，以保证探头与螺栓根部的最佳耦合</td></tr>
</table>

编制/日期/级别	审核/日期/级别	批准/日期
×××/200×-××-××/Ⅱ级	×××/200×-××-××/Ⅲ级	×××/200×-××-××

8.2.3　铝合金电导率的测量

与涡流探伤方法及其应用有所不同，电导率的涡流检测是一种定量的测量技术，因此在编制检测规程和检测工艺卡时应特别关注保证量值的准确。

（1）关于变形铝合金电导率涡流检测规程的编制

1）适用范围，规程的适用范围可根据检测对象的种类确定，如原材料中的板、管、棒或型材，成品或半成品中的锻件、模压件或机械加工件等。需要注意的是，铝合金的电导率与合金材料的流线方向有关，电导率的测试方法标准均规定要沿平行于材料的流线方向进行电导率测试，国内、外相关的验收标准中给出的是变形铝合金的电导率验收极限值，因此不宜将铝合金铸件纳入电导率涡流检测规程的适用范围。

2）引用文件。国内标准中，GB/T 12966—1991《铝合金电导率涡流测试方法》和GJB 2894—1997《铝合金电导率和硬度要求》可作为编制铝合金电导率涡流检测规程的引用或参考文件。国外标准中，MIL-STD-1537B（1988）《Electrical Conductivity Test for Verification of Heat Treatment of Aluminum Alloys Eddy Current Method》、ASTM E1004-99《Electromagnetic (Eddy Current) Measurements of Electrical Conductivity》可加以引用或参考；关于铝合金电导率的涡流测试方法和验收条件的标准中，波音飞机公司（Boeing Aircrafts Company）的相关标准值得特别关注，该公司关于铝合金电导率涡流检测与验收标准的内容十分详细，具有很强的参考价值和指导作用。主要相关标准如下：

①BAC 5651 Eddy Current Electrical Conductivity Inspection。

②BAC 5946 Temper Inspection of Aluminum Alloys。

③BAC 7351 Eddy Current Electrical Conductivity-Direct Reading Method。

3）人员资格要求。电导率测量的仪器操作要比涡流探伤操作更简单，尤其是使用直接读数型电导仪。在波音公司，专门就使用直读式仪器测量铝合金电导率的人员制定了简化的人员资格认证标准；而在国内，目前相关的现行有效标准均没有将电导率的涡流检测作为一个专门项目进行资格认证；在军工部门，从事铝合金电导率测试的人员应按GJB 9712—2002《无损检测人员资格鉴定与认证》标准取得涡流检测方法的资格认证。

4）仪器检测环境和被检测对象。涡流线圈的阻抗曲线决定了采用60kHz左右的测试频率测量范围在1~100%IACS（0.58~58MS/m）的电导率精度最高，因此首先应提出仪器能够在该频率备件下工作的要求。电导率的测量，既可以使用可直接读取电导率值的涡流仪，即涡流电导仪，也可以使用非直接读数型的涡流检测仪，如涡流探伤仪。对于后者，需要在测试前绘制涡流响应（如信号幅值或相应）与电导率的对应曲线，然后利用这一曲线进行电导率的比较测量。由于这种利用非直读式涡流仪测量电导率的精度较低，特别是对于处在验收极限值附近的电导率测试值的可靠性较差，一般不推荐采用这类仪器。

环境温度条件对电导率测量有较明显的影响，尽管绝大多数涡流电导仪在操作说明书中给出的允许工作温度条件覆盖了30~40℃范围，但为保证测量结果的准确，一般要求应在室温条件下进行电导率测量，而且特别要求仪器、探头、标准试块及被检测对象之间温差不允许超过3℃。

来自被检测对象的影响电导率准确测量的因素有很多，如时效后的稳定性、材质的流线方向，形状与尺寸（曲率、厚度、宽度等）及表面状况（表面粗糙度、是否带有漆层或包铝层）等。所有这些影响因素都应予以关注，对于不能直接测出真实电导率值的材料或零件，应在检测规程关于测试方法与步骤章节中提出修正方法或修正系数。

5）标块检定与仪器校准。如前所述，电导率测量是一种定量检测技术，因此标块的周期检定与仪器的定期校验尤为重要，它是保证测量结果准确、可靠的有效途径。电导率标准试块的检定，首先要提出溯源性要求，其次是精度要求，再次是配备数量和电导率值分布的要求。仪器的定期校验可以采取自检方式进行，即由企业的中心实验室（或理化试验室、计量室）使用可溯源的、在有效合格期限的标准试块对仪器相关性能指标进行校验。需进行校验的性能包括：稳定性、提高抑制性能、测量精度及灵敏度等。

6）其他。关于被检测材料或零件的准备、检测实施步骤、测试结果修正等方面的要求，参考国内、外相关标准就会比较明确，这里不再详述。有两点需要说明，以引起关注。一是不同型号的涡流电导仪受相同干扰因素影响的程度是不同的，如 Sigmatest 2.067 型和 Sigmascope SMPI 型两种电导仪，在同一根铝合金棒材（如直径为 ϕ70mm）上和同一张带有一定厚度（如 100μm）层漆或包铝层板材上测得的电导率值并不相同，因此在提出测试结果修正要求时，必须是针对具体型号的仪器而言，而不能是模棱两可的。二是当采用更高的检测频率（如 Sigmatest 2.608 型仪器提供的 120kHz、240kHz 和 480kHz）测量薄规格铝合金板材时，切不可忽视了包铝板材表面包铝层对不同工作频率测试结果的影响是不同的这一问题。

（2）铝合金薄板电导率检测工艺卡示例（见表 8-6）

表 8-6　0.5～1.5mm ZA12CZ 裸铝板材电导率涡流检测工艺卡

<table>
<tr><td>零件名称</td><td>0.5～1.5mm 裸铝板材</td><td>材　料</td><td>ZA12、状态 CZ</td></tr>
<tr><td>依据标准和（或）检测规程</td><td>GB/T 12966—1991 铝合金电导率涡流测试方法</td><td>验收标准</td><td>GJB 2894—1997 铝合金电导率和硬度要求</td></tr>
<tr><td>仪器</td><td>Sigmatest 2.607</td><td>探头及编号</td><td></td></tr>
<tr><td colspan="2">检测参数：
环境温度要求：（20±5）℃，且仪器、探头、试块、板材之间温差≤3℃
每张板上至少选择 5 个测量部位，每个测试部位上至少测量 3 次</td><td colspan="2">对比试样：
低值标准试样：10.0MS/m 左右
高值标准试样：20MS/m 左右
电导率标准试样在检定合格有效期内</td></tr>
<tr><td colspan="2">检测步骤：
1）开机，预热 15min，选择合适的低值和高值电导率板块校准仪器
2）确定修正系数
①选择 3 张相同厚度板材，分别为 a、b、c
②按（1）、（2）、（3）方式叠加 3 张板材，分别在边角和中心位置测量电导率，并求出 3 种叠加方式的电导率的平均值
③分别单独在 a、b、c 板材上测量各板材的视在电导率值，并求出视在电导率的平均值
④按电导率修正公式求出该厚度裸铝板的电导率修正值
3）在被检测板材的边角和中心处测量电导率值
4）被测板材电导率值＝视在电导率值＋电导率修正值
5）按 GJB 2894—1997 标准进行电导率值验收（16.5～19.4MS/m）
6）记录板材电导率值的最小值和最大值，对于超出电导率验收值的板材，应报告电导率值
7）每隔 15min 重新核准一次仪器</td><td colspan="2"><table><tr><td rowspan="2">叠放顺序</td><td colspan="3">叠加方式</td></tr><tr><td>（1）</td><td>（2）</td><td>（3）</td></tr><tr><td>最上层</td><td>a</td><td>b</td><td>c</td></tr><tr><td>中间层</td><td>b</td><td>c</td><td>a</td></tr><tr><td>最下层</td><td>c</td><td>a</td><td>b</td></tr></table>修正公式：
被测板材电导率值＝视在电导率值＋电导率的修正值（电导率的修正值根据试验确定）</td></tr>
<tr><td colspan="4">备注（必要时）：
1）当被检测板材的视在电导率值低于 12MS/m 时，选用电导率值在 10.0MS/m 和 15.0MS/m 左右的标准试样校准电导仪；当被检测板材（包括叠加方式下）的电导率值大于 18MS/m 时，选用 15.0MS/m 和 20.0MS/m 的标块校准电导仪
2）用于确定修正系数的 3 张裸铝板材的电导率的均匀性应优于 0.3MS/m，以叠加方式测得的电导率值 $\sigma(1)$、$\sigma(2)$、$\sigma(3)$ 之间相差小于 0.5MS/m
3）叠加测量时应用力压被测板材，以保证各层板材在被测部件贴紧</td></tr>
</table>

编制/日期/级别	审核/日期/级别	批准/日期
×××/200X-××-××-Ⅱ级	×××/200×-××-××/Ⅲ级	×××/200×-××-××

8.2.4　覆盖层厚度的测量

在金属材料或零件表面实施电镀、涂漆或阳极化等处理技术获得表面覆盖层是提高产品抗腐蚀性和耐磨性的重要手段，无论是在国防工业领域，还是在民用工业部门，都有着十分广泛的应用。电磁涡流检测技术是测量和评价这类保护膜层厚度的最主要的方法手段。

磁性测厚与涡流测厚是两种原理不同的方法，这一点已在第五章做了较详细的说明。鉴于两种检测方法针对各自的适用对象在操作上很相近，且均比较简单，本节仅就铝合金超声纵波检验用标准试样表面阳极氧化膜层厚度的测量编制涡流测厚工艺卡，供从事电磁、涡流测量工作的技术人员在制定相关的电磁涡流检测规程和检测工艺卡时参考。

无论是制定检测规程，还是编制检测工艺卡，特别要注意以下两个方面的影响因素：①用于校准仪器的基体的电导率、磁导率与被检测对象的电磁特性的一致性；②用于校准仪器的标准厚度膜片的厚度值与实际被测量膜层厚度的一致性，应尽可能选择两个厚度值覆盖被测量膜厚度变化范围的标准膜片校准仪器，并且标准膜片高、低值的范围与被测厚度范围越接近越好。若被测量膜层的厚度非常薄，可在基体表面上进行“零”校准。

表8-7所示为铝合金超声纵波检测用标准试块阳极氧化膜厚度涡流检测工艺卡。

表8-7　铝合金超声纵波检测用标准试块阳极氧化膜厚度涡流检测工艺卡

<table>
<tr><td>零 件 名 称</td><td>铝合金超声纵波检测用标准试块</td><td>材　料</td><td>7075T4</td></tr>
<tr><td>依据标准和（或）检测规程</td><td>GB/T 4957—2003 非磁性金属基体上非导电覆盖层厚度测量涡流法</td><td>验收标准</td><td>阳极氧化膜厚度要求：8～15μm</td></tr>
<tr><td>仪器</td><td>Mini2100</td><td>探头及编号</td><td></td></tr>
<tr><td colspan="2">检测参数：
无</td><td colspan="2">对比试样：
基体：未阳极化的试样
标准厚度片：
1）基体表面进行零校准
2）$\delta=25\mu m$ 薄膜</td></tr>
<tr><td colspan="2">检测步骤：
1）连接仪器、探头、开启仪器，预热15min
2）校准仪器
a. 探头置于未阳极化的试块表面上校准仪器零点
b. 在试块表面放置厚度为25μm标准膜片进行校准
3）按右图标准位置分别测量①～④点平面上和⑤～⑧点曲面上的阳极氧化膜层厚度
4）对于厚度超出8～15μm范围的位置，重新校准仪器并在该位置读取三次测量数据，以三次测量数据的平均值为准
5）连续测量时，每隔30min重新校准一次仪器</td><td colspan="2">零件（结构）示意图及扫查方式：
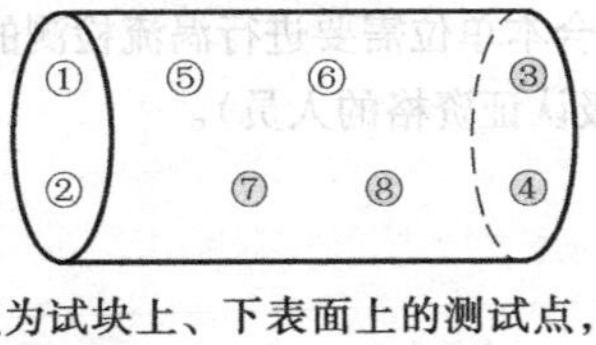

①～④点为试块上、下表面上的测试点，选择测点时应避免边缘效应影响
⑤～⑧点为试块圆柱面上的测试点，各点依次间隔约90°、180°、270°，测试时探头应垂直于圆柱表面</td></tr>
<tr><td colspan="4">备注（必要时）：
受试样圆柱曲面的影响，应分别测量试样上、下表面和圆柱表面阳极化膜层的厚度，既不允许在平面上校准仪器后到柱面上测量，也不允许在柱面上校准仪器到平面上测量</td></tr>
</table>

编制/日期/级别	审核/日期/级别	批准/日期
×××/200×-××-××-Ⅱ级	×××/200×-××-××/Ⅲ级	×××/200×-××-××

复 习 题

1. 选择题

1）涡流检测系统在什么条件下适合对被检试样作出质量等级划分？（　　）。

A. 被检产品无缺陷　　B. 被检产品允许存在有一定的缺陷部位

C. 被检产品质量低劣　　D. 被检产品质量不稳定

2）涡流检测中发现存在超出验收标准缺陷的工件应该（　　）。

A. 立即确定报废　　B. 立即隔离待处理

C. 立即废弃　　D. 直接按验收规范的规定处理

3）涡流检测中发现存在超出验收标准的缺陷之工件应该（　　）。

A. 立即确定报废　　B. 立即隔离待处理

C. 立即废弃　　D. B 和 C

4）涡流检测工艺卡的批准人为（　　）。

A. 涡流中级资格等级人员　　B. 涡流高级资格等级人员

C. 委托人　　D. 不需要审批手续

5）判断被检产品是否合格的标准是（　　）。

A. 性能指标　　B. 调试指标

C. 验收标准　　D. 自然标准

6）铸造或压制中，由于温度太低或冷变形过大而造成的表面或内部断裂叫做（　　）。

A. 冷隔　　B. 疏松

C. 破裂　　D. 夹杂

2. 问答题

1）美国无损检测学会将无损检测技术文件分为哪三个层次？

2）最高、次级、最低层次的检测技术文件分别是什么？

3）规范是指针对什么编制的技术文件？它包括哪些内容要求？

4）检测程序应由何专业、级别的人员编制？应包括哪些内容要求？

5）检测工艺指书一般包括哪些内容？

6）规范、检测规程、检测工艺卡的区别与用途是什么？

7）编制检验规程前应做好哪些方面的技术准备？应如何考虑检测规程与检测工艺卡的编制？

8）结合本单位需要进行涡流检测的产品，尝试编制涡流检测规程（Ⅲ级认证资格的人员）和检测工艺卡（Ⅱ级认证资格的人员）。

参 考 文 献

[1] 美国无损检测学会. 美国无损检测手册（电磁卷）[M]. 《美国无损检测手册》译审委员会，译. 3版. 上海：世界图书出版公司，1996.

[2] 毕德显. 电磁场理论 [M]. 北京：电子工业出版社，1985.

[3] 赵凯华，陈熙谋. 电磁学 [M]. 3版. 北京：高等教育出版社，2011.

[4] 郭奕玲，沈慧君. 物理学史 [M]. 2版. 北京：清华大学出版社，2005.

[5] 宋学孟. 金属物理性能分析 [M]. 北京：机械工业出版社，1989.

[6] 李家伟，陈积懋. 无损检测手册 [M]. 北京：机械工业出版社，2004.

[7] 任吉林. 电磁无损检测 [J]. 北京：航空工业出版社，1989.

[8] 严钟豪，谭祖根. 非电量电测技术 [M]. 2版. 北京：机械工业出版社，2004.

[9] 任吉林，林俊明. 电磁无损检测 [M]. 北京：科学出版社，2008.

[10] 民航无损检测人员资格鉴定与认证委员会. 航空器涡流检测 [M]. 北京：中国民航出版社，2009.